Les Emblemes nouveaux d'Andreas Friedrich 1617

Collection « Renaissance »

Dirigée par Pascal Brioist, Philippe Hamon, Cédric Michon, Anne Rolet et Alain Salamagne, la collection « Renaissance » est une co-édition des Presses universitaires François-Rabelais (PUFR) et des Presses universitaires de Rennes (PUR), soutenue par le Centre d'études supérieures de la Renaissance (CESR). Elle propose de mettre en lumière, sous ce vocable au singulier, la diversité foisonnante d'une période qui s'étend chronologiquement du milieu du XIV*e siècle au début du* XVII*e siècle et qui voit l'espace géographique européen s'ouvrir de manière large aux relations avec les autres continents. Résolument pluridisciplinaire, la collection permet le dialogue entre les différents champs du savoir et de la recherche. Elle se propose de publier des travaux inédits et variés : monographies, essais, biographies, recueils d'études, actes de colloque et thèses. La maquette est instituée sur un grand format (210 x 280 mm) favorisant ainsi la mise en valeur des ressources iconographiques. Des représentations aux pratiques culturelles, des manifestations du politique à la spiritualité religieuse, des cadres géographiques, sociologiques et économiques aux formes esthétiques et littéraires, de la philosophie aux différents champs artistiques, la collection souhaite faire du concept unificateur de « renaissance » un outil pour rendre compte des développements pluriels d'une époque féconde, qui articule tradition et innovation, rupture et continuité. Elle entend ainsi dépasser la coupure académique, souvent illusoire et parfois intellectuellement nuisible, entre Moyen Âge et Temps modernes.*

Titres déjà parus

A. Salamagne, J. Kerhervé, G. Danet (dir.), Châteaux et modes de vie au temps des ducs de Bretagne, *2012*

C. Michon (dir.), Conseils et conseillers dans l'Europe de la Renaissance (v. 1450-v. 1550), *2012*

P. Morel (dir.), Le Miroir et l'Espace du prince dans l'art italien de la Renaissance, *2012*

A.-L. Collomb, Splendeurs d'Italie. La peinture sur pierre à la Renaissance, *2012*

J. Varet (dir.), Calvin la naissance d'une pensée, *2012*

A. Salamagne (dir.), Le Palais et son décor au temps de Jean de Berry, *2010*

Les Emblemes nouveaux d'Andreas Friedrich 1617

Texte présenté, établi et commenté par

Pierre Martin

Collection « Renaissance »
Presses universitaires François-Rabelais de Tours
Presses universitaires de Rennes
2013

Illustration de couverture

Emblèmes 1 et 2 des Emblemes nouveaux
d'Andreas Friedrich, 1617

Couverture
Maquette, conception graphique
Mickaël Robert – PUFR

Mise en page
Pauline Borde pour le compte des PUFR

Avec le soutien de la
Bibliothèque Municipale de Grenoble

Coédition

60, rue du Plat-d'Étain – BP 12050
37020 Tours cedex 1, France
www.pufr-editions.fr

UHB Rennes 2 – Campus La Harpe
2, rue du Doyen-Denis-Leroy
35044 Rennes cedex – France
www.pur-editions.fr

ISSN : 2107-2566
ISBN PUFR : 978-2-86906-299-3
ISBN PUR : 978-2-7535-2839-0
Dépôt légal : 2e semestre 2013

Sommaire

Remerciements

Je tiens à remercier, pour leur lecture autorisée et les conseils qu'ils m'ont prodigués, mes collègues et amis Gilbert Schrenck et Jean Vignes, éminents seiziémistes, Jean-Marc Châtelain, spécialiste des livres d'emblèmes et Conservateur à la Réserve de la BnF, Martial Guédron, Professeur en histoire de l'art, et tout particulièrement Jean Lecointe, Professeur de langue et de littérature du seizième siècle, qui m'a offert sa garantie et son soutien pour présenter en vue de l'obtention du diplôme d'HDR un dossier dont cette édition critique, qu'il m'a encouragé à mener à bien, était une des pièces maîtresses.

Je serais bien ingrat si je n'exprimais pas ma reconnaissance envers l'Université de Poitiers, où j'ai été accueilli d'abord comme Maître de Conférences puis comme Professeur, pour le soutien qu'elle m'a également offert en m'accordant par le moyen d'un congé d'un semestre en 2012 le temps et la disponibilité propice à l'écriture. Il me faut encore remercier enfin, et c'est un bien agréable devoir, Anne Rolet, que son intérêt pour les emblèmes italiens n'a pas empêchée de lire ces emblèmes luthériens et leurs commentaires, et qui s'est mis en tête de leur trouver un éditeur.

Pierre Martin

Introduction

Comme son titre l'indique, le livre dont nous proposons la réédition commentée est un livre d'emblèmes. Est-ce à dire que le lecteur a en main tout bonnement, « pour tout potage », disait Rabelais, un livre d'images ? Un livre d'emblèmes, ce n'est pas que cela – c'est beaucoup plus que cela. Car ces images sont de celles que le Père Menestrier, jésuite lyonnais de la deuxième moitié du XVIIe siècle et théoricien en la matière, qualifiait de « savantes ». Une image savante ne vaut pas pour la réalité concrète qu'elle imite, mais pour une autre réalité dont elle se fait le signe, et qui est de l'ordre du concept abstrait : c'est une image au fonctionnement symbolique. Parmi les différentes espèces d'images savantes ou symboliques, la catégorie des emblèmes offre des montages plus ou moins complexes qui font intervenir le texte écrit, avec une prédilection pour le dispositif suivant : un titre, une image, et un de ces poèmes brefs qui méritent le nom d'épigrammes. Telle est la composition tripartite que présentait en 1531 le tout premier livre d'emblèmes jamais édité, l'*Emblematum liber* du juriste d'origine milanaise André Alciat : un nouveau genre était né.

Un genre florissant qui, profitant de l'engouement humaniste de la Renaissance pour les hiéroglyphes, prenait le relai de l'allégorie médiévale et ne devait s'éteindre qu'avec les derniers feux du siècle de Louis XIV, un genre incroyablement inventif dans ses variations formelles, et capable d'accueillir dans toute leur diversité le discours éthique, politique, satirique, le discours de l'amour profane comme celui de l'amour divin, le discours moral le plus éculé comme le discours spirituel le plus dogmatique ou le plus éthéré. Triomphe de la pensée figurée, ce mode d'expression original et séduisant est à peu près ignoré de l'institution scolaire et du grand public, occulté qu'il a toujours été par l'Histoire littéraire au motif sans doute que, à cheval entre la poésie et les arts visuels, entre les belles-lettres et l'histoire de l'art, la littérature emblématique avait du mal à entrer dans l'un ou l'autre des catégories retenues par le discours traditionnel sur la littérature.

Dès les premières tentatives d'acclimatation du nouveau genre au lectorat français, auteurs et éditeurs ont souvent compris le bénéfice esthétique d'une telle structure à trois étages : la brièveté de l'épigramme permettait de resserrer l'emblème – titre, image et poème – sur l'espace de la page, une page souvent de petit format[1]. Bénéfice esthétique, mais aussi intellectuel : la lecture verticale à laquelle invitait la disposition faisait bon ménage avec le va-et-vient de l'œil en quête de détails et d'ajustement progressif dans le processus de signification, et suggérait en même temps la profonde unité de toutes les parties de cet objet singulier qui doivent collaborer à l'avènement du sens. Mais le sens auquel parvenait le lecteur était-il le *bon* sens ? Et à supposer que le lecteur ne se fût pas trompé, le sens qu'il attribuait à l'image était-il bien complet par rapport aux intentions du concepteur de l'emblème ? Fallait-il l'aider à faire naître dans son esprit toutes les implications du montage symbolique, voulait-on s'assurer qu'il serait sensible à toute la richesse d'un intertexte foisonnant ? On se ménagea alors cette possibilité de guider sa compréhension en adjoignant à l'emblème proprement dit une explication, un commentaire, que l'on appela parfois, puisqu'il s'agissait d'éclairer le lecteur, une « déclaration ». Au risque, naturellement, de renoncer parfois à la belle régularité de la succession des emblèmes à proprement parler : tel est par exemple le cas en 1555 du *Pegme* de Pierre Cousteau, pourvu de prolixes « narrations philosophiques » en prose. Mais les auteurs les plus soucieux de ne pas contrarier la vocation esthétique de leurs ouvrages ont choisi de donner à leurs « déclarations », qu'elles soient en prose ou en vers, l'unité de la page, récupérant ainsi pour l'œil, dans une alternance régulière préservée, – une page pour l'emblème, une page pour la « déclaration » –, la plaisante stratégie du retour du même. Andreas Friedrich est de ceux-là.

En 1617 paraît à Francfort chez Lucas Jennis un recueil de quatre-vingt-huit emblèmes que le titre attribue à un auteur du nom d'Andreas Friedrich : *Emblemata nova ; daß ist / New Bilder Buch : Darinnen durch sonderliche Figuren der jetzigen Welt Lauff und Wesen verdeckter Weise abgemahlet / und mit zugehörigen Reymen erkläret wirt : Den Ehrliebenden und Frommen zu mehrer Anreitzung der Gottseligkeit und Tugend : Den Bösen aber und Ruchlosen zu trewer Lehr und Warnung. Mit sondern Fleiß gestellt / Durch Den Wolgelehrten Andreas Friedrichen.* Ces *Emblemata nova* ne sont donc pas des images accompagnées d'un texte en néolatin, comme les deux premiers mots du titre pouvaient le laisser penser, mais d'un texte en allemand. Une préface adressée par Andreas Friedrich à son lecteur justifie le choix de la langue vernaculaire : il s'agit ainsi de toucher un public potentiel qui ne maîtrise pas le latin. Cette épître est précédée par une dédicace à Georgius Altrocken datée du 22 février 1617 et signée « Jacobus de Zeter », avec un seul « t ». Les quatre-vingt-huit gravures sur métal sont imprimées sur le recto, dans l'espace que l'on a ménagé entre un titre et, en bas de page, un quatrain, selon la structure que la critique moderne identifie comme celle du modèle canonique de l'emblème, ou *emblema triplex*. En regard, sur la page gauche, sous un large bandeau typographique ornemental, se déploie une explication versifiée de longueur variable intitulée « Erklärung » et précisant par un chiffre romain le rang de l'emblème dans la série. Le titre courant « New Bilderbuch » est répété en haut des deux pages en regard.

La même année, et toujours chez Lucas Jennis, Jakob de Zetter fait paraître une version française du livre de Friedrich sous le titre : *Emblemes nouveaux : esquels le cours de ce monde est depeint et representé par certaines Figures, desquelles le sens est expliqué par rimes : dressés Pour plus grande incitation au gens de biens et honorables, d'ensuivre la pieté et vertu, et Pour sincere instruction et advertissement aux meschans et dissolus de fuïr le vice. Premierement en Allemand par*

1 › L'un des premiers livres d'emblèmes français, *Le theatre des bons engins* de Guillaume de La Perrière (1540), est composé d'emblèmes sans titre. L'image et l'épigramme (un dizain) sont en regard sur les deux pages du livre ouvert, et se prêtent à une saisie horizontale dans le sens habituel de la lecture.

André Frideric, et maintenant en François, pour le bien de la jeunesse, et du simple peuple. Mis en lumiere par Jaques de Zettre[2]. L'épître dédicatoire de Jakob de Zetter est à présent adressée à ses oncles maternels, dont les noms sont aussi écrits à la française, Jaques et Jean de Bari, et datée du 6 septembre 1617. De Zetter y souligne le rôle important qui est le sien dans cette double entreprise éditoriale de par les fonds qu'il a investis, entre frais de gravure, frais d'édition et à présent frais de traduction, et transpose à la langue française la courte argumentation en faveur de l'allemand que Friedrich adressait à son premier lectorat.

La principale modification structurelle concerne les places respectives de l'emblème proprement dit et du poème long, l'« Erklärung », qui a désormais pour nom « Declaration », le premier désormais en page gauche et la seconde en page droite. Ces pages en regard portent encore toutes deux le titre courant à présent en français, « Emblemes Nouveaux », et l'on s'est contenté d'une mince frise géométrique au-dessus de l'emblème. Par ailleurs, cette version française présente bien des erreurs. Dans l'exemplaire dont je me sers ici, l'éditeur a dû dresser une liste de près de vingt coquilles, parmi lesquelles il lui faut signaler une fâcheuse permutation des emblèmes XVIII et XX, qui se trouvent par conséquent tous les deux combinés avec une Déclaration qui ne convient pas[3]. L'exemplaire numérisé de la bibliothèque de Wolfenbüttel montre qu'on a essayé de réassembler les pages du cahier dans un ordre plus satisfaisant pour la lecture, mais, évidemment, au détriment de la pagination : l'ouvrage passe alors de la page 35 à la page 40, puis aux pages 37, 38, 39, 36 et 41. On peut penser qu'il s'agit là d'une deuxième émission, faite par des artisans pressés : l'exemplaire en question présente en effet un folio vierge (et non numéroté) qui vient s'interposer systématiquement entre l'emblème et le poème long. Peut-être l'ouvrage a-t-il été entièrement interfolié pour pouvoir être achevé dans les plus brefs délais : inutile alors d'attendre que l'impression de la gravure fût parfaitement sèche pour assembler les feuilles sans risquer de maculer la page de la Déclaration, la page vierge en regard de l'emblème ayant pour fonction d'absorber l'encre – chacune d'ailleurs porte effectivement l'empreinte de la gravure contre laquelle, livre fermé, elle se trouve plaquée.

Quelque vingt-cinq ans plus tard, l'œuvre de Friedrich, du moins dans sa langue originale, revient sur le marché : les catalogues de bibliothèques enregistrent des exemplaires des *Emblemata nova* portant dans le cartouche *ad hoc* la mention : « Francofurti apud Jacobum de Zetter. Anno 1644. » Mais sur l'exemplaire possédé par la bibliothèque de Wolfenbüttel, on s'est contenté de coller un petit morceau de papier sur lequel on a imprimé la nouvelle date sur le frontispice de la première édition, lequel indiquait le millésime 1617 au bas du titre central, juste en dessous d'une citation biblique. De même, si l'épître liminaire de J. de Zetter à Georg Altrocken se termine par « *Geben zu Franckfurt am Mayn / auff* Cathedra Petri *den* 22. Februarii, Anno 1644 », c'est par le moyen d'un collage que la date de 1644 se substitue à celle de 1617. S'il était permis de généraliser à partir de ce seul exemplaire, on pourrait penser que l'édition de 1617 s'est mal vendue, et que l'éditeur cherche à écouler le stock[4]. La comparaison

2 › Nous ne retiendrons pas les formes francisées des noms de Friedrich et de De Zetter pour parler de cette édition en français.

3 › « *La 18. fig. et ses vers tant dessus que dessous, est en la place de la 20. et au reciproque.* » (« Corrigés les fautes advenues en l'impression, comme s'ensuit. ») Certains exemplaires présentent d'autres erreurs de pagination, dont rend compte l'enquête bibliographique d'Alison Adams, Stephen Rawles, Alison Saunders, *A Bibliography of French Emblem Books of the Sixteenth and Seventeenth Centuries*, Travaux d'Humanisme et Renaissance, Genève, 1992-2002, vol. 1, p. 497-498.

4 › De même, mais avec un moyen plus simple encore, sur l'exemplaire de la version française conservé à la bibliothèque de Wolfenbüttel la date de 1617 semble avoir été maquillée pour faire lire 1627.

typographique entre cet exemplaire de la bibliothèque de Wolfenbüttel et l'exemplaire de 1617 de l'Université d'Illinois, en tout cas, est édifiante : il s'agit bien, pour la part textuelle tout au moins, d'un seul et même état.

Bien avant ce retour du nom d'Andreas Friedrich sur le marché du livre emblématique, deux ans seulement après la double édition en allemand et en français, J. de Zetter réutilise les quatre-vingt-huit plaques pour les faire habiller d'un discours complètement différent par un autre auteur, enseignant et pasteur luthérien, dont le nom latinisé est Henricus Oraeus[5]. En 1619 paraît ce nouveau recueil d'emblèmes, intitulé *Viridarium hieroglyphico-morale, in quo virtutes et vitia atque mores hujus aevi, secundum tres ordines hierarchicos, explicantur* [...][6], et dont l'impression est à nouveau confiée à Lucas Jennis. C'est un livre qui présente la même structure emblématique : chaque gravure est surmontée d'un titre et accompagnée en dessous d'une courte épigramme. Mais ces emblèmes, dans leur nouveau fonctionnement symbolique, n'ont aucun rapport avec les méditations d'Andreas Friedrich[7], à l'exception de quelques rencontres fugitives et fortuites, au hasard des motifs des images, qui ne sont même pas de l'ordre de la réminiscence ou de l'écho. Le texte explicatif en regard est en prose et, comme tout l'appareil textuel d'ailleurs, en latin : on a affaire en somme à un tout autre projet éditorial, qui vise exclusivement cette fois un lectorat de lettrés, et les commentaires en prose sont bardés de citations et de références savantes en marge, selon un dispositif typiquement humaniste, celui par exemple des emblèmes de Camerarius ou encore de Schoonhovius. Ce jeu des références permet de juger très rapidement de l'importance de la place qu'occupent dans ce nouveau discours la Patristique et les auteurs de l'Antiquité païenne, qu'on chercherait en vain dans les *Emblemes nouveaux*.

Peut-on alors parler d'un détournement de l'œuvre de Friedrich, d'une violation de la propriété intellectuelle ? Sans doute les choses en ce début du XVIIᵉ siècle ne se présentent-elles pas dans ces termes, ou pas de cette façon-là. Ce réemploi d'une série de gravures pour produire une autre œuvre d'art génériquement semblable pose en tout cas, dans toute sa complexité, le problème de la relation entre les membres de ce qu'Alison Adams appelle le « comité emblématique[8] », et, au cœur de cette question, celle du statut des images.

5 › Il publie en 1623 sous le nom d'Erycus Rhonaeus chez Johannes Conrad Unckelius (l'éditeur en 1619 de la version polyglotte des emblèmes de Georgette de Montenay) un ouvrage contre le Pape, *Idea reformandi Antichristi*, qui s'ouvre sur cette citation de Luther : « Impleat vos Deus amore Christi, et odio Papae », et qui commence par exposer longuement les principes de la confession luthérienne. On trouve avant cette édition dédicacée aux grands des Provinces-Unies et au prince d'Orange une édition sans adresse en allemand, sous le nom de Johannes Hyperii, datée de 1620. Le pseudonyme Erycus (Ericus) Rhonaeus est l'anagramme d'Henricus Oraeus (V. Placcius, *Theatrum anonymorum et pseudonymorum [...]*, Hambourg, 1708).

6 › Brunet se trompe lorsqu'il écrit : « On a lieu de croire que les mêmes planches se retrouvent encore dans l'ouvrage suivant : *Philosophia practica, varias inclinationes, animorum affectus, atque adeo diversissima humanarum actionum studia artificiosis figuris, et apposite dictis exprimens, lat. german. et gallice.* Francof., apud Jac. de Zetter, 1644, in-4 obl., avec 97 pl. » Cette réédition d'une production trilingue de 1624, dédiée à Antonius Mauclerc citoyen de Francfort, et dont le titre français est *Philosophie operatrice [...]*, propose une tout autre série d'emblèmes, que J. de Zetter a déjà utilisés en 1620 en les faisant habiller d'un commentaire par H. Oraeus sous le titre *Æroplastes Theo-Sophicus, sive Eicones mysticae* (Francfort).

7 › *Cf.* par exemple la description par Anne-Élisabeth Spica du détournement de l'emblème XVII dans son article « La figure de Babel : un hiéroglyphe humaniste ? » dans *Babel à la Renaissance*, actes réunis par J. Dauphiné et M. Martin-Jacquemier, Éditions InterUniversitaires, 1999, p. 104.

8 › Alison Adams, « La conception et l'édition des livres d'emblème dans la France du XVIᵉ siècle. Une problématique collaboration entre un auteur et un éditeur », dans « L'emblème littéraire : théories et pratiques », *Littérature* nº 145, mars 2007. A. Adams reprend le terme de « comité » à Daniel Russel.

LE « COMITÉ EMBLÉMATIQUE »

Le texte et l'image

Andreas Friedrich est bel et bien reconnu dans le péritexte dans son statut d'auteur – mais auteur de quoi, au juste ? Il a, dit le titre français, « dressé » les emblèmes. On peut estimer que ce titre démesuré, très descriptif, tout comme le titre allemand dont il s'efforce d'épouser le matériel linguistique, est davantage à mettre au compte de l'éditeur que de l'auteur. Mais pour ce qui est du verbe « dresser », qui ne correspond à rien de précis dans le titre original, il semble tout simplement repris d'un passage de la fin de l'épître au lecteur, où il traduit l'allemand « verfertigen[9] », que le dictionnaire de Stoer traduit par le latin « perficere » et par le français « *achever, parfaire* ». C'est dire que le choix de ce verbe ressortit au seul fait du traducteur, dans l'épître au lecteur tout au moins, où il est probablement prélevé pour réapparaître dans le titre.

La remarque a son importance. Le traducteur en effet, et quelles que soient ses compétences en versification française, n'a pas été choisi au hasard : c'est quelqu'un à qui le genre emblématique n'est pas étranger, quelqu'un dont on peut au moins affirmer qu'il connaît les emblèmes de Georgette de Montenay dans leur version française[10]. Or c'est dans le lexique français de ce domaine de l'emblématique, qui semble familier au traducteur, que le verbe « dresser » est attesté : non pas chez Georgette de Montenay, mais dans la toute première édition en français des emblèmes d'Alciat dans la traduction de Jean Lefevre[11], pour rendre le verbe que le juriste avait employé par métaphore pour évoquer son travail[12] : « J'ay cy dresse (selon ce que j'entends) / Quelques propos composez par hystoires[13] ». Le traducteur des emblèmes de Friedrich aurait pu choisir le verbe « forger », beaucoup plus conforme à la métaphore alciatique, qu'il pouvait lire dans la traduction de Barthelemy Aneau[14] : « J'ay par esbat ces Emblemes forgez / Par main d'ouvriers aussi la pourtraicture ». Ce que nous dit ce verbe « dresser », comme l'aurait fait le verbe « forger », c'est que Friedrich, à l'instar d'Alciat, est l'auteur du texte des emblèmes ainsi que des « Déclarations », qu'il prend soin de distinguer des emblèmes proprement dits en précisant que ces commentaires versifiés leur sont ajoutés[15].

Quant aux images – la « pourtraicture », disait Aneau – elles sont suffisamment homogènes pour que l'on puisse estimer qu'elles sont confiées à la main d'un seul « ouvrier », artiste et artisan à la fois. Que la conception des emblèmes précède la réalisation des gravures ne peut pas faire de doute. Andreas Friedrich ne met pas des mots sur des images qui préexisteraient, comme le fera Heinrich Oraeus en 1619, mais élabore des emblèmes et les commente en se

9 › « Habe ich diese solche gegenwertige *Emblemata* verfertiget ».

10 › *Cf. infra* la fin de cette introduction.

11 › *Livret des Emblemes de maistre Andre Alciat / mis en rime francoyse / et presente a mon seigneur Ladmiral de France*, Paris, Chrestien Wechel, 1536.

12 › « Haec nos festiuis Emblemata cudimus horis / Artificium illustri signaque facta manu ».

13 › « La preface au livret des bigarreures du luysant homme Andre Alciat / faicte a maistre Conrad Peutingre de Ausburg ». Dans l'épître liminaire à Philippe Chabot, Lefevre emploie déjà le verbe « dresser » avec le même complément, pour se mettre modestement en retrait par rapport à meilleurs écrivains que lui : « comme mieulx appelez / et de plus long temps / a dresser propos de francoyse eloquence ».

14 › *Emblemes d'Alciat, de nouveau Translatez en François vers pour vers jouxte les Latins*, Lyon, Macé Bonhomme, 1549.

15 › « J'ay pour mon regard dressé ces Emblemes, et declaré le sens caché & intelligence d'iceux par rimes y adjoustees. »

faisant une représentation mentale très précise des images adéquates, à moins qu'il ne travaille à partir de dessins déjà plus ou moins ébauchés et, on ne peut pas ne pas envisager cette hypothèse, des dessins peut-être de sa main. J'en veux pour preuve deux détails des emblèmes XV (« Tel est l'arbre de vice avec ses fruits tant beaux ») et XXXVI (« Ne vois tu pas comment l'Orgueil tousjours tout gaste ? »).

La Déclaration de l'emblème XXXVI décrit l'image, et la décrit comme une image que l'énonciateur a sous les yeux, en s'attachant à un détail censé se trouver « à main droite » : une allégorie de l'un des trois états dans la vision luthérienne de la société, le « Wehrstand » ou pouvoir civil. Cette allégorie, précise le texte, doit avoir elle-même « en main » la Bible, qui n'est évidemment pas son attribut : l'emblème en effet veut dénoncer une confusion perverse des pouvoirs. L'expression « à main droite » ne renvoie pas à cette relation du personnage allégorique avec cet attribut inédit, mais au corps du scripteur, un scripteur qui visualise une image mentale ou bien un dessin déjà esquissé de la scène qu'il commente par écrit. Or le lecteur est à même de constater que l'image ne représente pas du tout, « à main droite », le détail mentionné par le poème, et que le graveur a choisi de privilégier la figure de l'Orgueil au détriment des autres allégories, réduites aux seuls attributs qui les caractérisent... Ce divorce entre un commentaire qui prend appui sur les détails d'une image, et l'image effectivement offerte au lecteur, suffit à démontrer que Friedrich n'est pas l'auteur des gravures finalement exécutées et que ces gravures sont postérieures à son travail de rédaction – ce pourquoi il était prudent d'évoquer des ébauches de dessins. Cette antériorité du commentaire par rapport à l'exécution des gravures sur un dernier état du dessin peut encore être mise en évidence par un détail du quinzième emblème. Le graveur a porté à droite (à gauche pour lui, et dans un système d'écriture dite « miroir », ce qui complique évidemment les choses) la mention « *philipimia* », qui ne veut à peu près rien dire. Il est évident que consigne avait été donnée d'écrire le mot « *philotimia* », parfaitement traduit dans la Déclaration française par « ambition » d'après l'allemand « Ehrgeiß » dans l'« Erklärung » du texte original, conformément à la valeur des mots à l'époque. Le mot « ambition » fait partie des équivalents que le dictionnaire de Stoer donne à « Ehrgeiß » : « *desir et convoitise d'honneur, ambition.* Honoris cupido, ambitio ». En 1619, d'ailleurs, Henrich Oraeus ne s'y trompe pas, et son commentaire en prose au regard de cette même image (puisque ce sont les mêmes plaques qui servent) restitue le mot « *philotimia* » : « *Philotimiae* nunquid et Apostolos Domini invasit et pervasit lues, altercantes inter se *de Primatu*[16] ». C'est donc bien à un artiste dont nous ne connaîtrons probablement jamais le nom que le travail sur métal a été confié, et cet artiste avait en mains un programme iconographique très précis, sinon, ce qui est encore plus probable, des dessins plus ou moins aboutis dont il avait à charge de peaufiner le détail, avec la part d'interprétation qu'une telle marge de manœuvre autorise. Cette dernière hypothèse semble en effet la plus satisfaisante : elle rend mieux compte du caractère déictique des Déclarations et de la façon méthodique et minutieuse dont elles exploitent les figures, leur agencement, leurs attributs, et autorise à penser qu'il y a un lien entre le fait que graveur ne fait que compléter un dessin avant de le reporter sur la plaque de métal et que, plus « ouvrier » que créateur, plus artisan qu'artiste, il ne laisse pas de nom ni même de chiffre ou monogramme. Tout au plus peut-on avancer l'idée qu'il est

16 › « Est-ce à dire que la peste de l'ambition aurait envahi et contaminé jusqu'aux Apôtres du Seigneur, eux qui disputaient de leur prééminence ? »

de confession non pas luthérienne mais calviniste : les figures des emblèmes comportent par trois fois la représentation des Tables de la Loi identifiables par leur forme stéréotypée et par l'inscription de chiffres romains, de I à X, selon la répartition voulue par Calvin après Bucer, quatre Commandements pour la première table et six pour la deuxième[17].

Éditeur et imprimeur

Pour ce qui est des autres collaborateurs qui font le « comité », on en sait un peu plus sur Lucas Jennis, qui réalise l'impression et assure la diffusion d'une partie du stock, et Jakob de Zetter, l'éditeur qui assume les risques financiers. Tous deux ont en commun la relation qu'ils entretiennent à des titres divers avec la famille De Bry, une sommité du monde de l'édition, d'abord établie à Francfort, plaque tournante des activités à vocation internationale. Le père de Jakob de Zetter, également prénommé Jakob, était lui-même graveur et éditeur. Calviniste, il a fui les Pays-Bas espagnols et la persécution religieuse pour se réfugier d'abord à Francfort : on a dit qu'il venait de Tournai où son nom était orthographié De Sutra – ce qui explique peut-être les variations dans les graphies du nom de son fils au fil des productions[18]. C'est à Hanau qu'il épousa en 1581 Jeanne de Bary, issue elle aussi d'une famille de calvinistes émigrés depuis Tournai : leurs deux fils, Jakob et Paul, sont formés à l'art de la gravure, et Jakob fils collabore avec Johan Theodor de Bry[19]. Jakob père meurt l'année qui précède l'édition des *Emblemes nouveaux*. Lucas Jennis appartient lui aussi à une famille d'émigrés calvinistes : son père, orfèvre et graveur, a quitté Bruxelles avec son épouse pour s'établir à Francfort, où il est mort en 1606. Sa mère s'est remariée à Johan Israel de Bry, qui initie son beau-fils à la gravure. À la mort de Johan Israel en 1609, Lucas Jennis suit son oncle par alliance, Johan Theodor, à Oppenheim et entretient des relations d'affaires avec Moretus à Anvers. Lorsque l'ouvrage de Friedrich lui est confié, il a 27 ans et possède depuis un an sa propre maison d'édition.

Jennis et De Zetter ont le profil de jeunes gens entreprenants qui gravitent dans des milieux où ils peuvent trouver des investisseurs ou obtenir des prêts, la production de luxe des livres à gravure pour le premier auprès de la famille De Bry, le négoce pour le second avec les De Bary : de jeunes gens qui savent ce qu'investir veut dire. On peut consulter à la réserve de la Bibliothèque nationale de France un catalogue daté de 1627 qui met en évidence la façon dont De Zetter essaie de rentabiliser au maximum ses investissements en multipliant la visibilité des livres qu'il produit : *Catalogus omnium librorum qui prodierunt impensis Jacobi de Zetter, Bibliopolae Hamburgensis : Et in officina eiusdem Hamburgi, ad Templum S. Nicolai, nec non Mœno-Francofurti, apud Lucam Jennisium, venales habentur.* Le titre même nous apprend que De Zetter, qui possède une officine à Hambourg, supporte les frais d'édition et distribue les livres qu'il fait imprimer à sa propre adresse, mais aussi par l'intermédiaire de Lucas Jennis à Francfort. Quant aux titres au catalogue, ils sont classés par rubriques : tel ouvrage au

17 › Luther, pour qui « les Commandements qui se rapportent au prochain » sont au nombre de sept, adopte la répartition augustinienne.

18 › De Zeter, Zetter, Zettre, Zettra ou Zetra.

19 › Les noms de Johannes de Bry, Iacobus de Zettra et Johannes Galle sont par exemple associés en 1612 au bas du cartouche où s'inscrit le titre d'un ouvrage de Gotthard Artus, *Electio et coronatio [...] Matthiae*, réalisé par les soins de la maison De Bry.

format in-folio de Jean Daniel Mylius, par exemple, sans doute produit au prix d'une mise de fonds importante, figure sous trois rubriques différentes, dans ses versions latine, française et allemande. De même, les trois utilisations successives des plaques emblématiques qui nous intéressent sont soigneusement ventilées : le *Viridarium Hieroglyphicum morale* de Heinrich Oraeus est classé dans les « Historici et politici » ; à la suite de cette rubrique, les « Libri Gallici » accueillent les *Emblemes nouveaux : esquels le cours de ce monde est dépent et representé par certaines figures...*, puis ce sont les « Teutsche Historische und Politische Bücher » qui font apparaître, avec cette fois le nom de l'auteur en capitales, « *ANDREAE FRIDERICI Emblemata nova, daß ist : New Bilder Buch...* ». Si la notion d'auteur existe, en tout cas pour la part écrite, et trouve une reconnaissance formelle dans un titre qui l'inscrit de façon explicite, celle de propriété intellectuelle disparaît derrière la question d'argent, qui rend le statut du responsable de la part iconique problématique.

Sans vouloir généraliser cette réflexion sur le statut des images du recueil de Friedrich, on peut invoquer ici le cas des gravures pour l'*Iconologie* de Baudoin[20] tel que l'expose l'épître au lecteur de la réédition augmentée de 1643 : il y est question d'un sieur Cappitain « à qui, sans le flatter, on peut donner à bon droict la gloire d'avoir mis en leur lustre ces Emblemes. Car c'est luy qui en a faict la principale despense ; et qui mesme apres la mort du Graveur, advenuë depuis peu, n'a rien espargné pour en recouvrer les Cuivres ; comme en effet il les a dégagez de ses deniers propres : A faute dequoy, et à moins que de faire de nouveaux frais pour de nouvelles Figures, cette suitte de l'Iconologie ne pouvoit estre achevee[21]. » Le privilège, qui protège le libraire Mathieu Guillemot pour vingt ans afin de « se redimer des grands frais qu'il luy convient de faire, tant pour l'impression [...] que pour la gravure desdites tailles douces », ne mentionne que Guillemot comme celui à qui incombe tous les frais : le représentant de l'autorité royale n'a que faire de ses sources de financement. Il est probable que dans le cas de l'édition des *Emblemes nouveaux*, les oncles de l'éditeur aient apporté leur soutien financier. Quoi qu'il en soit, De Zetter, comme le titre français le précise, a « mis en lumiere » le recueil de Friedrich, il lui a donné la possibilité d'exister en apportant, grâce à l'aide de sa famille ou non, les fonds nécessaires à l'impression mais aussi à la confection du jeu de plaques : et il n'est pas question ici d'un graveur connu, comme pour l'*Iconologie* de Jacques de Bie, qui était aussi libraire et marchand d'estampes. Mais si De Zetter souligne dans la préface adressée à ses oncles maternels les trois postes qui se partagent son investissement, à savoir l'impression, la traduction et la gravure, c'est moins pour s'en attribuer la gloire que pour marquer son territoire : ayant financé la facture des plaques, elles lui appartiennent de plein droit et il peut en disposer à l'avenir comme bon lui semble – ce qu'il fait deux ans plus tard en les confiant à Oraeus, sans que le nouveau livre d'emblèmes fasse même mention du nom de Friedrich.

20 › Adaptation du célèbre recueil de Ripa : *Iconologie [...] tirée des Recherches et des Figures de Cesar Ripa, moralisées par Jean Baudoin*, Paris, Mathieu Guillemot, 1543.

21 › Rémy Capitain avait déjà financé les portraits en taille-douce des rois de France que De Bie avait gravés pour l'*Histoire de France* de Mézeray (1634) : le texte permet de comprendre que non seulement il a financé les gravures de la première édition de 1636 et celles de la suite pour cette édition augmentée de 1643, mais qu'il a dû racheter les plaques que le graveur avait gagées, et qui avaient été saisies après sa mort en compensation de quelque dette. Confirmation vient d'être apportée par la production d'un document inédit dans la thèse de Marie Chaufour sur Jean Baudoin soutenue en décembre 2012 à l'Université de Dijon (*Le Moraliste et les images*, p. 298-299), un contrat de juin 1643 entre Capitain et Frédéric Pichille qui précise le montant de la dette rachetée par Capitain, 300 livres tournois.

Rectifications

Les résultats de cette modeste enquête sur le « comité emblématique » viennent contredire deux affirmations datées, mais reprises çà et là, à propos de l'œuvre d'Andreas Friedrich. Il ne me semble pas inutile de les exposer ici, en me posant d'autant moins en redresseur de torts que dans une première approche très superficielle des *Emblemes nouveaux* je les ai prises, je l'avoue, pour argent comptant.

La première consiste en un discours tenu depuis le XIXe siècle par Geyser[22], par Wustmann[23], par Gurlitt[24], et que l'on peut lire encore notamment dans la notice du *Saur-Allgemeines Künstler-Lexicon*[25] ou encore celle du *Deutsches Biographisches Wörterbuch* consacrées à Andreas Friedrich, qui puisent à ces sources appartenant à une époque où l'on ne prenait guère en considération la réalité matérielle de l'activité emblématique ni le travail de collaboration que suppose, à de très rares exceptions près, une telle entreprise. Le discours en question consiste à assimiler l'auteur des *Emblemes nouveaux* avec un artiste peintre homonyme de Leipzig, né aux alentours de 1560, qui a laissé quelques traces avérées dans l'histoire artistique de la ville. Sans doute une telle identification est-elle implicitement facilitée par la présence parmi les pièces liminaires du recueil de Friedrich d'un petit poème en latin signé du nom d'Andreas Martersteck, qui se dit « Gothanus », de Gotha. On n'oublie pas alors d'attribuer au peintre de Leipzig des compétences dans le domaine de la gravure : il faut bien justifier la réalisation du livre d'emblèmes, puisqu'on veut qu'il soit entièrement de sa main... Et pour faire bonne mesure, on le fait mourir vers 1617 – il faut bien le faire vivre jusqu'à la publication des emblèmes dont on lui attribue l'entière confection, et sans doute est-il plus satisfaisant pour l'esprit de le croire décédé au moment où les gravures de son recueil sont réemployées et détournées, au mépris de son propre projet, dans un nouveau livre qui fait disparaître non seulement son texte, mais jusqu'à son nom. En fait, l'identification proposée par les outils biographiques avec ce peintre saxon repose sur la seule homonymie.

Et pourtant, paradoxalement, la ville de Leipzig se trouve bel et bien sur la piste ouverte par le nom de Martersteck au seuil des *Emblemes nouveaux*. Sa signature en effet, flanquée de la précision « Gothanus », apparaît dans deux plaquettes publiées à Leipzig en 1596, en faveur parmi d'autres de Paulus Bohemus[26] et de Valentinus Rumpelius[27]. Dans la première, deux autres pièces sont signées par Vincentius Schmuck, de Smalkalde, et d'un certain Johannes Friderich, professeur de rhétorique[28]. Le nom de cet universitaire de Leipzig a déjà rencontré celui d'Andreas Martersteck à l'occasion d'une plaquette offerte à Vincentius Schmuck

22 › Gottlieb Wilhelm Geyser, *Geschichte der Malerei in Leipzig von Frühester Zeit bis zu dem Jahre 1813*, Leipzig, 1858, p. 36.

23 › Gustav Wutsmann, *Beiträge zur Geschichte der Malerei in Leipzig vom 15. bis 17 Jahrhundet*, Leipzig, 1879, p. 58.

24 › Cornelius Gurlitt, *BeschreibendeDarstellung der älteren Bau- und Kunstdenkmäler des Königreich Sachsen, Heft 17 und 18*, Dresde, 1917, p. 153, 391, 417.

25 › München, 1992. Cette notice reprend la notice d'A. Kurzwelly dans l'*Allgemeines Lexikon der Bildender Künstler von der Antike zur Gegenwart*, dirigé par Ulrich Thieme et Felix Becker, Leipzig, 1916.

26 › *Gratularia carmina in honorem [...] Dn Pauli Bohemi Lips.*, Leipzig, Abraham Lamberg, 1596.

27 › *Honori Juvenis doctrina et virtute ornatissimi Dn. Valentini Rumpelii Smalcadensis Fr. Cum summa philosophicae dignitatis laurea ipsi una cum XV aliis humanissimis doctissimisque juvenis quarto Cal. Feb. conferretur, Ab amicis D. gratulationes [...]*, Leipzig, Abraham Lamberg, 1596.

28 › « Un. Artis dicendi Profes. ».

en 1593 pour son mariage[29] : tant qu'à s'intéresser aux hasards de l'homonymie, il y a là, dans ce sodalitium universitaire, une voie qui mériterait d'être explorée plus avant.

Il convient en second lieu de s'inscrire en faux contre ce qui est une affirmation chez Mario Praz[30], que l'on trouve encore chez John Landwehr[31], tous deux sans doute d'après les sources de l'*Allgemeines Lexikon* : les gravures seraient de la main de Jakob de Zetter lui-même. Hypothèse guère compatible avec l'affirmation de l'épître liminaire où De Zetter, nous l'avons déjà évoqué, parle du recueil en soulignant « les despens » qu'il a faits « pour l'impression d'icelui en Allemand et graveure des figures ». John Landwehr rapproche la facture des gravures qui illustrent les emblèmes de Friedrich de celles du *Nebulo nebulorum* de Flitner, dont Jakob de Zetter assure l'édition[32] très peu de temps après 1617. Mais quand bien même la comparaison serait probante, le fait que De Zetter soit l'éditeur et, accessoirement, qu'il ait été formé au métier de graveur, ne saurait impliquer, pas plus que dans le cas du recueil de Friedrich, que l'on puisse lui attribuer *ipso facto* le travail de gravure.

Non que la comparaison ne soit pas pertinente : elle est, bien au contraire, édifiante. Ouvrons le livre de Flitner, ouvrons celui de Friedrich, et comparons les gravures. Le porc qui illustre l'ode XXII du *Nebulo nebulorum* de Flitner, par exemple, est fort semblable à celui de l'emblème LXXIV, à la réserve près que l'extrémité du groin est raté ; sur cette même image, le manteau du personnage est l'objet d'un système de hachures exécutées sans nuance, sans grand sens du mouvement naturel d'un drapé aux plis lourds – à la différence, par exemple, du dessin pour l'emblème LXVIII de Friedrich. La gravure pour l'ode XVI du *Nebulo nebulorum* traite le même motif que l'emblème LXIX, et les deux personnages, un homme qui file pour Flitner, une Parque pour Friedrich, sont saisis dans des attitudes parfaitement semblables, les mains occupées par les mêmes objets ; mais quelle différence dans la manière de traiter les murs intérieurs de la pièce, on ne peut plus sommaire et fruste pour Flitner, élégante et d'une richesse suggestive chez Friedrich ! Quelle différence encore, un peu partout, dans le traitement des nuages, cordons harmonieux et signifiants dans les *Emblemes nouveaux* contre masses maladroites et gratuites dans le *Nebulo nebulorum*, ou mieux encore le traitement des villes à l'arrière-plan !

La qualité des détails ne laisse pas à désirer que dans les arrière-plans, dont on pourrait se dire que, comme assez souvent dans le milieu pictural, l'artiste en a confié l'exécution à quelque « petite main » de l'atelier. Les traits qui ombrent la jambe gauche, tendue en avant, du « fileur » de Flitner sont de longues lignes parallèles et bien droites hachurées par de courts traits perpendiculaires, parfaitement inaptes à dessiner le galbe, et sans même que l'artiste ait pensé à ménager une étroite zone plus claire propre à épouser la courbe de la jambe, courbe que l'œil ne peut plus percevoir, parasitée qu'elle est par le quadrillage linéaire – là encore,

29 › Je ne connais de cet opuscule conservé à Berlin, qui porte la même adresse, que le titre et la description.

30 › Mario Praz, *Studies in Seventeenth-Century Imagery*, seconde éd. considérablement augmentée, Rome, 1964 (1re éd. 1939), p. 341 : « Engraved title-page and 88 emblems engraved by J. de Zetter ».

31 › John Landwehr, *German Emblem Books, 1531-1888: A Bibliography*, Utrecht, 1972, p. 306. Dans la notice qui concerne le *Viridarium* d'Oraeus, les 88 planches sont attribuées à De Zetter (« 88 copperplates by J. de Zetter »). Cette affirmation est encore relayée par B. Both, E. Stronks, « Acceptatie van het vreemde », dans *Nederlande Letterkunde. Jaargang 15. nr 2*, août 2010, p. 80.

32 › Joannes Flitner, *Nebulo nebulorum, Hoc est, Jocoseria nequitiae censura*. Francfort, J. de Zetter, 1620 (adaptation latine du *Schelmenzunft* de Thomas Murner, 1512). Je me sers d'une réédition de 1663 (Francfort, G. Fickwirt), qui réutilise le jeu de plaques de 1620, avec des erreurs (que je n'ai pas corrigées) dans la correspondance entre gravures et odes : j'identifie donc ici les gravures selon cette édition de 1663.

la comparaison est édifiante : rien à voir avec le traitement de la même partie du corps chez l'artiste des Emblemes nouveaux, qui privilégie l'entrecroisement de courts traits obliques, comme on peut le voir dans l'emblème XLVII. On peut s'attarder par ailleurs sur l'image de cet emblème XLVII pour remarquer que le personnage a une tête qu'on peut dire stéréotypée, dans la mesure où ses caractéristiques principales se retrouvent chez nombre d'autres personnages dans cette même série d'images. Or la vignette qui illustre la toute première ode de Flitner présente bien une tête tout à fait similaire, moustache taillée et barbe courte qui dessine un visage en pointe, et la récurrence de ce type de visage également dans cet ouvrage pourrait alimenter l'hypothèse de Landwehr. Mais cette première image montre également que le graveur, à la différence de l'artiste des *Emblemes nouveaux*, a un gros problème de perspective dans le traitement des tables, sièges et autres objets dont les surfaces planes ont sous son burin une fâcheuse tendance à s'incliner, contre tout sens élémentaire de la perspective... c'est, dans cette première image, le plateau de la table où l'un des deux personnages consigne les « charlataneries » du second, c'est aussi le siège pour l'ode XXIII[33] ainsi que pour la suivante, ou encore la margelle d'un puits pour l'ode XXI. Ajoutons à ce défaut évident de technique que certains corps démontrent une autre difficulté inégalement maîtrisée, qui consiste en un problème, cette fois, de proportions : membres supérieurs parfois trop longs (ode XVIII), membres inférieurs trop ramassés (odes XV, XXI), pieds souvent beaucoup trop petits (en particulier pour les odes XXVI et XXIX)...

À moins de faire l'hypothèse d'une étrange régression en l'espace de trois ans, il faut bien admettre que l'on a affaire à deux artistes différents. On a l'impression que bien des motifs principaux proviennent d'un modèle commun, ce à quoi sans doute John Landwehr était-il sensible ; mais si la technique semble la même, il n'en est pas moins vrai qu'elle est beaucoup moins bien maîtrisée dans le cas de l'artiste qui participe à l'édition de 1620... comme si l'on avait affaire à deux graveurs formés à la même école, et rien n'empêche naturellement de penser à l'atelier des De Bry. On peut d'ailleurs faire d'autres rapprochements entre quelques détails des emblèmes de Friedrich et les figures de l'*Atalanta fugiens* de Michel Maier, généralement attribuées à Johan Theodor de Bry[34], et tout particulièrement le dessin d'un monde pourvu d'une tête et de quatre membres, silhouette féminine dans la première gravure de l'*Atalanta fugiens*, masculine dans le soixante-huitième des *Emblemes nouveaux*.

UN RECUEIL LUTHÉRIEN

Les *Emblemes nouveaux* ont pu faire l'objet d'une troisième affirmation, qui curieusement consiste à faire de Friedrich un auteur catholique, et dont la rectification s'impose d'elle-même. Peut-être l'erreur a-t-elle pour origine le *Dictionnaire de Bibliographie catholique* de Migne, où le livre d'emblèmes de Friedrich est enregistré sous la rubrique « Archéologie sacrée[35] » ? Toujours est-il qu'en 2010 encore a été publié en Hollande un article qui veut

33 › Le dessin de cette image offre aussi une improbable manivelle, qui ne saurait être perpendiculaire à l'axe.

34 › Le titre de l'*Atalanta fugiens*, imprimée à Oppenheim aux frais de Johan Theodor de Bry en 1618, présente le livre comme un recueil d'emblèmes alchimiques, qualifiés, comme ceux de Friedrich, d'« emblemata nova ».

35 › *Dictionnaire de Bibliographie catholique*, Paris, J.-P. Migne, tome IV, chap. 51 col. 585.

faire du livre d'emblèmes de Friedrich un ouvrage qui formulerait explicitement et défendrait la doctrine catholique, un ouvrage caractéristique de la Contre-Réforme[36] ; le même type de propos sur un prétendu Friedrich « catholique » est venu alimenter l'année suivante un article en langue anglaise[37].

Paradoxalement, le premier article convoque et reproduit quatre planches, dont les images des emblèmes II et XVII qui comptent parmi les emblèmes les plus manifestement luthériens du corpus. Le XVII représente des personnages saisis dans des activités diverses qui peuvent être regroupées en deux séries : d'un côté ceux qui font, de l'autre ceux qui défont. Appartiennent à la deuxième catégorie un personnage en train de fuir l'incendie qu'il a allumé, deux scélérats armés de pioches qui s'attaquent aux murs d'une église et d'une mairie, et un Bacchus en train de vider un hanap, à califourchon sur un tonneau. Nettement opposé à ce dernier, un paysan travaille à sa vigne ; on peut supposer que le modeste cruchon et le sac posés à côté de lui contiennent l'eau et le pain qui lui sont strictement nécessaires. En hauteur, sur un échafaudage, un évêque armé d'un marteau s'affaire ; comme le suggèrent tout un pan de briques mises à nu et des paniers rangés sur la planche où se tient le personnage, il est en train de remplacer le revêtement extérieur du mur. Mais si le quatrain d'accompagnement renvoie bien à cette distinction entre des activités positives et des activités négatives, la Déclaration approfondit ce premier degré de réflexion qui en vérité pourrait convenir à tout le monde, toutes confessions confondues, par un discours parfaitement protestant sur la valeur des œuvres par rapport à la foi, pour affirmer la prééminence de la foi sur les œuvres. Et c'est alors un discours qui englobe celui qui « s'exerce au travail » ou celui qui « bastit » dans la même condamnation, finalement, que l'ivrogne qui dissipe le fruit du travail ou que le voyou armé d'une pioche qui « desfait », dans la mesure où le paysan et l'évêque veulent représenter ici ces mauvais chrétiens qui escomptent que leurs œuvres suffiront à leur assurer le salut. Et si l'évêque sur son échafaudage est sans doute un évêque luthérien et non pas catholique, la confusion que l'on peut faire dans une lecture hâtive n'a sans doute, au bout du compte, pas grande importance. Ce qui importe, c'est de reconnaître en cet évêque, quelle que soit sa confession, un mauvais chrétien qui croit pouvoir mettre les œuvres avant la foi, et qui par conséquent est susceptible d'être symbolisé, comme les quatre autres personnages en activité, par le pyromane dont la Déclaration nous dit qu'il ne pourra pas éteindre le feu qu'il a lui-même allumé : ce sont les flammes de l'enfer ouvert par le péché. Grave péché en effet, que celui qui revient à exercer une sorte de chantage auprès de Dieu et à vouloir « estre le maistre[38] », à vivre son rapport aux choses spirituelles « selon sagesse humaine », selon la pratique du troc et de l'argent, péché qui entraîne à terme la damnation éternelle ; la damnation n'est donc pas réservée qu'à ceux qui ne veulent pas croire mais, pour reprendre la phraséologie luthérienne, à

36 › Bert Both, Els Stronks, « Acceptatie van het vreemde », dans *Nederlande Letterkunde, Jaargang 15. nr 2*, août 2010. Je ne connais le contenu précis de cet article, disponible sur internet, que grâce à l'obligeance d'un collègue bilingue.

37 › Feike Dietz, Els Stronks, « German Religious Emblems As Stimuli of Visual Culture in the Dutch Republic », 2011, p. 362 : « In 1617, Jennis produced the *Emblemata nova / Emblemes nouveaux* by the Catholic Andreas Friedrich, who worked within the tradition of the Counter-Reformation. » (http://igitur-archive.library.uu.nl/let/2011-1117-200601/CHRC_091-03-04_article2_Dietz-Stronks.pdf). Comme dans l'article précédent, la démonstration s'appuie sur Dimler, qui dans la recension d'une édition du *Hirnschleiffer* d'Aegidius Albertinus se bornait à suggérer un vague rapprochement entre la manière des emblèmes de Friedrich et trois des images du livre d'Albertinus (*The German Quaterly* n° 51, 1978, p. 206-208), rapprochement strictement iconographique dont Dimler se gardait bien de tirer quoi que ce fût.

38 › Cette expression et la suivante appartiennent à la Déclaration de l'emblème.

tous ceux qui mettent Mammon à la place de Dieu et contreviennent ainsi au tout premier Commandement. Quant au deuxième emblème, il n'est pas besoin de lire la Déclaration qui l'accompagne pour en percevoir immédiatement le caractère proprement luthérien. Juchées sur le monde, et comme le début du quatrain le précise en recourant au lexique adéquat, les allégories des trois états de la société selon Luther, investies des trois missions identifées dans le quatrain par les radicaux « Lehr », « Wher » et « Nher »[39], reçoivent leurs attributs respectifs depuis la région divine délimitée au-dessus de leurs têtes par un cordon de nuages, et assurent pour l'œil une sorte de trait d'union entre Dieu et le monde. C'est dans le respect d'un ordre social voulu par Dieu que chacun se doit de « faire son devoir » par rapport aux autres membres de la communauté, selon ce à quoi la Déclaration allemande donne le nom de « Beruff ». Terme clef de la réflexion spirituelle de Luther sur le politique, le mot « Beruff » entre dans le dictionnaire de Stoer avec son acception particulière, rendue dans la traduction par le mot que le poème en français utilise également : la « vocation ».

Place des *Emblemes nouveaux*

Ils sont « nouveaux », ces emblèmes, et peuvent être revendiqués comme tels, dans la mesure où ils rompent avec l'emblématique germanique antérieure en proposant un recueil d'emblèmes spirituels luthériens. La rupture est comparable à celle qu'avait constituée l'apparition des *Emblemes, et devises chrestiennes* de Georgette de Montenay sur le marché français, mais aussi outre les Alpes et outre-Rhin depuis Zurich à partir de 1584 ou à Heidelberg en 1602[40]. Et Georgette de Montenay dans sa dédicace à la Reine de Navarre soulignait elle-même la nouveauté de son entreprise, par rapport à la production alciatique, en offrant des emblèmes qu'elle estimait « estre premier chrestiens ».

Les emblèmes de Friedrich sont d'ailleurs strictement contemporains d'un autre recueil luthérien, la *Societas Jesu et Rosae Crucis vera* de Daniel Cramer, luthérien et professeur de théologie à Stettin[41] ; et c'est Lucas Jennis qui fait paraître ces quatre décades d'emblèmes sacrés chez Nikolaus Hoffmann, cette même année 1617. Jennis en rééditera sur ses propres presses des versions augmentées sous le titre d'*Emblemata sacra*. Dans l'édition de 1624, une édition quadrilingue, une épître signée par lui fait valoir le caractère novateur des emblèmes de Cramer, dans des termes qui pourraient aussi bien s'appliquer au recueil de Friedrich. Cramer, dit-il, s'inscrit dans la tradition de la « peinture éloquente » héritée des hiéroglyphes, laquelle s'est donnée pour but « une couverte instruction et institution de la vie humaine, pour detourner des hommes des vices qui la rendent plus difficile et laborieuse, et les acheminer à la vertu, qui la rend aulcunement tranquille et heureuse ». Le titre complet du recueil de Friedrich ne promet pas autre chose : des emblèmes « dressés pour plus grande incitation aux gens de biens et honorables, d'ensuivre la pieté et vertu, et pour sincere instruction et advertissement aux meschans et dissolus de fuïr le vice ». Et si Cramer est un novateur, poursuit Jennis dans

39 › Respectivement l'enseignement (« Lehrstand »), le pouvoir civil (« Wehrstand »), et les autres professions ainsi que les activités dans le cadre de la famille (« Nährstand »).

40 › Respectivement chez Froschouer et chez Lancellot. D'après J.-C. Margolin (dans *BHR*, LI, 1985, n° 2), ce sont les mêmes plaques qui servent, et peut-être même est-ce une partie du tirage de Zurich que l'on reprend à Heidelberg.

41 › Du point de vue formel, ces emblèmes s'inspirent de ceux de Gabriel Rollenhagen.

son épître liminaire, c'est qu'il a su troquer les fables des païens pour la parole de Dieu afin de concevoir des « Emblemes sacrés », « monstrans le chemin, non pas à une vertu moralle et extérieure seulement, mais aussi, et principalement à une pieté vrayement Chrestienne ».

Question, sans doute, davantage de contenu que de forme, et pour en revenir aux emblèmes de Friedrich, peut-être sont-ils nouveaux également au sens où Du Bellay parlait jadis d'une *ancienne renouvelée poésie*[42] : plus de soixante ans après l'*Olive*, assurément, le geste humaniste par excellence qui consiste à redonner vie aux œuvres d'art de l'Antiquité est encore perçu comme une expression de la modernité. C'est ainsi que Jakob de Zetter présente dans une épître trilingue[43] adressée au lecteur les emblèmes de la *Philosophia practica* qu'il réédite en 1624 sans les commentaires d'Oraeus, juste pourvus désormais des trois quatrains en latin, allemand et français gravés à même la plaque, en dessous de chaque figure. Cette préface commence par faire l'éloge des « Philosophes Payens » puis des « excellens esprits, que nous appellons Poëtes » : « Ceux la taschoyent d'insinuer aux autres leurs preceptes, qu'ils munissoyent par divers et fermes argumens : Mais ceux-ci enveloppans les leurs en fables plaisantes, ont comme planté leur doctrine au cœur des plus simples », non sans recourir également à « des images et peintures fabuleuses, et quelques fois monstrueuses, pour obtenir ce qu'ils louoyent ». D'où cette idée, extrapolée d'Horace, que de même que « ceux qui sont Poëtes, le sont de nature, l'experience tesmoigne le mesme des peinctres et grave[u]rs ». L'apologie du dessinateur-graveur se termine par la promotion d'Albrecht Dürer, artiste moderne et allemand mis au rang de Zeuxis et d'Apelles, en la compagnie desquels De Zetter met non sans faire le modeste l'auteur anonyme des images qu'il propose. Une partie du matériel iconographique – notamment les allégories – semble empruntée au recueil de Friedrich, avec toutefois un traitement et un agencement différents, un autre parti-pris stylistique, une autre manière. Dans les premières pages, par exemple, une composition très proche de l'emblème II de Friedrich fait figurer côte à côte sur le même char tiré par la Foi et par l'Espérance, un roi, un homme pourvu d'un livre et un autre qui démontre sa détresse et son dénuement en joignant les mains, dans un geste codé que l'on trouve aussi dans les *Emblemes nouveaux* : ce sont les allégories des trois états ou *vocations*, selon le terme employé par l'épigramme en français[44]. Si nous, lecteurs du XXIe siècle, avons un peu de mal à mesurer la nouveauté en matière de traitement allégorique, nous sommes sans doute davantage sensibles à une autre veine picturale qui à coup sûr permettait de qualifier de *nouvelles* les gravures du recueil de Friedrich. Parmi les allégories des *Emblemes nouveaux* se mêlent en effet des images que Daniel Russell appelle des « collages emblématique[45] », et qu'Anne-Elisabeth Spica définit à juste titre comme des « compositions hiéroglyphiques », des « assemblages totalement dénués de vraisemblance imitative », des combinaisons signifiantes de motifs « dessinant un ensemble totalement fan-

42 › Préface de l'*Olive*.

43 › *Philosophia practica*, *op. cit.* Je désigne désormais l'ouvrage par son titre français : *La Philosophie operatrice.*

44 › « Quand un chascun s'efforce de suivre ses sentiers, / La vocation sienne exerçant volontiers [...] ».

45 › Daniel Russell (*Emblematic Structures in Renaissance French Culture*, Toronto, Buffalo, Londres, University of Toronto Press, 1995, p. 76) emploie cette expression pour des assemblages dont le prototype est une Vénus, tortue sous les pieds, doigt sur les lèvres et clef à la main, dans le *Theatre des bons engins* de La Perriere : « The use of multiple attributes, drawn from multiple sources, to form symbolic collages [...], completely divorced from any naturalistic nattarative situation continued to be one of the prized techniques of the emblematists well into the seventeenth century ». Russel précise en note : « One particularly striking example is Andreas Friedrich's *Emblemes nouveaux* ».

tasmagorique[46] », dont les emblèmes XXX et XXXIV, d'une modernité étonnante, sont les exemples à mon sens les plus frappants.

Quant au contenu, si le titre du recueil de Friedrich ne devait l'adjectif *nouveau* qu'à son aspect moral, il serait difficile de s'arrêter au seul projet moral affiché par le titre complet. Le propos général de la *Philosophie operatrice* par exemple, lui-même très moralisateur, est fort comparable : « si les admonitions, par lesquelles les hommes sont poussés à suivre la vertu, et à fuïr le vice, ont esté necessaires, déclare De Zetter au début de son épître au lecteur, elles le sont en ces derniers mauvais temps ». Ce qui donne au contenu moral des emblèmes de Friedrich leur caractère novateur, c'est que le discours qui s'y tient est celui de la Réforme. Il s'agit moins en effet, pour reprendre la présentation d'Alison Saunders des grandes tendances du genre, d'un livre d'emblèmes à vocation généraliste[47], mais d'un livre d'emblèmes résolument chrétiens[48] : « Je n'ay cerché en tout ceci [...] par un Zele Chrestien, seulement le profit de mon prochain qui est Chrestien avec moy », « lui souhaitant un pieux et Chrestien amendement de sa vie », écrit Friedrich à la fin de sa préface. De ce point de vue, le recueil de Friedrich appartient de plein droit à ce mouvement initié par les emblèmes calvinistes de Georgette de Montenay[49], poursuivi par les productions catholiques d'Arias Montano[50], de Nadal[51], de Jean David[52], ou encore d'Otto Vaenius[53], et qui aboutira après la période où paraissent les *Emblemes nouveaux* à tout un florilège d'emblèmes spirituels participant au mouvement plus général de la littérature de dévotion.

Considérations génériques

Si les « mauvais temps », comme le déclare J. de Zetter dans l'épître de la *Philosophie operatrice*, donnent à la lutte contre le vice un caractère d'urgence, ce même propos chez Friedrich relève d'une pensée luthérienne marquée. Le lectorat germanique de l'édition en allemand des emblèmes de Friedrich n'a même pas à feuilleter l'ouvrage pour en constater, si besoin était, l'origine luthérienne. Le long titre du frontispice en effet se termine par une citation d'*Éphésiens*, 5, 16 dans la traduction allemande de Luther, « Schicket euch in die Zeit, denn

46 › A.-É. Spica, *Symbolique humaniste et emblématique. L'évolution et les genres (1580-1700)*, Paris, Champion, 1996, p. 279 : le commentaire prend appui sur les éléments (« une chouette, des manches d'éventails, des bustes, une écharde ») de l'emblème LXIV.

47 › Alison Saunders, *The Seventeenth-Century French Emblem: A Study in Diversity*, Genève, Droz, 2000, p. 7 : « Alciato's *Emblemata* covered a diversity of topics and expressed via these a diversity of reflections on human life and of moral lessons to be derived from these. Diversity was key element. » Les premiers continuateurs, ajoute-t-elle, sont La Perriere, Corrozet, Cousteau, Aneau.

48 › *Ibid.* Je ne peux pas être d'accord avec A. Saunders quand elle cite, avec les exemples de Saavedra et des productions des Pays-Bas, celui de Friedrich pour illustrer cette idée que la veine emblématique généraliste se poursuit au début du XVIIe siècle (*cf.* aussi p. 35).

49 › *Ibid.* p. 6 : « with Georgette de Montenay's *Emblemes, ou devises chrestiennes* we see a further significant step in the direction of more focused collections of emblems [...] an emblem book which is quite specifically Christian in its moral message ».

50 › Benito Arias Montano, *Humanae salutis monumenta*, Anvers, 1571 ; *David, virtutis exercitissimae probatum Deo spectaculum...*, Francfort, 1597.

51 › Jeronimo Nadal, *Adnotationes et meditationes in Evangelia...*, Anvers, 1593.

52 › Jean David, *Veridicus Christianus*, Anvers, 1601 ; *Paradisus Sponsi et Sponsae...*, Anvers, 1607.

53 › En particulier *Amoris divini emblemata*, Anvers, 1615.

es ist böse Zeit » : « Conformez-vous au temps, car les temps sont mauvais » … ce qui ne correspond pas vraiment au texte de la Vulgate, qui porte l'expression « redimentes tempus », c'est-à-dire, si l'on veut rendre cette expression par une forme verbale personnelle, « Rachetez le temps ». En attendant de revenir sur cette traduction en allemand, je me contenterai ici de relever, dans cet effacement de la notion de rachat, la suspicion luthérienne par rapport aux œuvres, et je n'omettrai pas de faire remarquer que la suite du verset lie la prescription paulinienne au constat que les temps présents sont « mauvais » – thème repris par De Zetter, on vient de le lire, dans l'épître citée plus haut.

La « Preface de l'Autheur au Lecteur » montre qu'en composant ses emblèmes, Friedrich a appliqué à lui-même ce qui précède immédiatement le verset de l'épître aux Romains qui contamine la citation du titre, et qui consiste en la recommandation de ne pas être oisif. Fuir l'oisiveté, dit Friedrich, c'est, en occupant son temps, fuir les mauvaises pensées, lesquelles engendrent les vices. Ainsi l'activité de l'emblématiste est-elle présentée comme une façon d'éviter de pécher, dans une manière de définition de la vertu par la négative qui préserve la modestie du moraliste chrétien, mais aussi de sorte que le thème de l'oisiveté refusée fait de cette activité un exercice qui, répondant à la prescription de l'apôtre, apparaît comme un mode de soumission à Dieu, et surtout pas comme une « œuvre » qui s'inscrirait dans une logique du mérite. Ces emblèmes, au reste, sont bien présentés comme des exercices spirituels, des « méditations » – ou plus exactement, si l'on se fie à la préface en allemand, un *support de méditation*, selon l'expression latine que Friedrich convoque pour orner sa phrase[54], « occasionem meditandi » : Friedrich distingue ainsi l'emblème proprement dit, et la méditation à laquelle cet emblème donne lieu et qui prend la forme de la Déclaration versifiée. Sans doute l'ensemble, emblème et Déclaration, est-il à son tour offert aux lecteurs comme « occasio meditandi », afin que, comme le préconise le titre, les bons chrétiens trouvent matière à se perfectionner et les mauvais à s'amender. Luther ne présentait pas autrement le commentaire succinct au Notre Père que dans un de ses sermons il disait offrir afin de mettre à la disposition de chacun un support de méditation et de prière plus profondes (« *occasio* profundius *meditandi* et orandi[55] ») afin que chacun fût à même d'aimer et de désirer Dieu plus intensément.

Mais les *Emblemata nova* ne sont pas une œuvre de prosélytisme ou de combat. Lorsque Friedrich parle des incroyants ou des hérétiques, il n'en parle guère comme de personnes extérieures à une communauté dont il fait partie et qu'il prend à témoin, celle des luthériens, celle des chrétiens régénérés ; le but de son discours moral et spirituel consiste davantage à interpeller ses coreligionnaires, pour exhorter ceux qui « se complaisent dans leur propre sagesse », ceux qui ne savent pas se conformer au dessein de Dieu avec un « zèle sans nonchalance », ceux qui n'ont pas cette « ferveur d'esprit » réclamée par Paul[56] et dont Luther aurait dit qu'ils sont *tièdes*. Ce sont les mauvais croyants, les « nuques raides[57] » de l'Ancien Testament qui refusent de se plier à l'ordre de la Création comme le réclame le premier emblème, et tous ceux qui présument d'eux-mêmes en mettant les œuvres avant la foi, comme l'évêque de l'emblème XVII sur son échafaudage. Si ces méditations présentent

54 › C'est le traducteur pour l'édition en français qui rend l'expression latine de l'épître par le mot « méditations ».

55 › C'est moi qui souligne cette expression que l'on retrouve dans la préface allemande de Friedrich.

56 › *Romains*, 12, pour les trois citations.

57 › *Exode*, 32, 9 et *Deut.*, 9, 13.

un caractère métaphysique prononcé, ce dernier puise en général au registre conceptuel, allégorique et métaphorique de la phraséologie de cette véritable vulgate luthérienne qu'est le *Grand Catéchisme*, appelé depuis 1541 le *Catéchisme allemand*, un répertoire accessible et connu de tous, présent partout, et support d'un enseignement systématique[58]. Luther le présentait comme un ouvrage écrit à l'intention des « simples » et des pasteurs peu versés dans les subtilités théologiques, tout comme Friedrich déclare dans sa Préface avoir choisi la langue allemande pour pouvoir s'adresser à tous ceux qui ne maîtrisent pas le latin, ceux-là que Jakob de Zetter identifie « aux simples et aux moins doctes[59] ».

Ce discours métaphysique, emprunt parfois d'un certain didactisme un peu pesant qu'il doit aux commentaires dont il se nourrit, cherche à persuader le lecteur chrétien en jouant tantôt sur l'émotion, tantôt sur l'indignation : les méditations, précise Friedrich dans son épître en direction du lecteur, peuvent être « véhémentes », sans pour autant « outrager personne en particulier », et c'est sur ce point que s'achève le long poème conclusif qui, après le dernier emblème, ferme le recueil : « Ici avoir blasmé aucun je ne veux pas[60]. » On reconnaît là un *topos* de la satire, une satire qui a la sagesse de développer des arguments *ad rem* et non pas *ad personam*, non sans rejoindre par ailleurs les diatribes qui émaillent le commentaire de Luther au Décalogue. Le double registre, pathétique et satirique, est au reste parfaitement programmé par l'image du frontispice, qui représente Démocrite riant et Héraclite tentant d'essuyer ses larmes. Non pas penchés sur un globe terrestre ainsi que sur la fresque qui décorait du temps de Ficin l'un des murs du *gymnasium* de l'Académie platonicienne à Careggi, mais juchés chacun sur un globe, les deux philosophes, livre en main, se tiennent de part et d'autre du grand cartouche central. Dans le registre supérieur, au milieu, un sablier ailé entouré d'objets précieux préfigure le thème majeur du Temps, tout en subordonnant la part picturale de l'ouvrage à la catégorie esthétique de la vanité, comme une dénonciation de l'inconsistance des occupations de l'homme et de l'aspect dérisoire, au regard du caractère éphémère de la vie terrestre, des fausse valeurs auxquelles il s'attache. Méditations spirituelles, les *Emblemes nouveaux* sont aussi œuvre de moraliste, et s'affichent comme telle. Le long poème final intitulé « Conclusion » met l'accent rétrospectivement sur cet aspect de l'ouvrage, en invitant le chrétien à « se nettoyer », à s'abstenir dorénavant de pécher, à se repentir et à croire fermement en la promesse du Christ : « C'est la raison pourquoy ce livret vous descrit, / Divers pechés[61] ».

L'économie du recueil

La suppression de la citation en exergue au titre allemand pour l'édition en langue française compromet évidemment pour le nouveau lectorat la perception immédiate de la belle cohérence du recueil, du caractère parfaitement concerté, en dépit de l'apparente *varietas* des images qui le constituent, de son mouvement général.

58 › *Cf.* l'excellent ouvrage d'Olivier Christin, *Les yeux pour le croire. Les Dix Commandements en images (XVe-XVIIe siècle)*, Paris, Seuil, 1997.

59 › Épître liminaire.

60 › « Conclusion », v. 76.

61 › *Ibid.*, v. 71-72.

La série des quatre-vingt huit gravures s'ouvre en effet sur la figuration du concept de Création, avec un premier emblème particulièrement difficile à saisir si on l'ampute de son contexte luthérien[62]. L'image représente une sphère remplie de têtes, et l'emblème enjoint au chrétien de *s'accommoder au monde*, selon une expression qui apparaît dans l'épigramme et qui traduit parfaitement l'original allemand : « Schick dich in d'Welt ». S'accommoder au monde, dans l'esprit de Friedrich, ce n'est évidemment pas se plier au monde au sens mondain du terme, mais bien au contraire se conformer au dessein divin de la Création et, comme y invite la Déclaration, s'y conformer dans une connaissance intime du Christ, une *saisie* qui procède du cœur et qui n'est pas de l'ordre de la raison. Dans l'édition originale en allemand, ce premier emblème s'articule très souplement avec le frontispice du recueil, ou du moins avec le verset d'*Éphésiens*, 5, 16, tel que Luther a choisi de le restituer pour sa version allemande de la Bible : « Schicket euch in die Zeit ». Il convient de revenir ici sur le fait qu'une telle traduction, comme je l'ai déjà dit au début de cette présentation, s'écarte du texte de la Vulgate qui porte « Redimentes tempus », expression que l'on rend généralement par « Rachetez le temps » : « Conformez-vous au temps », propose Luther, et cette traduction-là n'appartient qu'à lui. Une telle manipulation du texte biblique, au risque de déplaire comme le revendique Luther aux ânes et aux papistes, repose sur la règle herméneutique selon laquelle l'Écriture s'interprète d'elle-même en offrant la possibilité de rapprocher des passages qui s'éclairent les uns les autres. Le sens que Luther attribue au verset s'impose ainsi par l'interpolation d'un autre passage, le 11e verset de *Romains*, 12, dont le texte dans la Vulgate, « Domino servientes », est également traduit dans la Bible luthérienne par l'expression « Schicket euch in die Zeit ». Or si le verbe dans cet autre contexte ne présente guère d'écart par rapport au texte adopté par la Vulgate, c'est à présent le substantif qui le complète qui peut paraître problématique. Cependant le fait que ce verbe s'applique ici au « temps » et là au « Seigneur », trouve une explication dont la tradition exégétique se fait l'écho en faisant état de deux lectures différentes des manuscrits grecs, l'une reconnaissant le terme « *kairos*[63] » et l'autre le terme « *kurios* ». Érasme, qui préfère la lecture qui aboutit au latin « Tempori servientes », fait le point sur les différents choix des Pères de l'Église, et finit par dire que les deux leçons n'entretiennent aucun rapport et qu'elles ne sont dues qu'à un problème de graphie : le mot originel devait se présenter sous une forme abrégée, d'où la double lecture[64]. Quant à Luther, il ne s'en tient pas au hasard de la transcription graphique, et s'il choisit la leçon qui lui permet de retrouver le texte de l'épître aux Éphésiens, il juge que celle que suit la Vulgate convient également, pour la bonne raison que toutes deux entrent en cohérence – le Verbe divin est expression de la Vérité, et la Vérité ne souffre pas de contradiction. Cette cohérence d'ailleurs a déjà été recherchée par la tradition exégétique : se soumettre ou se conformer au temps, peut-on lire ordinairement, c'est se saisir de l'opportunité[65] de faire son salut et, écartant les occupations futiles et de peu de profit, consacrer son

62 › Il fait partie des quatre emblèmes dont l'image est citée dans l'article hollandais de 2010.

63 › Selon le témoignage de saint Ambroise.

64 › La paraphrase d'Érasme est citée dans les *Critici sacri, sive annotata doctissimorum virorum in Vetus ac Novum Testamentum. Quibus accedunt tractatus varii theologico-philologici. Editio nova in novem Tomos distincta* [...]. *Amstelaedami, excudunt Henricus et Vidua Theodori Boom, Joannes et Ægidius Janssonii à Waesberge, Gerhardus Borstius, Abrahamus à Someren, Joannes Wolters ; Et Ultrajecti Guilielmus van de Water*, 1698, tome VII, col. 859-860.

65 › Conformément au sens même de « kairos » : l'occasion, le temps favorable.

temps dans l'obéissance à Dieu à rechercher son profit spirituel[66]. Car les jours sont mauvais, poursuit Paul dans le verset de l'épître aux Éphésiens cité en exergue au titre des *Emblemata Nova*. Ils sont mauvais, selon la *glossa ordinaria*, à cause de la méchanceté et de la misère de l'homme, c'est-à-dire d'une condition qui frappe l'humanité depuis qu'Adam a été chassé du paradis : ces jours sont le temps de l'humanité déchue. Mais tout mauvais qu'ils sont, ils font partie du dessein de Dieu, et se soumettre au temps consiste pour Luther à se soumettre avec le monde à la royauté du Christ : de même qu'il y a un temps pour rire et un temps pour pleurer, il y a un temps pour tout un chacun, en ce sens que chacun peut saisir l'opportunité qui lui est offerte d'« ouvrir la porte de son cœur[67] » au Christ – et, ce faisant, de se *libérer* du temps[68]. « Schick dich in die Zeit », reprend le titre de l'emblème LXII, dont l'image est occupée par la figure de la déesse Fortune ou *Occasio*, directement issue de la notion de *kairos*, allégorie du temps opportun qu'il s'agit de saisir, immédiatement – sans quoi il sera trop tard. Trop tard pour son propre salut : ce rappel forme une manière de transition vers les douze derniers emblèmes, que Gabriel Peignot voulait lire comme une variation sur le genre iconographique de la Danse des Morts[69]. Comme le montre suffisamment la lutte de l'ange et du démon dans la figure de l'emblème LXXVI, à l'articulation entre le corps même du recueil et la séquence finale, cet épilogue ressortit moins en réalité à la Danse des Morts qu'aux *Artes bene moriendi*, et constitue, en réponse à l'invitation liminaire à se libérer du mondain et du transitoire, une dernière longue méditation luthérienne sur le Jugement dernier et l'affranchissement du temps.

Le mouvement général qui conduit à cette perspective eschatologique est renforcé par la façon dont Friedrich épouse l'approche luthérienne globale de la vie chrétienne dans le *Grand Catéchisme*. L'enseignement de Luther sur les points essentiels de la doctrine chrétienne commence par le commentaire du Décalogue (ce que le chrétien *doit faire*), puis vient en seconde position l'exposé du Symbole apostolique (ce que le chrétien *doit croire*) ; le commentaire du premier article (« Je crois en Dieu, le Père tout-puissant, créateur du ciel et de la terre ») s'achève sur l'idée que les chrétiens, qui reconnaissent là les bienfaits et les dons de Dieu, « reconnaissent qu'ils doivent, en échange, servir Dieu et lui obéir[70] ». On peut dire que Friedrich restitue cette logique-là en rétablissant l'ordre des choses, et commence par poser dans les deux premiers emblèmes les principaux enseignements du Symbole, comme le préalable aux méditations proprement dites autour des dix Commandements. Les quatre premiers vers de la Déclaration de l'emblème initial, en effet, offrent ni plus ni moins qu'un condensé des articles de la Foi, que Luther, selon les trois personnes de la Trinité, a ramenés à trois, création, rédemption, sanctification :

66 › Je suis le commentaire du Jésuite Cornelis Cornelissen Van den Stein qui, comme à son habitude, fait la synthèse la tradition exégétique : « Ergo tempori servit, qui temporis occasione utitur ad bonum, quique diligenter cavet ne nugis aut rebus parum proficuis se occupans, temporis ad serviendem Deo, et ad lucra ac praemia in caelis comparanda concessi, jacturam faciat » (Cornelius a Lapide, *In omnes Divi Pauli Epistolas commentaria*, Lyon, Antoine Baret, 1649, p. 157).

67 › Déclaration de l'emblème I, v. 7-8.

68 › Luther commente en ce sens *Romains*, 12, 11 dans *Predigt am andern und dritten Sonntag nach Epiphania* (*Dr Martin Luthers Werke*, Hamburg, F. Perthes, 1828, p. 104).

69 › Gabriel Peignot, *Recherches historiques et littéraires sur les danses des morts et sur l'origine des cartes à jouer*, Dijon, V. Lagier, 1826 : « Additions ».

70 › Luther, *Le Grand Catéchisme*, dans *Œuvres*, tome VII, Genève, Labor et Fides, 1962, p. 90.

> Dieu nous a tous creés fort merveilleusement,
> Et Christ a rachetés tous les siens puissamment :
> Le sainct Esprit aussi avec grande efficace
> Les Chrestiens sanctifie, et remplit toute place.

Puis la méditation prend appui à nouveau sur les trois personnes tour à tour. Avec le Père, le chrétien est invité à considérer à son échelle la Création, « Considerant en soy tant son commencement, / Que son milieu, sa fin » : créé par sa naissance, il est doté de biens pour être à même de conserver cette création sa vie durant, et en outre, dit Luther, doté de « biens ineffables et éternels par son Fils et par le Saint-Esprit[71] ». Avec le Fils, il est à même de croire à la bonté du Père, ce qui se fait en « ouvr[ant] la porte de son cœur ». Avec le Saint-Esprit, il est appelé à former l'« Eglise Christiane », la communauté des saints, selon l'expression de Luther : « Je crois qu'il y a sur la terre une petite troupe, une sainte communauté, formée uniquement de saints sous un seul chef, le Christ, appelés et rassemblés par le Saint-Esprit, dotés d'une même foi, de même sentiments et d'une même pensée, ayant reçu des dons différents mais unis dans l'amour, sans sectes ni divisions[72] ». La méditation prend ensuite pour objet ces « sectateurs » auxquels Luther fait allusion, qui sont les païens et les mauvais chrétiens, et se poursuit dans la Déclaration de l'emblème suivant sur les dons différents, c'est-à-dire en l'occurrence la « vocation » de chaque chrétien. C'est là prendre pour thème la Loi dans son usage positif, en tant que cadre de l'activité sociale aussi bien que privée, et le mouvement initial peut se clore de façon attendue, dans le droit fil du commentaire de Luther au premier article du Symbole, sur la recommandation qui est faite à tous, y compris au chrétien régénéré, au « Spirituel[73] », d'obéir aux dix Commandements : « Gouverne tout ton train par de Dieu les paroles[74] ».

C'est donc de façon très logique qu'entre ces deux seuils se développe un discours nettement marqué par le *Grand Catéchisme*. L'entrée en matière parfaitement doctrinale trouve un prolongement dans quelques méditations centrées sur les trois vertus théologales, entrelacées à des considérations parfaitement conformes aux commentaires de Luther au Décalogue, lesquelles finissent par dominer. Le cours de ces méditations sur la conduite du chrétien connaît toutefois une interruption remarquable en la matière de deux emblèmes, les emblèmes LIV et LV, qui reviennent à la doctrine chrétienne : le premier pose à nouveau en préalable la foi et le rapport du chrétien à la Parole du Christ, le second subordonne à l'Évangile la Loi, ramenée à l'enseignement fondamental du Christ : amour envers Dieu et envers le prochain. Manifestement, cette sorte d'îlot ou de pivot doctrinal organise *grosso modo* les méditations successives en fonction des différents Commandements, dans une distribution binaire symétrique : les Commandements I à V prennent place avant, les cinq derniers après. Encore que cette distribution, qui compose avec d'autres méditations prenant pour objet d'autres thèmes, par exemple les vertus théologales, soit assez lâche : peu rigoureuse dans la progression, avec des retours en arrière, des reprises, sur le mode de l'esthétique de la guirlande, et inégale dans la place accordée à tel Commandement par rapport à tel autre. Conformément au commentaire de Luther, le tout premier Commandement a la part la plus importante, tant au début de la première partie que par la façon dont il réapparaît, un peu partout, sous la forme du rejet

71 › *Ibid.*, p. 139.

72 › *Ibid.*

73 › Emblème I, Déclaration, v. 12.

74 › Emblème II, Déclaration, v. 17.

des deux implications majeures du manquement à la prescription d'honorer le seul Dieu : le culte rendu à l'argent et le culte rendu à l'orgueil – prééminence accordée à Mammon, et à l'amour de soi-même. La question des images, qui chez Luther ne correspond pas à un Commandement à part entière, n'est pas du tout abordée ; le deuxième Commandement ne l'est que par l'éloge de la prière[75] et, marginalement, par la satire du scélérat qui se vante de sa mauvaise action[76] ; le troisième ne fait pas l'objet d'un emblème particulier. Le quatrième Commandement, en revanche, qui ordonne d'honorer père et mère, est surreprésenté, conformément à l'interprétation luthérienne qui étend les concepts de père et de mère aux acteurs de l'autorité temporelle et aux « pères spirituels ». Encore faut-il que ces acteurs de la société soient eux-mêmes honorables : « il faudrait aussi prêcher comment ils doivent se comporter à l'égard de ceux qu'ils ont à charge de gouverner », ajoute Luther en fin de commentaire, car « même si ces choses ne figurent pas expressément dans le Décalogue, elles sont, néanmoins, commandées abondamment en bien d'autres passages de l'Écriture, et Dieu veut qu'elles soient implicitement incluses dans ce commandement du père et de la mère. Car il n'entend pas commettre des coquins ni des tyrans à cette fonction et à ce gouvernement[77] »… Un commentaire que Friedrich a su exploiter, prétexte en outre à réitérer, on le comprend aisément, les proscriptions du premier Commandement. Quant au cinquième Commandement, il génère pour clore le premier mouvement une série de variations sur le meurtre et sur la guerre, amorcées de façon assez originale par une réflexion sur la chasse dans ce qu'elle peut avoir de licite et d'illicite : l'ensemble forme la série des emblèmes XLVI à LIII. La première image de cette séquence, avec le doigt de Dieu pointé sur la scène qu'elle représente, renvoie clairement à l'imaginaire chrétien de l'écriture du Décalogue. La deuxième partie exploite de façon plus lâche le reste des Commandements : seul le septième, qui proscrit le vol, est bien représenté, avec une exploitation des thèmes variés abordés par le Grand Catéchisme (commerce, usure, surexploitation des ressources naturelles, monopole, colportage), Luther disant lui-même « étendre la signification » du verbe dérober « à toutes les affaires que nous avons avec notre prochain[78] ». Sans doute est-ce là la préoccupation qui fait naître les méditations des emblèmes LXIX à LXXIII, mais elle concerne déjà l'emblème LXI, belle variation sur l'anthropophagie métaphorique du riche. La proscription de l'adultère, qui correspond au sixième Commandement, n'apparaît que dans la mesure où Luther en a fait un commandement « contre toute impudicité, quel que soit le nom qu'on lui donne[79] », et nous vaut les emblèmes LXVI et LXVII. Quant au huitième, Friedrich retient du *Grand Catéchisme* que « nul n'est là pour juger et reprendre son prochain publiquement[80] », et offre une variation sur la parabole christique de la paille et de la poutre (LXIV) et une satire des moqueurs qui s'en prennent au théologien et à la Parole de Dieu (LXVIII). Ce second mouvement, qui continue à faire la part belle au premier Commandement, est beaucoup plus court, et se signale par la présence d'un discours insistant sur l'imminence de la fin des temps et l'urgence de la conversion : on s'achemine rapidement vers la clôture eschatologique des douze derniers emblèmes.

75 › « La vraie manière d'honorer son nom est d'attendre de lui toute consolation, et de l'invoquer pour cette raison », aussi faut-il pratiquer les « grâces et autres prières du soir et du matin » (*Le Grand Catéchisme*, *op. cit.*, p. 43).

76 › *Cf.* le commentaire de l'emblème LII.

77 › Luther, *ibid.*, p. 59.

78 › Luther, *ibid.*, p. 73.

79 › Luther, *ibid.*, p. 65.

80 › Luther, *ibid.*, p. 75. Le commentaire polémique de Luther contre les moines et états religieux n'est plus de mise.

UN LUTHÉRANISME MITIGÉ

L'inégalité de traitement entre les différents Commandements n'est pas sans rapport avec l'économie de la première section du *Grand Catéchisme*, et si les deux derniers Commandements semblent absents des *Emblèmes nouveaux*, on concèdera que Luther lui-même, qui les regroupe en un seul point, n'a pas grand-chose à en dire. Mais il convient de préciser ici que le déséquilibre des deux groupes, de part et d'autre du binome des emblèmes LIV et LV, est encore accentué par le poids de toute une série d'emblèmes qui trouvent leur place dans la réflexion, elle-même générée par le commentaire de Luther au quatrième Commandement, sur les devoirs et les manquements de l'autorité civile.

Justice civile et Justice divine

Les *Emblemes nouveaux* sont bel et bien frappés au sceau du luthéranisme : théologie de la croix et acceptation des tribulations, discours centré sur la foi, à laquelle sont subordonnées les œuvres qu'elle seule fait bonnes, focalisation sur le Christ, importance toute particulière accordée à l'opération de la Parole et du Saint-Esprit, présence massive du diable dont l'existence est présentée comme réelle, confiance absolue en la punition des mauvais et la rétribution des bons chrétiens, certitude de la vie éternelle et, pour les chrétiens régénérés, attente joyeuse et confiante de la Parousie du Christ, laquelle ne saurait tarder... autant de traits caractéristiques que le recueil de Friedrich partage avec ces autres manifestations de la piété luthérienne que sont, à la même époque, les prières composées et imprimées pour les fidèles, selon l'analyse qu'en a faite Bernard Vogler à partir d'un dépouillement représentatif[81]. Ce qui ne fait pas pour autant des méditations des *Emblemes nouveaux* l'œuvre d'un théologien.

La foi qui s'y exprime n'en est pas moins celle d'un homme instruit, « wolgelehrten » dit le titre allemand. Quel est donc son domaine de compétence ? Ce chrétien pénétré des grandes vérités de la foi luthérienne est un humaniste qui commence sa préface au lecteur en citant Ulpien, puis en mesurant l'écart entre les « jugemens de ce monde » et le « siege judicial de la saincte Trinité ». Cette sensibilité juridique trouve une confirmation pour qui feuillette les images, et constate que, parmi les quelques motifs récurrents dans les planches gravées, celui de la balance apparaît dix-sept fois[82]. Plus significatif, les méditations poétiques qui accompagnent et éclairent les emblèmes s'orientent assez rapidement vers le domaine juridique et sont marquées par des réflexions sur le droit qui occupent un groupe homogène de quelque vingt-cinq emblèmes. On est en droit de se demander si Andreas Friedrich n'est pas lui-même magistrat, juriste – et, à supposer qu'il ne faille pas mettre la chose au compte d'une prosopopée, c'est bien ce que semble proclamer la Déclaration de l'emblème XXXIV, point culminant du groupe en question :

> Quant à moy je feray à chascun assistance
> De fait, et de conseil, Dieu me donnant constance.
> Tout bon Jurisconsulte en son affaire est tel.

81 › Bernard Vogler, « La Piété luthérienne d'après les recueils de prière (1550-1700) », dans *Histoire, Économie et Société*, 1988, vol. 7.

82 › *Cf.* notre Index des motifs en fin de volume.

L'image, une des plus abstraites du corpus, représente un soleil anthropomorphe pourvu de quatre bras disposés en croix, en une sorte de dispositif cardinal, symbole d'une justice équitable ; placé au centre de la vignette, il se présente comme un intermédiaire entre la terre, en bas, et un grand soleil rayonnant tout en haut, « le Soleil d'equité ». Mais avant même d'accéder par la lecture du poème long à cette expression biblique que la patristique interprète comme un désignatif préfigurant le Christ dans sa fonction judiciaire, on comprend immédiatement, au premier coup d'œil, que le magistrat de la justice civile entretient avec Dieu et sa Justice un rapport homologue à celui que le petit soleil entretient avec le grand : l'image, pour abstraite qu'elle soit, est aussi efficace que simple. C'est également dans des termes très simples, ceux du commentaire de Luther au Décalogue, qu'Andreas Friedrich médite sur le rôle du magistrat, garant du respect de la loi et par conséquent des Commandements, attaché à l'établissement de la Vérité des faits dans le domaine qui est le sien, comme le théologien doit l'être dans le domaine des Écritures.

L'ensemble du recueil, au-delà du groupe d'emblèmes plus spécifiquement consacrés à la loi, se trouve imprégné de l'esprit du *Grand Catéchisme* tel qu'il s'exprime à la fin du commentaire sur le Décalogue : dans ces paroles, écrit Luther, « sont résumées tout ensemble une menace, pleine de colère, et une promesse, toute d'amitié ; elles ont pour but de nous effrayer et de nous avertir, et aussi de nous disposer et de nous stimuler afin qu'on reçoive la parole de Dieu ». « La Loi excite la colère », proclamaient les Articles de Smalkalde[83]. Elle montre le péché et fait prendre conscience à l'homme de sa nature corrompue, l'humilie et le désespère, et provoque le sursaut salutaire : et c'est en ce sens que l'on doit comprendre la valeur du registre satirique et de l'indignation dans les *Emblemes nouveaux*. « Dieu châtiera abominablement et terriblement tous ceux qui méprisent et transgressent ses commandements, et, inversement », poursuit Luther, « il récompensera abondamment [...] ceux qui les reçoivent et qui se plaisent à y conformer leurs actes et leur vie » : plus du tiers des Déclarations se terminent sur ce genre de considérations eschatologiques. Il se pourrait même que l'importance que prend un tel thème dans les *Emblemes nouveaux*, qui se terminent par la représentation du Jugement dernier, explique le choix du nombre 88 : Melanchthon en effet, qui arrêta l'année 1518 comme celle qui sanctionnait la fin d'une période désormais révolue par le défi majeur lancé par Luther à l'Église du Pape, ajoutait à cette date les dix fois sept ans de la captivité de Babylone pour trouver la date fatidique de 1588, date supposée de la Parousie du Christ. Les textes apocalyptiques contemporains de Melanchthon et antérieurs au millésime fatidique surent évidemment retenir cette date, ce que fit Gaspar Brusch dans sa préface au *De ortu et fine imperii Romani liber* de l'abbé Engelbert[84], et encore dans des almanachs en 1586[85] et, une fois la date passée, en 1597[86]. Les vers de ce poème ont été ainsi tournés en français[87] :

> Mille ans passé après que la Vierge enfanta,
> Quand cinq cents autres ans se seront écoulés,
> L'année quatre-vingt-huit, en prodiges féconde,
> Dans son déroulement le malheur portera.

83 › Troisième partie, section sur la Loi.

84 › Engelbert, *De ortu et fine imperii Romani liber*, Bâle, J. Oporin, 1553.

85 › Jacob Cnespel, *Grosse Practica auff das Jahr 1586*, Nuremberg, V. Fuhrmann, 1586, f° A2 v° (poème en allemand).

86 › Georg Caesius, *Prognosticon Astrologicum auf das Jahr 1598*, Nuremberg (1597 ?), f° A3 r° (poème en latin).

87 › Texte et références cités dans Ivan Cloulas, *Catherine de Médicis*, Paris, Fayard, 1979, p. 570.

Si ce n'est pas alors que vient la fin du monde,
Que la terre et les flots ne se voient ébranlés,
Tout se renversera, des empires puissants
Crouleront, et partout le deuil sera grand.

Certes, en ce début du XVIIe siècle, il n'était guère possible de retenir « l'année quatre-vingt-huit » pour fixer la date du Jugement dernier… on peut se demander cependant dans quelle mesure le chiffre quatre-vingt-huit n'a pas pu continuer à être lié à la pensée de l'Apocalypse, une pensée sans doute revivifiée à l'approche de l'an 1617 par cette sorte d'accomplissement que devait représenter pour les luthériens le grand jubilé, la célébration des cent ans d'existence de leur confession.

Quoi qu'il en soit, l'accent mis sur la perspective eschatologique et la certitude de l'imminence de la fin des temps dans les *Emblemes nouveaux* correspond parfaitement à la tendance observée par Bernard Vogler tout spécialement dans les recueils de prières des deux premières décennies du XVIIe siècle. Loin des subtilités théologiques des rapports entre la Loi et l'Évangile et de la théorie des deux royaumes, subtilités recouvertes par un discours positif sur l'autorité temporelle que Luther lui-même avait mis en place en en faisant « une image, une ombre et une figure du règne du Christ », Friedrich fait de la justice sur terre une préfiguration de la rétribution du Jugement dernier. Le discours général des emblèmes, qui commence par prendre pour objet le temps, temps de la création et dessein divin, temps que le pécheur dissipe en activités de nul profit, temps de l'occasion que le chrétien doit saisir pour son salut, aboutit à une série de variations sur la fin des temps, un essai versifié – au sens où Sponde fait un « essay de poemes chrestiens » – doublement motivé : d'abord par une forte tendance de la piété luthérienne contemporaine, à laquelle Friedrich participe et sacrifie, mais aussi par une sensibilité particulière attachée à ce que l'on peut raisonnablement supposer être sa propre fonction dans la société, sensibilité que ne pouvait qu'entretenir la représentation picturale du Jugement dernier qui, comme dans presque toutes les salles de justice des états allemands de cette époque, devait se présenter à ses yeux dans le lieu où il était amené à exercer en partie sa propre « vocation » d'homme de loi.

La question du lectorat

Ces méditations présentent des traits qui peuvent les apparenter aux méditations françaises immédiatement antérieures que notre histoire littéraire rattache au mouvement baroque, toutes confessions confondues. Misait-on sur cet aspect de l'ouvrage, au moment de se risquer à proposer une traduction sur le marché français ? Deux rares exemplaires en effet encore conservés dans les fonds anciens présentent, dans le cartouche ovale destiné à préciser l'adresse, sous le grand cartouche du titre, le nom d'un diffuseur en France qui vient recouvrir la mention initiale : pour l'un, « Imprimé à Francfort. Et se vendent à Paris chez Abraham Pacard rue Sct Jaques à l'Estoille d'Or. A[nno] 1617 », et pour l'autre, avec une date improbable, « Se vendent chez B. Vincent. A Lyon. 1608 ». De Zetter ne pouvait évidemment guère compter sur un lectorat luthérien, ni à Paris, ni à Lyon. On ne commence à parler de communauté luthérienne à Paris que pendant la guerre de Trente ans, qui provoque des migrations d'ouvriers et d'artisans, et ils ne sont suffisamment nombreux pour se regrouper qu'à partir de 1626, date à laquelle ils sont accueillis par les ambassades de Suède et de Danemark qui leur ouvrent leurs chapelles pour célébrer leur culte[88]. Quant à Lyon, la communauté luthérienne y eſt sans doute plus ancienne, mais c'eſt une toute petite communauté, dont les membres semblent pour l'essentiel appartenir au milieu de l'imprimerie[89].

Ces considérations conduisent à repenser la queſtion du lectorat, y compris – et surtout – en Allemagne : car on ne peut pas passer sous silence le fait que la plupart des exemplaires de l'édition en langue française de 1617 parvenus jusqu'à nous portent l'adresse de Jennis et de De Zetter à Francfort, ce qui suppose une diffusion au moins partielle sur place : ainsi de ceux de la Bibliothèque nationale de Vienne et de la Bibliothèque royale de Belgique, ou encore de l'exemplaire numérisé de l'Université de l'Illinois[90], qui précisent tous les trois « Francofurti. Apud Jacobum de Zetter. Anno 1617[91] ». Que l'on compte toucher depuis la ville libre de Francfort un lectorat allemand pour la diffusion d'emblèmes luthériens en langue vernaculaire, cela ne pose évidemment aucune eſpèce de problème, et que l'éditeur soit calviniſte et non pas luthérien ne change rien ; mais que l'on diffuse à Francfort des emblèmes luthériens en langue française, c'eſt autre chose... L'énigme d'une pareille entreprise trouve une solution dès lors que l'on pense aux membres de l'Église française de Francfort, qui accueille les émigrés wallons : ce sont les coreligionnaires de Jennis et De Zetter. C'eſt ainsi que l'on relève parmi les diacres de l'Église française de Francfort un De Bari, prénommé Jean[92] : qu'il s'agisse ou non de l'oncle de Jakob de Zetter, dédicataire et soutien financier probable du livre d'emblèmes en français, c'eſt de toute évidence un membre de la branche maternelle de la famille. Cette Église d'étrangers partage un temps avec l'Église flamande le même lieu de culte, et jusqu'en 1636 la même langue, le français. Au moment de leur suppression en 1561 par les autorités luthériennes, les Églises d'étrangers de Francfort comptent quelque 2000 membres, pour une ville qui compte environ 20000 habitants[93]. La plupart des Français et des Flamands quittent alors Francfort pour s'établir dans des villes plus tolérantes, mais l'on compte encore en 1572 dans la communauté qui forme la seule Église française plus de 850 calviniſtes, que vont venir rejoindre des Français qui fuient la Saint-Barthélemy et des réfugiés wallons, en particulier nombre de réformés auxquels le duc de Parme, après le siège de Tournai de 1581, a donné un an pour vendre leurs biens et quitter les lieux. Lorsque, en 1596, les Bourgmeſtres de la ville se font remettre les clefs de la maison privée dans laquelle on a continué à célébrer le culte, sans paſteur officiel, à nouveau une grande partie de ces calviniſtes d'origine étrangère se retirent à Bockenheim, ou vont fonder une nouvelle ville jouxte Hanau[94] ; les autorités essaient d'enrayer la fuite des capitaux en permettant de bâtir un lieu de culte hors les murs, derrière la porte de Bockenheim. Mais le nouveau lieu de culte ayant été détruit par un incendie en 1608, sa reconſtruction n'eſt pas autorisée ; le paſteur Timothée Poterat, mort l'année suivante,

88 › Janine Driancourt-Girot, *L'insolite hiſtoire des Luthériens de Paris*, Paris, Albin-Michel, 1992.

89 › Roland Gennerat, *Hiſtoire des proteſtants à Lyon des origines à nos jours*, Moins, Éd. Au jet d'ancre, 1994. Erich Stange, « L'élément allemand dans le proteſtantisme lyonnais du XVIIe au XIXe siècle », dans *Revue d'hiſtoire de Lyon*, 1914, t. 3.

90 › Urbana-Champaign.

91 › D'après Alison Adams, Stephen Rawles et Alison Saunders, *A Bibliography of French Emblem Books*, Genève, Droz, 1999.

92 › Pour l'année 1576.

93 › Je dois l'essentiel de ces renseignements sur l'Église française de Francfort au discours de F. C. Schröder, dans la plaquette *Troisième jubilé séculaire de la fondation de l'Eglise réformée française de Francfort sur Main. Discours prononcés à cette occasion, le 18 mars 1854, par les Paſteurs de cette Eglise*, Francfort sur le Mein, 1854.

94 › Le comte Philippe Louis II leur a offert la liberté de culte ; lui-même réside à Hanau, et Bockenheim fait partie de ses terres.

n'est pas remplacé et c'est le pasteur de l'Église flamande qui célèbre le culte… On comprend que la situation de l'Église française de Francfort n'est sans doute pas brillante à la veille de la guerre de Trente ans, mais compte tenu du tirage moyen d'une production de ce type, il y a là un lectorat potentiel évidemment très intéressant pour des éditeurs, qui peuvent également compter toucher les membres de la communauté récemment exilés.

Des Français, donc, peut-être, mais aussi et surtout des Flamands et des Wallons : et lorsque Friedrich s'exclame « O Teutschland, wo ist nun dein Muht ! », ce n'est pas à la France que le traducteur s'adresse pour adapter les vers au nouveau lectorat, mais à une communauté plus large, car c'est moins une nation qui est envisagée que la pratique culturelle d'une langue : « Ô Chrestiens, où est donc vostre franc courage / De jadis ? ». L'importance accordée au Décalogue par l'ouvrage d'Andreas Friedrich devait parfaitement convenir à la communauté calviniste, qui pratiquait elle-même les commentaires sur les Commandements de *L'Institution de la religion chrestienne*[95]. On pouvait y lire l'éloge d'une loi morale normative, « fondement de toutes les lois strictement politiques », comme l'éloge des « œuvres domestiques et quotidiennes, dont un voisin peut s'acquitter à l'égard de l'autre ». On pouvait y lire des thèmes communs, y rencontrer des expressions proches, notamment dans le commentaire du premier Commandement, qui suscite aussi chez Calvin la double critique de Mammon et de la philautie. Les réformés wallons étaient à même de reconnaître dans la présentation du rapport entre Foi et Charité des *Emblemes nouveaux* le même discours que l'article XXIV de la *Confessio Belgica* autour du concept de « foi ouvrante par charité », avec cette conception des œuvres qui rend immédiatement « lisible » l'emblème XVII que nous évoquions plus haut[96]. Quant à l'Église flamande, qui s'affichait comme une communauté évangélique luthérienne, toute la liturgie se faisait également en langue française, moyen de préserver du luthéranisme sourcilleux des autorités de Francfort[97] les particularismes confessionnels : on baptisait et on se mariait en acceptant de passer par le pasteur luthérien, mais, à la suite de Cassiodore de Reyna, le refus du dogme de l'ubiquité ne laissait guère le choix que d'aller assister au prêche chez les calvinistes…

Le public calviniste de l'Église française était aussi à même de reconnaître dans les trois usages de la Loi, évoqués de façon très allusive par Friedrich, les aspects élenchtique, politique et moral distingués par Calvin. Plus important sans doute, le discours généralement tenu par les *Emblemes nouveaux*, avec cette posture de magistrat qui permet à Friedrich de se démarquer du point de vue rigide du théologien, pouvait apparaître comme une sorte de discours consensuel à l'intérieur de la Réforme, un discours qui, toutes aspérités gommées, évitait d'aborder les sujets les plus pointus ; un discours à l'écart des polémiques, tendu vers la conversion intérieure du lecteur. Un discours luthérien, en somme, dans lequel pouvaient se reconnaître aussi les membres de l'Église flamande, un discours acceptable pour des gens qui ne faisaient pas profession de théologie… Un discours d'autant plus acceptable que les confessions particulières

95 › Lors de la célébration de la Cène, après le sermon, les calvinistes français chantaient le chant des Dix Commandements de Marot, dans le Psautier de Genève tel qu'il était réédité à partir de 1562 (*cf.* Christian Grosse, *Les Rituels de la Cène. Le culte eucharistique réformé à Genève (xvie-xviie siècles)*, Genève, Droz, p. 166).

96 › Cette confession de foi est toujours en 1617 au plus près du texte de Guy de Brès (1561) adopté par les Wallons au synode d'Embden de 1571, et à nouveau à Anvers en 1580 (texte disponible en mode image sur le site électronique de l'Université de Leyde). Il y aura quelques remaniements à la suite du synode de Dordrecht, dont la dernière session a lieu en mai 1619.

97 › *Cf.* Charles Rahlenbeck, « Les réfugiés belges du seizième siècle à Francfort-sur-le-Mein », dans *Revue trimestrielle*, 2e série, t. XVIII (avril 1868).

de ces étrangers, qui partageaient de la part des autorités luthériennes rigides un tribut de vexations propres à susciter quelque esprit de tolérance et de souplesse les uns pour les autres, les invitaient peut-être à ne pas prendre de position trop tranchée entre deux extrêmes, et à privilégier le socle commun de réponses que le calvinisme et le luthéranisme s'entendaient à offrir aux problèmes très concrets de la vie sociale, une éthique réformée.

On comprend alors que De Zetter ait pu chercher à rentabiliser son investissement en lorgnant, au-delà des Églises française et flamande, sur le lectorat protestant de France. Il confie la diffusion des quelques exemplaires destinés à ce marché à deux libraires protestants qu'il a probablement connus à l'occasion des foires de Francfort, le Parisien Abraham Pacard[98], qui allait à partir de l'année suivante assurer la publication des écrits de Pierre Dumoulin contre le Père Arnoux, et à Lyon Barthélemy Vincent[99], qui depuis Genève continuait à administrer les affaires de la puissante entreprise familiale à laquelle les calvinistes avaient confié au siècle précédent l'édition du Psautier de Genève[100]. Sans doute les attentes et les motivations de ce lectorat-là étaient-elles sensiblement différentes de celles du lectorat naturel des libraires calvinistes de Francfort, et sans doute le transfert culturel que constituait cette même traduction en français ne devait-elle pas susciter exactement le même type d'appropriation de l'ouvrage de Friedrich par ces nouveaux lecteurs[101]. Mais étaient-ils à même de mesurer avec précision les enjeux spirituels du recueil ? Il faut bien reconnaître que la grande majorité des gravures ne se prêtent pas à une lecture exclusivement orientée dans le sens du luthéranisme, tout au moins dans un premier contact visuel, avant même que le lecteur ne les mette en relation avec des Déclarations qui précisent toujours les intentions de l'auteur. Certes ces poèmes longs reflètent eux-mêmes une connaissance en somme basique des grands principes de la foi luthérienne mais, dépourvus de toute rigidité dogmatique et de toute intention polémique, beaucoup d'entre eux tiennent un discours parfaitement acceptable pour tous les réformés. Après tout, si l'on en croit Agrippa d'Aubigné, Jacques-Auguste de Thou avait bien présenté Gaspard de Schomberg à Claude de La Tremoïlle dans les termes suivants : « M. de Chomberg est Lutherien, et pas trop esloigné d'un bon Huguenot[102] »...

98 › Henri-Jean Martin cite un acte (Minutier central LXXIII, 184, du 28 juillet 1615) par lequel Cramoisy *et alii* arbitrent un conflit entre Adrien Perier et Abraham Pacard : on y apprend que Pacard est chargé de négocier pour son confrère aux foires internationales, dont Francfort (*Livre, pouvoirs et société à Paris au XVIIe siècle : 1598-1701*, Genève, Droz, 1984 [1re éd. 1969], p. 332, note 4).

99 › La librairie lyonnaise est toujours rue Mercière, mais l'adresse porte mention de l'enseigne de la Victoire et non plus du Payen (*cf.* par ex. la page de titre du *Traicté du tabac, ou Nicotiane, Panacee, Petun : autrement Herbe a la Reyne*).

100 › Eugénie Droz, « Antoine Vincent. La propagande protestante par le Psautier », dans *Aspects de la propagande religieuse*, Genève, Droz, 1957. Comme son père, décédé en 1568, Barthélemy Vincent habite Genève, où est son affaire de librairie et d'imprimerie aussi bien qu'à Lyon ; il en profite pour faire paraître des livres sous les deux adresses. En 1603 Peiresc demande à Clusius (Charles de l'Ecluse) de lui faire parvenir son portrait et un exemplaire de son dernier ouvrage en les faisant acheminer à Francfort : « je donneray ordre au Facteur de Mr Vincent Marchand Libraire a Lyon, de le retirer, et me le faire tenir en Provence » (Manuscrits de la Bibliothèque Méjanes, Fonds Peiresc : Correspondance avec les savants de son temps, tome III, CIII).

101 › A. Saunders (*op. cit.*, p. 35) a raison de corriger la proposition selon laquelle l'édition en français de Friedrich est une entreprise de conquête du marché français, en préférant parler de marché francophone pour de ces livres d'emblèmes *généralistes* (disons plutôt, pour Friedrich, *chrétiens*) « which were published abroad (particulary in Germany) but in the French language, and designed to cater specifically for the French reading market ».

102 › *L'Histoire universelle du sieur d'Aubigné, tome troisiesme*, Maillé, 1620, livre V, chap. 1 : « Affaires des reformez », p. 454.

La traduction

Le traducteur est-il lui-même luthérien, ou calviniste ? Il traduit le mot « Geistlich » par « les Spirituels », comme le fait le dictionnaire de Stoer[103], un dictionnaire parfaitement représentatif de l'état de la langue au début du XVIIe siècle : « Geyßlich / *Spirituël, homme religieux* ». Calvin emploie le mot dans le contexte de l'usage de la Loi qu'il appelle usage moral : « puisque l'homme spirituel n'est point encore délivré du fardeau de sa chair, la Loi lui sera un aiguillon perpétuel, pour ne le laisser point dormir ni appesantir ». C'est bien dans ce contexte que le mot apparaît, dans la Déclaration du troisième emblème : Friedrich veut lui aussi parler des chrétiens régénérés qui, selon le troisième usage de la Loi posé par la *Formule de Concorde*, doivent continuer à régler leur comportement par la Loi, parce que la nature humaine reste faible et qu'elle continue à être menacée par le Diable. Cela ne suffit évidemment pas à faire du traducteur un coreligionnaire de J. de Zetter, non plus que la fréquentation de la poésie de Du Bartas, que l'on reconnaît à quelques expressions[104]. Mais on trouvera peut-être plus probante la façon dont il marque sa connaissance, mieux, sa complicité avec les emblèmes de Georgette de Montenay à l'occasion d'un des rares écarts importants qu'il s'autorise par rapport au texte qu'il suit. L'emblème LXIV de Friedrich, dont l'image illustre la parabole de la paille et de la poutre, est par nécessité très proche de celui que les *Emblemes chrestiens* offrent sur le même sujet, sans qu'on puisse pour autant parler de source : mais le traducteur, lui, n'hésite pas à s'écarter de la lettre de l'« Erklärung » de l'emblème pour introduire une paraphrase qui n'appartient nullement à Friedrich, et qui ne correspond à rien dans les Évangiles, que l'on ne saurait trouver ni dans les commentaires de Luther sur Luc et sur Matthieu, ni dans la patristique, bref, qui n'apparaît que sous la plume de Georgette de Montenay[105] : l'hypocrite, peut-on lire dans la seule version en français des *Emblemes nouveaux*, mérite « d'estre premier batu », expression que l'on peut lire dans l'épigramme de l'emblème que Georgette de Montenay consacre au même sujet : « Corrige toy : sinon seras batu[106] ».

On voit comment le discours peut être infléchi, à la faveur de la traduction, vers un autre horizon culturel : dans la partie qui se joue là, et qui vraisemblablement répond surtout aux aspirations de l'éditeur, le traducteur peut jouer un rôle, certes minime, mais bien réel, et à ce titre il mériterait d'être considéré comme faisant lui aussi partie du « comité emblématique », un comité décidément complexe. Mais le traducteur intervient aussi sur le texte non plus en ajoutant, mais pour ainsi dire par défaut : on verra comment par exemple la transformation qu'il impose au dernier vers de l'épigramme du premier emblème fait passer le lectorat francophone à côté de l'intention de Friedrich, et lorsqu'il intervertit l'ordre des mots dans les expressions qui associent la Foi et la Charité, – quand il ne troque pas en plus la dénomination des vertus théologales par quelque synonyme poétique ou trivial –, on comprend que notre homme, qu'il soit calviniste ou luthérien, est davantage mû par le souci de rendre mot pour

103 › *Dictionnaire François – Alleman – Latin et Alleman – François – Latin*, Genève, pour les Hoirs de Joseph Stoër, 1663. Cette édition reprend et complète un travail dont la première version (1611) est parfaitement contemporaine de notre texte.

104 › Les loups sont dits « desgate-parcs » dans la Déclaration de l'emblème XIII (l'expression provient de la *Sepmaine*, VI, v. 279), le monde « rage-en-teste » dans celle de l'emblème LIII, le porc « aime-ordures » dans celle de l'emblème LXIV, les abeilles sont dans celle de l'emblème LVII « le peuple amasse-miel » (comme dans la *Seconde Sepmaine*, v. 291).

105 › Je renvoie le lecteur pour plus ample explication au commentaire de l'emblème LVI.

106 › Emblème XVIII des *Emblemes chrestiens*.

mot en respectant les exigences de la versification, que de s'attacher à restituer coûte que coûte les implications théologiques du texte qu'il traduit…

En effet, compte tenu des habitudes de l'époque, le traducteur étonne par le respect qu'il manifeste généralement par rapport à la lettre du texte original. Une comparaison serrée entre cette version française et l'édition en langue allemande, à l'aide notamment du dictionnaire de Stoer, montre que Jakob de Zetter avait confié la tâche à un traducteur scrupuleux. Nous n'avons pas affaire là en effet à une de ces « belles infidèles » qui compensent des écarts presque systématiques par rapport à l'original par une réelle réussite stylistique dans la langue d'accueil. La langue poétique des *Emblemes nouveaux* de ce point de vue apparaîtra sans doute parfois maladroite, et l'on pourrait dire du traducteur ce que l'on a dit de Mathieu Barthol pour sa version française des Cantiques usités en l'esglise françoise de Francfort : « il avait l'oreille indulgente[107] ». C'est qu'à l'inverse, si je puis dire, de la « belle infidèle », cette maladresse est le prix et le revers d'un effort généralement abouti pour offrir une traduction juxtalinéaire que l'on surprend rarement à trahir l'original[108] – si ce n'est, un peu plus souvent, dans le cadre sans doute trop étroit du quatrain de l'emblème proprement dit, qui ressortit souvent à l'art de la condensation. Mais dans les longues Déclarations, cette contrainte prioritaire que de toute évidence le traducteur s'est fixée explique que sa compétence réelle, dont attestent tel tour syntaxique élégant, tel adjectif composé à la manière de Du Bartas ou directement emprunté à la *Sepmaine*, ne l'empêche pas de se contenter çà et là de quelque expression plus faible, de quelque rencontre de sons peu heureuse, de quelque rime pauvre, de quelque construction alambiquée, ici inversion du complément, là ellipse de l'auxiliaire, ou encore multiplication des incidentes entre sujet et groupe verbal. Cependant pour s'en tenir aux interventions caractérisées, et sans parler des inévitables chevilles et redoublements d'expression que nécessitent parfois les exigences de la rime ou du mètre, les quelques ajouts ou modifications du traducteur sont toujours intelligents et mesurés, prenant par exemple en compte les spécificités culturelles du nouveau lectorat en substituant au hamster, inconnu en France comme en territoire wallon, le « cosson[109] », ou encore insérant pour des raisons purement prosodiques deux vers qui viennent prolonger de façon cohérente et pertinente l'allégorie traditionnelle de l'Envie, rongeant son propre cœur, en faisant dévorer le reste de son corps par les serpents de sa chevelure, tandis que l'âme sera engloutie par le diable[110]. L'emblème XLVI présente un écart textuel un peu plus important, qu'il ne suffit pas de signaler au fil des vers, et qui mérite un commentaire : alors que le titre promet une méditation sur trois sortes de chasses, le traducteur en ajoute une quatrième dans le cours de la Déclaration, en soulignant sa propre désinvolture : « si la quatrieme on veut ». La raison encore une fois est strictement prosodique : il lui faut une cheville un peu plus importante que d'ordinaire, un distique de vers qui présentent une rime masculine, afin de respecter le système d'alternance. Mais on se rend compte qu'en évoquant une chasse spirituelle et en la plaçant au sommet de l'édifice intellectuel, en dernière position, il respecte parfaitement la réflexion de Friedrich dans

107 › Le mot est de C. Rahlenbeck, article cité, p. 16. L'ouvrage de Barthol, publié à Francfort chez J. Spies en 1596, est réédité par L. Alleyns en 1616.

108 › C'est ce parti-pris qui permet à quelqu'un qui, comme moi, entretient avec la langue allemande des rapports très lointains, de pouvoir apprécier, outils linguistiques en main, la conformité de la traduction avec l'original.

109 › Voyez le commentaire à l'emblème LXXIII.

110 › Emblème XLV, Déclaration, v. 15-16.

la mesure où son ajout ne fait qu'anticiper la suite que constitue l'emblème XLVII : c'est bien sur le terrain spirituel que Friedrich en abordant le thème de la chasse veut entraîner son lecteur, et qu'il l'invite à poursuivre et à approfondir la réflexion en tournant la page. Fidèle autant que possible à la lettre du texte de départ, respectueuse de son esprit dans les rares écarts significatifs qu'en général la recherche de la rime impose, consciente de la cohérence et des enjeux du recueil en son entier, cette traduction présente dans l'ensemble des qualités rarement partagées à cette époque dans le domaine de la poésie – et si le texte peut paraître quelque peu lourd, cette lourdeur est d'abord imputable au caractère didactique du texte de départ.

***

On comprendra alors, compte tenu des spécificités de la traduction, que le commentaire critique dont la présente réédition est pourvue s'attache au sens et aux intentions de Friedrich plutôt qu'aux qualités littéraires du texte, et cherche en priorité à commenter les figures des emblèmes en fonction de l'idéologie de leur concepteur et de la communauté à laquelle le recueil était d'abord destiné.

Les gravures sont reproduites à partir d'un exemplaire qui m'appartient, à l'exception du frontispice, dont la Bibliothèque municipale de Grenoble a bien voulu fournir un cliché. Les vignettes des emblèmes ont été entourées d'une bordure qui n'existe pas dans l'orginal et agrandies à 15% ; elles mesurent en réalité 7 cm de largeur pour une hauteur de 11 cm. Je suis intervenu sur la ponctuation du texte chaque fois qu'elle risquait d'entraver gravement la lecture, et toujours en me réglant sur la ponctuation du texte allemand correspondant, lorsqu'on a affaire, et c'est la règle générale, à une traduction juxtalinéaire. J'ai conservé toutes les majuscules, y compris celles qui contreviennent à nos habitudes, en fonction notamment de la ponctuation. Le texte est restitué en tenant compte de la liste des *errata* (que je n'ai donc pas reproduite) et pourvu d'un appareil de notes linguistiques destinées à lever les éventuelles difficultés de lecture. Dans ces notes parfois la bonne compréhension du texte exige le recours à la leçon de l'original en allemand : en général, il s'agit alors de préciser l'intention ou encore de souligner l'écart par rapport au texte traduit, et il suffit de citer le terme allemand employé et d'en préciser le sens tel que l'enregistre le dictionnaire de Jacob Stoer. Afin de faciliter l'identification de la nature de ces notes, je reproduis chaque fois que je recours à cet ouvrage lexicographique la distinction typographique des trois langues qu'il adopte : gothique pour l'allemand, italique pour le français, romain pour le latin.

Les vers sont numérotés, dans le but de faciliter la lecture du commentaire que l'on lira après le poème conclusif de Friedrich. Dans ce commentaire systématique, emblème après emblème, toutes les citations de la version allemande du texte de Friedrich conservent le gothique, et les citations du dictionnaire de Stoer continuent à ménager la même distinction typographique pour les trois langues. Sauf mention explicite, les textes de Luther sont cités dans les traductions offertes aux éditions *Labor et Fides*.

PARTIE I

Les *Emblemes nouveaux*

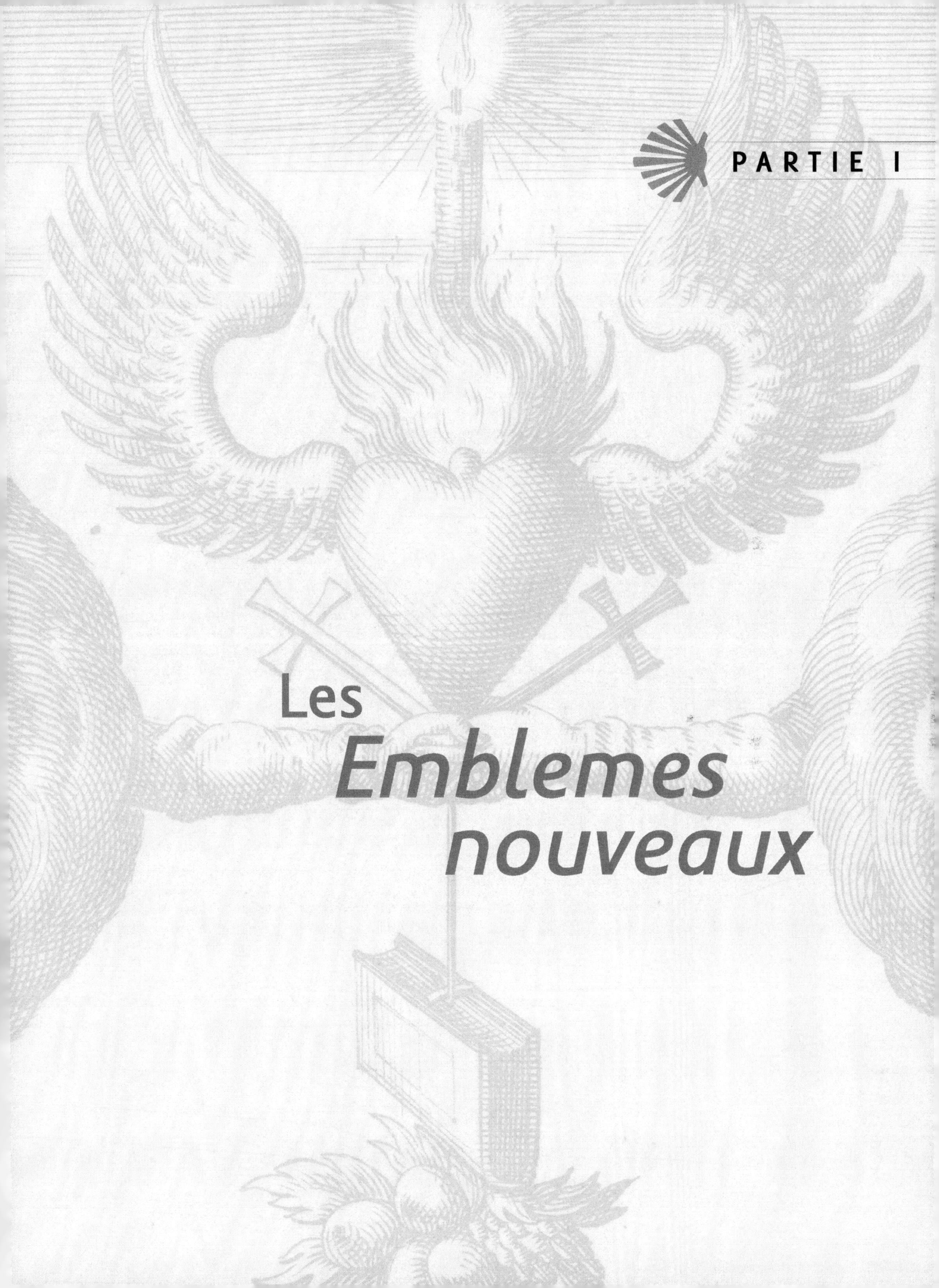

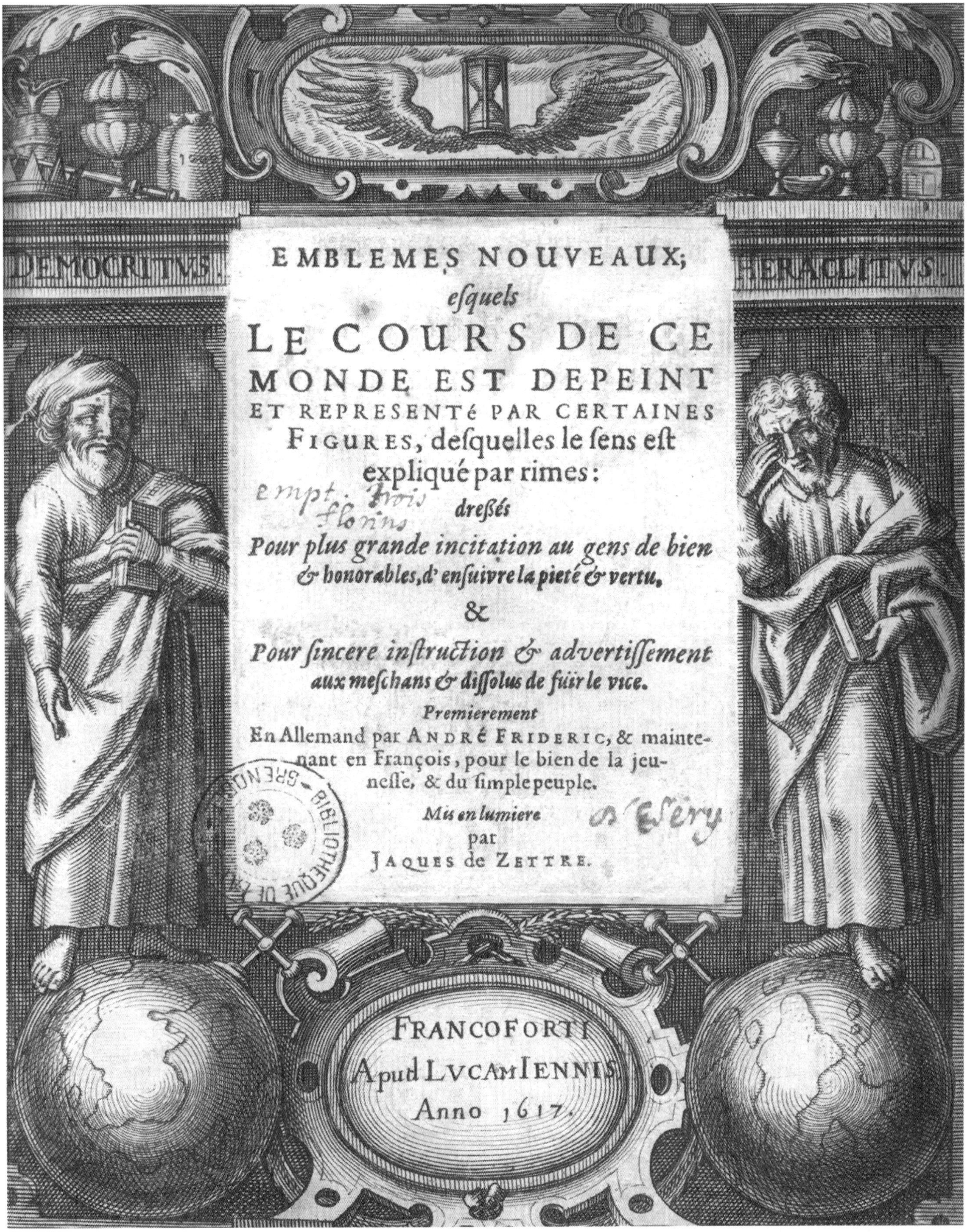

EMBLEMES NOUVEAUX;
esquels
LE COURS DE CE
MONDE EST DEPEINT
ET REPRESENTÉ PAR CERTAINES
FIGURES, desquelles le sens est
expliqué par rimes:
dreßés
Pour plus grande incitation au gens de bien
& honorables, d'ensuivre la pieté & vertu,
&
Pour sincere instruction & advertissement
aux meschans & dissolus de füir le vice.
Premierement
En Allemand par ANDRÉ FRIDERIC, & maintenant en François, pour le bien de la jeunesse, & du simple peuple.
Mis en lumiere
par
JAQUES de ZETTRE.

FRANCOFORTI
Apud LVCAM IENNIS.
Anno 1617.

Bibliothèque Municipale de Grenoble, F. 7320

EMBLEMES NOUVEAUX ; / esquels / LE COURS DE CE / MONDE EST DEPEINT / ET REPRESENTÉ PAR CERTAINES / FIGURES, desquelles le sens eſt / expliqué par rimes : / *dressés / Pour plus grande incitation au gens de bien / et honrables, d'ensuivre la pieté et vertu,* / et / *Pour sincere inſtruction et advertissement / aux meschans et dissolus de fuïr le vice.* / *Premierement* / En Allemand par ANDRÉ FRIDERIC, et mainte- / nant en François, pour le bien de la jeu- / nesse, et du simple peuple. / *Mis en lumiere* / par / JAQUES DE ZETTRE.

FRANCOFORTI / Apud LUCAM IENNIS. / Anno. 1617.

A MESSIEURS / JACQUES, ET JEAN DE BARI, / propres freres, Marchants, mes treshonorés et favorables Oncles, salut.

MESSIEURS et tres-honorés Oncles. Comme nul de nous n'eſt nay[1] pour soy mesme seulement, ains[2] que la patrie requiert une bonne partie de noſtre vie, les parens ont droict à une autre non moindre, joint que le tout de noſtre vie se doibt rapporter à la gloire de Dieu, qui l'a donnée, et qui la conserve tant qu'il lui plaiſt ; J'eſtime que l'Autheur de ce livret, se souvenant de ces choses, n'a pas mal colloqué les heures qu'il y a employées, et partant aussi, que les deſpens que j'ay fait pour l'impression d'icelui en Allemand et graveure des figures, ne sont perdus. Ce qui m'a poussé encore plus outre, en sorte que voyant qu'il a eſté bien receu en sa langue, je l'ay fait veſtir d'une autre robbe[3], que je me persuade ne lui eſtre mal seante, et ne doute point qu'il ne puisse atteindre son but, qui eſt de representer aux simples[4] et moins doctes, tant le mal que le bien ; ceſtui-ci, pour l'ensuivre, et ceſtui-là pour le fuïr.

Or ceſte louäble couſtume eſtant, dés long temps, que ceux qui mettent en lumiere des livres, les dedient à l'honeur de leurs bienfaicteurs et amis, pour leur faire paroiſtre l'affection qu'ils ont de, ou recognoiſtre les biens-faits qu'ils en ont receus, ou de les honorer selon leur devoir, sur tout s'ils sont leurs parens en ligne ascendante, qui sont comprins sous le nom de pere et mere : recognoissant que vous eſtes mes Oncles, lesquels à bon droit je doy honorer ; J'ay pris la hardiesse de vous consacrer et presenter ceſtui-ci en toute reverence, m'asseurant que comme je vous l'offre en sincerité de mon cœur, aussi vous le recevrés benignement et avec tel visage qu'aves accouſtumé de me monſtrer, comme treshumblement je vous en prie, et me recommandant tres affectueusement à vos bonnes graces, je supplie le Pere de misericorde qu'il lui plaise vous faire proſperer de plus en plus, vous accompagnant de ses benedictions divines en toutes vos entreprises, afin que les puissiés amener à telle fin, que le Nom de l'Eternel en soit glorifié, et que vous en ayés un entier contentement en vos corps et en vos ames, lesquels je recommande au Seigneur Tout-puissant d'aussi bon cœur, que je demeure,

Messieurs et treshonorés Oncles,

Voſtre humble et serviable nepveu

de Franckfort ce 6 de Septemb.
l'an 1617
JAQUES de ZETTRE

1 › *nay* : « né ».
2 › *ains* : « mais ».
3 › C'eſt la langue française.
4 › Ceux qui ne connaissent pas le latin (J. de Zettre reprend un argument de la préface de Friedrich).

PREFACE DE L'AUTHEUR AU LECTEUR.

Ami Lecteur, Le grand et excellent Jurisconsulte Ulpian parlant des pensées de nostre cœur dit ainsi ; *Personne n'est puni à cause de ses pensées*[5], ou bien selon qu'on le prononce en nostre language Allemand ; *les pensées ne doivent point de peage*[6]. Or ces axiomes ont lieu és jugemens de ce monde tant seulement, esquels personne ne reçoit ni louänge ni punition pour l'amour de ses pensées, soyent elles bonnes ou mauvaises ; Mais devant le siege judicial de la saincte Trinité il en va bien autrement, voire du tout au contraire[7] ; Car, comme la saincte Escriture tesmoigne abondamment, les mauvaises pensées, sur tout celles qui sont accompagnées d'opiniastreté[8], et ausquelles la personne ne resiste point, ains y prend plaisir, ne meritent pas moindre punition devant Dieu, qui seul sonde les cœurs, que les paroles ou les œuvres.

Or combien qu'en ceste grande foiblesse et perversité du cœur de l'homme, qui est à tout mal enclin, il soit impossible de n'avoir aucune mauvaise pensée, et estre pur à la façon des Anges, tout ainsi qu'on ne peut empescher les oiseaux de voler par dessus nostre teste : Tant y a, que comme les oiseaux ne se peuvent nicher sur nostre teste contre nostre gré, aussi peut on, moyennant l'aide de Dieu, autant resister aux pensées mauvaises, qu'on ne les mettra point en effect, si on ne veut : selon l'admonition proverbiale, qui porte ; que *de mauvaises pensées il ne faut pas faire des arrests, ou conclusions*[9].

Or d'autant que la maudite oisiveté est souvent la cause des mauvaises pensées, et qu'à bon droit on dit, que *fuïr les occasions de pecher, c'est fuïr les pechés mesmes*[10] : Il est convenable d'employer le temps, auquel on n'a rien à faire, aussi bien que celui auquel on est chargé d'affaires, en sorte qu'on en puisse rendre bon conte : selon que *Caton*[11] a fort bien dit ; *Oportet non minus otii, quàm negotii rationem exstare*[12] *: c.* Il ne faut pas moins pouvoir rendre raison du loisir, que des occupations, et affaires qu'on a. Car autrement, il ne peut sortir que mal d'une oisiveté inutile, selon le proverbe disant, que *De l'oisiveté viennent les vices.* Et, *En ne faisant rien, on apprend à mal faire, etc*[13].

Pour donc remedier à ce mal, tant d'un costé que de l'autre, et le destourner autant que faire se peut, j'ay pour mon regard dressé[14] ces Emblemes[15], et declaré le sens caché et intelligence d'iceux par rimes y adjoustées. Et ay pris le subject de ces meditations[16] pour la plus part de l'estat et cours du monde, loüé la vertu et ce qui est bon, et exhorté à l'ensuivre, et reprins le

5 › La citation dans l'original est (l'édition en langue allemande de 1617 qui précède cette édition en français) en latin : « Cogitationum pœnam nemo patitur ».

6 › « Gedancken sind Zollfrey ». Friedrich fait précéder cette locution d'une traduction en latin : « Cogitationes immunes sunt à vectigalibus ».

7 › L'expression superlative traduit une redondance de l'allemand par le latin : « das Contrarium und Gegenspiel ».

8 › En latin dans le texte : « morosae oder perseverantes ».

9 › La citation dans l'original est en latin : « Malæ cogitationes non fiant conclusiones ».

10 › La citation dans l'original est en latin : « Vitare occasiones peccandi, est vitare ipsa peccata ».

11 › L'italique dans l'original s'explique du fait que le nom est donné sous sa forme latine, « Cato » (de même, dans la première phrase, que « Jureconsultus Ulpianus », qui a été traduit et transcrit en caractères droits).

12 › Je corrige deux coquilles (« Optet » et « extare ») que ne présente pas la citation du texte original.

13 › La citation dans l'original est en latin : « Ocia dant vitia. *Etc.* Homines nihil agendo, malè agere discunt, etc. »

14 › « Verfertigen / *Achever, parfaire* » (dictionnaire de Stoer).

15 › L'original porte le mot latin « Emblemata » en petites capitales.

16 › Le mot « meditations » traduit le latin « Occasionem meditandi ».

vice, et fidelement dissuädé d'icelui. Au demeurant j'ay une entiere confiance, que ce mien labeur procedant de bonne affection, ne desplaira à aucun qui a l'honeur en recommandation.

Je ne me suis proposé de blasmer ou outrager personne en particulier, lors mesme que j'ay usé de plus grande vehemence, ains j'ay traicté le tout en general[17]. Je n'ignore pas que d'autres excellents et doctes personnages, tant ecclesiastiques que seculiers ont par ci-devant mis en lumiere des Emblemes[18] en latin avec un singulier artifice, attendu qu'ils sont encore en estre : Mais d'autant qu'un chascun ne les entend pas, n'ayant la cognoissance de la langue ; J'ay bien voulu faire un essay pour ce fait en nostre language Allemand, esperant que ce ne sera pas sans fruict. Que si ce mien labeur desplaist à quelqu'un, il demeure en la liberté d'un tel, de mettre en lumiere quelque chose de meilleur, s'il le sçait faire, je lui congratuleray volontiers et de bon cœur. Je n'ay cerché en tout ceci en façon quelconque ma gloire, mais par un Zele Chrestien, seulement le profit de mon prochain qui est Chrestien avec moy, et devant toutes choses l'honeur du Dieu tout-puissant. A icelui qui est sainct, fidele et misericordieux je recommande le lecteur benin et favorable, comme aussi toute personne, lui souhaitant un pieux et Chrestien amendement de sa vie, et felicité temporelle et eternelle.[19]

17 › Friedrich recourt au latin pour l'opposition du particulier et du général, « in specie » et « in genere tractiret ».

18 › Pour « Emblemata » (petites capitales).

19 › Entre cette épître et le quatrain qui suit, l'imprimeur a inséré une liste de coquilles (« Corrigés les fautes advenues en l'impression, comme s'ensuit » que je ne reproduis pas. Je me suis contenté de corriger directement le texte.)

AU LECTEUR,

Quadrain

Onc possible ne fut d'à chascun satisfaire,
A l'un plaiſt le nouveau, à l'autre plaiſt le vieux :
Il n'eſt pas defendu à toy de faire mieux,
Zoïle, ains de blasmer, si tu ne le sçais faire.

EMBLEMATUM

ANDRÆ FRIDERICHI

PERIOCHE.

Ingeniosa videns arcana EMBLEMATA sensu,
Hæc quid significent, noscere fortè cupis :
Quæ passim ſtolido peragratur fabula mundo,
Monſtrat imaginibus pagina quæque suis.
Hic cursus mundi : labyrintho hæremus in iſto.
Felix qui laqueos hosce cavere poteſt.
Delige, quæ bona sunt, quæ damnosa, relinque,
Talia sic fructu non properante[20] leges[21].

ANDREAS MARTERSTECK
Gothanus.

20 › Le texte porte « perante », ce qui ne signifie rien. Je dois à Jean Lecointe d'avoir rétabli le texte en formant l'hypothèse que le typographe n'a déchiffré qu'en partie l'abréviation du mot : il a bien identifié le trait qui barrait la jambe du « p » de « pante » pour « per », mais n'a pas vu qu'il se combinait avec une boucle pour « pro ».

21 › Traduction : *Sommaire des Emblèmes d'Andreas Friedrich.*
Peut-être, considérant ces ingénieux Emblèmes au sens myſtérieux, désires-tu savoir ce qu'ils cherchent à faire entendre : chaque page montre dans ses images quelle comédie se joue dans ce monde ſtupide. C'eſt ici le but où le monde court : nous reſtons attachés dans ce labyrinthe-là. Heureux qui peut éviter ce genre de liens. Choisis les choses bonnes, celles qui sont funeſtes, renonces-y, ainsi en récolteras-tu d'autres dont le fruit eſt éternel.

Dieu a creé le monde, et il a tant de testes.

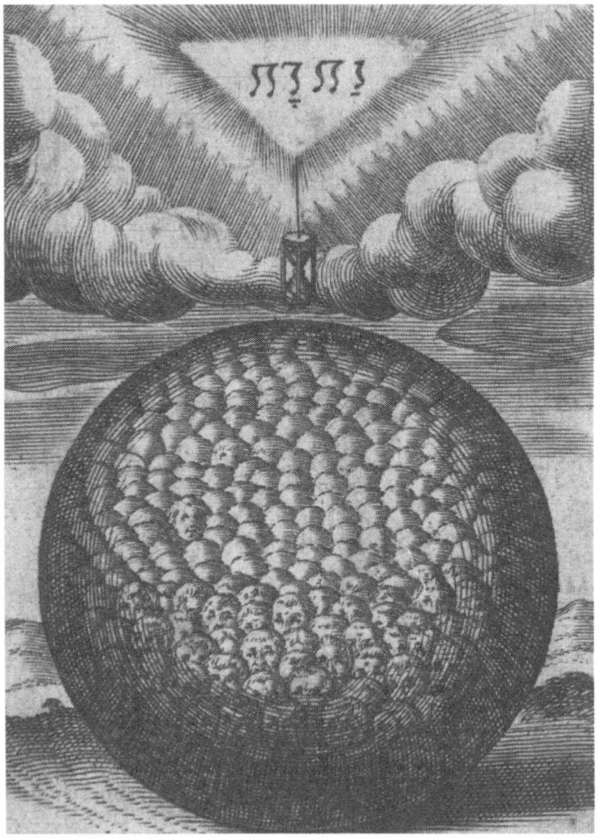

Du grand Dieu Eternel tous sommes creatures ;
Testes estranges a au monde toutesfois :
Accommode toy donc au monde à ceste fois,
Seul tu ne peus fleschir tant diverses natures.

Titre › *a creé* : coquille corrigée (« à creé »). Lisez « a creé ».

v. 2 › *Testes estranges a* : « Il y a des têtes étranges ».

v. 3 › La répétition de « au monde », loin d'être une maladresse du traducteur, restitue fidèlement le texte allemand.

DECLARATION DE LA I. FIGURE

Dieu nous a tous creés fort merveilleusement,
Et Christ a rachetés tous les siens puissamment :
Le sainct Esprit aussi avec grande efficace
Les Chrestiens sanctifie, et remplit toute place.
Heureux celui qui tout ce cognoit[1] sainement
Considerant en soy tant son commencement,
Que son milieu, sa fin. Heureux celui qui ouvre
La porte de son cœur, et qui tout le descouvre[2]
Devant Dieu l'honorant[3]. Regarde nostre Espoux,
La vraye espouse à lui vueilles mener tout doux.
Ici j'enten la seule Eglise Christiane,
Et non pas des meschans[4] le grand troupeau prophane.
De testes il y a[5] au monde à grand' foison,
Et là un chascun veut ensuivre sa raison[6].
Ne pensant à sa fin, ni à son origine,
Ne cognoit[7] son prochain, ni l'essence divine.
Et le jour la journée à l'advanture vit,
Qu'il est Seigneur de vie en son cœur pense et dit[8].
Il est certain qu'à bien ne viendra cest affaire[9],
Dieu punira tous ceux qui ne lui veulent plaire :
La derniere heure vient, icelle[10] retarder
Nul ne peut ; pense y bien, sage, pour te garder
Que tu ne sois surpris[11] tout à la despourveuë
Sur les loix de ton Dieu jette tousjours la veuë.

1 › *qui tout ce cognoit* : « qui connaît tout cela ».
2 › *qui tout le descouvre* : « qui montre entièrement son cœur ».
3 › *l'honorant* : « en honorant Dieu ».
4 › Traduction conforme au dictionnaire de Stoer : « Gottlotz / *Pervers, meschant, qui ne tient conte de Dieu.* Impius. »
5 › *De testes il y a* : « Des têtes, il y en a … »
6 › *raison* : pour l'allemand Sinn (trois entrées dans le dictionnaire de Stoer : « *Sentiment, sens.* Sensus. » / « *La pensée de l'homme.* Mens » / « *Sentence, opinion, fantasie.* Sententia.)
7 › Le sujet est toujours implicitement « un chascun ».
8 › La complétive objet des deux verbes est antéposée (« Il pense en son cœur et dit que … »).
9 › Le mot n'est définitivement féminin qu'au cours du XVIIe (« cette affaire ne viendra pas à bien »).
10 › *icelle* : « celle-ci » (la dernière heure).
11 › *Pour te garder que tu ne sois surpris* : « pour te garder d'être surpris » (pour ne pas te laisser surprendre, jette toujours …).

Pour maintenir le monde, il y a trois Eſtats.

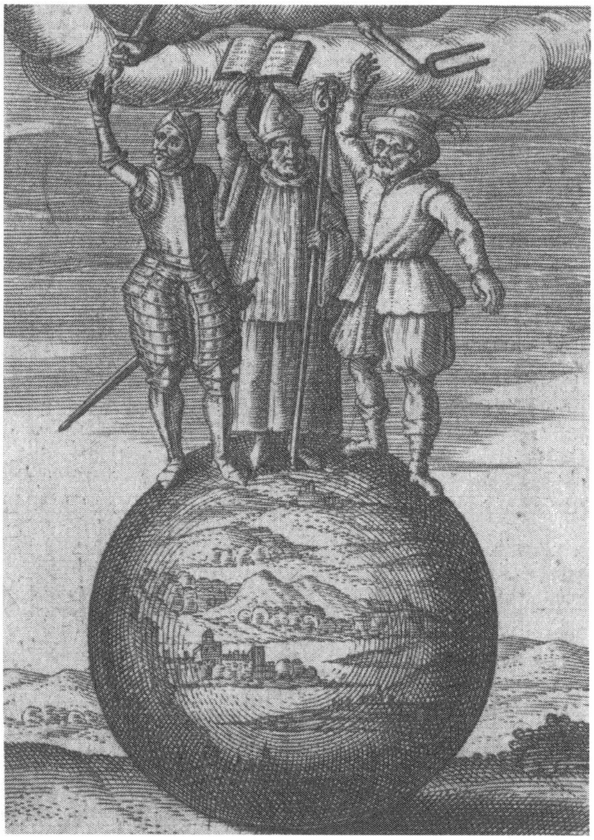

Trois Eſtats sont dressés, l'un Nourrit, *l'autre* Enseigne,
Le troisieme Maintient *ceux qui sont oppressés.*
Nul d'eux dire ne peut ; J'ay en moy seul assés *:*
Cil qui fait son devoir, aura l'eternel regne.

v. 4 › Cil qui : « celui qui ».

DECLARATION DE LA II. FIGURE

L'ordonnance de Dieu on peut en ce cognoistre,
Qu'au monde trois Estats il a fait comparoistre ;
Sans lesquels l'Univers ne pourroit subsister :
Ains[1] seroit ruiné sans pouvoir resister.
C'est pour cela que Dieu ici tout bien[2] ordonne,
Afin que tout chascun à son devoir s'addonne.
Heureux celui qui tient la voye du Seigneur,
Et sa vocation[3] va suivant de bon cœur,
Cil qui[4] tousjours employe à ce[5] fidele peine
D'avoir devant son Dieu la conscience saine,
Subsister[6] devant lui, lors que rendre faudra
Le conte de tous faits et dits, lequel vaudra[7] :
Car Dieu contemple tout, à quoy que tu t'adonnes,
Par ton acte meschant sentence tu te donnes[8].
Si doncques devant Dieu absout estre tu veux,
Ton train et ton estat bien considerer peux[9].
Gouverne tout ton train par de Dieu les paroles[10],
Ainsi tu monteras par dessus les deux poles[11].

1 › *Ains* : « Mais ».

2 › *bien* est ici un adverbe.

3 › C'est l'un des trois sens enregistrés par Stoer, première vedette (« Beruff / *Vocation, Appel* »).

4 › *Cil qui* : « Celui qui ».

5 › *à ce* : « à cela, avoir devant Dieu… »

6 › Conforme à Stoer dans la partie français-allemand du dictionnaire (« *Subsister* / Beystehen »).

7 › La construction des v. 11-12 est très alambiquée, comprenez : « …avoir devant Dieu la conscience saine, chose qui lui vaudra de subsister devant lui, lorsqu'il faudra rendre compte de… ».

8 › *sentence tu te donnes* : « tu te condamnes ».

9 › Construisez : « si tu veux être absous…, tu peux… » (c'est-à-dire : « tu dois »).

10 › *par de Dieu les paroles* : « par les paroles de Dieu ».

11 › *les deux poles* : le pôle du globe terrestre, et le pôle du ciel : par conséquent, « tu gagneras le paradis, derrière la voûte du ciel ». L'allemand dit « tu franchiras la porte du ciel » (So gehstu ein zu Himmelspfort).

L'Argent ard la gent.

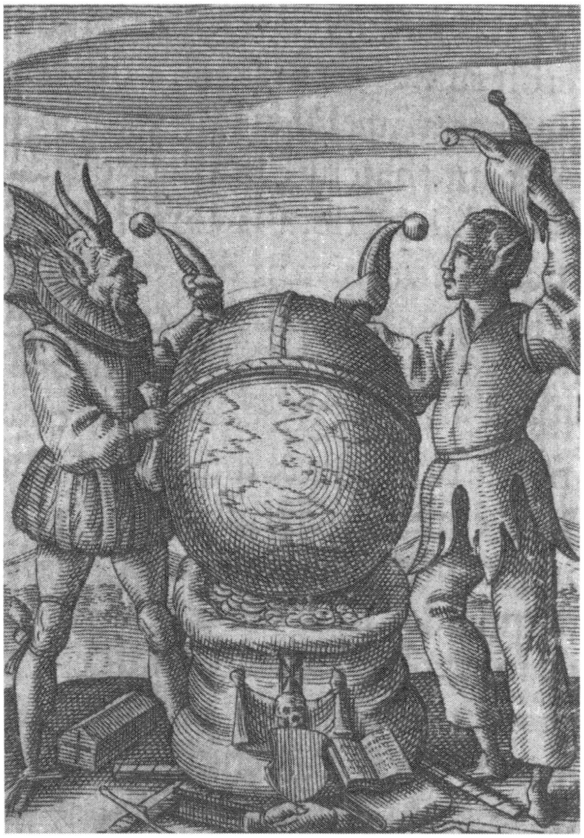

Le siecle d'or au monde eſt venu à ceſte heure,
L'Or et l'Honeſteté, quand ils sont balancés,
L'Or emporte le poids : Donnans sont avancés,
Pour argent tout eſtat de tout faire labeure.

v. 3 › *Donnans sont avancés* : traduction ramassée de l'allemand (« **Wer geben kan / der kompt schwind fort** » : « Qui peut donner eſt prompt à arriver devant »).

v. 4 › « Chaque état fait n'importe quoi pour de l'argent » (il s'agit des trois États ou grands types de vocations qui ont été décrits dans l'emblème précédent).

DECLARATION DE LA III. FIGURE

Le monde d'à present sur argent se repose,
Et les biens temporels font qu'eslever il s'ose,
La joye terrienne eſt son accouſtrement.
Pour ceſte vie on met l'eternelle hardiment :
Difficulté ne fait la plus grande partie[1]
De mettre sur son chef la cappe de sotie[2].
Le malheureux argent fait la bible tomber,
L'amour, la loyauté et la foy entomber.
Par terre sont le sceptre et l'eſpée : le Diable,
Ayant vaincu, se rit du monde miserable,
De ce qu'il a les gens à son vueil faire induit[3],
Et les Spirituels[4] mesmes aussi seduit.
Les biens et les presens font que peu de gens pensent
A fuïr les pechés, la plus part les avancent,
Il y a ja long temps que plus garde on n'y prend :
Aussi les cœurs des grands[5] l'avarice surprend[6],
Leur foy et leur amour ils mettent en arriere
Sans honte. C'eſt à toy, ô Dieu, que ma priere
J'addresse, Voy cela : Car le Diable eſt si fin,
Qu'il seduit les Chreſtiens sans mesure et sans fin.

1 › Sujet inversé : « la plus grande partie ne fait pas difficulté ».

2 › *la cappe de sotie* : « le capuchon de folie » (le bonnet de fou). Le latin *Stultus* s'applique à celui à qui la raison défaut, aussi bien sot que fou.

3 › « Il se rit de ce qu'il a induit les gens à faire sa volonté ».

4 › Comptez 4 syllabes. « Et (il se rit) de ce qu'il a même séduit les Spirituels » : ce mot eſt la parfaite traduction de l'allemand « Geistlich » (dans Stoer « Geyßlich / *Spirituël, homme religieux* »), et nomme les chrétiens régénérés qui, selon le troisième usage de la Loi posé par la *Formule de Concorde*, doivent continuer à régler leur comportement par la Loi, parce que la nature humaine reſte faible et qu'elle continue à être menacée par le Diable.

5 › Ce sont les personnages qui détiennent le pouvoir civil, ceux qui consituent l'État qui « maintient ».

6 › Le goupe COD eſt antéposé : « L'avarice surprend également les cœurs des grands ».

Ce sont des vices grands qui ont la vogue au Monde.

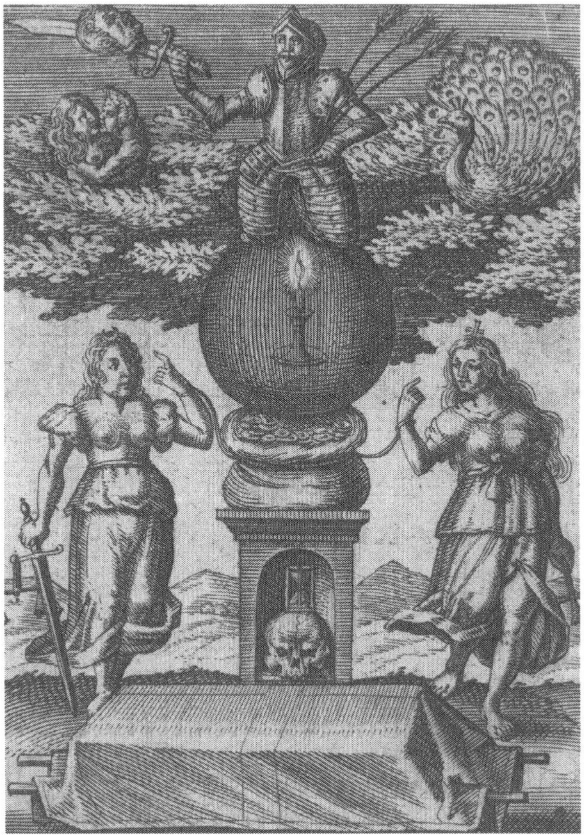

Il ne faut s'eſtonner s'il va si mal au Monde ;
Car pour le temps present quasi toute Vertu
A prins fin : En sa place eſt le vice tortu.
Considere ta fin, que Mort ne te confonde.

V. 1 › *s'il va* : « si cela va ».

V. 3 › *tortu* : « qui eſt ou va de travers ». L'adjeċtif, qui s'applique généralement au serpent, suffit à évoquer le péché originel et la nature fondamentalement mauvaise de l'homme.

V. 4 › *que* : « afin que, de telle sorte que ».

DECLARATION DE LA IV. FIGURE

1. Du Monde la clarté Dieu soustient Voyant-tout[1],
2. Autrement il seroit tenebreux jusqu'au bout.
3. La force malheureuse avec sa violence,
4. A fait que cruauté est venuë à outrance.[2]
5. C'est l'honeur de ce monde et le desir d'argent
6. A quoy[3] est maintenant addonnée la gent.
7. Puis aussi se fait veoir l'orgueil et superbie[4],
8. Et le plaisir charnel, avec son infamie.
9. Le Monde est appuyé sur l'inique Mammon[5],
10. Quiconque en a le plus est en plus grand renom :
11. Il est mis au dessous de l'arbre transitoire,
12. Son temps employe mal, selon qu'il est notoire.
13. La Justice et la Foy liées sont souvent,
14. Sur tout lors que l'argent bien tinte et marche avant.
15. On se tient fort et ferme à l'honeur qui s'envole,
16. Tant le glaive-portant, que celui qui immole[6].
17. Combien que[7] nul d'iceux son heure ne cognoit,
18. Et que de fine[8] Mort attrapés on les voit ;
19. Voire eux qui par finesse et par gloire mondaine
20. Pensoyent vaincre Satan, sans avoir fort grand peine.
21. Ceux qui devroyent à Dieu servir sans fiction,
22. Vont par leur propre coulpe à leur perdition.
23. Approche toy de Christ en vraye repentance,
24. Ainsi la mort sur toy n'aura point de puissance.

1 › « Dieu omniscient soutient la clarté du monde » (c'est-à-dire « maintient », cf. le dictionnaire de Stoer : « **Erhalten** / *Conserver, garder, maintenir* »).

2 › Vrigule dans l'original (je rectifie sur la leçon en allemand).

3 › Construisez : « C'est à l'honneur… et au désir… que les gens maintenant… ».

4 › Latinisme conforme à l'allemand (Stoer : « **Hoffarth** / *Orgueil, insolence, vaine goire,* Superbia »).

5 › *Mammon* : par antonomase, l'argent, et l'avarice, désir immodéré de posséder des biens.

6 › Respectivement « le représentant du pouvoir civil », et « le représentant de l'Etat chargé d'enseigner », les « *spirituels* » de l'emblème précédent.

7 › *Combien que* : « Bien que », « alors que » (le traducteur ne considère pas la locution comme un outil de subordination, mais de simple liaison).

8 › *fine* : « rusée ».

L'alme vertu se void maintenant prisonniere.

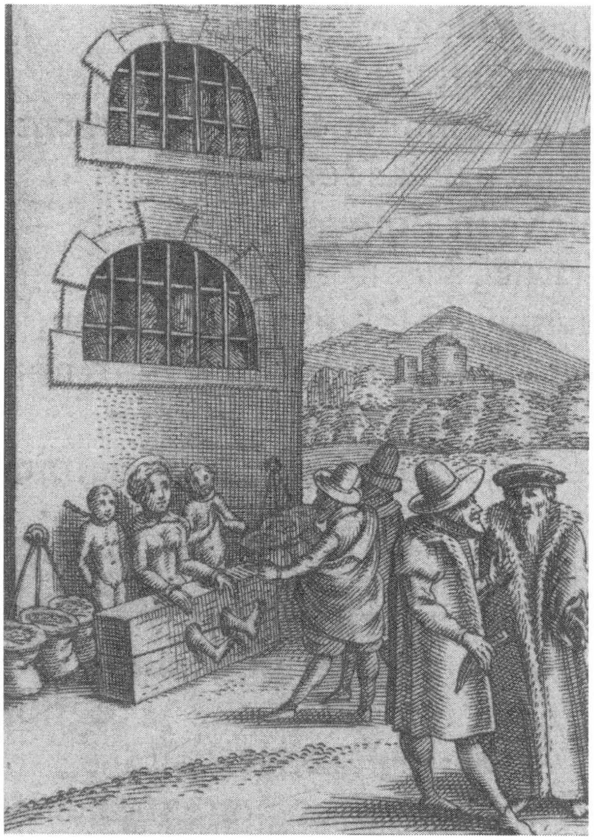

Qui veut eſtre pieux n'eſt en aucune eſtime,
On louë la vertu, mais c'eſt sans l'exercer,
Pluſtoſt on la verra en prison oppresser ;
Par ce moyen s'esmeut l'ire du Dieu sublime.

v. 4 › Par ce moyen : « Pour cette raison ».

DECLARATION DE LA V. FIGURE

O douce Charité avec tes beaux enfans,
Quand de chaines vos mains, et vos cols de carquans
Environnés on void, pres de grande richesse,
De laquelle on pourroit aider à grand largesse
Maint homme creignant Dieu, ayant necessité :
On peut bien dire alors en pure verité,
Que c'est tout pour neant que de toy on se vante[1] :
Car maint qui a grands biens, neant moins se tourmente,
Et souffre pauvreté lui mesme volontiers,
Tant qu'il meure, et ses biens laisse à ses heritiers.
Le reste des vertus on void emprisonnées,
Chascun ses volontés ensuit desordonnées ;
Mesmement les anciens n'y veulent adviser[2],
Les jeunes ne s'en font que rire, et mespriser
Les Vertus : Dont[3] il faut que Dieu y remedie
Par famine, et par peste, et autre maladie ;
Comme desja on void en maint et maint endroit,
Que le mal commencé de plus en plus s'accroit.
O Seigneur donne nous par ta faveur et grace,
Que des vertus puissions suivre la vraye trace.

1 › C'est l'idée exprimée dans le deuxième vers du quatrain.

2 › *n'y veulent adviser* : « ne veulent pas y réfléchir ».

3 › *Dont* : « D'où », « Par conséquent ».

En Christ tant seulement se trouve le soulas.

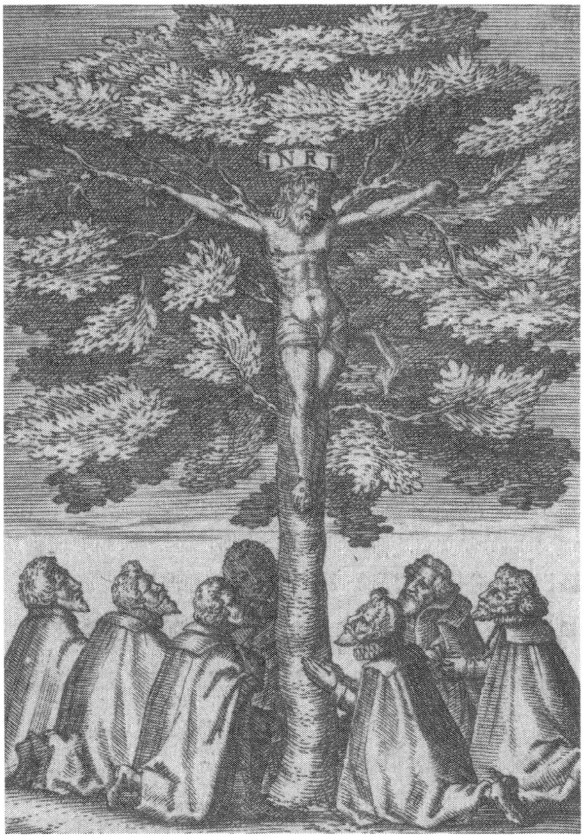

Qui veut estre pieux n'est en aucune estime,
On louë la vertu, mais c'est sans l'exercer,
Plustost on la verra en prison oppresser ;
Par ce moyen s'esmeut l'ire du Dieu sublime.

Titre › *soulas* : « réconfort et joie ».

v. 1 › *voyagers* : « voyageurs ».

v. 1 › *cerchent* : « cherchent ».

v. 4 › *Sous la croix d'un seul Christ* : « Sous la croix du Christ seulement ».

DECLARATION DE LA VI. FIGURE

L'ombre du vray arbre est le seul Seigneur Jesus,
Cest arbre au loing estend ses branches par dessus
Tout le monde : Il soustient le tout par sa puissance.
Quiconque va cerchant sous lui en confiance
A son ame repos[1], en quelque temps et lieu
Que ce soit ; il l'aura en lui comme en[2] son Dieu.
O trois et quatre fois heureux cil[3] qui souspire
D'un cœur non feint à lui, et tousjours s'y retire,
Pour son ame cerchant sous lui un tel repos,
Lequel il trouvera, et tout gay et dispos
Pourra prendre sur soy la robbe nuptiale,
De laquelle vestu entrera en la sale
Du grand Roy de ce Tout, et là assistera
Au nopces de son fils, où bien-venu sera.
Nous ne sçaurions trouver, c'est chose veritable,
Ce precieux habit, des pechés en l'estable[4].
Parquoy despeche toy, vien avec grand desir
Vers l'arbre du Seigneur, en lui pren ton plaisir :
Icelui meurira[5] les bons fruits de ton ame,
Et fera qu'à jamais ton ame ne se pasme[6].

1 › *cerchant … à son ame repos* : « cherchant repos pour son âme ».
2 › *comme en* : « en tant qu'il est ».
3 › *Cil* : « celui ».
4 › *des pechés en l'estable* : « en l'étable des péchés ».
5 › *Icelui meurira* : « Celui-ci mûrira », « fera mûrir ».
6 › « Et fera à jamais que ton âme ne se pâmera pas ».

Aggreable est à Dieu vraye simplicité.

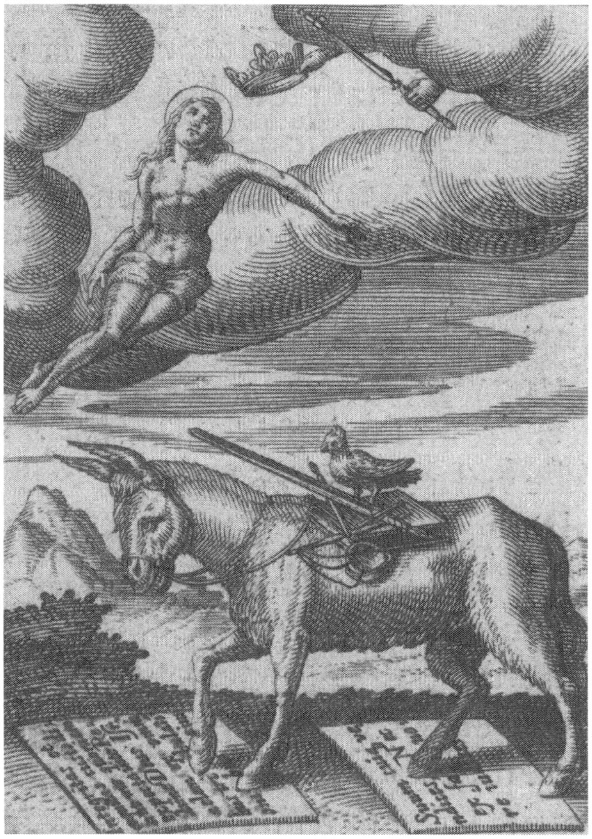

Si du monde es moqué, Chrestien, qu'il ne t'en chaille,
Li de Dieu la parole et la medite bien,
Lors tu pourras sans crainte asseurer le pas tien :
Sinon, tu ne feras jamais chose qui vaille.

v. 1 › *qu'il ne t'en chaille* : « que cela ne te préoccupe pas ».
v. 3 › *le pas tien* : « ton pas ».

DECLARATION DE LA VII. FIGURE

L'Asne laborieux est une simple beste
A laquelle on ne fait en ce monde grand feste ;
Tant y a[1] neant moins, que Jesus le Seigneur
Ne l'a point dedaigné, et n'a cerché l'honneur
Du monde : Car tout ce que le monde n'estime
Dieu coustumierement le met en lieu sublime.
Il abbat les hautains, et les humbles en haut
Esleve ; ainsi en Dieu le simple ne defaut :
Les sages il surprend[2], en toute leur sagesse,
Redresse les courbés, les aide en leur destresse.
Quiconque[3] en tout affaire ici va tousjours droit,
Se tenant au Seigneur ferme, à tous ses dits croit,
Ne se destourne point à dextre n'à senestre,
Aussi n'est s'arrestant[4] à la joye terrestre,
Mais imite l'Asnon, qui le droit chemin tient,
Selon que le Seigneur le guide, va et vient :
Tel en sa simple foy, revestu de justice
De Jesus[5] son Sauveur, trouvera Dieu propice,
Lequel le recevra au royaume des cieux,
Où tous te loueront, ô Dieu, à qui mieux mieux.

1 › *Tant y a* : « Il n'empêche ».
2 › *Les sages il surprend…* : « Il prend les sages au dépourvu, tout sages qu'ils sont ».
3 › Le pronom *Quiconque*, sujet de nombreux verbes, rebondit au v. 17 sur *Tel* (« Celui qui…, celui-là trouvera… »).
4 › *Aussi n'est s'arrestant* : « Ne s'arrête pas non plus ».
5 › *De Jesus* : « par Jésus ».

Telle eſt de vraye foy la conſtante nature.

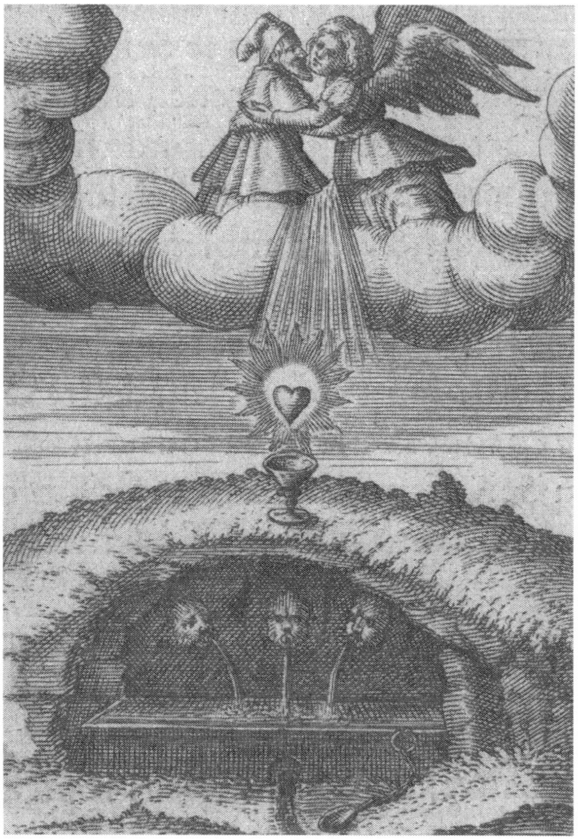

Comme on ne void tarir une vive fontaine,
Ains verse aux animaux richement sa liqueur ;
En œuvres de clemence ainsi des bons le cœur
S'exerce, et plaiſt à Dieu en conscience saine.

v. 2 › *Ains verse* : « Mais au contraire elle verse ».
v. 2 › *sa liqueur* : « son eau ».
v. 3 › *des bons le cœur* : « le cœur des bons ».

DECLARATION DE LA VIII. FIGURE

Tout ainsi[1] qu'une source en haut son eau jettante
Est à tous animaux[2] une rente excellente,
Dont il n'y a aucun qui s'en puisse passer,
Que si on n'en a point, il en faut pourchasser :
Comme aussi de tant plus qu'on puize en la fontaine
Tant plus elle rend d'eau, et à l'instant est pleine,
On void pareillement et sa course et son flux
Avec son bruit bruyant croistre de plus en plus.
Ainsi d'un cœur ardant la foy qui est non feinte
S'esleve contremont ayant de Dieu la crainte :
Et d'autant plus qu'elle est rafreschie en ce lieu,
Tant mieux elle retient son Seigneur et son Dieu,
Et ne le laisse aller en aucune maniere,
Jusques à ce qu'elle ait obtenu sa priere.
Par le moyen de foy et de dilection[3]
On parvient au Seigneur, et à fruition[4]
De tout ce qu'on souhaite : Ainsi la vraye source
Qui l'ame rafraischit est atteinte en sa course.

1 › Le système analogique ne rebondit qu'au vers 9 (en dépit du point) avec *Ainsi.*

2 › Le mot désigne tous les êtres animés, y compris l'homme.

3 › *dilection* : « charité ».

4 › *et à fruition* : « et (on parvient) à obtenir ».

Ainsi la Charité vraye se represente.

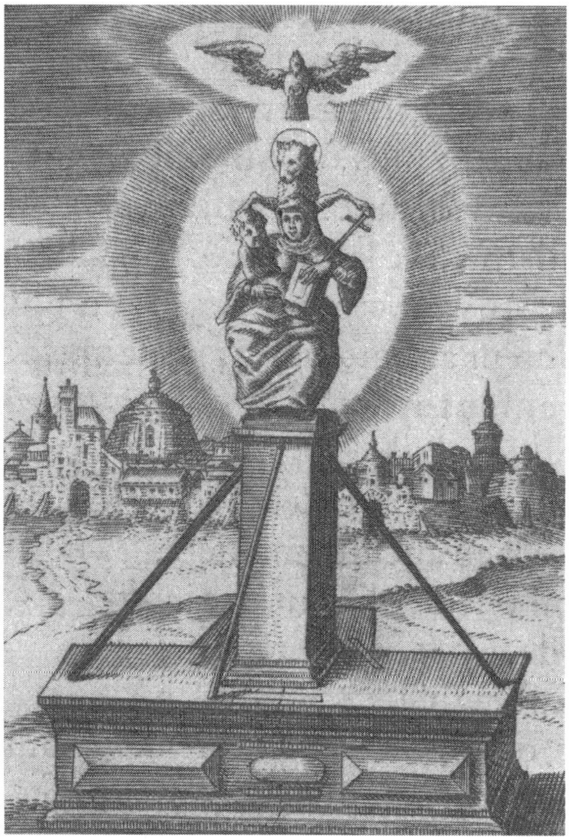

Es quarrieres on void couper la pierre dure,
D'icelle toute sorte on fait de baſtiment,
Pierre à pierre joignant par crampons et ciment :
Ainsi de Charité eſt la ferme nature.

V. 1 › *Es quarrieres* : « Dans les carrières ».
V. 2 › *D'icelle* : « De celle-ci ».

DECLARATION DE LA IX. FIGURE

1. L'ancienne coustume est de joindre pierre à pierre
2. Pour bastir des maisons, et les pierres on serre
3. Ensemble de crampons avec plom inserés,
4. Voire qui veut avoir bastimens asseurés
5. Encontre tous les heurts et force violente[1],
6. De peur qu'elle ne les abbate ou face fente.
7. Pareillement unie et conjoincte est la Foy
8. A Charité ardante, où il n'y a dequoy
9. Se plaindre aucunement de male-tromperie.
10. De force est Patience[2] en la Croix bien cherie[3] ;
11. Pour autant que la Foy ne peut estre sans Croix,
12. L'ardante Charité de tourmens ni d'abbois
13. Ne se soucie point : Ici la Patience
14. Surmonte tout : Et Dieu lui fait veoir sa clemence.
15. En la tentation[4] se void le bastiment
16. Qui a esté posé sur un tel fondement,
17. A l'encontre duquel violence ne[5] force
18. On ne peut inventer, combien[6] qu'on s'y efforce :
19. Ce bastiment ne peut se fendre, tant il tient ;
20. De Prudence d'Esprit seule tout cela vient.

1 › L'auteur pense à des constructions plus importantes comme les murailles et remparts que les assiégeants cherchaient à démolir à coups de bélier.

2 › Il semble qu'il faille comprendre, avec l'expression *Patience de force*, qu'il est question de la vertu de Patience vis-à-vis des violences subies (*force*).

3 › Je rectifie la ponctuation de ce vers et du suivant, conformément au texte allemand.

4 › Le mot *tentation* signifie la détresse, provenant aussi bien des tourments de l'âme que des vicissitudes de la vie.

5 › *ne* : « ni ».

6 › *combien que* : « malgré le fait que ».

L'Eſperance Chreſtienne oncques ne confondra.

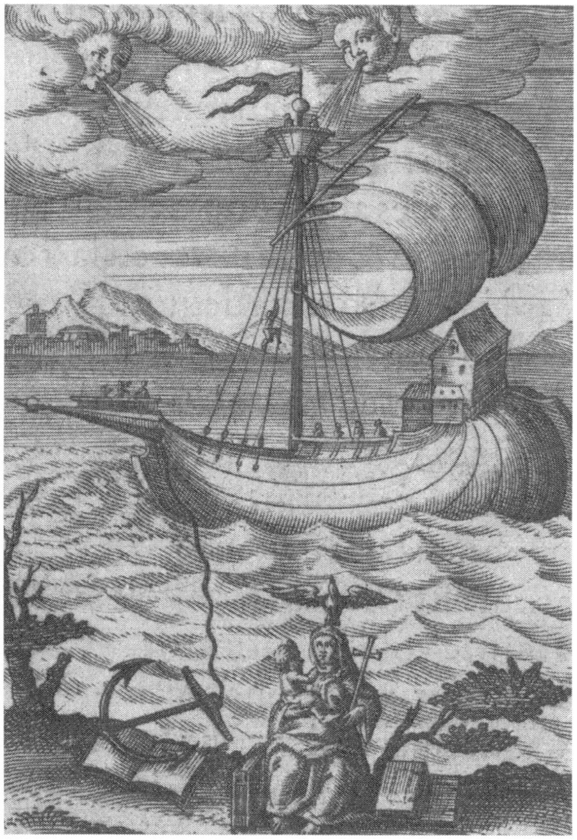

Helas ! combien de maux il faut qu'un Chreſtien souffre
En passant l'Ocean du monde furieux :
Ton eſpoir en la voix du Seigneur, curieux
Sois d'ancrer, si ne veux eſtre englouti du gouffre.

Titre › *oncques ne confondra* : « ne se ruinera (s'écroulera, s'anéantira) jamais » ou, en contexte de navigation, « ne coulera jamais ».

v. 3-4 › *curieux sois d'ancrer* : « aie soin d'ancrer ton eſpoir en… ».

DECLARATION DE LA X. FIGURE

Regarde de[1] jetter ton ancre en un tel lieu,
Où c'est que[2] son cours a[3] la parole de Dieu :
En charité de foy celui[4] ferme demeure,
Au cœur duquel la foy se descouvre bien meure.
Quelque vague en la mer qui lui vienne au devant,
Quelque bruit que ce soit, ou tourbillon de vent,
Rien nuire ne lui peut, ni rompre sa nasselle[5],
Pour autant qu'en son cœur le Seigneur sa foy seelle[6].
Tu pourras aisément passer parmi[7] la croix,
Si ferme tu te tiens à Dieu et à sa voix.
Tu passeras les maux du monde en telle sorte,
Qu'en fin tu parviendras des cieux jusqu'à la porte[8] :
Car Foy et Charité de telle vertu sont,
Que du Diable pervers aucun conte[9] ne font.
Or mets tant seulement[10] le caduque[11] en arriere,
Et sui de Jesus Christ ton redempteur l'orniere[12].
Par la force d'Esprit et son soulagement[13]
A sa voix de ton cœur fiche l'ancre[14] hardiment :
Par ainsi le salut auras pour ton partage,
Le royaume des cieux est ton meilleur gaignage[15].

1 › *Regarde de* : « Fais attention à », « Prends la précaution de ».
2 › *en un tel lieu, où c'est que* : « en un lieu tel, que la parole de Dieu ... ».
3 › *son cours a* : « im schwanck gehen. *Estre en usage, ou en vogue, se faire souvent.* » (Stoer).
4 › Construisez : « Celui au cœur duquel la foi se découvre (se révèle) bien mûre demeure ... ».
5 › *sa nasselle* : « son embarcation » (« Schiffen. *Une nasselle, un petit bateau.* »).
6 › *sa foy seelle* : « scelle sa foi ».
7 › *parmi* : « par ».
8 › *des cieux jusqu'à la porte* : « jusqu'à la porte des cieux » (c'est-à-dire le paradis).
9 › *conte* : « elles ne font aucun compte de ».
10 › *Or mets tant seulement* : « Contente-toi de mettre ».
11 › *le caduque* : « ce qui est caduque » (Stoer : « Vergänglich. *Corruptible, perissable, caduque.* Caducus. »).
12 › *l'orniere* : « Et suis le chemin de ... ».
13 › *son soulagement* : « son soutien » (grâce au soutien du Saint-Esprit).
14 › *de ton cœur fiche l'ancre* : « fiche l'ancre de ton cœur ».
15 › *gaignage* : « Gewinst. *Gain, profit.* » (Stoer).

Il faut que par la croix le cœur soit esprouvé.

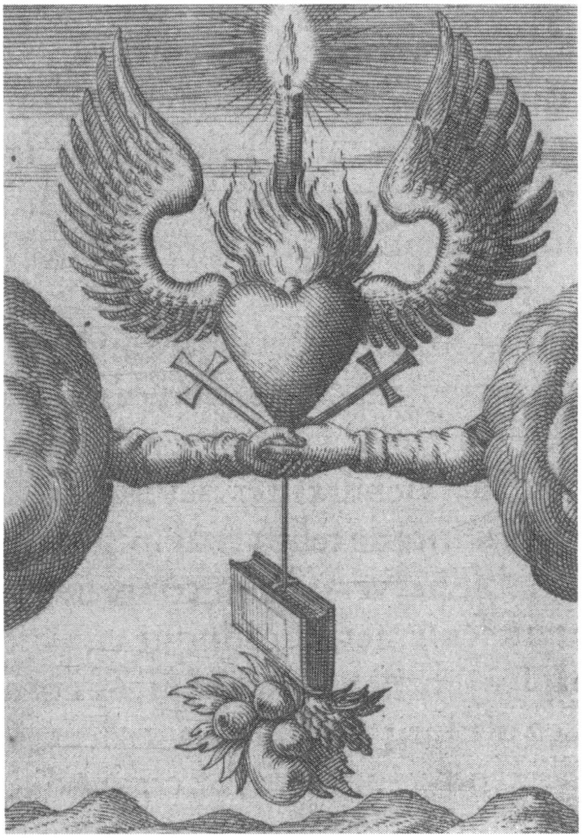

Dieu conduit ses enfans d'une façon estrange,
Rouge est l'une des croix, l'autre a noire couleur,
Douleur suit le plaisir, et le plaisir douleur :
La parole de Dieu luit, et jamais ne change.

Titre › Esprouvé : « mis à l'épreuve ».

DECLARATION DE LA XI. FIGURE.

1. La Charité vraye est chose tres-precieuse,
2. Tentation[1] ne craint, tant elle est courageuse.
3. En Dieu et sa parole elle met son espoir,
4. En charité le cœur tout ardant se fait veoir.
5. Bien que la noire croix lui apporte tristesse,
6. La rouge en peu de temps lui r'apporte liesse.
7. Un tel cœur tousjours vole en foy[2] contre[3] les cieux,
8. Et regarde haut et bas à son Dieu gracieux.
9. Tu l'as sans contredit en sa parole saincte,
10. Son lieu ceste-ci monstre[4] en verité non faincte.
11. Que si nous demeurons en foy tout simplement,
12. Aux paroles de Christ croyans entierement,
13. Nostre propre raison amenans prisonniere
14. Par la force de Foy à la voix de lumiere,
15. Une telle Foy croit la parole de Dieu,
16. Qui ne croit point à Dieu, entre Chrestiens n'a lieu,
17. Et ne peut contempler la lumiere vivante,
18. La parole le juge aussi, quoy qu'il se vante.
19. Au contraire celui qui aime de bon cœur
20. Les paroles de Christ, demeurera vaincueur,
21. En aimant son prochain sans fraude ni malice,
22. Il recevra de Dieu l'eternel benefice.

1 › *Tentation* : « Détresse » (*cf.* la Déclaration du IX, note 4).

2 › Il faut reconnaître dans ce *cœur en foy* une expression équivalente à la *charité de foy* de l'emblème précédent.

3 › *contre* : « en direction de ».

4 › *Son lieu ceste-ci monstre* : « celle-ci (la parole) montre son lieu (l'endroit où se trouve Dieu) ».

L'Arc trop tendu se rompt, ou pour le moins la corde.

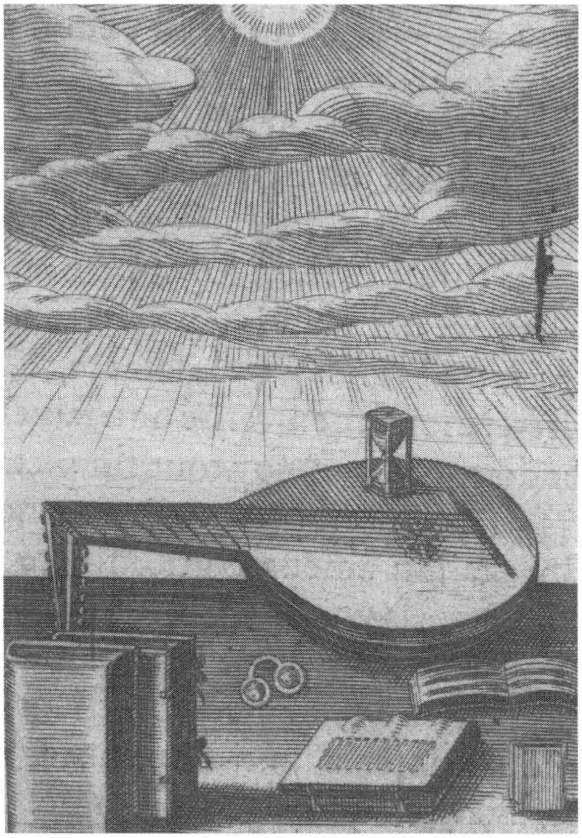

De jouër sur le luth, et plusieurs livres lire,
Il ne faut point douter que ce ne soit plaisir :
Mais de tendre trop fort les nerfs n'aye desir,
Ni de fausse lunette ; il ne te peut que nuire.

V. 3 › Impératif : « n'aie pas désir de tendre », « renonce à tendre ».
V. 4 › *fausse* : « trompeuse », « mensongère ».
V. 4 › *il ne te peut que nuire* : « cela ne peut que te nuire ».

DECLARATION DE LA XII. FIGURE.

Les vers qui sont chantés sur le luth sont plaisans,
Et font passer le temps souvent aux courtisans.
Il est vray que beaucoup de temps le jouëur passe,
Le plaisir qu'on y prend la joye ne dechasse :
Mais si quelqu'un trop fort du Luth la corde tend,
Elle se rompt, et lors le tendeur se repent.
Ainsi semblablement cil[1] qui fait violence,
En acquiert puis apres à son dam cognoissance[2].
De la saincte Escriture ainsi il en advient,
A grand joye d'esprit de Dieu elle nous vient,
Sa voix le cœur, la moële, et l'ame reconforte
Contre tous les assauts de tentation forte.
Quiconque à Dieu ne veut croire, ni à sa voix,
Ains[3] son opinion ensuit à chasque fois,
Et icelle[4] pretend inserer en la Bible,
Et non pas ceste-ci en sa teste inflexible[5],
Cerchant en des mots clairs plusieurs subtilités,
Pour en avoir le sens à ses cupidités[6] ;
Item[7] qui ne veut point avoir droictes[8] lunettes,
N'ayant souci du temps, ni des paroles nettes,
Ni du but du parlant, suivant simplicité[9] ;
(Soit qu'il le croye, ou non) en toute verité,
Pour avoir rejetté par sa raison charnelle
Le vray sens, souffrira une peine eternelle.

1 › *Cil qui* : « celui qui ».

2 › « l'apprend ensuite à ses dépens ».

3 › *Ains* : « Mais », « Au contraire ».

4 › *icelle* : « celle-ci » (son opinion) : s'oppose au pronom *ceste-ci*, « celle-là » (la Bible).

5 › La fin du vers est sanctionnée par un point, coquille évidente.

6 › *à ses cupidités* : « selon ses désirs ».

7 › *Item* : « De même ».

8 › *droictes* : « exactes », « qui ne déforment pas » (par opposition à la *fausse lunette* du quatrain).

9 › Le texte porte un point, auquel je substitue un point virgule, plus conforme au mouvement du texte : la phrase amorcée par *Quiconque …*, relancée par *Item qui …*, trouve son achèvement syntaxique et sémantique dans la proposition des trois derniers vers.

Pren bien garde à tes pas de peur que tu ne tombes.

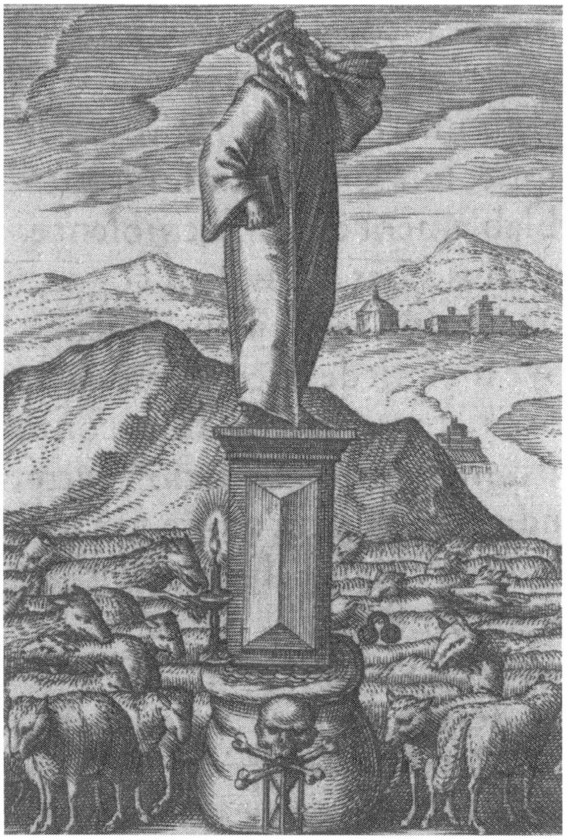

En quelque lieu qu'on aille, on trouve de la faute ;
L'argent fait non-voyans plusieurs qui sont voyans :
Pren garde à tes brebis qui paissent par les champs :
Car tu es en danger que le loup ne les t'oste.

DECLARATION DE LA XIII. FIGURE.

Tout homme qui au loing de ses clairs yeux regarde,
Et à l'entour de soy aveugle ne prend garde,
Void en païs d'autruy beaucoup d'infirmité,
Sans mettre sa lunette et voir la cruauté,
Qu'exercent les cruels loups en sa bergerie :
Un tel est pour certain digne de moquerie.
Cil qui en faict d'autruy veut estre si veillant[1],
Et quant à ses brebis est tousjours sommeillant,
Les laissant par erreur, ou par doctrine fausse,
En danger de leur corps, et de cheoir en la fosse
De l'Enfer tenebreux : Un tel[2] en s'erigeant[3]
Sur colomne qui n'a fondement que d'argent ;
On ne sçauroit assés exprimer sa folie :
Remarque bien un tel, et de lui ne t'allie.
Le vray berger ne peut souffrir que son troupeau
Endure froid ou faim, ou bien disette d'eau,
Ains en droicte saison[4] le mene au pasturage,
Le maintient et defend encontre de[5] la rage
Des loups desgaste-parcs[6] : de peur qu'on n'ait dequoy
Lui dire à juste cause ; Aide premier à toy[7],
Tu feras puis apres[8] aux autres assistance
A l'encontre du loup qui leurs brebis offence[9].

1 › « Celui qui veut se montrer aussi vigilant en ce qui concerne les affaires des autres ».

2 › *Un tel* reprend *Cil* (« Celui qui… : un tel homme… »).

3 › Valeur causale (cause évidente : « puisqu'il s'érige »).

4 › *Ains en droicte saison* : « Mais à la saison convenable ».

5 › *encontre de* : « contre ».

6 › *desgaste-parcs* : adjectif composé, dans le goût du protestant Du Bartas dont *La Sepmaine* avait joui d'une réputation internationale, qui signifie : « qui dévastent les bergeries ».

7 › *Aide premier à toy* : « Aide-toi d'abord ».

8 › *puis apres* : « ensuite ».

9 › « Contre le loup qui attaque (blesse) leurs brebis ».

Dedans un verre eſtroit grand bruit le tavan meine.

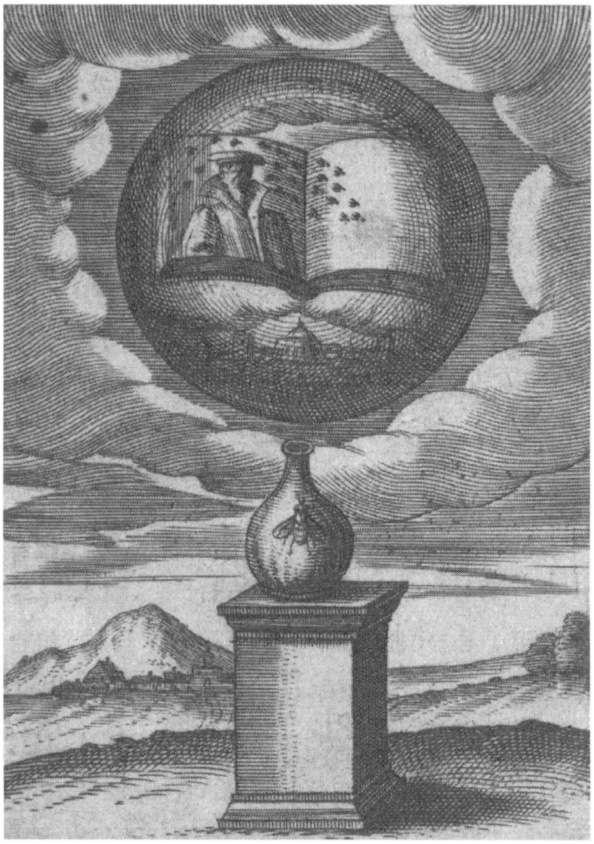

Le tavan eſtant pris dans la phiole, murmure :
Ainsi l'eſprit d'erreur tient en secret ses tours ;
Tant y a qu'en lumiere ils viendront quelques jours,
Et sa punition il faudra qu'il endure.

Titre › *le tavan* : « le taon », ou plutôt, puisque le texte parle d'essaim, « le frelon ». L'original emploie le terme « Mück » ; l'équivalent français « mouche » eſt un terme générique qui désigne aussi bien la mouche que l'abeille, la guêpe, le frelon, le mouſtique… Dans le titre, c'eſt un peu plus précis : « Die Brummück », en principe, c'eſt « le bourdon ».
v. 3 › « Nonobſtant, ils (les mauvais tours) apparaîtront clairement un jour ».

DECLARATION DE LA XIV. FIGURE.

Quand le tavan fascheux se trouve dans un verre,
Il y fait retentir son murmurant tonnerre,
Au plus fort de l'Esté, et principalement
De nuict, par[1] son sourd bruit s'esveille maint dormant,
Le tavan volontiers place estroite n'endure[2] :
Ainsi un heretique et sa doctrine impure
Se fait ouïr bien tost, quand il se void surpris
Par la saincte Escriture, il tord les mots escrits.
Il faut que son essaim avec le bruit qu'il mene,
En oste le vray sens par sa glose vilaine.
Il faut entierement que l'explication,
Qu'en son cerveau a mis sa folle passion,
Soit toute la meilleure[3], et mesme ose[4] bien dire
Que c'est le fondement où ne faut contredire[5].
L'Heretique et tavan jamais n'apportent bien
Ils enveniment tout sans en espargner rien.
Le tavan par poison met la fin à sa vie,
L'Heretique meschant dessert[6] qu'on le chastie.
Mais n'est ce pas ici une grand' pauvreté[7],
Que maint qui pense voir clair, et estre affetté[8],
En tel aveuglement est, que comme heretiques
Il blasme du Seigneur les plus saincts domestiques[9].

1 › *par* : « à cause de ».

2 › La syntaxe moderne demanderait de séparer plus nettement les trois parties du mouvement de ces cinq vers, au moins par un point-virgule à la fin des v. 2 et 4. Le choix des virgules (qui respectent la ponctuation du texte allemand) permet de marquer que l'analogie annoncée par les deux-points se fonde sur les trois caractéristiques à la fois et non pas seulement la dernière.

3 › *toute la meilleure* : « la meilleure en tout point ».

4 › Le sujet du verbe est l'hérétique.

5 › *où ne faut contredire* : « qui ne souffre pas de contradiction ». Il s'agit donc de dogmes.

6 › *dessert* : « mérite ».

7 › *pauvreté* : « misère », « objet de lamentation ».

8 › *affetté* : « affaité », terme de fauconnerie, en rapport avec *voir clair*. On commence par coudre les paupières du rapace que l'on élève, pour qu'il s'habitue à la main du fauconnier ; puis on lui rend la vue, et on dit qu'il est « affaité » lorsqu'il est habitué à voir les hommes, les chevaux et les chiens (explication de La Monnoye sur l'emploi du mot dans la nouvelle XLII de Bonaventure Des Périers).

9 › « Il blâme les familiers du Seigneur les plus saints au motif qu'ils sont hérétiques » (le comble de l'hérétique étant de taxer les autres d'hérésie).

Tel est l'arbre de vice avec ses fruits tant beaux.

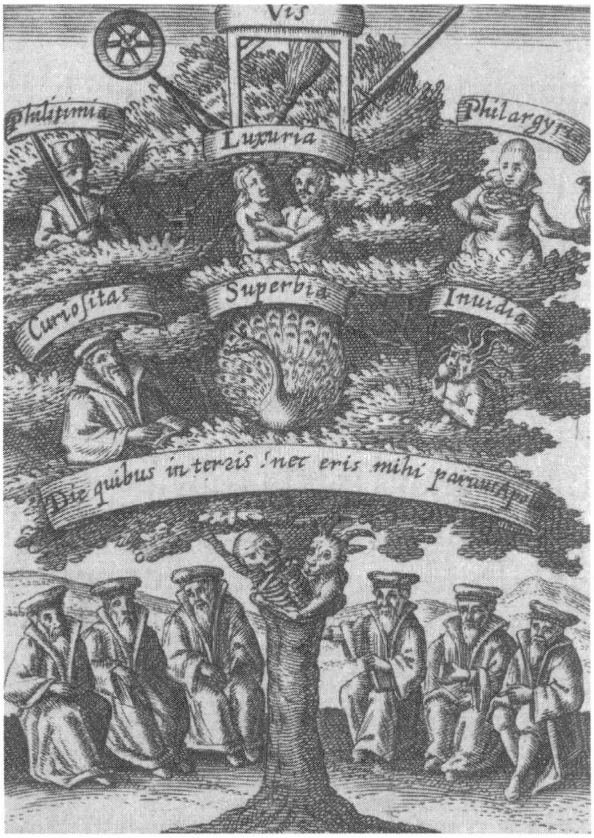

Quel est l'arbre à ses fruicts on cognoist d'ordinaire,
Le bon porte bon fruict, et le mauvais mauvais,
Les vices sont conjoints, et par tout trop espais :
Si tu n'es asseuré du faict, vueille t'en taire.

DECLARATION DE LA XV. FIGURE.

Jamais aucun bon fruict ne print son origine
D'arbre qui ait esté de mauvaise racine.
Aussi tost que l'on sent quelque subtilité[1],
On voudroit maistriser mesme la Deité[2].
Le malheureux Satan au monde orgueil apporte,
Et de tout son pouvoir au bien ferme la porte.
Nul ne sçait lire bien, sinon l'homme envieux,
Estimant qu'insensés ont esté tous les vieux.
L'enflée ambition est en haut eslevée,
Pour l'amour des presens, coustume depravée !
A tout cela[3] survient la curiosité,
De tout escrit changer aurons commodité[4].
Et s'il y a aucun lequel[5] nostre finesse[6]
Descouvre : Par argent nous ferons qu'il nous laisse.
L'Avarice souvent maint homme fait passer
Si avant[7], qu'il s'employe à verité chasser.
Ce sont là les beaux fruicts que ce bel arbre porte.
Mais encor il en croit un[8] de mauvaise sorte,
Tout au plus haut de l'arbre, et principalement[9]
Il y doit estre afin que le tout librement
Se face : avec l'espée un chascun je menace[10],
Avec gibet, et rouë, ou bien avec disgrace :
Qui ne veut obeïr à mes commandemens,
Je luy feray souffrir et angoisse et tourmens.

1 › « Dès que l'on se sent l'esprit un peu subtil » (au sens d'agilité d'esprit, d'astuce).
2 › *maistriser mesme la Deité* : « être supérieur à Dieu lui-même ».
3 › *A tout cela* : « Avec cela ».
4 › « Nous aurons la possibilité de modifier tout ce qui est écrit ».
5 › *Et s'il y a aucun lequel… descouvre* : « Et s'il y a quelqu'un qui met au jour ».
6 › *finesse* : « tromperie ».
7 › *passer avant* comme *être avancé* sont l'expression de la promotion sociale.
8 › *un* : « un fruit ».
9 › L'adverbe *principalement* véhicule l'idée que le fruit ou vice dont il est question tient la première place.
10 › Prosopopée du vice, auquel la parole est déléguée : les 4 derniers vers mériteraient d'être guillemettés.

Escoute en tout affaire aussi l'autre partie.

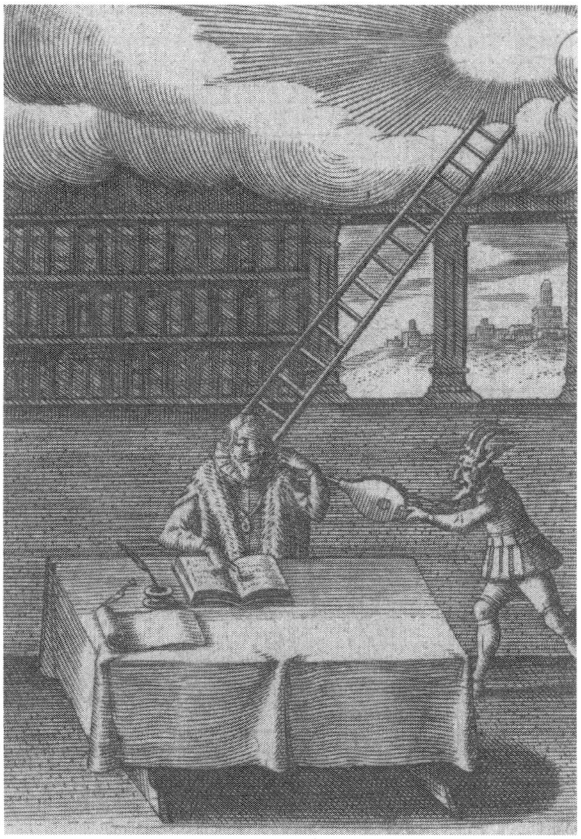

Le Diable est un Esprit plein de toute malice,
Et sur tout il assaut par ses ruses ceux-là,
Qui sages pensent estre en ceci et cela.
Soigneux pren garde à toy et à son artifice.

v. 4 › L'adjectif a ici valeur d'adverbe.

DECLARATION DE LA XVI. FIGURE.

De quereller n'y a ni reigle ni mesure,
Puis qu'un chascun pretend de son fait la droicture.
Souvent on void assés[1] que c'est par mesentend,
Voire (grande honte c'est) maint son fait point n'entend ;
Et neant-moins souvent se rapporte à justice,
A la sainte Escriture, et ce avec[2] prejudice :
Mais ce pendant il ouvre un œil tant seulement[3],
Pour ne voir rien sinon avantageusement
Ce qu'il desire fort : Toy contemple le texte
Tout entier, ne cerchant ici aucun pretexte,
Si tu veux estre sage et au fait entendu
De la saincte Escriture, à quoy as pretendu,
Qu'est il besoin de ce qu'a escrit Aristote ?
Car il estoit payen commettant mainte faute.
Or la doctrine humaine[4] est confite en abus,
Et celui qui n'est qu'homme, errer[5] peut tant et plus.
Puis le malin Esprit[6] voudroit bien tout confondre[7] ;
Garde toy donc de lui, de peur qu'il ne t'enfondre[8]
En l'enfer tenebreux ; En finesse est discret[9],
Il se monstre estre[10] ami, mais il trompe en secret.
Fay ce que Dieu te dit : Et si l'ennemi[11] ose
T'inciter à peché, tien lui l'oreille close.
Or l'Eternel te dit, que Christ est le chemin,
La verité, la vie, et il te tend la main :
En lui donc seulement croy, ses mandemens garde[12],
Ainsi viendras[13] à Dieu qui est ta sauvegarde.

1 › *assés* : « parfaitement ».

2 › *ce avec* : compte deux syllabes (le « e » est absorbé par la voyelle initiale du mot suivant).

3 › *tant seulement* : « seulement ».

4 › Les réformateurs appellent *doctrine humaine* tout ce que l'homme a ajouté à la parole de Dieu, et qu'ils dénoncent comme des erreurs et comme une tradition d'interprétations abusives.

5 › *errer peut* : « peut faire erreur », « peut se tromper ».

6 › *le malin Esprit* : Satan.

7 › *confondre* : « ruiner », « anéantir ».

8 › *qu'il ne t'enfondre* : « qu'il ne te fasse tomber », « qu'il ne te précipite ».

9 › *En finesse est discret* : « Il est expert en tromperie ».

10 › *Il se monstre estre* : « Il affecte d'être ».

11 › *l'ennemi* : Satan.

12 › *ses mandemens garde* : « observe ses commandements » (impératif).

13 › *viendras* : « tu parviendras ».

Le monde est gouverné d'une estrange façon.

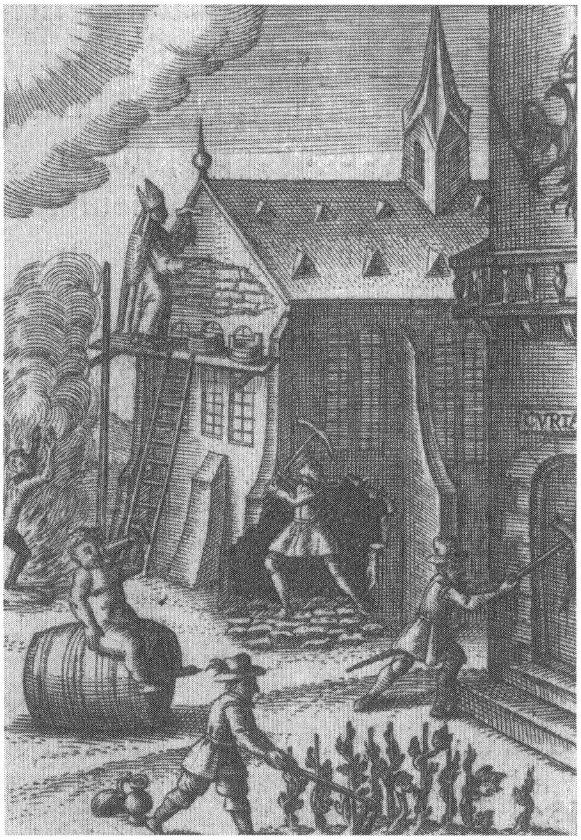

En ce monde il y a des gens de toute sorte,
L'un veut tout espargner, et l'autre tout despend :
Celui qui fait du bien jamais ne s'en repent,
Mais celui qui fait mal son droict salaire emporte.

V. 4 › *son droict salaire emporte* : « reçoit son juste salaire ».

DECLARATION DE LA XVII. FIGURE.

Il y a moult de gens travaillans en ce monde,
Le plus d'iceux ne plaist à Dieu, quand il les sonde :
Car le nombre plus grand[1] au Diable est addonné,
Et tout selon sagesse humaine a ordonné[2].
L'un s'exerce au travail, l'autre ne fait que boire,
Et le pecheur meschant ne veut point à Dieu croire.
Le troisieme bastit, le quatrieme desfait,
Un chascun estre veut le maistre par effect[3].
Ceux-là sont clair semés qui pour le feu estaindre
Se mettent en devoir, lors qu'il est à contraindre,
Mais quand le feu est grand et que desja tout ard,
On le veut estouffer, mais on y vient trop tard.
On ne prend point d'esgard à la racine verte,
Qui fleurit, refleurit encor bien que couverte[4].
O Seigneur Eternel, vueilles y regarder,
Vien, vray Dieu, visiter, voire sans plus tarder.
Charité et ses fruicts, et la Foy est esteinte,
Vien bien tost et reçoy de tes saincts la complainte.
Le salaire à chascun donne en ton jugement,
Aux fideles et bons, selon ton jurement,
Vueilles communiquer la couronne de gloire,
Et aux meschans l'enfer, puis qu'ils ne veulent croire.

1 › *Car le nombre plus grand* : « Car le plus grand nombre ».

2 › « Et a tout ordonné selon… ».

3 › *par effect* : « effectivement », « concrètement ».

4 › Métaphore du péché, qui exprime par le paradoxe (en principe, une racine couverte de terre ne peut pas fleurir) le scandale que constitue l'ignorance où l'homme se tient par rapport au mystère de la Rédemption.

La vie des humains doit eſtre ainsi reglee.

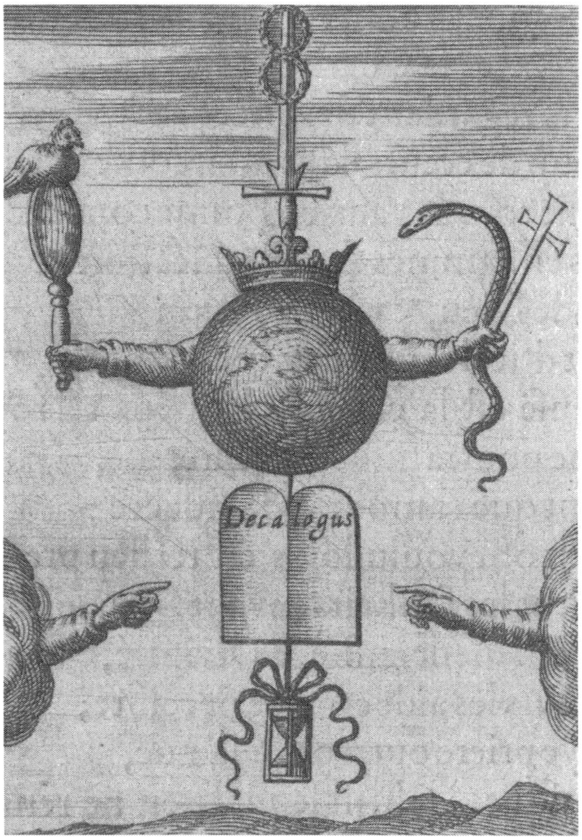

Homme mortel crain Dieu en suivant sa loy saincte ;
Porte amour au prochain, ne lui fais aucun mal,
En ta religion sois prudent et feal :
Dieu parfera le reſte, onques n'en sois en crainte.

v. 3 › *feal* : « fidèle à ta foi ».

v. 4 › *parfera* : « accomplira ».

v. 4 › *onques n'en sois en crainte* : « sois toujours sans crainte à propos de cela », « n'en doute jamais ».

DECLARATION DE LA XVIII. FIGURE.

Tout le monde[1] est rempli de toute mauvaistié,
Garde t'en[2], autrement tu seras chastié,
Aye soing de n'errer sur tout en ta croyance[3],
Mais comme le serpent, use toy de prudence.
Aux dits de l'Eternel croy en simplicité
La colombe imitant fuy[4] la subtilité ;
Laisse les[5] tous entiers sans adjouster n'en prendre
Car telle fausseté l'ire de Dieu engendre[6]. *Deut.* 4. 12
Aussi à ton prochain porte amour de bon cœur,
En lui communiquant de tes biens sans rancœur,
Comme à l'ame et au corps il lui est profitable[7] ;
Reprend le en[8] ses desfauts ainsi qu'est convenable[9],
Avec douceur d'esprit à bien l'ameneras,
Et ainsi aisément obeïr le feras.
O que tu es heureux avec ton cœur fidele,
Dieu recompensera une pieté telle :
Tu recevras au ciel salaire richement,
La couronne de gloire auras pour ornement,
Pource qu'as manié ton espée en droicture ;
La gloire t'appartient laquelle tousjours dure.

1 › *Tout le monde* : « Le monde entier ».

2 › *Garde t'en* : « Abstiens-t'en » (abstiens-toi d'être mauvais).

3 › « Aie soin surtout de ne pas faire d'erreur dans ta foi » : il faut éviter les erreurs doctrinales, qui détournent le chrétien de ce principe très simple, avoir une foi ferme dans la promesse du Christ.

4 › *La colombe imitant fuy* : « Imitant la colombe, fuis… ».

5 › *les* : les dits de l'Eternel.

6 › Cette référence marginale apparaît également dans le poème en allemand, à la hauteur du vers correspondant.

7 › « En fonction de ce qui est utile à son âme et à son corps ».

8 › Le « e » de « le » est élidé, ces trois mots ne comptent que trois syllabes.

9 › *ainsi qu'est convenable* : « ainsi qu'il convient ».

L'Amour et loyauté sont tousjours par ensemble.

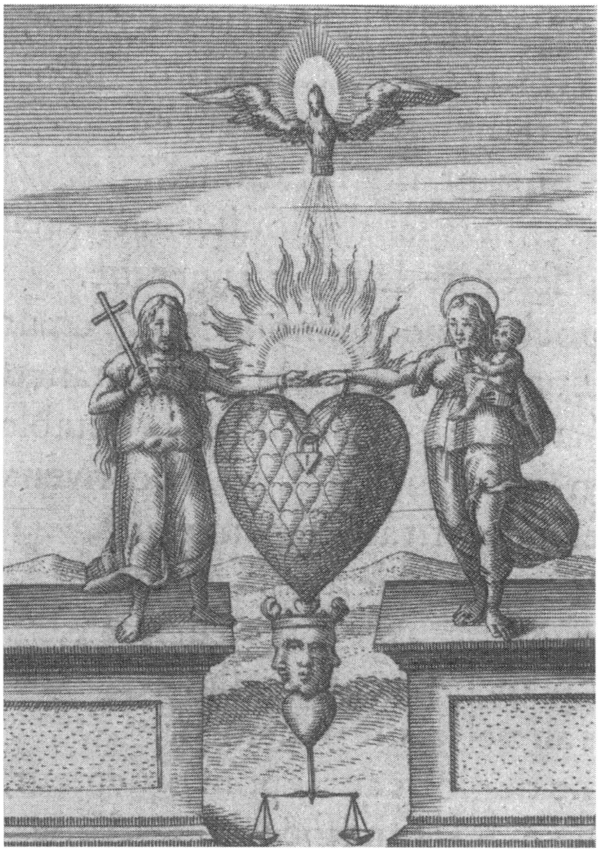

La où l'Esprit de Dieu la religion plante,
Le cœur incontinent sincere se fait voir,
Et à ses deux costés tousjours il veut avoir
Foy et Dilection : Telle race est plaisante.

Titre › *loyauté :* « la foi ».
V. 4 › *Tertullien choisit le mot « dilectio » pour désigner « la charité ».*

DECLARATION DE LA XIX. FIGURE.

1. Un grand cœur, et conjoint avec un grand courage[1],
2. Qui combat pour avoir l'eternel heritage,
3. Ayant à ses costés la Charité, la Foy,
4. Est[2] tousjours regardant devant et apres soy.
5. Il a beaucoup de cœurs dans sa circonference,
6. Qui lui sont tous loyaux en bonne concordance,
7. Et qui tous enflammés sont de dilection
8. Par sagesse de Dieu, et par direction[3]
9. De l'Esprit d'icelui : Je mets[4] cest axiome,
10. Qu'heureuse est la cité telle, heureux tel royaume ;
11. Entrer là ne pourra nulle calamité,
12. Pour autant que l'amour et la fidelité[5]
13. Fermement ont voulu logis en tel lieu prendre,
14. Et d'un cœur les souhaits devant Dieu font espandre.
15. Tels cœurs plaisent aussi à la Divinité,
16. Elle tousjours les aide en leur necessité ;
17. Car la vraye priere outrepasse la nue,
18. Et vient jusques à Christ lequel rien ne renue[6].

1 › *courage* : traditionnellement, le cœur est le siège du courage (même famille étymologique), c'est-à-dire de la « volonté ».

2 › Je corrige « Et », coquille que rendent évidente la ponctuation, mais aussi la confrontation avec le texte allemand qui emploie le verbe regarder au présent.

3 › *par direction* (de l'Esprit de Dieu) : « sous la direction » (du Saint-Esprit).

4 › *Je mets* : « Je pose ».

5 › *la fidelité* : « la foi ».

6 › Verbe inconnu… Peut-être le traducteur confond-il avec « remue », et que le sens du vers est le même qu'au v. 4 du XLII : « sans qu'il soit meu de rien » ? Mais la rime reposerait alors sur le retour d'un seul phonème, alors que le reste du recueil présente des rimes au moins suffisantes.

En haut se va guindant Justice venerable.

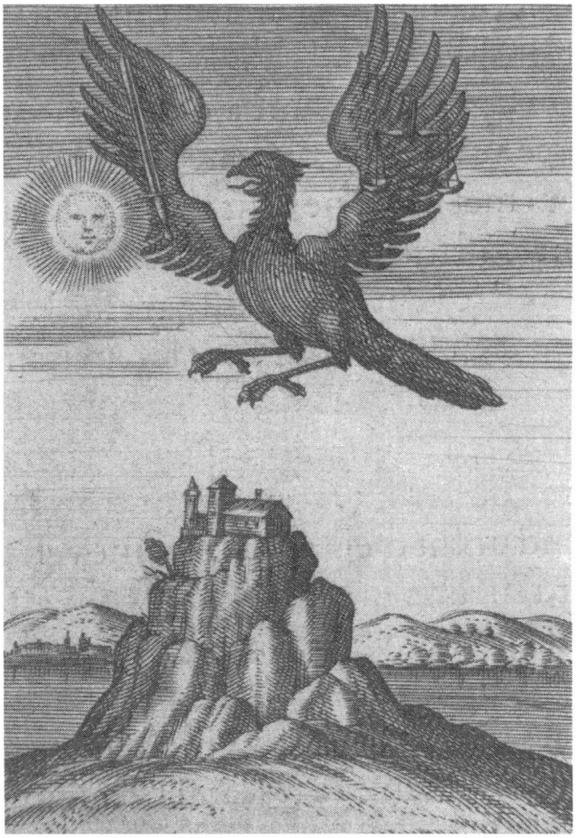

Entre tous les oiseaux qui l'air flottant traversent,
L'Aigle seul est qui peut dans le rond regarder
De Titan chaleureux : Ceux qui veulent garder
Saincte justice, ainsi en ce monde s'exercent.

Titre › *se va guindant* : « s'élève ».
v. 2 › *qui* : « celui qui ».
v. 3 › *le rond de Titan* : périphrase pour « le soleil ».
v. 3 › *chaleureux* : « brûlant ».
v. 3 › *garder* : « faire respecter ».

DECLARATION DE LA XX. FIGURE.

Il n'y a point d'oiseau qui en vol soit pareil
A l'Aigle, lequel peut regarder le soleil.
Il s'esleve haut en l'air vers la splendeur bruslante
De Phœbus flamboyant, lequel ne l'espouvante.
Encor bien qu'il luiroit[1] deux ou trois fois plus fort,
Si[2] ne lui peut il nuire aux yeux par son effort[3].
Ainsi pareillement s'esleve la justice,
Et penetre par tout en honneur sans malice,
Ne s'espouvante point pour force ni clarté,
Ains[4] de ses yeux par tout regarde en liberté :
Sur verité demeure avec ferme courage,
Et plustost laisseroit corps, vie et heritage :
Elle cognoist tresbien que Dieu aime le droit,
Et tous les gens de bien aussi en tout endroit :
On la verra un jour en vie au ciel montée,
Aux meschans est la mort eternelle apprestée.

1 › *Encor bien qu'il luiroit* : « Quand bien même il luirait ».

2 › *Si* est explétif (« Il ne peut… »).

3 › Ce développement correspondant à la première partie de l'analogie méritait de voir ses trois parties plus nettement identifiées par la ponctuation à la fin des v. 2 et 4 : je remplace les virgules par des points, conformément à la ponctuation du texte allemand.

4 › *Ains* : « Mais ».

Souventesfois on void la justice enchainee.

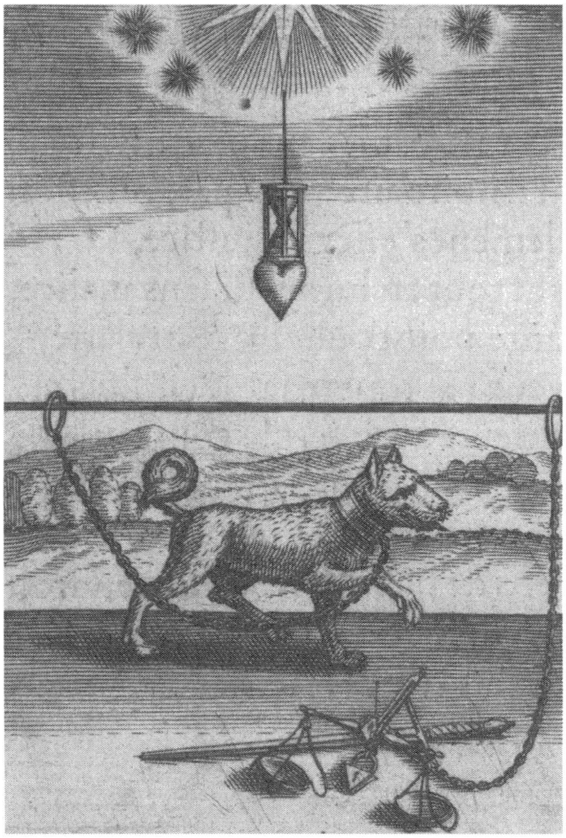

Le chien estant lié abbayant se herisse,
En sorte que de loin souvent on oit sa voix,
Tant y a qu'il demeure attaché à son bois :
Ainsi il en advient souvent à la justice.

v. 2 › *on oit* : « on entend ».
v. 3 › *Tant y a qu'il demeure* : « Et malgré cela il reste… ».

DECLARATION DE LA XXI. FIGURE.

Jaçoit que[1] retenu soit le chien par la chaine,
Si se fait il[2] ouïr souvent en mainte plaine :
Et combien qu'on ne peut[3] le veoir à chasque fois,
Il se descouvre bien neantmoins quelque fois :
Il en prend tout ainsi de la Justice saincte,
On ne la void souvent en republique mainte,
Si oit on bien ses cris et son gemissement,
Et pour certain au jour viendra[4] finalement,
Lors elle reluira par la vertu divine :
Mais[5] bien tost le meschant s'en ira en ruine[6],
Honte et ignominie ayant pour portion,
Afin qu'au vray Dieu soit faicte confession.
Car comme le Soleil en son lict ne demeure,
Aussi Dieu aide aux siens quand il en est droite heure[7].
Ainsi le cœur fidele est remis en vigueur,
Lequel au paravant estoit en grand langueur.

1 › *Jaçoit que* : « Bien que ».
2 › *Si se fait il ouïr* : « Il se fait entendre».
3 › *Et combien qu'on ne peut* : « Et bien qu'on ne puisse ».
4 › *au jour viendra* : « elle viendra au jour » (elle apparaîtra).
5 › *Mais* n'est pas ici un adversatif, mais un outil de surenchère (du latin *magis*), propre à dramatiser.
6 › L'expression est synonyme de *confondre*, c'est l'idée d'anéantissement.
7 › *quand il en est droite heure* : « le moment venu ».

Le piquant Herisson ressemble au droict severe.

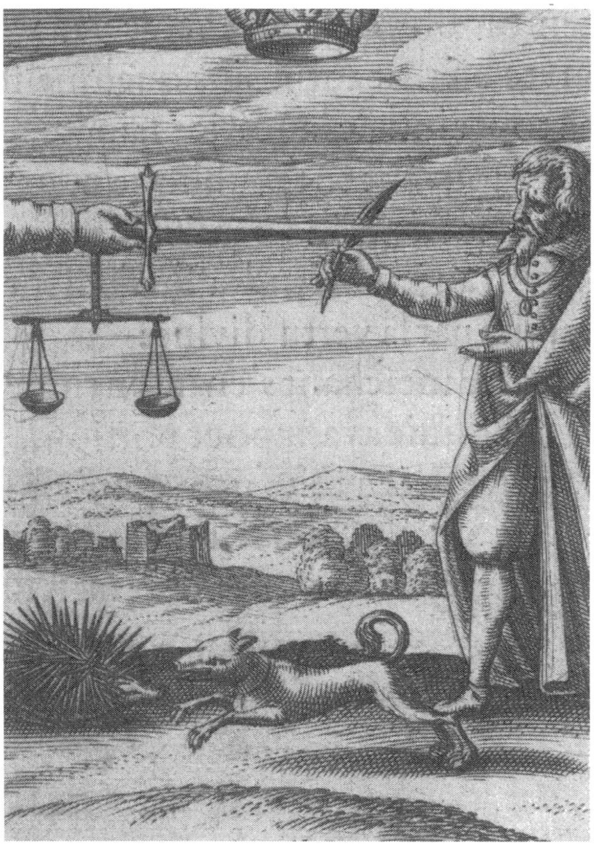

Tout ainsi que le chien fort se blesse à la chasse
De l'herisson piquant, quand il le veut haper :
Pareillement celui ne pourra eschaper,
Lequel contre le droict ose tourner sa face.

v. 4 › *Construisez* : « celui qui ose… ne pourra… ».

DECLARATION DE LA XXII. FIGURE.

L'Herisson est armé d'aiguillons bien piquans,
En sorte que les chiens qui le sont attaquans,
Cerchans de lui oster et le corps et la vie,
Ne font rien qu'abbayer et monstrer leur envie :
Car il les pique fort en la gueule et par tout,
Où ils le viennent joindre, et si[1] en vient à bout,
Tellement[2] qu'il les fait reculer en arriere,
Abbayans contre lui. Tout en ceste maniere,
Maint superbe[3] pensant estre fort bien adroit
S'esleve par trop haut à l'encontre du droict.
Mais rien sinon blesseure en sa gueule il n'emporte,
A ses biens, corps, honneur ainsi dommage apporte.
Parquoy, si tu es sage, il te convient garder[4],
Ton salaire autrement recevras sans tarder.
Qui aime verité, et fidele[5] l'exerce,
Tel avec son prochain en saincte paix converse[6],
Il aime l'equité tousjours et la rondeur[7] ;
Là haut és cieux l'attend la couronne d'honneur.

1 › *Si* explétif (« et il en vient à bout »).

2 › *Tellement* : « à tel point ».

3 › *superbe* : « orgueilleux ».

4 › *il te convient garder* : « tu dois faire attention ».

5 › *fidele* : « en fidèle » (en chrétien qui a la foi).

6 › *converse* : vit avec, fréquente (sens du latin *versari* qui dans la partie français-allemand-latin du dictionnaire de Stoer traduit ce verbe).

7 › Le mot *rondeur* recouvre les notions de « franchise » et de « simplicité naturelle » à la fois.

Ceci eſt bien certain que tout trop ne vaut rien.

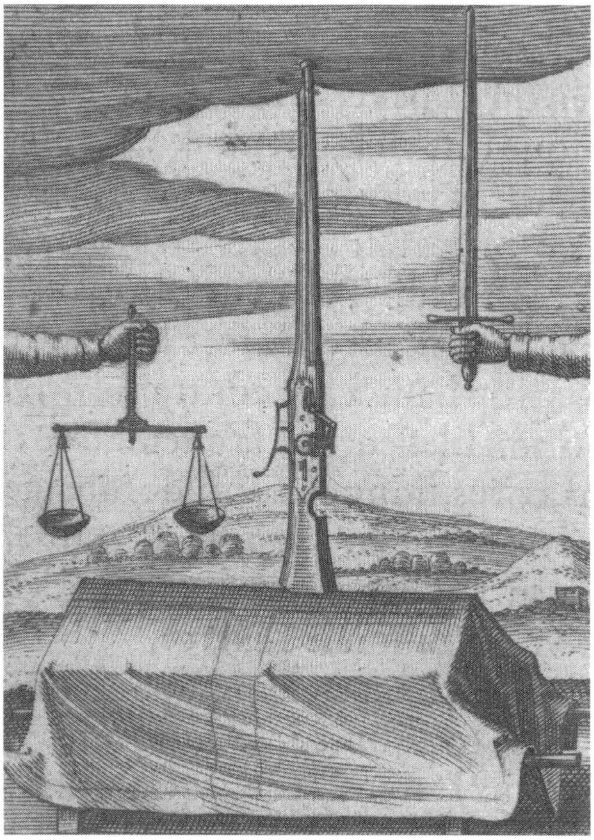

Quiconque son mousquet chargeant ne tient mesure,
Lui mesme eſt aisément le premier abbatu ;
Pareillement se void par sa coulpe batu
Cil qui tord et corrompt la juſtice et droicture.

v. 4 › *droicture* : « le droit ».

DECLARATION DE LA XXIII. FIGURE.

1. L'Arquebuse souvent vaut bien un bon ami,
2. Elle defend son maistre encontre l'ennemi :
3. Que si[1] en la chargeant tu tiens juste mesure,
4. Mieux t'en pourras servir : Mais si tu n'en as cure,
5. Ains[2] par temerité tu la charges trop fort,
6. Tu seras le premier qu'elle mettra à mort.
7. Il en advient ainsi quand on fait violence
8. A la droicte justice, et par outrecuidance
9. On la tord et corrompt, pour l'envie assouïr[3] ;
10. Quiconque fait cela, n'en peut long temps jouïr,
11. Il recevra en fin son tres-juste salaire,
12. Estant puni en l'ame et corps comme faussaire.
13. Car quiconque fait mal reçoit son chastiment ;
14. Mais grace avec les bons est eternellement.

1 › *Que si* : « Si ».

2 › *Ains* : « Mais au contraire ».

3 › *pour l'envie assouïr* : « pour assouvir sa jalousie », ou plutôt « pour assouvir sa haine » (le mot du texte allemand est « Neyd », que Stoer traduit par « *envie, haine*. Odium »).

Tel eſt le naturel de tout homme mondain.

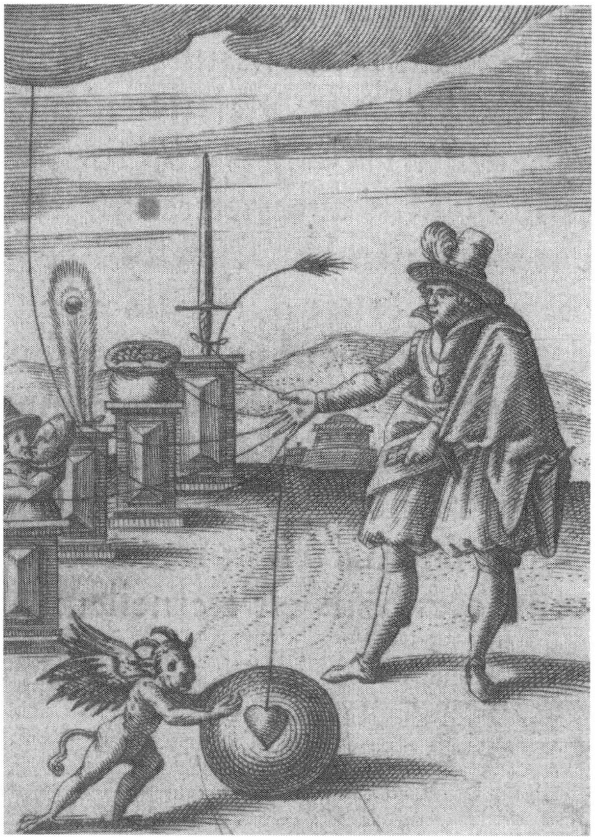

On cerche honneurs, et force, et argent en ce monde,
On s'addonne à orgueil et à presomption,
Venus *eſt de plusieurs la delectation ;*
Par ainsi le cœur tombe en l'abysme profonde.

v. 4 › *Par ainsi* : « ainsi ».
v. 4 › Le mot « abysme » eſt féminin.

DECLARATION DE LA XXIV. FIGURE.

Au monde se fait veoir l'affection humaine,
Qui à ces quatre buts l'homme conduit et meine,
Il veut premierement de l'honeur temporel,
Afin qu'il ait en main le glaive corporel,
Puis il s'en va cercher avec grand diligence
Le sac rempli d'argent par droict ou par meschance[1] ;
Et quant et quant[2] s'ensuit l'orgueil et la fierté ;
Puis le plaisir charnel en toute liberté.
C'est ce que[3] bien souvent d'aller à Dieu empesche,
Le petit doigt devroit toucher Dieu, mais revesche[4]
Il est tiré du cœur dedans le monde bas,
Où la gloire et l'argent sont tousjours son pourchas[5].
C'est en ce[6] qu'aujourd'huy le monde fort s'amuse[7].
Et le Diable malin tous les mondains abuse,
Tellement que souvent maint homme de grand cœur
Aisément en oubli met Dieu son createur.
O dommage infini ! ô chose deplorable !
Que n'y pensés[8] Chrestiens, comme il est convenable ?
Pourquoy aimés vous mieux le monde et vanité,
Que le salut qui dure à perpetuité ?
Quiconque met la main aux filés de malice,
En fin[9] il tombera en mauvais precipice.

1 › *meschance* : « méchanceté ».
2 › *quant et quant* : « bientôt ».
3 › *C'est ce que* : « C'est ce qui empêche… ».
4 › *revesche* : « rétif ».
5 › *son pourchas* : « ce qu'il poursuit ».
6 › *en ce* : « en cela ».
7 › *Fort s'amuse* : « perd considérablement son temps ».
8 › *Que n'y pensés* : « Comment n'y faites-vous pas attention ».
9 › *En fin* : « Pour finir ».

Je represente ainsi le devoir des Juristes.

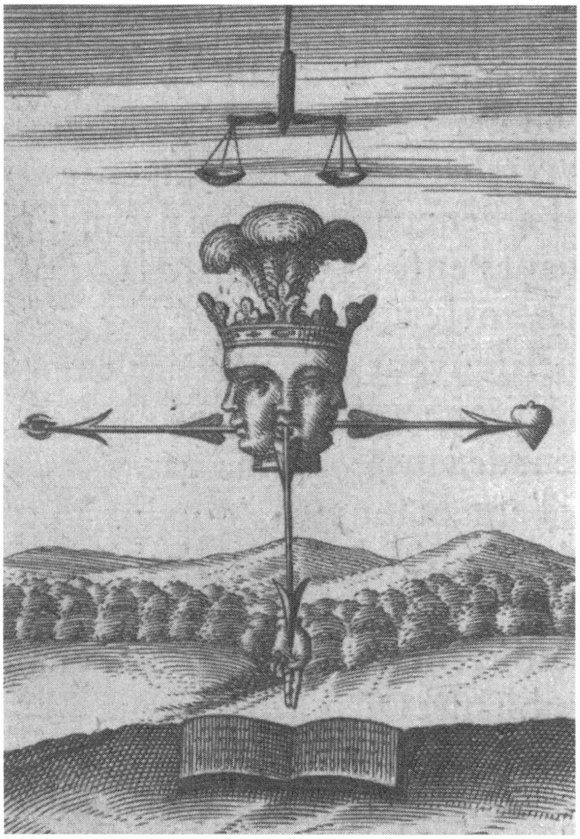

Si tu dois decider une cause pesante,
Vueilles la bien peser, afin que justement
En puisses puis apres prononcer jugement,
Ainsi tu obtiendras couronne permanente.

V. 1 › « Si tu dois prononcer un jugement dans une affaire grave ».
V. 2 › *justement* : « en toute justice, équitablement ».

DECLARATION DE LA XXV. FIGURE.

Si tu veux estre dit un droicturier[1] Juriste,
Et de fait vray Chrestien, et non pas Atheiste,
Tourne tes yeux ouverts tout à l'entour de toy ;
Le temps de maintenant le requiert fort, croy moy :
Ne vueilles descocher par passion ta fleche,
Car quiconque le fait contre l'Eternel peche[2].
Or toy, homme de bien, jamais ne le feras,
Ains[3] tout premierement le fait bien cognoistras :
Vise l'œil sans faillir de ta sagette atteindre,
Et de percer le cœur[4] qui est faux, sans rien craindre :
Monstre lui de ta main aussi fidelement,
En quoy il a failli et a fait follement :
Lors en humilité auras louänge bonne,
Sur ton chef porteras de gloire la couronne.

1 › *droicturier* : « équitable et scrupuleux ».

2 › *contre l'Eternel est complément de peche* : « pèche contre l'Eternel ».

3 › *Ains* : « Mais ».

4 › « sans manquer d'atteindre et de percer de ta flèche le cœur ».

Chose plaisante à Dieu c'eﬆ de tousjours bien faire.

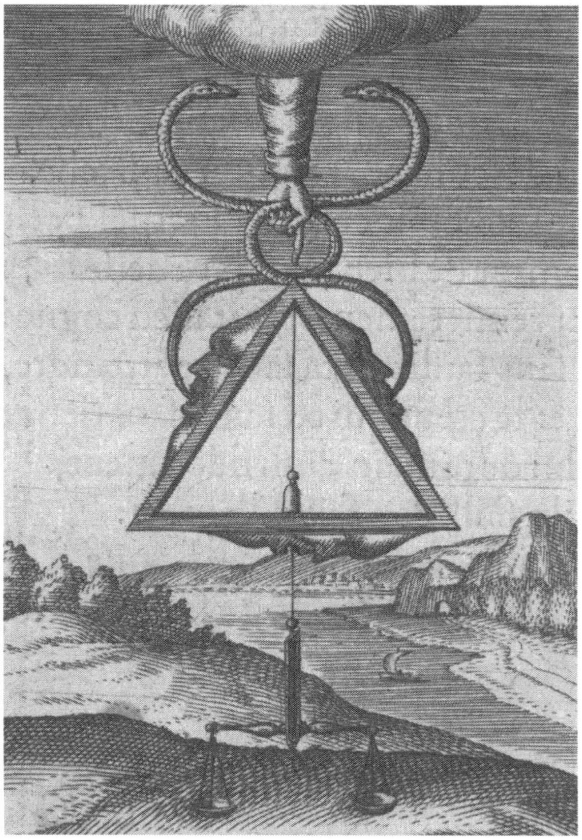

Ainsi l'homme de bien son art et sa science
Employe, et à chascun il fait tousjours le droit
Sans haine et sans faveur : qu'ainsi Dieu le veut, croid,
Auquel il veut servir en bonne conscience.

V. 1 › *qu'ainsi Dieu le veut, croid* : « il croit que Dieu le veut ainsi ».
V. 2 › *Auquel il veut servir* : « (Dieu) qu'il veut servir ».

DECLARATION DE LA XXVI. FIGURE.

La figure à trois coings[1] de tous coſtés descouvre[2],
Car trois visages a, et de tous trois elle ouvre
Les yeux diligemment : Et de plomb le niveau[3]
En droicte ligne pend : Et le trebuchet[4] beau
En juſte poids dessous[5]. Si sans nulle malice,
Ainsi que le serpent, la prudence et juſtice
On conjoinct, Dieu le veut, sans nulle invention[6],
Le sage à cela pense avec attention,
Et le fait, Dieu aidant à saincte diligence.
Il pese au paravant le tout avec prudence,
Et n'eſt point eſtourdi ; Ne fait rien par faveur,
Mais pour l'honeur de Dieu employe sa valeur :
Puis apres à chascun il prononce en droicture
Le jugement de tout en conscience pure.
Ne prend aucuns presens, eſtime le plus beau,
N'abuser[7] de sa force, ains tout faire au niveau[8].
Or puis que l'Eternel tout ce bien toſt contemple,
Il le pese au poids juſte, et rend un salaire ample,
Avec mesme monoye il paye argent contant[9],
Et si ainsi as fait, tu en verras autant.

1 › *La figure à trois coings* : « La figure à trois angles » (le triangle).

2 › *descouvre* : « peut voir ».

3 › *de plomb le niveau* : « le niveau de plomb », « le fil à plomb ».

4 › *trebuchet* : « balance à plateaux ».

5 › La proposition fait l'économie de la répétition de *pend*.

6 › Le traducteur suit la ſtructure de la phrase allemande. Comprenez : « Conjoindre sans malice aucune, comme le serpent, la prudence avec la juſtice, sans nulle invention, c'eſt ce que veut Dieu… ».

7 › *N'abuser* : « eſtime qu'il eſt plus beau de ne pas abuser de sa force ».

8 › *ains tout faire au niveau* : « mais de tout faire de façon équitable ».

9 › *argent contant* : « argent comptant ».

Ceci est le miroir des Chrestiennes Vertus.

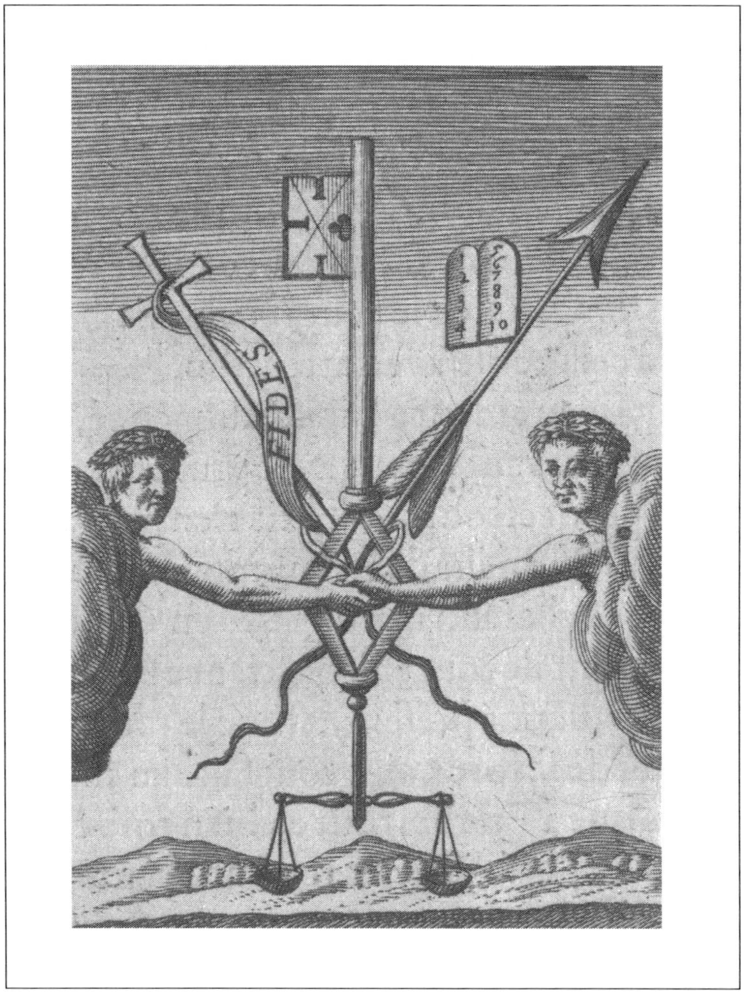

Ces deux belles vertus d'honeur sont couronnees,
L'une est Integrité, *et l'autre* Verité,
Entr'elles il y a beaucoup de pieté ;
Elles sont toutesfois aujourd'huy contemnees.

V. 3 › *Entr'elles il y a* : « Elles ont en partage ».
V. 4 › *contemnees* : « méprisées ».

DECLARATION DE LA XXVII. FIGURE.

En tout temps et saison sans aucune malice
Sois discret[1], en usant de la clef de justice ;
Aime de cœur entier la loyauté et foy,
Et en toute vertu tousjours exerce toy.
Jette bien vistement de toy tout mal arriere[2],
La loy sur le meschant darde en ceste maniere ;
A celle fin[3] qu'estant saisi de saincte peur,
Du vice desormais il repurge son cœur.
De l'homme quoy que grand jamais ne t'espouvante ;
Mais attain le du droict de ta flesche volante.
Demeure en ferme foy et vraye charité,
Et ne te fie point (car c'est temerité)
Au meschant et larron, quoy que semblant il face
D'estre loyal ; fuy le, car ce n'est que fallace[4] :
Pense plustost tousjours à ces deux chefs[5] tant beaux,
Qu'ils luisent devant toy ainsi que des flambeaux :
L'un d'iceux *Verité*, et l'autre represente
La ronde *Integrité*, aux preud-hommes decente[6] :
Couronnées d'honeur elles sont à bon droit,
Car saincte loyauté chascun y aperçoit.
Or courageusement à tout honeur t'addonne[7],
Et tu seras orné de semblable couronne.

1 › Si la *prudence* allie « savoir-faire » et « pertinence », *discret* insiste sur la seconde de ces qualités.
2 › *Jette arriere de toy* : « rejette derrière toi », « interdis-toi ».
3 › *A celle fin que* : « De telle sorte que ».
4 › *fallace* : « tromperie ».
5 › *chefs* : « têtes ».
6 › *aux preud-hommes decente* : « qui orne les hommes de bien ».
7 › *t'addonne* : « adonne-toi ».

Pren les armes au poing et defen la patrie.

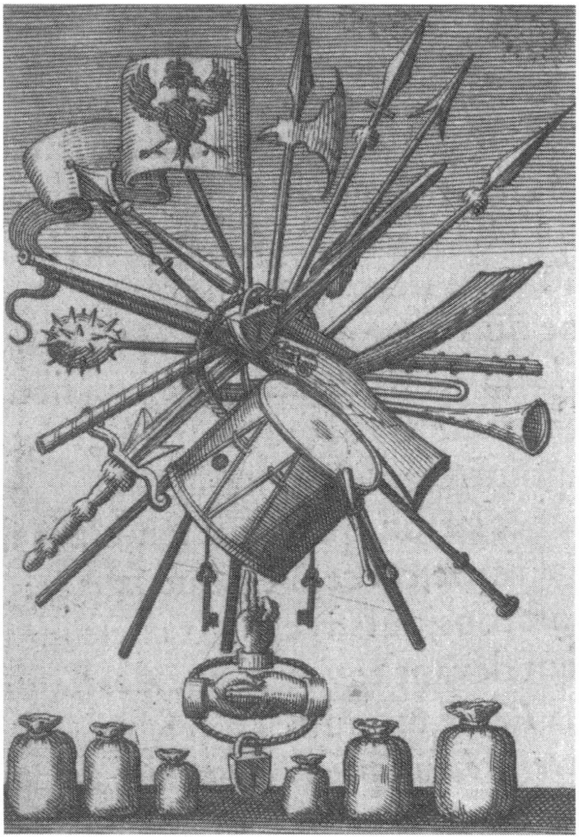

Dieu au commencement crea l'homme sans armes,
Il advient toutesfois qu'en sa vocation
Maint s'en sert justement contre l'oppression :
S'il en faut là venir, fay le sans jetter larmes.

v. 2 › *Vocation* : « métier ».
v. 3 › *justement* : « légitimement ».
v. 4 › Coquille corrigée (« l'armes »).

DECLARATION DE LA XXVIII. FIGURE.

Il est bon de lier toutes armes ensemble,
Et de garder la paix, qui tout bien nous assemble :
Neantmoins s'il advient qu'on ne puisse autrement,
Que de se revenger[1], lors courageusement
Porte toy[2], et defen hardiment la patrie,
Et lui sois en honneur par vaillante industrie[3] :
Ne vueilles plus tenir les armes en prison,
De peur que l'ennemi ne vienne en ta maison,
Et que t'ayant reduit à dure servitude,
Il n'exerce sur toy sa tyrannie rude.
Ne permets point aussi, que pour l'amour d'argent,
L'ennemi desloyal devienne ton regent ;
Mais souvien toy tousjours de garder la foy saincte,
Chemine en ton estat[4] rondement et sans crainte.

1 › *se revenger* : « se venger ».
2 › *Porte toy* : « comporte-toi ».
3 › *industrie* : « comportement », « action ».
4 › *estat* : « fonction dans la société », « métier ».

Ceux qui menent les droits sont souvent bien eſtranges.

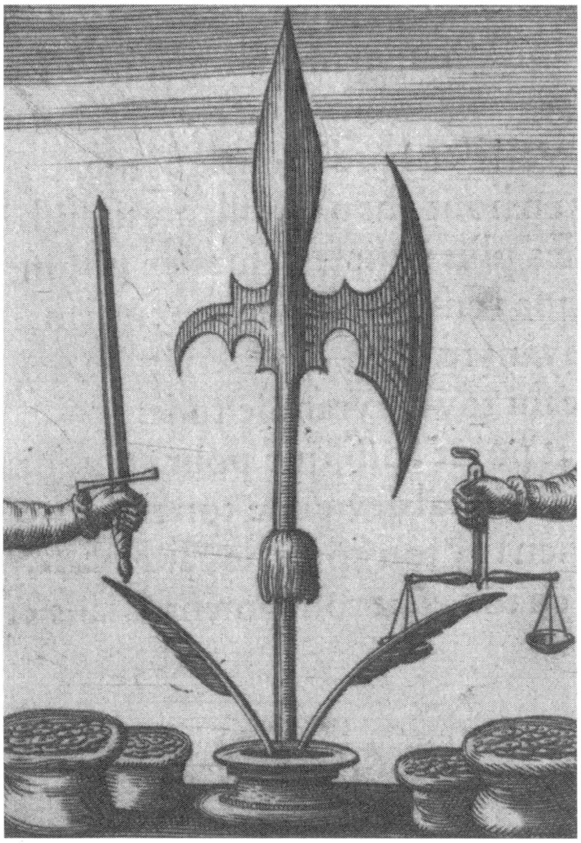

La plume du plaideur trempee en l'escritoire
Se trouve bien souvent corrompante le droit,
Elle frappe de taille et d'eſtoc si à droit,
Que le blanc soit le noir, ou le noir blanc, fait croire.

v. 3 › *si à droit* : « si habilement ».
v. 4 › « Qu'elle fait croire que ... ».

DECLARATION DE LA XXIX. FIGURE.

Un estrange baston c'est que d'une halebarde,
Et d'un tel ennemi te peus bien donner garde[1],
Elle frappe de taille et d'estoc puissamment,
Elle pousse et retire à soy cruellement :
Les mauvais advocats ont la mesme coustume[2],
Ils seduisent plusieurs gens de bien par leur plume :
Tantost ils vous diront que bon droit vous avés,
Si n'emplissés leur bourse, ils diront vous devés.
Ils mettront bien souvent pour des presens leur ame
En danger eminent de l'infernale flame.
Tantost ils sont amis, et tantost ennemis,
Le droict aussi avant, qu'argent le pousse, est mis[3].
Ils servent de[4] leur plume en maniere diverse,
Aussi bien à l'ami, qu'à la partie adverse.
Ils tordent le bon droit, les meschans imposteurs,
Et sont pour de l'argent de Satan serviteurs.
Bon droit le plus souvent ils oppressent et couvrent[5],
Tant que[6] beaucoup de jours en la fin le descouvrent[7] :
Lors la meschanceté se void tout clairement,
Au dommage du corps, puis aussi au tourment
De l'ame : Tant y a qu'en fin[8] le droict demeure,
L'Eternel le mauvais punit[9] ; c'est chose seure.

1 > *te peus bien donner garde* : « tu peux bien te méfier ».
2 > *coustume* : « façon de faire ».
3 > « Le droit apparaît dans la mesure où l'argent le pousse ».
4 > *de* : « avec ».
5 > *couvrent* : « dissimulent ».
6 > *Tant que* : « jusqu'à ce que ».
7 > *le descouvrent* : « le fassent apparaître » (il s'agit du « bon droit »).
8 > *Tant y a qu'en fin* : « Toujours est-il que finalement ».
9 > Le COD est antéposé : « punit le méchant ».

La providence en tout eſt tousjours necessaire.

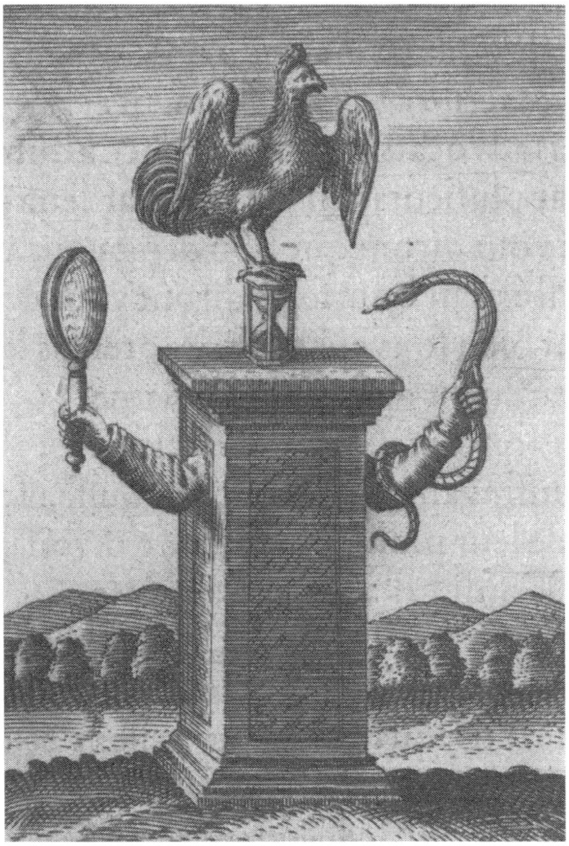

Pose un bon fondement quoy que tu entreprennes,
Aye à tes deux coſtés le serpent, le miroir ;
De l'orloge tourner ne mets à nonchaloir :
Le coq prend garde au temps, encor que tu meſprennes.

Titre › *providence* : « prévoyance ».
v. 3 › « Ne néglige pas de retourner le sablier ».
v. 4 › *encor que tu meſprennes* : « au cas où tu ne ferais pas ton devoir ».

DECLARATION DE LA XXX. FIGURE.

Le coq empennaché les saisons[1] nous denonce[2],
A se lever matin les paresseux semonce[3] :
Il ne se laisse point saisir de grand sommeil,
Est tousjours pourvoyant[4] sans avoir son pareil.
Par son coquelicoq[5] il le donne à entendre,
Apres avoir frappé trois fois son costé tendre,
Avant que de chanter sa gaillarde chanson.
L'homme qui est discret ensuit ceste façon ;
Il considere bien et le temps et l'affaire,
Tousjours est diligent, et jamais temeraire ;
Il ne babille point sans prudence et sçavoir,
En son faire et parler s'addonne à son devoir.

1 › *Saison* a ici le sens spécifiaque de « changement d'état de l'atmosphère », usuel à l'époque, conformément au vers allemand correspondant qui empoie le mot « **Wetter** » : « l'orage », « la tempête ».

2 › *denonce* : « annonce ».

3 › *les paresseux semonce* : « il engage les paresseux à » (le verbe « semoncer » implique une nuance de reproche).

4 › Le verbe *pourvoir* signifie « avoir soin de ce qui est nécessaire ».

5 › *son coquelicoq* : « son cocorico ».

Le Droit va droit.

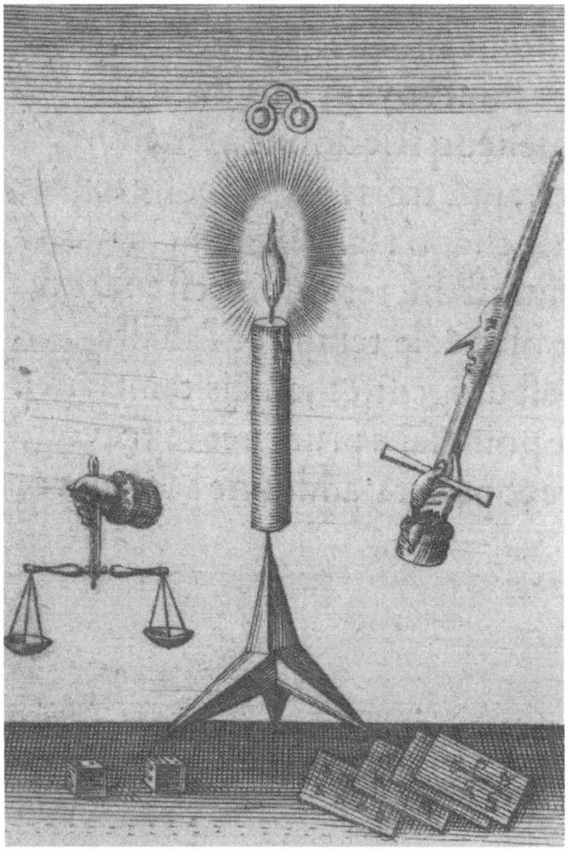

Entre plusieurs engins bonne eſt la chausse-trape,
Tant y a neantmoins qu'elle endommage ceux,
Qui de passer dessus sont si audacieux :
Ne foule point le droiċt de peur qu'il ne t'atrape.

V. 2 › *Tant y a* : « Malgré le fait que ».
V. 3 › « Qui sont assez audacieux pour passer dessus ».
V. 4 › *qu'il ne t'atrape* : « qu'il ne te prenne au piège ».

DECLARATION DE LA XXXI. FIGURE.

1. Jette la chausse-trappe ainsi que tu pourras,
2. Une pointe tousjours contre-mont[1] tu verras :
3. Et qui ne cognoist point sa constante nature,
4. Elle lui fait souvent souffrir angoisse dure.
5. De la vraye justice il en prend tout ainsi,
6. Soit qu'on la jette au loing, ou tienne pres aussi,
7. Qu'on se jouë avec elle en la mesme maniere,
8. Qu'avec cartes et dés, qu'on pousse avant, arriere,
9. On lui torde le nés tout ainsi comme on veut,
10. On use de chandelle et lunettes s'on peut[2] ;
11. Le glaive[3] contre-mont tient sa pointe piquante,
12. De son vol garde toy et ta teste arrogante.

1 › *contre-mont* : « dressée en l'air ».
2 › « Qu'on use… si on peut ».
3 › *Le glaive* est l'épée de la justice.

Constante Patience en fin surmonte tout.

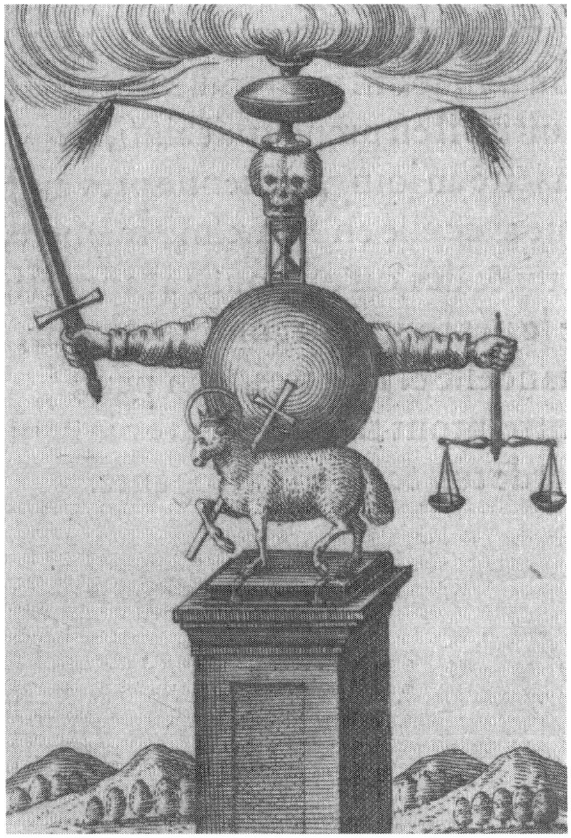

Des dits de l'Eternel on apprend Patience,
Elle ne prend à cœur du monde la faveur,
Ni la haine : Il se passe avecques sa splendeur :
La Mort vient, et met fin à toute outrecuidance.

v. 3 › *Il* : « le monde ».

DECLARATION DE LA XXXII. FIGURE.

1. La saincte Patience est une vertu belle,
2. Dont[1] à bon droit son chef porte couronne telle[2] :
3. Ferme sur la parole est[3] en simplicité,
4. En cela gist sa force et magnanimité :
5. Et combien que le monde immonde fort la presse[4],
6. Et que sous violence elle souvent s'abbaisse[5] ;
7. Si porte elle[6] sa croix tousjours patiemment,
8. Croid[7] qu'elle a merité cela tresjustement,
9. Qu'en brief temps passera ceste croix qu'elle porte ;
10. Car sa fin, son trespas est desja à la porte.
11. Du monde la fierté[8] qui se fait tant ouïr,
12. Comme vapeur bien tost on void s'esvanouïr ;
13. Et comme un chalumeau[9] aisément se peut rompre,
14. Ainsi les arrogans viennent à se corrompre :
15. C'est pour un peu de temps, il n'en faut avoir soin[10],
16. Quant et quant[11] ils seront fauchés comme le foin.
17. Ils cederont avec leur droit desraisonnable,
18. D'autant qu'ils sont meschans et serviteurs du Diable.
19. Patience au contraire en la faveur de Dieu
20. A consolation de la croix au milieu[12],
21. Puis apres tout cela elle finit sa vie
22. En joye, n'ayant plus du monde aucune envie.

1 › *Dont* : « Raison pour laquelle ».
2 › *couronne telle* : « une couronne, elle aussi, belle ».
3 › « elle (la Patience) se tient fermement »
4 › « Et bien que le monde immonde l'oppresse fortement ».
5 › *s'abbaisse* : « se courbe ».
6 › *Si porte elle* : « Cependant elle porte ».
7 › *Croid* : « Elle croit ».
8 › *Du monde la fierté* : « La cruauté du monde ».
9 › *un chalumeau* : « une tige », « un épi ».
10 › « Il n'y en a pas pour longtemps, il ne faut pas s'en soucier ».
11 › *Quant et quant* : « Bientôt ».
12 › *de la croix au milieu* : « au milieu de la croix » (c'est-à-dire des tribulations, des afflictions).

Faire sedicion ce n'eſt pas grand science.

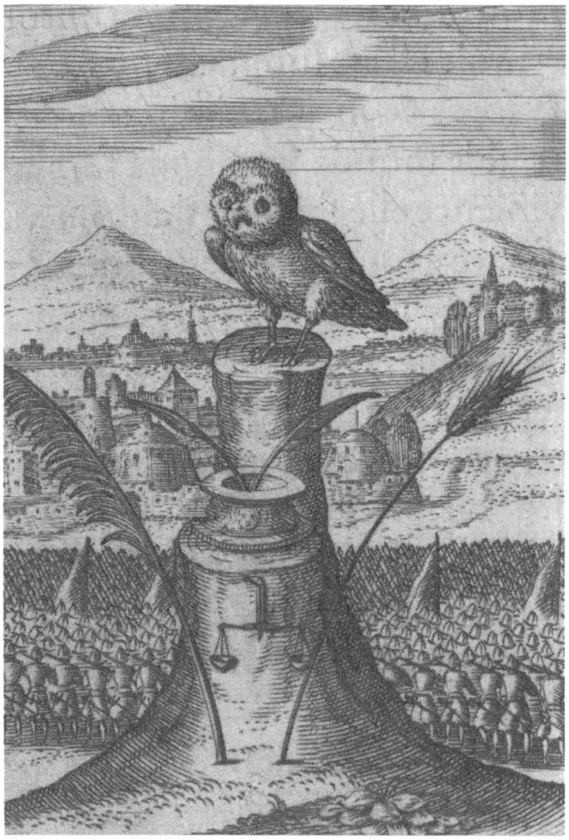

Le Chathuant mausade eſt fuyant la lumiere,
De nuit jette ses cris eſpouvantablement,
A maint fait belle peur : Ainsi semblablement
Font les seditieux sortans de leur tasniere.

DECLARATION DE LA XXXIII. FIGURE.

La chanson du Hibou n'est pas guere plaisante,
Par laquelle de nuict maint il en espouvante,
Le bruit est que[1] ses cris et leur son vehement
Guerre et sedition denotent[2] proprement :
Ainsi maint garnement aujourd'huy ne demande,
Qu'à chanter la chanson de l'apostate bande[3].
Par haine et par rancune, par dit, et par escrit
Il esmeut bien souvent ce que cœurs enaigrit[4],
Et maint homme de bien à mal faire il incite,
Au corps, honeur et biens grand malheur lui suscite[5].
Las ! qu'à maint ennuyeuse est alors la saison[6],
Qui souffre en son esprit angoisse en sa maison !
Mais en fin toutesfois se remet la balance[7],
L'honeur et verité apportent abondance,
L'alme[8] justice fait revivre gens de bien ;
Au Diable le Hibou, car son cri ne vaut rien.

1 › *Le bruit est que* : « On raconte que ».

2 › *denotent* : « signifient ».

3 › *l'apostate bande* : « les anges rebelles ». J'introduis ici un point, conformément à la leçon allemande.

4 › *ce que cœurs enaigrit* : « ce qui cause de l'amertume aux cœurs ».

5 › « Il cause grand dommage à son corps, à son honneur et à ses biens ».

6 › « que ces temps sont alors importuns à maint homme qui… ».

7 › *se remet la balance* : « la balance est restituée ».

8 › Cet adjectif est un latinisme introduit par Ronsard au siècle précédent. Les humanistes le reprennent à la littérature de l'Antiquité pour qualifier la Terre (« nourricière », « *alma mater* »), après les exégètes du Moyen Âge qui le réservaient à la Vierge (« *Alma Redemptoris Mater* »).

Heureux celui qui fait le devoir de sa charge.

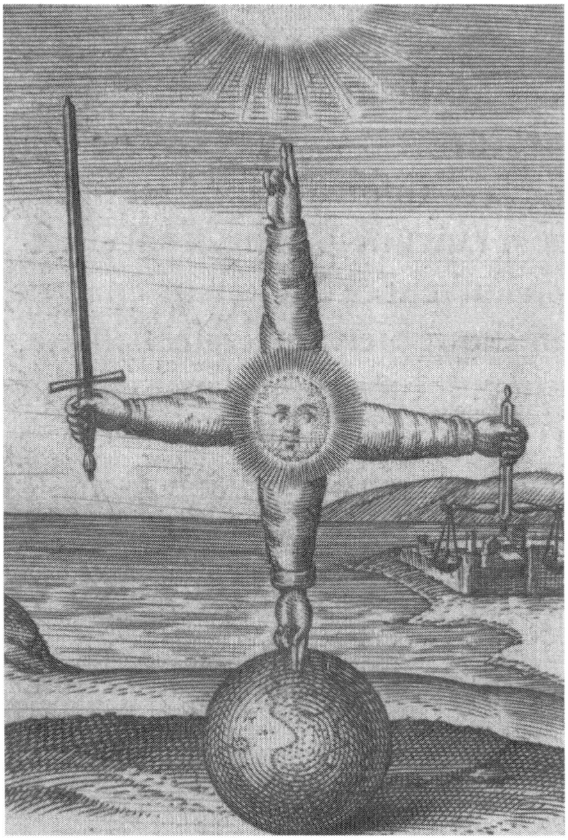

Ser Dieu, et le prochain ; car ainsi Dieu l'ordonne ;
Pour ce faire tousjours aye juste et bon poids,
Manie aussi le glaive en observant les loix,
Ainsi que le Soleil n'a egard à personne.

v. 1 › « Sers Dieu » (impératif).
v. 2 › *Aie juste poids* fait référence à la balance de la justice.
v. 3 › *n'a egard à personne* : ne favorise personne en particulier.

DECLARATION DE LA XXXIV. FIGURE.

C'eſt au Dieu Eternel qu'il faut faire serment,
Qu'en ce monde le droiꝍt maintiendras sainꝍtement,
Et que te serviras d'armes, poids et mesure,
Pour tous egalement sans faire à nul injure[1] :
Car c'eſt ainsi que luit le Soleil d'equité[2],
Bongré, maugré qu'en ait l'Eſprit d'iniquité[3].
Quant à moy je feray à chascun assiſtance
De fait, et de conseil, Dieu me donnant conſtance.
Tout bon Juriconsulte en son affaire eſt tel,
Il sçait qu'ainsi faisant il sert à l'Immortel,
Lequel le lui rendra en l'eternelle vie,
Cela eſt tres-certain, qu'hardiment il s'y fie :
Et encor qu'en ce lieu[4] ne soit aimé de tous,
Si a il[5] en ceci contentement tres-doux,
Qu'en cheminant ainsi sa bonne conscience
Bon tesmoignage à Dieu rend de son innocence.

1 › *injure* : « injuſtice » (selon le sens du latin *injuria*).
2 › Formule appliquée au Chriſt par la patriſtique.
3 › Formule biblique qui désigne le diable (*Ezéchiel*, 28, 15).
4 › *en ce lieu* : « ici-bas ».
5 › *Si a il* : « Du moins a-t-il ».

A sa fin viendra tout ce qui est transitoire.

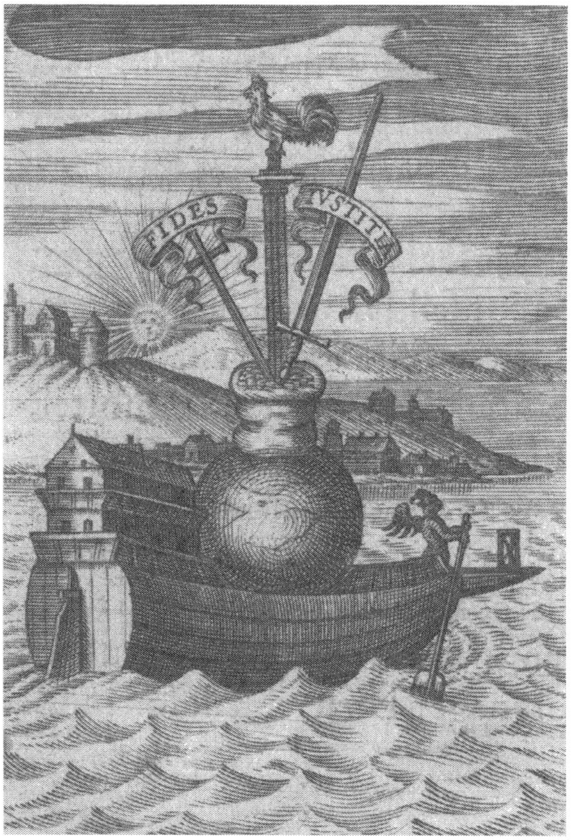

Le Soleil en son cours vers l'Occident traverse,
La fin du monde vient, le gyrouët l'argent
Suit aussi volontiers, tel bateau tel regent ;
La Justice et la Foy s'en vont à la renverse.

Titre › *venir à sa fin* : « prendre fin ».
v. 3 › *le gyrouët l'argent suit* : « la girouette suit l'argent ».
v. 4 › *s'en vont à la renverse* : « sont renversées », « sont précipitées tête en bas ».

DECLARATION DE LA XXXV. FIGURE.

1. Pour certain ceci est un cas fort deplorable,
2. Que l'argent et l'honeur du monde miserable
3. Maistres se sont rendus, et gouvernent la Foy[1],
4. Encore davantage, ils fleschissent la Loy :
5. On ne regarde plus à Verité sincere.
6. Comme la gyrouëte à tout vent obtempere,
7. Ainsi ces deux vertus s'exercent à present[2] ;
8. Et vous en trouverés un à peine entre cent,
9. Qui en face autrement : Qui[3] en argent abonde,
10. Et en honeurs, fidele est et juste en ce monde,
11. Qui tousjours va flottant sur l'ondoyante mer,
12. Jusqu'à tant que les vents le viennent abysmer[4],
13. Par ainsi mettant[5] fin à toute l'injustice,
14. Il adviendra bien tost, evident est l'indice[6],
15. Car le peché vilain s'augmente cependant,
16. Que le flambeau des cieux panche vers l'Occident.

1 › Comprenez (d'après le vers allemand correspondant) : « l'argent et l'honneur du monde misérable se sont rendus maîtres de la Foi et la gouvernent ».

2 › J'ai inversé la ponctuation des v. 6 et 7, conformément au sens.

3 › *Qui* : « Celui qui ».

4 › *le viennent abysmer* : « viennent le faire couler ».

5 › Coquille corrigée (« *mettent* »).

6 › « Cela adviendra bientôt, le signe en est évident ».

Ne vois tu pas comment l'Orgueil tousjours tout gaste ?

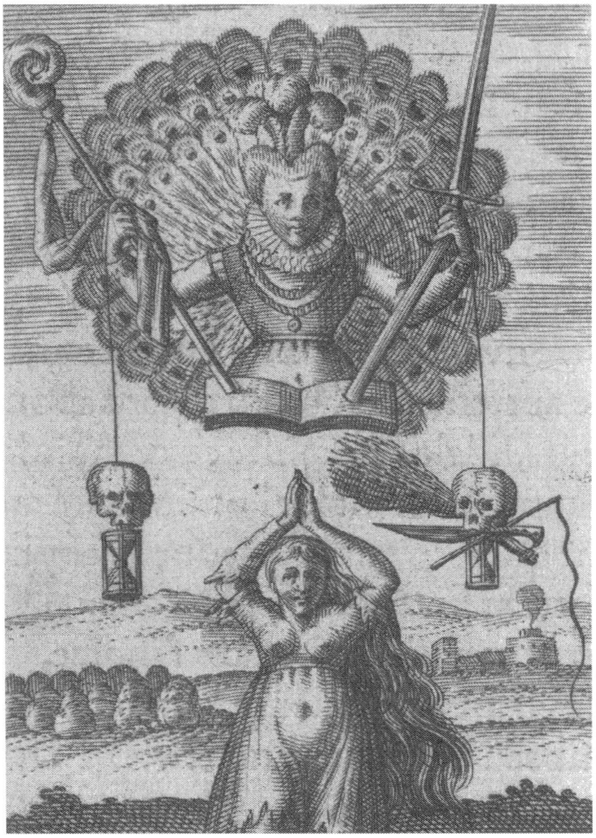

L'Orgueil a maintenant emporté la victoire,
Car il a corrompu tant l'un que l'autre estat :
Tant y a que mourront le Prestre et le Soldat :
Dieu a l'affliction des pauvres en memoire.

v. 3 › Ces deux noms désignent par synecdoque les deux États en question, le pouvoir religieux (*Lehrstand*) et le pouvoir civil (*Wehrstand*).

DECLARATION DE LA XXXVI. FIGURE.

Las ! laquelle pauvreté[1] au monde plein de vice,
Où l'Eglise se void ensemble et[2] la police[3]
Infectée d'orgueil et de presomption,
Le pauvre souffre aussi tousjours extorsion ;
Et où tout au plus haut la force seculiere
A main droicte est assise en gloire singuliere,
Ayant des saincts Escrits l'authorité en main,
Et de sagesse humaine y versé le venin[4] :
Puis de l'autre costé sont mis les gens d'Eglise,
Qui cerchent les honeurs et le gain à leur guise !
O Seigneur vueille ayder à tel païs et lieu,
Où il en va ainsi, ô ayde Seigneur Dieu !
Ainsi à l'Eternel les gens de bien[5] souspirent,
La punition vient sur tous ceux qui conspirent
A l'encontre de lui : Et en la fin la mort
Met à repos celui à qui on a fait tort[6].
Mais ceux qui ont foulé les pauvres en ce monde,
Sont envoyés tout droit en l'abysme profonde.

1 › *Las ! laquelle pauvreté* : « Hélas ! quelle calamité… ». Le point d'exclamation apparaît à la fin du v. 10, après la double explication de ce en quoi consiste cette calamité (*où… et où…* : « dans la mesure où… et où »).

2 › *ensemble et* : « ainsi que », « avec » (ce qui suit, malgré l'accord du singulier, s'applique aux deux états).

3 › *la police* : « le pouvoir civil ».

4 › « Et y ayant versé le venin de la sagesse humaine ».

5 › L'expression correspond mal à l'allemand « Der Arme », au sens générique : « le nécessiteux », « le pauvre ».

6 › Il s'agit du pauvre (*cf.* le vers suivant et le v. 4).

Au chariot d'Orgueil veut tirer tout le monde.

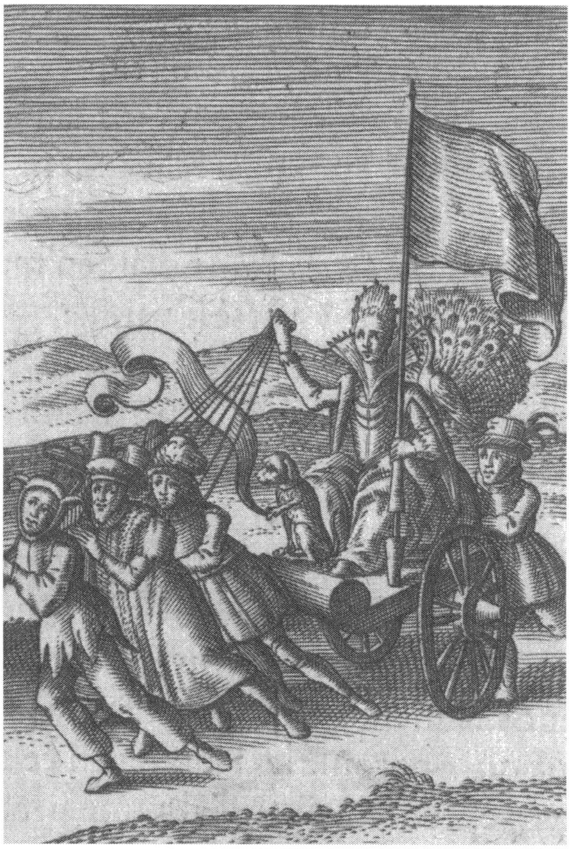

D'eſtre orgueilleux et fier, se tenir en eſtime,
Chascun s'en veut mesler, tant les jeunes que vieux,
Chascun pense aujourd'huy que son advis vaut mieux ;
Dont il ensuit sa teſte, et autruy deseſtime.

V. 4 › *Dont il ensuit sa teſte* : « Si bien qu'il suit son opinion ».

DECLARATION DE LA XXXVII. FIGURE.

Le malheureux Orgueil est au plus haut monté,
La plus part des humains sous son joug a donté[1],
Et le paon maintenant espand[2] sa queuë brave[3],
Voulant par là monstrer son excellence grave :
Que s'il y a[4] quelqu'un qui ne s'estime point,
A un tel pour cela personne ne se joint.
En ceci toutesfois est la meilleure chose,
Que l'orgueilleux long temps en haut lieu ne repose,
Mais se voit bien souvent precipité en bas,
Se trouvant tout honteux lors qu'il n'y pensoit pas.
Partant[5] les orgueilleux et les fols joints ensemble
Tirent à qui mieux mieux ce chariot qui tremble,
Un chascun s'y employe avec fort grand desir,
Mesme le villageois à pousser prend plaisir ;
Ainsi à un chascun plaist sa façon de faire,
Partant est le païs de fols plein d'ordinaire :
Et comme le commun proverbe aujourd'huy dit ;
Un chascun suit son ventre. Et puis sans contredit,
Sa folle opinion est tousjours la meilleure,
Jaçoit que[6] bien souvent petit gain en demeure.

1 › *a donté* : « Il (l'Orgueil) a dompté la plupart des… ».
2 › *espand* : « étale ».
3 › *brave* : « élégante ».
4 › *Que s'il y a* : « S'il y a ».
5 › *Partant* : « Par conséquent ».
6 › *Jaçoit que* : « Bien que ».

Le Conseil est content ainsi que le Roy veut.

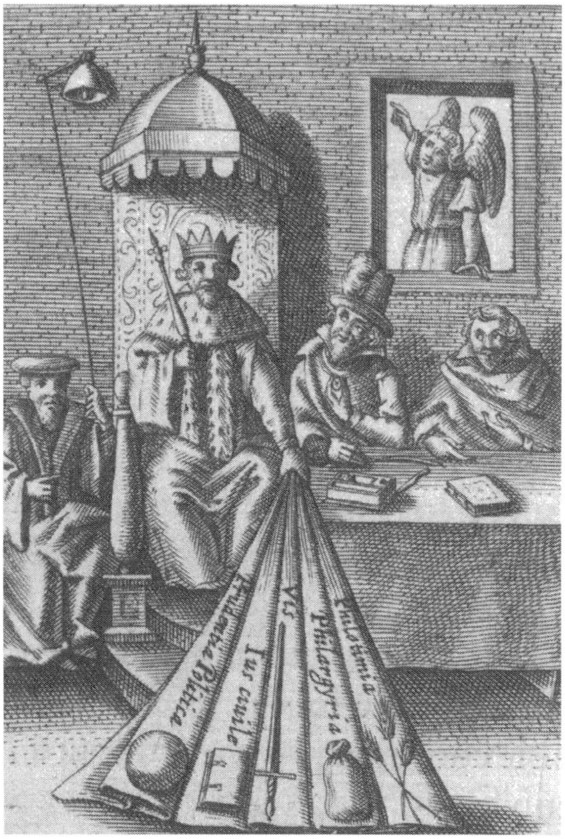

Vous avés tous deux droict et vostre cause est bonne,
Comme donc l'estimés faites faire au sergent,
Vous en avés puissance, et nous aurons l'argent,
Et l'honeur ; bien que l'Ange un autre advis nous donne.

DECLARATION DE LA XXXVIII. FIGURE.

En ce throne eſt assis un Roy tres-magnifique,
Il eſt puissant et sage, aussi fort juridique,
Les causes en sa main par cinq debouts[1] il tient,
Et le Conseil discret[2] à ses deux coſtés vient :
Vous y verrés assis un eſtrifveur[3] Juriſte,
Lequel a tous les droits (sur lesquels il insiſte)
En son livre compris[4], du tout n'y manque rien[5].
Tout aupres de lui eſt son compagnon ancien,
Grand personnage[6] à qui trop petite eſt la teſte,
Par trop sçavoir ne sçait si lui en eſt la beſte[7] ;
Il trouve en son cerveau de nature le droit[8],
Qui proprement le porte[9], et si fermement croid[10],
Que renverser cela ne pourra tout le monde[11].
En fin se fait ouïr la grand cloche qui gronde :
Voici venir un Preſtre, ou Evesque, ou Prelat,
Qui tient graves propos, et jette son esclat,
Soit qu'on l'aye fait tel, ou qu'il soit creu[12] lui mesme,
Si a il rapporté l'Escriture à son theme.
Ainsi eſt gouverné le monde avec danger
De l'ame, jusqu'à tant que ce vienne changer
L'Ange[13], leur annonçant du livre d'Esaïe,
Que tous aveugles sont, et remplis de folie.
Au Seigneur appartient le conseil et l'effect[14] ;
Prenés donc garde à vous et à tout voſtre fait.

1 › *par cinq debouts* : par cinq bouts (ce que confirme le texte allemand : « bey fünff Zipffeln »).
2 › *discret* : « sage, avisé ».
3 › *eſtrifveur* : « querelleur ».
4 › *En son livre compris* : « renfermés dans son livre ».
5 › *du tout n'y manque rien* : « il n'y manque absolument rien ».
6 › Le texte allemand dit « Ein grosser Hans » : « un Gros-Jean », c'eſt-à-dire « un homme puissant ».
7 › L'allemand dit « obs ist seyn » : « si c'eſt à lui », « si cela lui appartient ».
8 › *de nature le droit* : « le droit naturel ».
9 › On ne peut pas chercher à comprendre par l'allemand, dont la traduction ici s'écarte. Je propose de faire de *son cerveau* l'antécédent de *Qui* : la phrase complète alors de façon cohérente la plaisanterie introduite par le traducteur dans le v. 10.
10 › *et si fermement croid* : « et il croit fermement ».
11 › « que le monde entier ne saurait mettre cela à bas ».
12 › *ou qu'il soit creu* (du verbe *croître*) : « ou bien qu'il se soit fait grand par lui-même ».
13 › *que ce vienne changer l'Ange* : « que l'Ange vienne changer cela ».
14 › *le conseil et l'effect* : « la décision et l'application » (de la sentence). *Cf.* la version allemande : « Raht und That ».

Les flatteurs aujourd'huy sont les plus eſtimés.

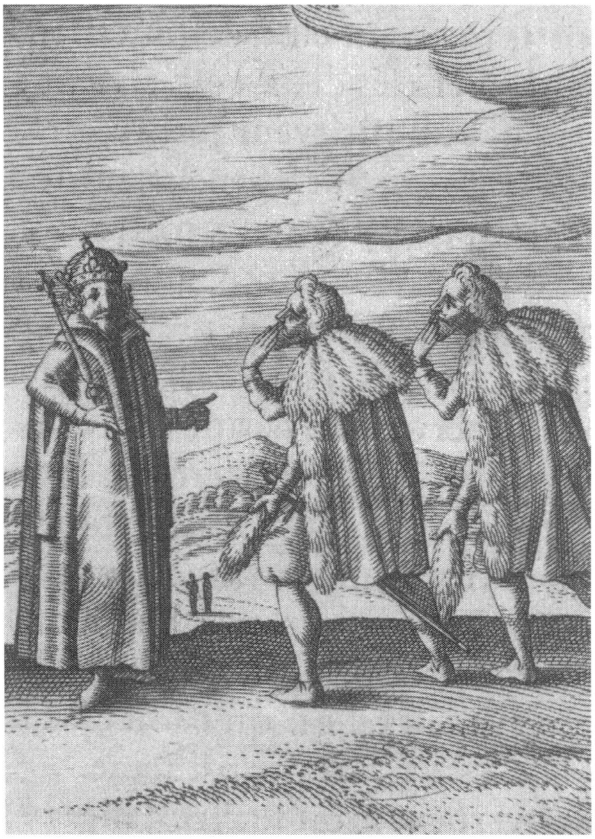

Doucement, doucement, discret et galant homme ;
Car autrement le Roy ne te pourra souffrir,
Flatte hardiment les grands, si ne veux encourir
Leur disgrace, et sortir avec les bons en somme.

V. 1 › *discret et galant homme* : « homme avisé et aux manières policées ».

DECLARATION DE LA XXXIX. FIGURE.

1. Pour certain il y a encor des bons Seigneurs,
2. Qui souvent volontiers seroyent bons gouverneurs ;
3. N'estoit que des flatteurs de bonté l'apparence[1]
4. Les gaigne par finesse[2], et par leur tolerance[3].
5. Mainte chose exquise est des flatteurs[4] en avant
6. Mise ; Et eux puis apres[5] autrement font souvent.
7. C'est en ce temps ici[6] que flatteurs hypocrites
8. Sont à l'entour des Rois faisant les chate-mites :
9. Mais s'il y a quelqu'un qui aille rondement[7],
10. On ne l'estime rien[8], et honeurs rarement,
11. Non plus qu'autres faveurs, il reçoit ; Davantage
12. Il est haï de tous : c'est tout son avantage[9],
13. Qu'avec honte et vergoigne il s'en ira dehors.
14. Le Roy David en eust eu des bien grands remors,
15. Car il ne souffroit point en sa maison royale
16. Quiconque s'addonnoit à chose desloyale.
17. O Dieu plein de bonté, donne à tes serviteurs
18. Rois, Princes et Seigneurs de chasser[10] les flatteurs :
19. Aux Seigneurs et subjets sont chose pestifere,
20. Mais[11] maint homme de bien porte la folle-enchere[12].
21. On devient sage en fin, mais c'est souvent trop tard,
22. Parquoy qu'un chascun aye à ce proverbe egard,
23. Qui dit, qu'*Heureux celui qui pour devenir sage*
24. *Du mal que souffre autruy fait son apprentissage.*

1 > « Si l'apparence de bonté des flatteurs ne ... ».
2 > *par finesse* : « par tromperie ».
3 > *leur* renvoie aux *bons Seigneurs*, c'est de leur propre patience ou complaisance vis-à-vis des flatteurs qu'il s'agit.
4 > *des flatteurs* : « par les flatteurs ».
5 > *puis apres* : « par la suite ».
6 > *en ce temps ici* : « au temps présent », « maintenant ».
7 > *qui aille rondement* : « qui se comporte avec franchise ».
8 > *On ne l'estime rien* : « On estime qu'il ne vaut rien », « on ne l'estime pas ».
9 > *c'est tout son avantage / Que...* : « tout l'avantage qu'il en tirera, c'est que ... ».
10 > *donne de chasser* : « fais le don de savoir chasser ».
11 > « Et de plus » (du latin *magis*, « mais » est ici un outil de surenchère).
12 > *porte la folle-enchere* : « supporte les conséquences de son imprudence ».

D'avares Gouverneurs telle eſt la tyrannie.

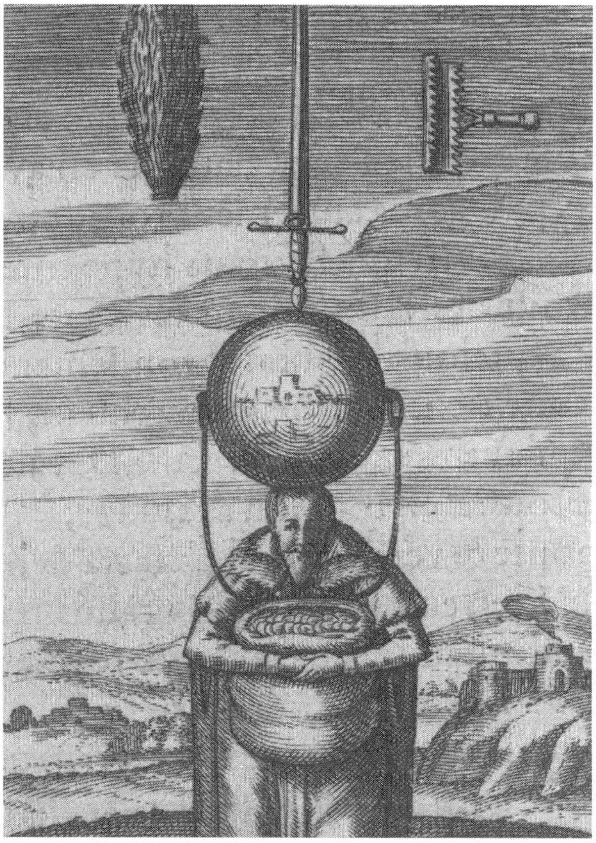

Les mouches qui ont faim sont les plus fort piquantes,
Encor plus fort le sont disetteux Gouverneurs,
Qui foulent les subjets et trompent les Seigneurs,
Eſpees, verges ont, et eſtrilles mordantes.

V. 2 › *disetteux* : signifie ici non pas « nécessiteux », mais « avides », comme dans ce passage des *Essais* (I, 29) où Montaigne l'emploie en collocation avec « affamé » : « …quelque poete disetteux et affamé de ce deduit ».

DECLARATION DE LA XL. FIGURE.

Du monde le tres-grand malheur est deplorable,
Quant le Gouverneur est d'argent insatiable,
En usant de l'espée, et comme un publiquain[1],
Cerche en tout et par tout son particulier gain.
Il ne pense jamais qu'à avoir bourse pleine,
Et de pendre le monde à une belle chaine,
Qui soit du plus fin or. Avec son glaive il prend
Ce qu'il peut des subjets, et jamais ne leur rend.
Puis par sa flatterie au Seigneur les yeux bande,
Lequel ne peut pas veoir sa tromperie grande.
Vueilles, o Seigneur Dieu, ces larrons demasquer,
Ouvrant les yeux des Rois ; afin que se moquer
D'eux ne se puissent plus[2] : Donne leur ceste grace,
Comme à David ton serf, qu'ils voyent la fallace[3]
De ceux qui bien souvent aveuglent les Seigneurs,
Et se moquent de loing d'eux et de leurs honeurs,
Se servans pour cela de finesse[4] du Diable,
Ils ont bien tost surprins[5] le Seigneur accostable[6].
O Seigneurs courageux et bons, haïssés les,
Et n'en souffrés aucun dedans vos beaux palais ;
Chassés loing de vos cours toutes gens desloyales,
Mais recevés les bons en vos maisons royales.

1 › Les publicains étaient, à l'époque des Romains, les collecteurs d'impôts.

2 › La proposition comporte-t-elle une fois de trop le pronom *se* ? A moins qu'il ne faille supposer dans « puissent » un accord du pluriel fautif, et comprendre : « afin que se moquer d'eux ne se puisse plus », « afin qu'il ne soit plus possible de se moquer d'eux ».

3 › *la fallace* : « le mensonge ».

4 › *finesse* : « ruse, tromperie ».

5 › *Ils ont bien tost surprins le Seigneur* : « ils ont tôt fait d'abuser du Seigneur ».

6 › *accostable* : « qui se laisse approcher », « affable ».

Les hommes mondains sont addonnés à vantance.

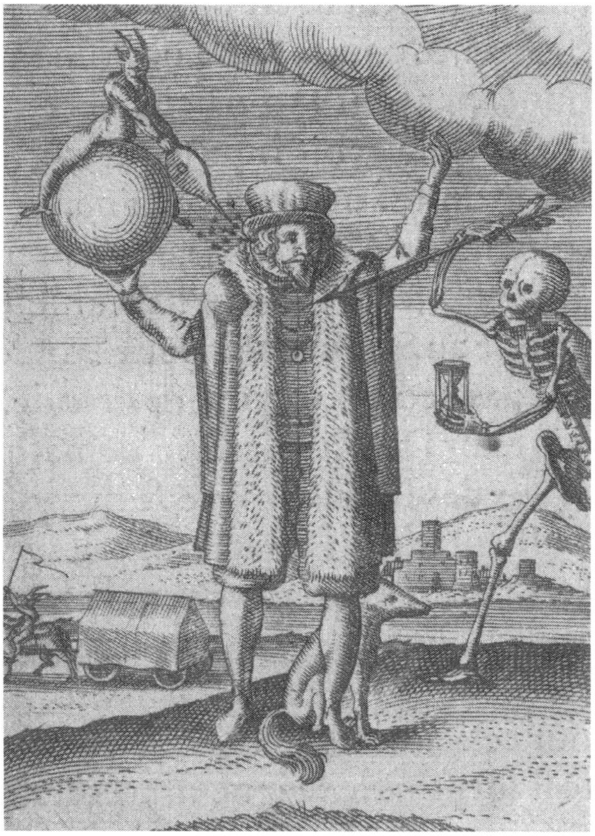

Le monde je condui usant de tromperie
Comme le fin renard, j'abbuse les humains ;
Je n'ay cure de Dieu, je commets actes maints,
Satan, l'Enfer, la Mort me sont pour moquerie.

DECLARATION DE LA XLI. FIGURE.

Je suis le plus sçavant qui se trouve en la terre,
J'enten, je congnoi tout, en rien jamais je n'erre[1] ;
Et s'il est de besoin[2] de mon art louänger[3],
Je ne faudray de mettre ame et corps en danger.
Avec grande industrie[4] et sagesse le monde
Conduire j'ay appris[5], me servant de faconde :
Je ne faus[6] pas d'un poil. Je n'ay soin nullement
De Dieu, ains[7] je rempli mon ventre seulement.
Or j'ameine souvent au païs grand encombre,
Par guerre et par discorde et par mort de grand nombre :
Les plus sages qui soyent en village ou cité
Je mesprise, aux Seigneurs j'oste l'autorité :
A bout de tout je viens par ma sage finesse[8],
J'esleve qui je veux, et qui je veux j'abbaisse.
C'est le train que je meine aussi long temps qu'en fin,
L'ennemi des humains[9], qui se monstre plus fin[10]
Que jamais je ne fus, me met en grande peine,
Et la mort puis apres au sepulchre m'emmeine,
Mon ame est de Satan, mon corps proye des vers[11] :
Chascun lors s'esjouït qui m'a veu si pervers.

1 › *je n'erre* : « je ne fais erreur », « je ne me trompe ».

2 › *s'il est de besoin* : « s'il est besoin ».

3 › *de mon art louänger* : *louänger* n'est pas ici le verbe, mais l'adjectif : « par mon art louangeur » (c'est la *faconde* du v. 6). En cas de besoin, pour parvenir à ses fins, le personnage n'hésite pas à mettre en péril l'âme et le corps d'autrui en usant de sa rhétorique (ou de son baratin).

4 › *industrie* : « habileté », « savoir-faire ».

5 › *Conduire j'ay appris* : « j'ai appris à conduire le monde avec… ».

6 › Du verbe *faillir*. Le *poil* est le cheveu. Le personnage se félicite de sa façon de conduire le monde : elle est exemplaire, sans faille.

7 › *ains* : « mais » (au contraire).

8 › *ma sage finesse* : « ma savante tromperie ».

9 › Satan.

10 › *fin* : « trompeur », « rusé ».

11 › « Mon âme est la proie de Satan, mon corps la proie des vers ».

Il faut diligemment prendre garde à ses faits.

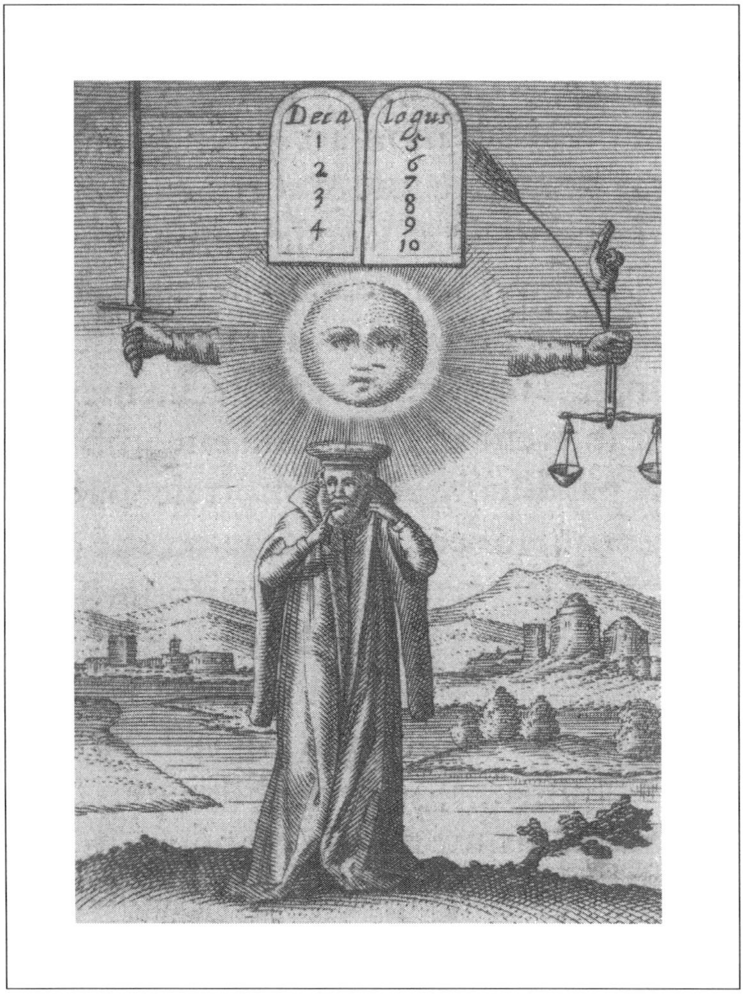

Le Soleil se levant à l'un des bouts du monde,
Tient sa route et courant se couche à l'autre bout,
Soit qu'on face du bien, ou du mal, il void tout :
Fay ainsi et chemine en conscience ronde.

v. 4 › « tranquille » (on trouve dans Calvin, commentaire sur I *Tim.* 7, « en conscience ronde et asseurée »).

DECLARATION DE LA XLII. FIGURE.

Ainsi que Jesus Christ le Soleil de justice,
Aussi bien l'equité contemple qu'injustice[1]
Commise des[2] humains, et rend bien pour le bien,
Et punit le meschant, sans qu'il soit meu[3] de rien.
Pareillement doibt faire ainsi du droit la force[4],
Et à l'entour de soy regarder n'estant torse[5],
Sur tout[6] se souvenir qu'il n'est ja de besoing
De suivre la raison charnelle, ains[7] avoir soing
De se reigler sur tout[8] selon[9] la loy divine,
Et que tout ce qui est contraire elle abomine :
Car c'est la loy de Dieu qui la vraye raison
Monstre parfaitement en tout temps et saison.
Fay donques que tousjours la justice reluise,
Puis qu'elle est en la loy, d'icelle donc la puise[10] :
Alors en peu de temps elle te monstrera
L'honeur, la verité, et quant et quant fera[11]
Qu'aussi verras le mal ; dont tu pourras sentence
Donner en verité, sans craindre repentance.

1 › « contemple aussi bien l'équité que l'injustice ».
2 › *des* : « par les ».
3 › *meu de* : « mû par ». Rien ne peut fléchir ou influencer le Christ.
4 › *du droit la force* (« la force du droit ») est sujet de *doibt faire.*
5 › *n'estant torse* : « sans être tordue pour autant » (car le Droit est droit, comme l'a dit l'emblème XXXI).
6 › *Sur tout* : « Surtout ».
7 › *ains* : « mais ».
8 › *sur tout* : « en toutes choses ».
9 › *selon* : « conformément à ».
10 › *d'icelle donc la puise* : « puise-la donc dans la loi divine ».
11 › *et quant et quant fera* : « et en même temps elle fera ».

La folie ne peut tousjours estre cachee.

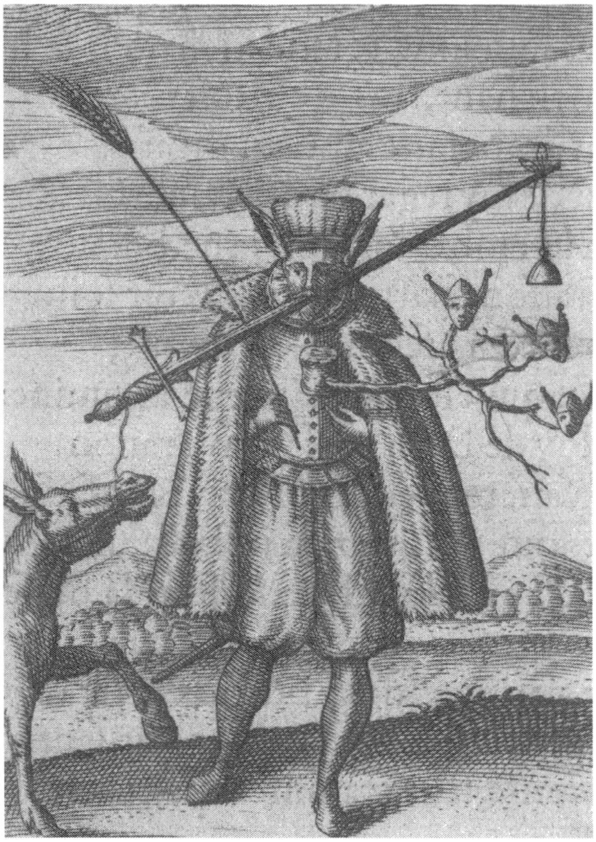

Il advient quelque fois qu'en honeur monte l'Asne,
Tant y a qu'il ne peut se desfaire du sot,
Tout son entendement ne pese pas un lot,
Bien qu'il se vante fort du sçavoir de son crane.

v. 2 › *Tant y a qu'il ne peut* : « Malgré le fait qu'il ne puisse ».
v. 2 › *du sot* : « de sa sottise » (adjectif substantivé).

DECLARATION DE LA XLIII. FIGURE.

Quiconque trop hardi[1] en ce monde veut estre,
Et comme un rodomont marchant[2] faire du maistre,
Se reposant du tout sur[3] l'honeur temporel,
Comme aussi sur l'effort[4] du glaive corporel ;
Il passe outre[5] hardiment ayant longues oreilles,
Son cœur ressemble un tronc[6], duquel (grandes merveilles)
Il sort à force[7] fous : En la bouche a tousjours,
Sans droicture, l'espée ; Helas tout à rebours
Tout son affaire[8] va. Celui qui sans science
S'esleve par trop haut, mettant sa confiance
En la faveur des grands, et sur son leger poids,
Que son chef grave emporte[9], ainsi comme tu voids :
En son gouvernement à plusieurs fait outrage,
Combien que d'un chascun soit cognue sa rage :
Un tel verra son front rougir en temps et lieu,
Par ainsi recevra son salaire de Dieu.

1 › *hardi* : « audacieux ».
2 › *Et comme un rodomont marchant* : « Et marchant comme un Rodomont », « en faisant des rodomontades ».
3 › *Se reposant du tout sur* : « Se fiant complètement en ».
4 › *l'effort* : « la violence ».
5 › *Il passe outre* : « Il outrepasse » « Il va trop loin ».
6 › *ressemble un tronc* : « ressemble à un tronc » (construction transitive directe uselle à l'époque).
7 › *à force* : « en quantité ».
8 › *affaire* est régulièrement masculin à l'époque.
9 › L'idée est que sa tête est plus lourde (*grave*) que son corps.

Chasque ouaille cerche sa pareille.

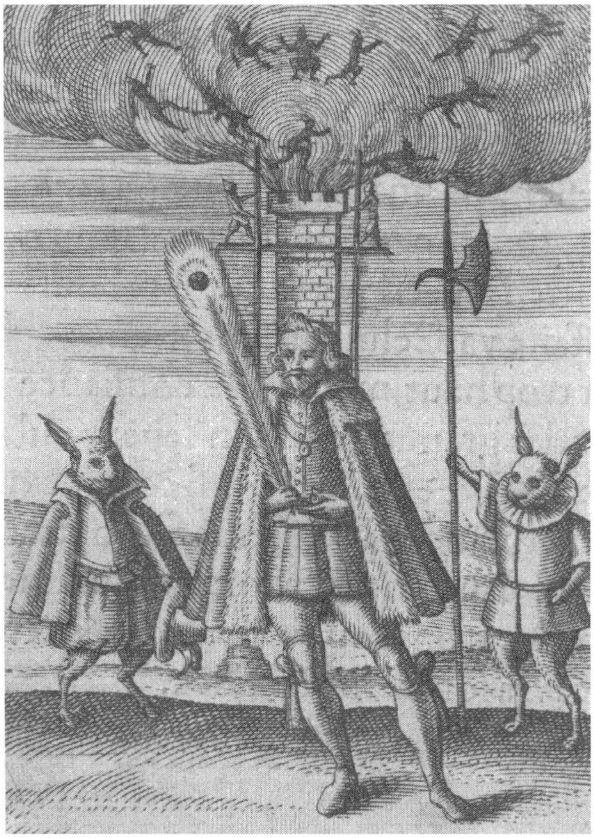

Ne t'esbahis de veoir en ceux-ci telles teſtes,
Le plus grand sot de tous s'eſtime tout sçavoir,
Tels oiseaux de son chef monter il fait beau veoir !
Il eſt vray compagnon de si jolies beſtes.

DECLARATION DE LA XLIV. FIGURE.

Di moy, mon bon ami, ce que d'un tel te semble[1] ?
A quelque grand Seigneur pour certain il ressemble ;
On le peut remarquer à ses beaux serviteurs ;
Il merite tresbien d'avoir force auditeurs :
Car il est tout rempli de science tres-belle,
Tant que[2] sa teste en est trop petite ; dont[3] telle
Ouverture y manquoit, comme tu voids ici,
Afin que la science en esclatast[4] ainsi :
Puis qu'il y en a trop, il en peut donc part faire[5]
A qui en a besoing, de tant il n'a que faire[6].
Il s'esmerveille fort de se voir si prudent[7],
Que la subtilité de son esprit ardant
Comprend tout. A ses gens plaist bien sa contenance,
Dont de le bien servir ont bonne souvenance[8],
Parce que d'icelui port[9] sage et bien seant,
Science, avancement ils ont, tout pour neant[10],
Le plus heureux de tous en portera la cappe[11],
Celui qui est le plus habile, qu'il la happe[12].

1 › *ce que d'un tel te semble* : « ce que tu penses d'un tel personnage ».
2 › *Tant que* : « A tel point que ».
3 › *dont* : « de sorte que ».
4 › *en esclatast* : « en sortît avec éclat », « se manifestât avec éclat ».
5 › *il en peut donc part faire* : « il peut donc en faire part », « en donner ».
6 › *de tant il n'a que faire* : « il n'a que faire de tant de science ».
7 › *prudent* : « avisé ».
8 › « Si bien qu'ils s'emploient avec zèle à bien le servir ».
9 › *icelui port* : « cette façon de se comporter ».
10 › *tout pour neant* : « gratuitement ».
11 › *la cappe* : « le capuchon » (c'est-à-dire le bonnet de fou).
12 › *qu'il la happe* : « qu'il l'attrape ».

Tels de Machiavel sont les cœurs des disciples.

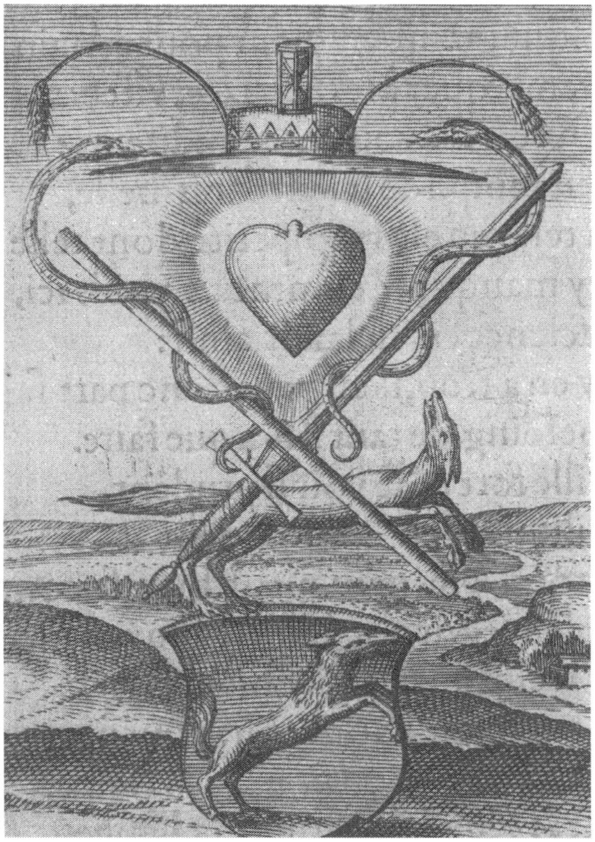

Le renard ne delaisse à jamais sa nature,
Exerçant sa finesse il n'espargne travail,
Ses armoiries sont l'ennemi du bercail ;
Un faux cœur est depeint ainsi par la figure.

Titre › « Tels sont les cœurs des disciples de Machiavel. »
v. 1 › *ne delaisse à jamais* : « n'abandonne jamais ».
v. 3 › *l'ennemi du bercail* : périphrase pour « le loup ».
v. 4 › *figure* (lat. *figura*) appartient au lexique de l'emblème, il en désigne l'image.

DECLARATION DE LA XLV. FIGURE.

1. Entouré de rayons tu es, cœur frauduleux,
2. Où pour tout[1] il n'y a que serpens venimeux,
3. En toy l'avarice eſt provenante de haine,
4. Tant y a qu'eslevé tu es[2] à peu de peine.
5. L'eſpée et le baſton tu as en ton pouvoir,
6. Cependant[3] ta malice on ne peut pas bien veoir :
7. Tu es fort diligent et employes finesse,
8. A faire du renard, quand tu vois ta foiblesse ;
9. Que[4] s'il vient à propos que puisses faire coup[5],
10. Tes armoiries sont ouvertement le loup :
11. Pour autant que tu es en grand' eſtime et charge,
12. Chose eſtrange ce n'eſt si ton chapeau eſt large.
13. Or tu debvrois penser, jaçois que ne l'entens[6],
14. Que ton orgueil se passe[7] avec bien peu de temps,
15. Puis ton cœur venimeux avec ta violence,
16. T'apporteront au corps et ame doleance[8].

1 › Nous dirions : « en tout et pour tout ».

2 › *Tant y a qu'eslevé tu es* : « Et malgré cela tu occupes un rang important ».

3 › *Cependant* n'a pas ici une valeur adversative, mais signifie la simultanéité : « et pendant ce temps ».

4 › *Que si* : « si ».

5 › *faire coup* : « atteindre la cible » (lexique de l'artillerie).

6 › *jaçois que ne l'entens* : « bien que tu n'envisages pas les choses ainsi ».

7 › « Que ce qui fonde ton orgueil eſt deſtiné à s'évanouir ».

8 › *doleance* : « souffrance » (« Schmertz »).

Il se trouve aujourd'huy de trois sortes de chasse.

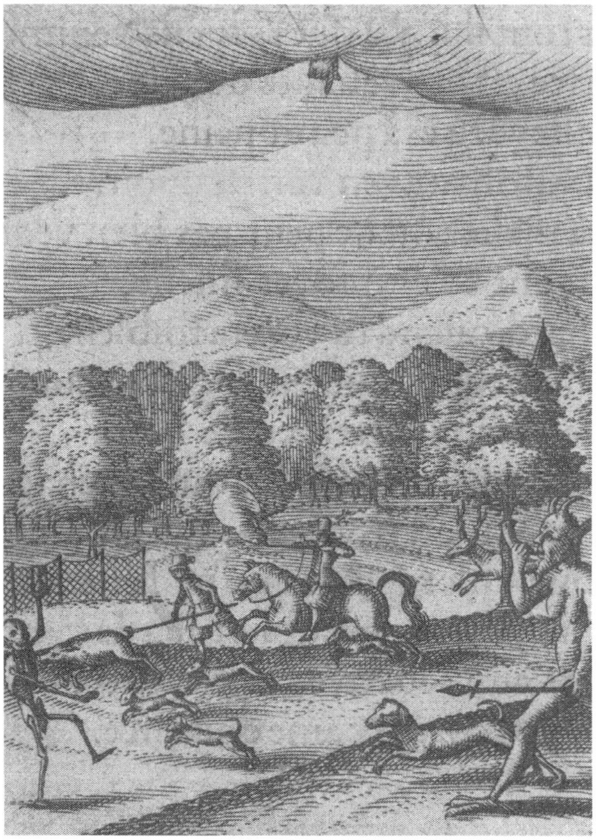

La chasse, liberal et gentil exercice,
N'est defendue à qui de ce faire a loisir ;
Mais la plus legitime il te convient choisir,
Sinon Satan courra pour te faire service.

Titre › La construction « de trois sortes de » (« de quatre / de plusieurs sortes de ») est parfaitement régulière, et encore fréquemment attestée au XVIIIe siècle.

v. 2 › *ne delaisse à jamais* : « n'abandonne jamais ».

DECLARATION DE LA XLVI. FIGURE.

Trois sortes il y a de chasse en ceste vie,
La premiere a le nom de force[1] et tyrannie,
Par ceste[2], violence aux pauvres gens on fait,
Qu'on n'estime non plus que bestes[3] en effect,
Consumée est souvent de leur triste visage
La sueur[4], des chasseurs[5] addonnés à pillage.
La seconde n'est pas guère plus à louër,
Quand au lieu d'exercer sa charge, on va jouër,
Ne voulant escouter la parole divine,
Ou donner audience au pauvre qui s'encline.
La troisieme qui est pour recreation,
Se peut souffrir en temps, mais en ta dition[6],
Quand on chasse sur tout aux bestes dommageables
Aux champs, où[7] aux humains, mortes sont profitables.
Si la quatrieme on veut, je la mets en ce lieu,
Car elle duit[8] à tous ; C'est de crainte de Dieu[9].
Autrement l'ennemi employra diligence
De chasser avec toy : Et puis la mort, qui dance,
Saisira le chasseur, lors qu'il n'y pensera,
Du pauvre l'oraison[10] à ce jeu fin fera.
La priere du juste est de grande efficace,
Elle perce la nue, et vient devant la face
Du Pere tres-benin, qui toutes choses peut,
Et pour l'amour du fils esconduire ne veut[11].

1 › *force* : « violence ».

2 › *Par ceste* : « Par celle-ci ».

3 › « Auxquels on n'accorde pas plus de prix qu'à des animaux ».

4 › « La sueur de leur triste visage est souvent consumée ».

5 › *des chasseurs* : « par les chasseurs ».

6 › En général *en la dition de (untel)* est une formule juridique qui signifie « sous l'autorité de » ; l'expression peut signifier, comme ici, le territoire sur lequel quelqu'un a autorité, par exemple sa propre seigneurie (« le bourgeois de Liege [...] peut persuyvre bestes silvestres par toutes seigneuries [...] pourveu que ce soit à force de chiens et en la dition du païs », *Chroniques de Liege*).

7 › Le texte porte *ou*, coquille corrigée.

8 › *elle duit* : « elle convient ».

9 › Les v. 15-16 sont un ajout du traducteur, sans lequel la suite du propos (*Autrement...*) s'articule très logiquement avec le développement des v. 11-14.

10 › *Du pauvre l'oraison* : « La prière du pauvre ».

11 › *esconduire ne veut* : « ne veut pas éconduire » (« ne veut pas refuser de prendre en considération celui qui prie »).

Par trop chasser on peut bien devenir sauvage.

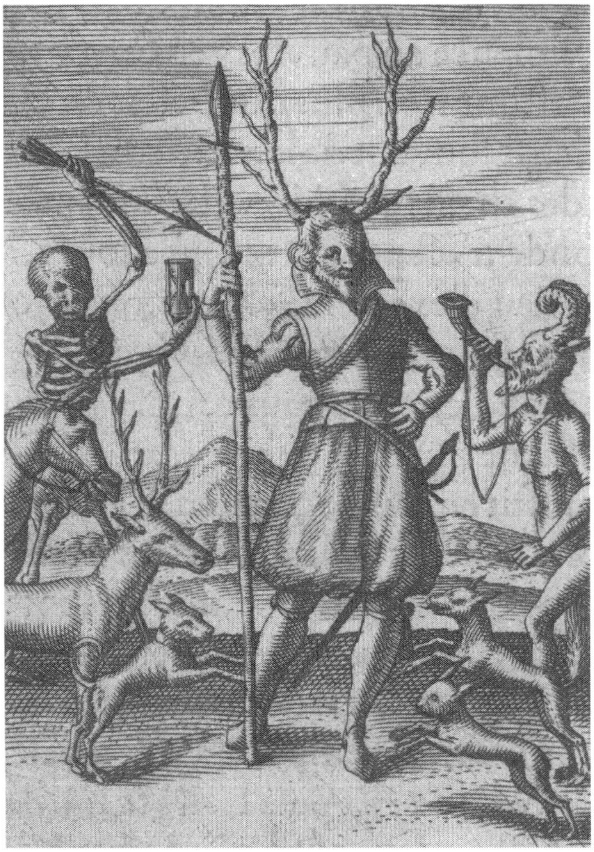

L'Homme qui seulement à la chasse s'addonne,
Peut aisément tomber en inconvenient :
Il devient tout sauvage, et le Calomniant
Lui corne le tran-tran, qui en fin fort l'eſtonne.

v. 3 › *tout* : « complètement ».

v. 3 › *le Calomniant* : « le Diable » (le mot grec « diabolê » signifie proprement « le calomniateur »).

v. 4 › *le tran-tran* : pour le son du cor, dont l'ouvrage de Jacques Du Fouilloux sur la vénerie (1561) précise, à l'occasion de la chasse au cerf, qu'« on doit sonner deux brefs sons à chacune fois en cette maniere : *tran, tran, tran, tran, tran, tran* ... » (cité par C. Nodier, *Dictionnaire raisonné des onomatopées françaises*).

v. 4 › *eſtonner* au sens étymologique : « frapper de ſtupeur », « abattre, comme par la foudre ».

DECLARATION DE LA XLVII. FIGURE.

Celui qui est tousjours entre[1] bestes sauvages,
Oubliant son estat (ce que ne font les sages)
Et qui à rien ne prend qu'à la chasse plaisir[2],
Dont[3] d'escouter le pauvre il n'a jamais loisir,
Aime chiens, chevaux, cerfs et renards pleins de fraude,
Et lievres ; à Satan, qui autour de lui raude[4],
Fait plaisir singulier, dont il[5] lui corne haut ;
Mais la Mort lui monstrant l'heure, lui dit qu'il faut
Desloger[6] : Et d'autant qu'il n'a la cognoissance
Que sauvage est[7], son dard de force[8] elle lui lance,
Et met fin à sa vie, en lui faisant tomber
Ses cornes, puis il faut le corps mort entomber[9],
Mais apres tout cela, de telle beste l'ame
Se trouve tourmentée en l'infernale flame.

1 › *entre* : « en compagnie des ».
2 › « Et qui ne prend plaisir à rien si ce n'est à la chasse ».
3 › *Dont* : « et de ce fait ».
4 › *raude* : « rôde ».
5 › Le pronom représente *Satan* (« il fait grand plaisir à Satan, raison pour laquelle ce dernier… »).
6 › *Desloger* : « s'en aller ».
7 › *il n'a la cognoissance que sauvage est* : « il n'a pas conscience d'être sauvage ».
8 › *de force* : « avec violence ».
9 › *entomber* : « mettre dans la tombe », « enterrer ».

Capitaine Renauld se sert de stratagemes.

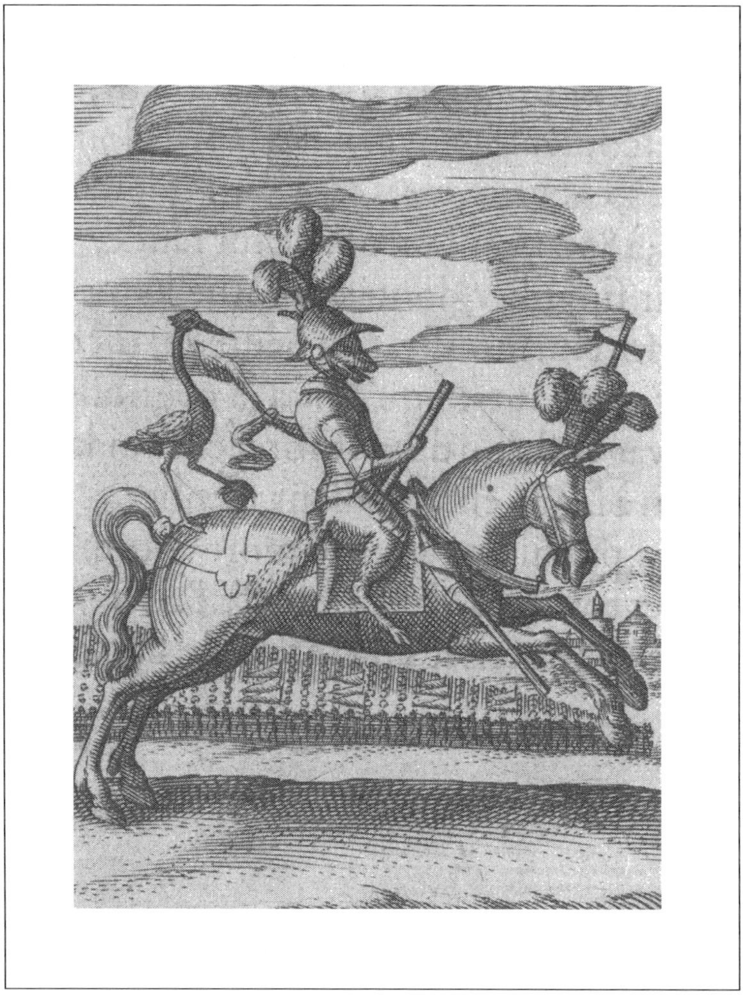

Contre son ennemi le Renard tours employe,
La Grue vigilante est tousjours en souci ;
Le guerrier courageux en peut bien faire ainsi,
S'il maintient la patrie, et pour la foy guerroye.

v. 1 › *tours employe* : « se sert de tours », « recourt à la ruse ».
v. 2 › *en souci* : « inquiète », « attentive ».

DECLARATION DE LA XLVIII. FIGURE.

Un vaillant Capitaine et discret[1] chevalier
A tousjours de son fait un soing particulier,
De cœur à l'Eternel son Dieu fait sa priere,
Il met l'oisiveté à toute heure en arriere[2].
En garde est attentif, et quant il faut marcher[3] :
Il prend bien garde au lieu là où il void fischer
A l'ennemi son camp ; avec lui ne se jouë,
Mais employe son sens à faire qu'on le louë[4].
Hypocrites flateurs il ne sauroit souffrir,
Faussaires et menteurs, traistres il fait mourir.
Prudent est pour trouver les ruses de la guerre,
Tout aussi clair voyant qu'animal de la terre[5].
Quand Renauld diligent prend bien garde à son faict,
Et la Gruë en veillant fidele garde fait,
Sous l'enseigne de Christ on obtient la victoire,
L'Ennemi est batu : De ce courage gloire,
Et honeur le vainqueur reçoit[6] des gens de bien,
Son chef est couronné pour le merite sien[7].

1 › *discret* : « avisé ».
2 › *Il met… en arriere* : « il s'écarte de », « il s'abstient de ».
3 › Comprenez : « et aussi quand… ».
4 › « il emploie son jugement à faire des actions dignes de louange ».
5 › *animal de la terre* : le texte allemand permet de comprendre que cette périphrase désigne le lynx.
6 › « De ce courage, le vainqueur reçoit gloire… ».
7 › *pour le merite sien* : « en raison de son mérite ».

Capitaine Levraut courageux en la fuite.

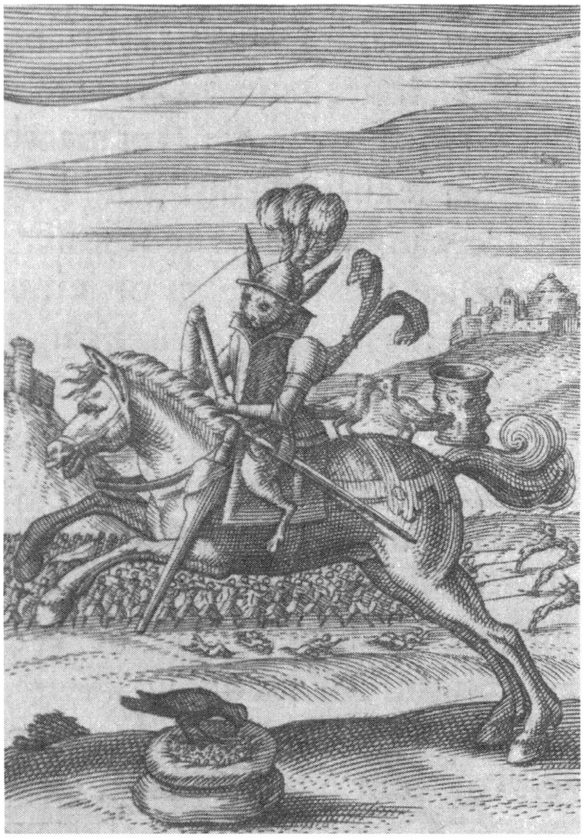

Si ton soldat en soy un cœur de lievre porte,
S'il eſt jouëur, yvrongne, et outre ce paillard,
Larron comme un corbeau, faisant du babillard,
Tu lui peux bien bailler en temps son passe-porte.

v. 4 › « Tu peux en temps opportun lui donner son passeport », c'eſt-à-dire « le congédier » (« abdancken »).

DECLARATION DE LA XLIX. FIGURE.

Celui qui entreprend ou commence la guerre,
Voulant faire tomber son ennemi par terre ;
Et qui estime plus le lievre pour ce fait,
Et le louë hautement, en disant qu'il a fait
Grands exploits, abbattant maints courageux gendarmes[1],
Heaumes leur arrachant et toutes autres armes[2] ;
Je ne puis à cela[3] adjouster grande foy,
Que d'un tel l'ennemi soit mis en desarroy,
Ne qu'il ait emporté glorieuse victoire :
Fuïr estant aux champs[4], c'est du lievre la gloire.
Je n'ay jamais ouï qu'un lievre ait pris le chien,
Mais que du chien souvent la proye est, je veoi bien.
Quand un homme qui est peureux et sans courage,
Veut faire grands exploits de guerre : Davantage
S'il a le naturel des larrons et corbeaux,
Et que son cœur paillard soit bruslé des flambeaux
De l'infame Venus, addonné à sa bouche ;
Que des lievres vaillans un tel au rang se couche.

1 › *gendarmes* : « guerriers », « chevaliers » (gens d'armes).

2 › *toutes autres armes* : les pièces de l'armure.

3 › *cela* est explicité par les deux propositions des v. 8 et 9.

4 › Le champ est le territoire naturel du lièvre, mais dans le domaine militaire, être *aux champs* c'est aussi « être en campagne », et marcher sur l'ennemi.

Pechés font que du ciel en fin descend la verge.

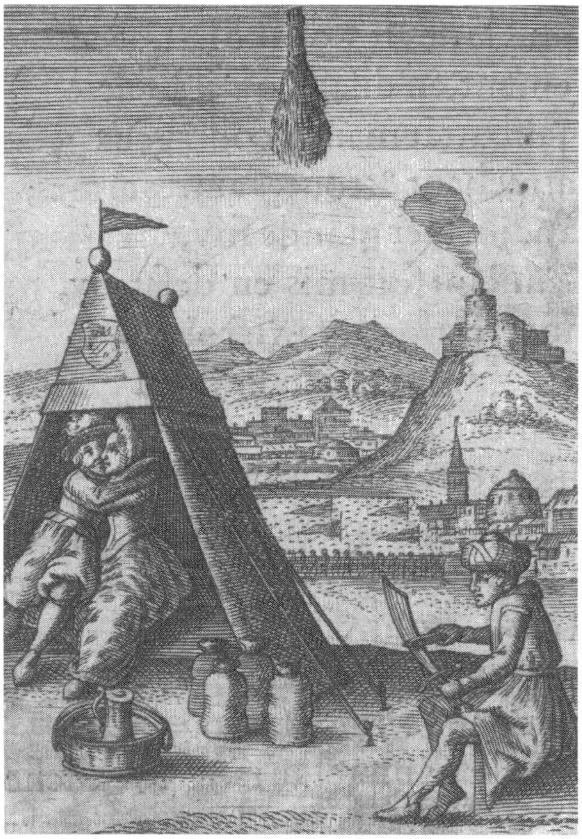

Le Turc sobre et cruel son cimeterre aiguise,
Mais le Chreſtien yvrongne et paillarde hardiment,
Esclave de Mammon. Et Dieu qui point ne ment
Prend la verge, et punir veut ceſte faitardise.

V. 2 › *yvrongne* : « s'enivre » (c'eſt le verbe *yvrongner*).

V. 2 › *hardiment* : « audacieusement ». Comme le latin « *audacter* » (équivalent donné dans la partie Français-Allemand-Latin du dictionnaire de Stoer) cette audace-là eſt négative, elle relève de la mauvaise témérité.

V. 4 › « Et veut punir cette paresse », « cette mollesse ».

DECLARATION DE LA L. FIGURE.

Les Chreſtiens en ce temps se font guerre mortelle,
C'eſt honte que la Gent qui veut eſtre fidelle[1],
S'esleve contre soy continuellement,
Dont[2] l'ennemi commun[3] la surmonte[4] aisément.
L'Avarice aveuglit[5] les sages à ceſte heure,
Et le Turc cependant[6] à afiler labeure[7]
Son cimeterre fort[8], pour le baigner au sang
Des Chreſtiens, ô Chreſtiens, où eſt donc voſtre franc
Courage de jadis ? Vous eſtiés l'eſpouvante
De l'incredule Gent. La legion tonnante
N'eſtoyent ce pas Chreſtiens, qui emportoyent le prix
De vaincre l'ennemi qui en eſtoit surpris ?
Ce leur eſtoit un los[9] à tousjours honorable,
Maintenant les Chreſtiens sont du monde la fable,
Le vin, et les putains, l'argent soulfre des cœurs,
Font que maints grands guerriers ne sont tousjours vainqueurs.
Par ainsi[10] bien souvent et les Rois et les Princes
Des Royaumes chassés on void et des Provinces :
Que si Dieu l'Eternel ne menoit pour les siens
La guerre, incontinent[11] soyent reduits[12] à riens.

1 › *la Gent qui veut eſtre fidelle* : « les Chrétiens ».

2 › *Dont* : « si bien que ».

3 › *l'ennemi commun* : périphrase usuelle à l'époque pour désigner les Turcs, comme le montre l'équivalent latin donné par Stoer au terme allemand du texte original : « Erbfeind / *Ennemi capital, naturel, juré, un qui eſt ennemi de nature, le Turc.* Communis hoſtis. »

4 › *la surmonte* : « triomphe d'elle ».

5 › *aveuglit* : « rend aveugles ».

6 › *cependant* : « pendant ce temps ».

7 › *à afiler labeure* : « s'emploie à aiguiser ».

8 › *fort* : « violent », « cruel ».

9 › *un los* : « une louange » (un motif de louange).

10 › *Par ainsi... on void...* : « Ainsi... voit-on... ».

11 › *incontinent* : « tout de suite », « sur le champ ».

12 › *soyent reduits* : « seraient réduits ».

L'effusion de sang c'eſt le fruict de la noise.

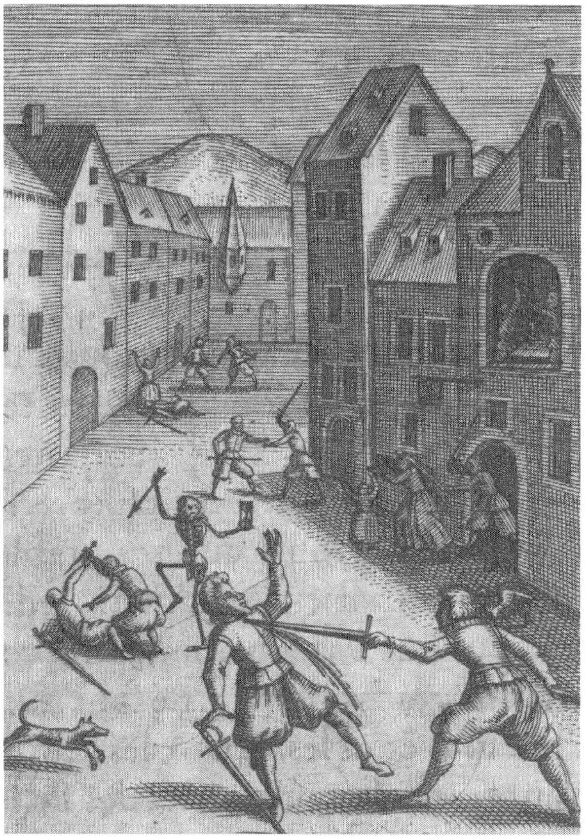

L'Eternel aime ceux qui à la paix s'addonnent,
Il hait contentions, elles sont du Mauvais ;
Celui qui aime Dieu ne peut haïr la paix ;
Les querelleux meurtriers au Diable s'abbandonnent.

Titre › *noise* : « discorde ».
v. 2 › *contentions* : « les luttes ».
v. 2 › *elles sont du Mauvais* : « elles émanent du Diable ».

DECLARATION DE LA LI. FIGURE.

On void ici par tout noises et bateries[1],
Aux chambres, sur la rue, et sur les galeries,
Il y a de l'estrif[2] avec femme et enfans,
Tous ceux de la maison, tant libres que servans,
Ne sçavent vivre en paix. L'un estant sur la ruë,
Attend son compagnon, et puis apres le tuë :
S'ils ne tuent l'un l'autre, outrages pour le moins,
Tous les pires diront[3], se bravans à tous coings[4] ;
Les injures souvent sont plus fort penetrantes,
Que glaives afilés, ou espées tranchantes.
Par la furie maint est par terre estendu,
Et comme d'un pourceau son sang est espandu.
Ainsi Satan de tout vient possession prendre,
Dautant qu'on ne veut point à l'alme paix entendre,
Qu'on fait si peu de cas de l'image de Dieu[5],
Que de l'oser tuer de sa vie au milieu[6] :
Et mesme quelques fois pour sa beneficence[7],
Maint qui ne l'attend pas a telle recompense,
La plus part des humains ne cognoist[8] aujourd'huy
Ses bien-faicteurs, pour bien, elle rendra ennuy[9].

1 > *bateries* : « bagarres » (les « bateries » sont les querelles avec coups donnés, ou échangés).
2 > *estrif* : « querelle » (la querelle concerne même la femme et les enfants).
3 > *outrages pour le moins, tous les pires diront* : « ils diront pour le moins tous les pires insultes ».
4 > *se bravans à tous coings* : « se provoquant en tout lieu ».
5 > *l'image de Dieu* : « l'homme » (fait à l'image de Dieu).
6 > *de sa vie au milieu* : « au milieu de sa vie ».
7 > *pour sa beneficence* : « en retour de ses bienfaits ».
8 > *ne cognoist* : « n'a pas de reconnaissance pour ».
9 > *ennuy* : « tort grave », « dommage » (la plupart des humains sont prêts à rendre le mal pour le bien).

La guerre ne vient pas sans porter grand dommage.

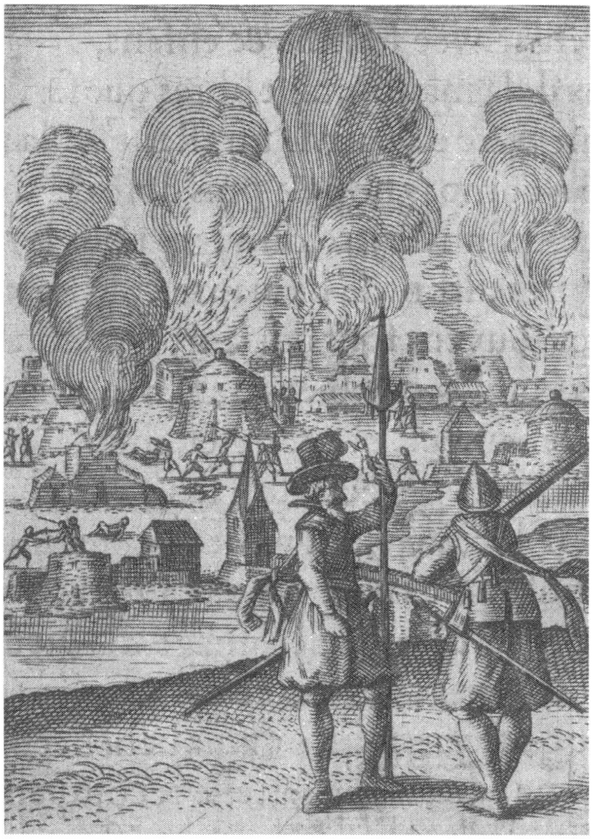

L'Eternel te doint paix, beau Royaume de France ;
Que puissiés eſtre unis grands Princes Allemans,
Dieu en qui vous croyés, des traiſtres allumans
La guerre en vos païs, vous garde en asseurance.

Titre › *pas* : coquille corrigée (« par »).
v. 1 › *te doint* : « te donne » (subjonctif).
v. 2 › *Que puissiés* : « Puissiez-vous ».
v. 4 › « Dieu vous préserve des traîtres qui allument... ».

DECLARATION DE LA LII. FIGURE.

Meurtres, embrasemens, et toute autre nuisance
Sont effects de la guerre et de la discordance.
On y va pour destruire et pour tout fracasser,
Ce qu'on ne peut des mains, on le fera passer
Par la flamme du feu, lequel quand il s'allume,
Maisons, gens, et bestail tout ensemble il consume :
Encor trouvera on maint tyran et moqueur,
Qui se resjouïra en son endiablé cœur[1].
Lors qu'il a tout gasté[2] suivant sa fantasie,
Or primes il a[3] tout ce qui le rassasie,
Il chante, il saute[4], il rit, tout content va cerchant[5],
A qui dire il pourra son acte si mechant ;
Ce ne lui est assés du faict, s'il ne se vante,
Qu'il a fort bien joué sa farce violente !
O malheur au village, à la ville, au païs,
Où tel esclandre font gens dignes d'estre haïs !
Là de douleur d'esprit et de corps fort amere
Meurt maint homme de bien, contemplant sa misere.

1 › Je remplace une virgule par un point, conformément à la phrase allemande.
2 › *gasté* : « dévasté ».
3 › *Or primes il a* : « C'est alors seulement qu'il a ».
4 › *il saute* : « il danse ».
5 › *va cerchant* : « il cherche ».

Si la guerre eſt sur mer le danger en eſt double.

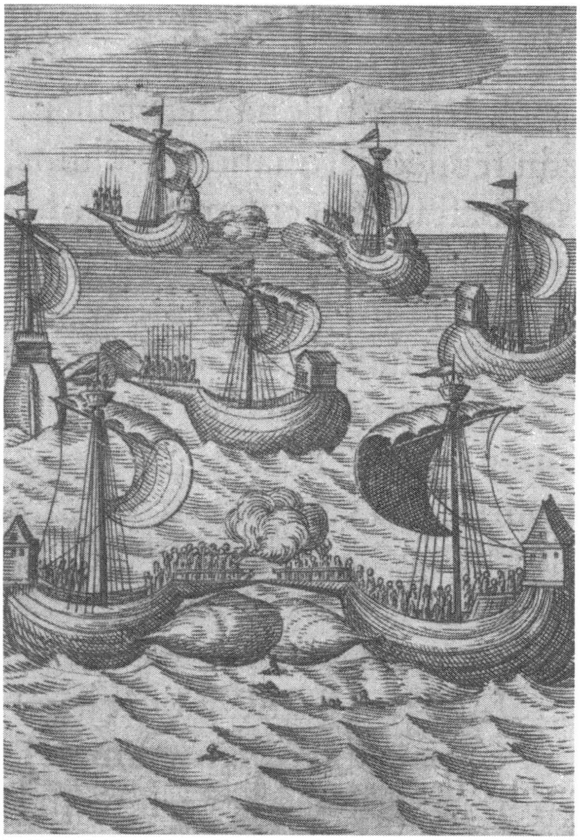

La maudite avarice, et desir de vengeance
N'ont point peur desormais des incommodités,
Tant sur mer que sur terre hommes ont incités
A la guerre esmouvoir ; telle eſt l'humaine engeance.

v. 3 › *hommes ont incités* : « elles ont incité les hommes ».
v. 4 › *A la guerre esmouvoir* : « à susciter la guerre ».

DECLARATION DE LA LIII. FIGURE.

Sur la mer le danger est plus grand que sur terre,
On y devroit tousjours prier sans mener guerre :
Tant y a que[1] Satan, qui ne sçait reposer,
Noises, meurtres et guerre y vient aussi causer ;
On ne regarde plus[2] à vent ni à tempeste,
Le monde est devenu aveugle et rage-en-teste[3] :
Et combien que[4] plusieurs eux mesmes au danger
Se soyent trouvés souvent, si ne veulent[5] changer :
On ne redoute point les vagues ni les ondes,
Qui s'eslevent bien haut dessus les mers profondes,
Tonnerres et esclairs, n'autres[6] adversités,
Non pas mesme Atropos[7], qui a maints contristés[8] ;
Car on met tout cela maintenant en arriere[9].
L'avarice de tout ce mal donne matiere[10],
Sur tout quand il y a apparence de tort,
Que le guerrier pretend[11], dont il se plaind bien fort.
Lors pour rassasier la maudite avarice,
Il faut tout hazarder[12], tant hardie est malice :
Mais s'il faut maintenir vraye religion,
On s'enfuit tout armé[13] hors de la region.

1 › *Tant y a que* : « Et malgré cela ».
2 › *On ne regarde plus* : « On ne fait plus attention ».
3 › *rage-en-teste* : « insensé ».
4 › *combien que* : « bien que ».
5 › *si ne veulent* : « ils ne veulent pas ».
6 › *n'autres* : « ni autres ».
7 › Atropos est l'une des trois Parques : c'est elle qui coupe le fil de la vie.
8 › *qui a maints contristés* : « qui en a accablé beaucoup ».
9 › « on ne ne préoccupe pas de tout cela maintenant ».
10 › « L'avarice est la cause de tout ce mal ».
11 › Comprenez que la guerre est déclenchée par l'assaillant sous prétexte d'un tort pour lequel il exige réparation.
12 › *hazarder* : « mettre en péril ».
13 › *tout armé* : « en armure » (« mit Harnichen »).

Le fondement de foy c'est le Seigneur Jesus.

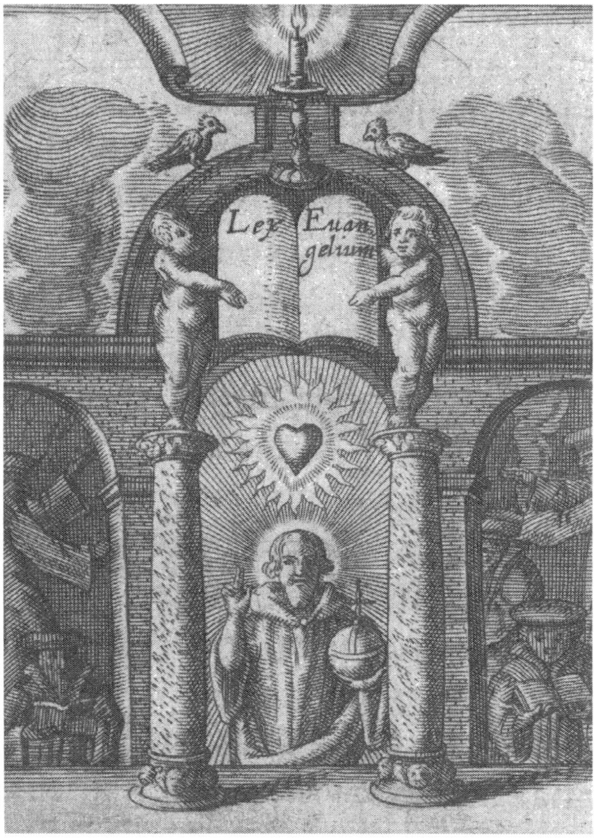

Christ est le fondement de foy, il le faut croire,
Il fait luire sur nous sa clarté clairement,
Toute sa confiance en lui mets hardiment,
Croy bien, aime le droict, si auras la victoire.

v. 4 › *si auras* : « et tu auras ».

DECLARATION DE LA LIV. FIGURE.

Quiconque veut avoir bonne fin de sa vie,
Qu'un tel son bastiment asseuré edifie
Sur Jesus son Sauveur ferme et seul fondement,
A sa pure parole ait egard simplement,
Qu'il ne se fie point à ce malheureux monde,
Qui n'est de rien content, si en argent n'abonde,
Et en honeurs mortels, il n'a egard à rien,
Qu'en sa propre raison, à Satan ce plaist bien[1].
L'Eternel tout-puissant demande un cœur fidelle,
Humble, et bien le servant[2], sans fraude, ne cautelle[3].
Telle foy est semblable à des petits enfans,
Qui sans feintise sont : Elle rend triomphans
Ceux qui d'ardant amour à la parole vraye
Regardent seulement[4], le chemin elle fraye
Vers la porte des cieux, esclairant le croyant :
Laisse donc vanité à ton fait pourvoyant[5],
Car qui à tout auteur, ou escrivain veut croire,
Perd aisément sa foy, et en elle sa gloire :
Celui qui toutesfois ne veut lire, n'ouïr[6],
Veut ses aveugles yeux encor plus esblouïr ;
Et va deçà delà tastonnant sans lumiere,
Il ne prend en peschant que vapeur et fumiere[7] :
Mais quiconque se fie en Dieu et en ses dits,
Ne se trouvera point au nombre des maudits[8].

1 › *à Satan ce plaist bien* : « cela plaît beaucoup à Satan ».

2 › *et bien le servant* : « et qui le serve bien ».

3 › *ne cautelle* : « ni tromperie ».

4 › *Regardent seulement* : « ne se préoccupent que de ».

5 › *à ton fait pourvoyant* : « tandis que tu pourvois à ton fait » (c'est-à-dire : que tu travailles à ton salut).

6 › *n'ouïr* : « ni ouïr ».

7 › *fumiere* : « fumée ».

8 › Litote pour « sera sauvé » (le Salut étant cette *victoire* du v. 4 du quatrain).

La loy de Dieu comprinse en deux commandemens.

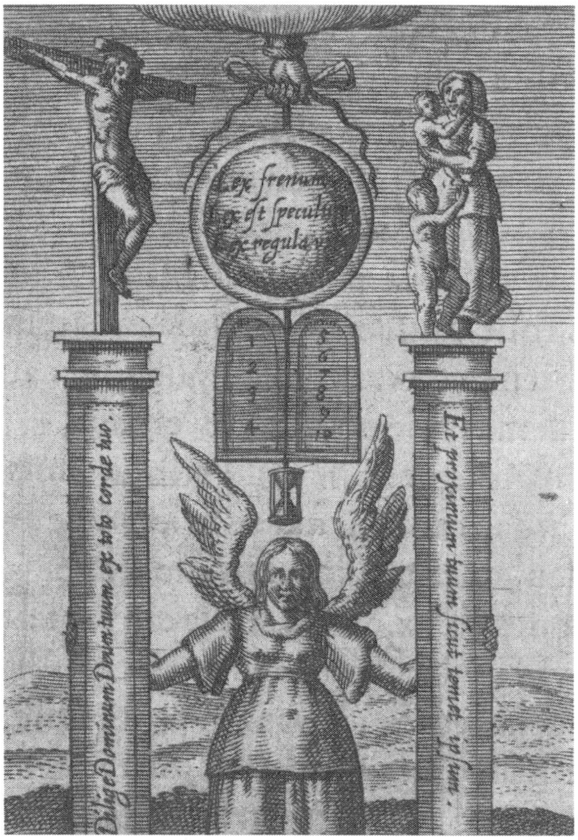

Il nous est commandé par la loy de Dieu saincte
D'aimer le Tout-puissant, nostre prochain aussi :
Toutesfois cest amour accompli n'est ici,
Jesus Christ satisfait, si tu le crois sans feinte.

v. 4 › Le sujet du verbe est bien *Jesus Christ*. L'idée est que le Christ est le seul qui puisse vraiment rendre amour pour amour : le verbe *satisfait* traduit l'allemand « **erstatt** » (« **Erstatten** / *Rendre, recompenser, rendre la pareille* »).

DECLARATION DE LA LV. FIGURE.

La loy de l'Eternel est un parfait miroir,
Le peché qui se cache elle fait apparoir[1] ;
Parquoy si tu te veux tel que tu es cognoistre,
Il t'y faut contempler sans feintise de cloistre[2] :
Que si tu trouves lors un jour, ou un moment,
Auquel[3] de fait, de bouche, ou bien par pensement[4],
Tu n'ayes trangressé, et commis quelque faute,
Soit par infirmité, ou par malice caute ;
Asseurément tu es le premier des humains,
Qui de tout peché as tenu nettes tes mains.
Or cependant à toy, comme ami, je conseille,
De ne te point fier sur ce qui n'est que fueille,
Ne[5] te persuader qu'il ne te manque rien ;
Car le plus hypocrite autant en feroit bien.
Mais celui qui est foible, en temps et saison bonne
Pose[6] son fondement dessus ceste colomne,
C'est à dire sur Christ, lequel l'a racheté,
Qui ce fait, en bon fond a son ancre jetté :
Puis envers son prochain se monstre[7] debonnaire,
Tant de cœur, que de bouche, en son œuvre ordinaire.
De ces deux poincts ici depend toute la loy,
Qui les fait de bon cœur est juste par sa foy,
Et obtient à jamais de l'Eternel la grace,
Il recevra en fin gloire qui ne se passe[8].

1 › *apparoir* : « apparaître ».

2 › La *feintise de cloistre* renvoie à l'hypocrisie des moines, qui entendent se prévaloir de leurs œuvres.

3 › *Auquel* : « Où ».

4 › *par pensement* : « en pensée ».

5 › *Ne* : « Ni ».

6 › *Pose* : « Qu'il pose son fondement sur », « qu'il se fonde sur » (la structure de la phrase revient à : « Mais que celui qui est faible… se fonde sur… ; celui qui fait ainsi, … »).

7 › *se monstre* : « Puis qu'il se montre débonnaire envers… ».

8 › *qui ne se passe* : « éternelle ».

Ne faut legerement rompre l'amitié saincte.

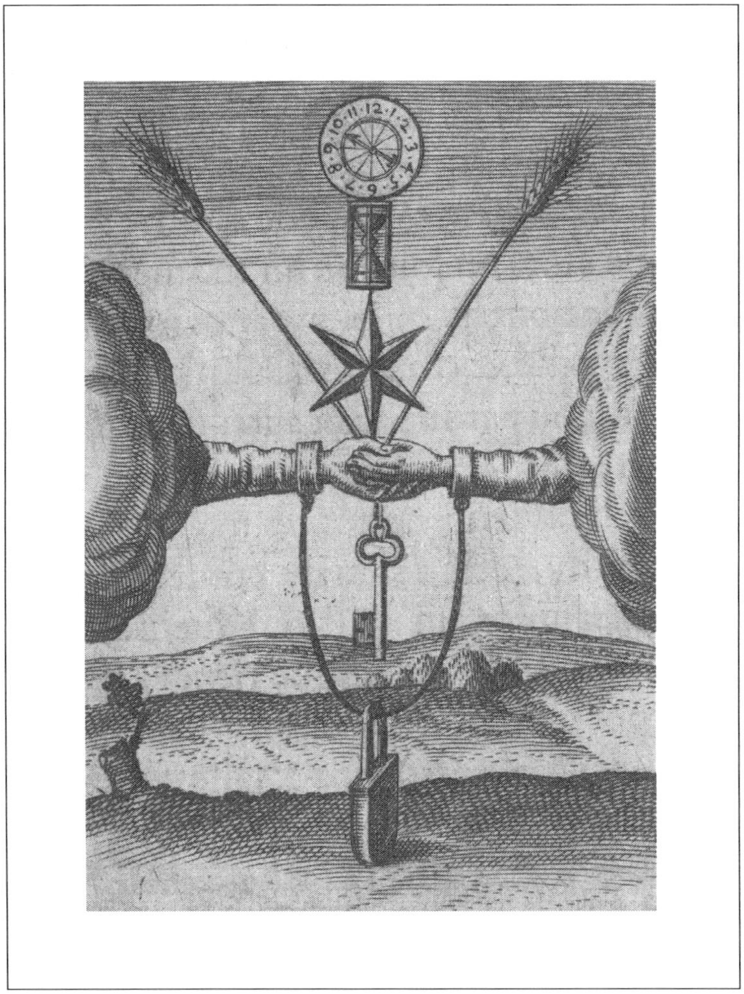

Si tu as un ami honorable et fidelle,
Ayant touché sa main en signe d'amitié ;
Pren garde à bon escient que par ta mauvaistié
Ne se rompe jamais une alliance telle.

DECLARATION DE LA LVI. FIGURE.

Tout ainsi que deux mains qui sont ainsi liées
Par un fort cadenat, sont bien appariées.
L'estoile qui est sus[1] te monstre la splendeur
D'amour : Ainsi au monde en entiere rondeur
Doit estre l'amitié en loyauté non feinte,
Ferme, sans s'esloigner de la divine crainte.
Ne cerche[2] vistement pour peu de cas la clef,
C'est un fol insensé qui tombe en tel meschef[3].
Qui oublie l'honeur et la beneficence,
Qu'il a receu d'autruy ; Qui son ami offence,
Et le perd volontiers : Une part de son cœur
Un tel perd avec lui, regret et creve-cœur
Lui advient puis apres, quand il ne sçait que faire
En sa necessité. En fin le vient desfaire
La pasle Mort : Parquoy pour l'amour d'un flateur,
Ton vieil et bon ami n'estime estre menteur[4],
Puis que l'as esprouvé[5] : Ains[6] retien le, et[7] l'honore ;
Car s'il t'a fait du bien, il t'en peut faire encore.

1 › *Sus* : « au-dessus ».

2 › *cerche* : « cherche ».

3 › *meschef* : « méprise », « erreur ».

4 › « Ne va pas penser que ton vieil et bon ami est un menteur ».

5 › *Puis que l'as esprouvé* : « Puisque tu as fait l'expérience de son amitié ».

6 › « mais ».

7 › Malgré la virgule, le « e » muet de *le* est élidé devant la voyelle qui suit : *le, et* est prononcé en une seule syllabe (comme si la graphie était *l'et*).

Quand tu voids l'ennemi, pren garde à tes trenchées.

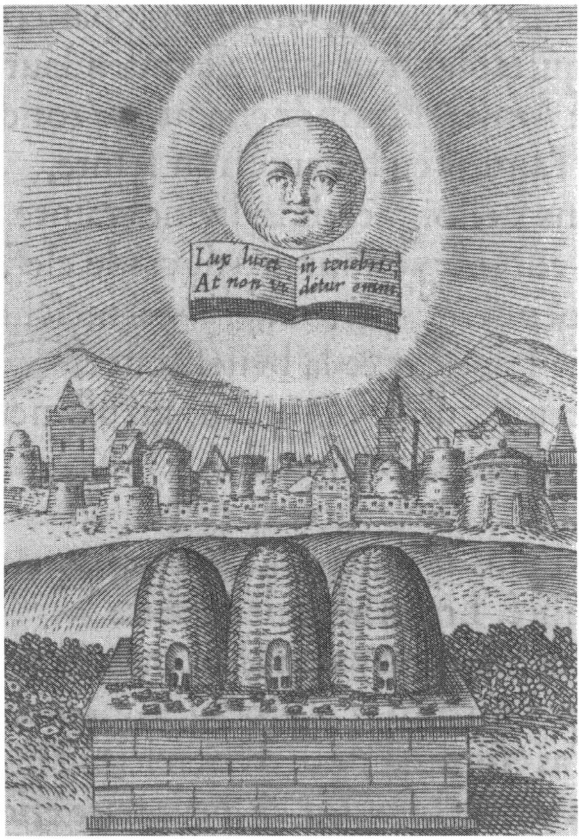

L'abeille cerche miel en toute diligence,
Au profit de son maiſtre, et pour s'entretenir :
Le bourdon paresseux paix n'en peut obtenir ;
L'aveugle du Soleil ne reçoit allegeance.

Titre › *trenchées* : Le terme allemand eſt « Schantzen », qui désigne un ouvrage de défense militaire (Stoer donne au verbe correſpondant les équivalents français « *fortifier, retrencher, faire les levees de terre et retrenchemens* ») : le mot le plus général qui correſponde eſt « fortifications ». « Par les trenchées nous entendons toutes sortes d'ouvrages dont le camp eſt fermé et environné [...], les Redoutes, Forts, Tenailles [...] et les ouvrages qui les relient et qu'on appelle *lignes de continuation* » (Adam Fritach, *L'Architecture militaire*, Leide, 1635, p. 130).

v. 1 › *cerche miel* : « cherche le miel ».

v. 2 › *pour s'entretenir* : « et pour assurer sa propre subsiſtance ». Je rectifie la ponctuation de ce vers et du suivant sur l'allemand.

v. 4 › « L'aveugle ne reçoit aucun réconfort du soleil ».

DECLARATION DE LA LVII. FIGURE.

Le peuple amasse-miel tient fort bonne police,
Il ne recognoist point le bourdon grand et nice[1] :
Que s'il[2] veut entreprendre à lui[3] oster son bien,
Imitant les larrons[4], il[5] n'y espargne rien ;
Ains avec toute force il s'y oppose viste,
Le mordant, le picquant, le chasse de son giste :
Par ce moyen son miel plein de douceur retient,
Lequel des tendres fleurs, des que le printemps vient,
Il cueille tous les jours en toute diligence.
Pourquoy donc les humains n'ont ils intelligence
D'en faire tout ainsi ? Ne rougissent ils point,
De se laisser ravir, mesme estans[6] en bon poinct,
Leur miel plus doux que miel ? J'enten-ci[7] la parole
De l'Eternel leur Dieu, qu'on leur oste : Et l'idole
On leur met en sa place, afin que ne sachans
Ce que Dieu veut, ils soyent la proye des meschans.
De là vient qu'avons tant de maux en ceste vie,
Ce malheureux poison l'ame aussi mortifie :
Sourds, muets neantmoins sommes[8], et ayans yeux,
Aveugles demeurons à la clarté des cieux.

1 › « paresseux ».
2 › *il* : représente « le bourdon ».
3 › *lui* : représente le peuple des abeilles.
4 › C'est le bourdon qui a des manières de voleur.
5 › *il* : représente le peuple des abeilles.
6 › *mesme estans* : « alors qu'ils sont ».
7 › *J'enten-ci* : « J'entends ici », « je veux dire par ces mots ».
8 › « Nous sommes sourds et muets néanmoins » (comprenez : malgré la Parole).

La misere de l'homme eſt grande en ceſte vie.

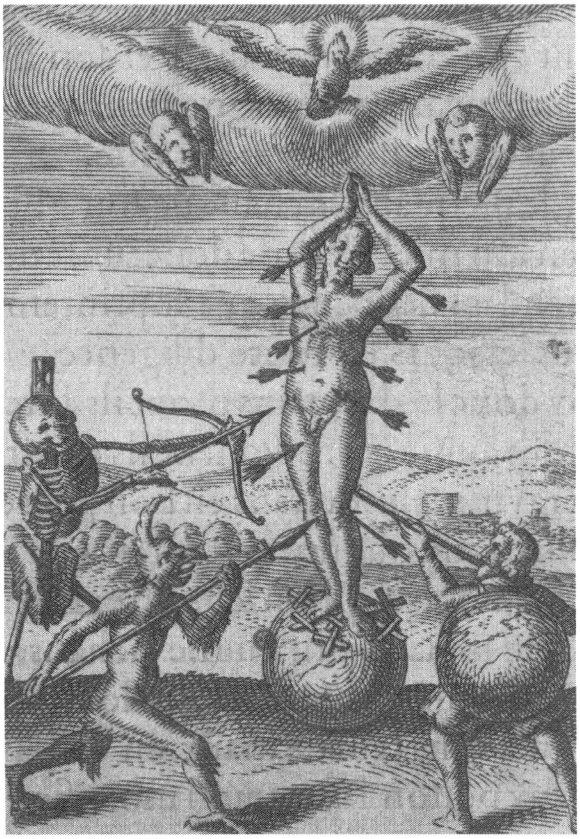

Aussi long temps que l'homme eſt vivant sur la terre,
Il a solicitude et peur de tous coſtés,
Satan, la Mort, le Monde en lui leurs cruautés
Monſtrent ; Mais l'Eſprit bon lui aide en ceſte guere.

V. 2 › *solicitude* : « inquiétude ».
V. 4 › lui aide : « l'aide » (conſtruction intransitive régulière à l'époque).
V. 4 › *guere* : « guerre ».

DECLARATION DE LA LVIII. FIGURE.

La vie humaine n'est rien que croix et souffrance,
Qui la moele et les os et le cœur à outrance
Afflige, et peu à peu consume jusqu'au bout,
Mal-heur à l'homme vient tandis qu'il est debout :
Tant la Mort, que le Diable, aussi le Monde immonde
Lui descochent leurs dards, pour en fosse profonde
Le faire trebucher[1] : le Monde n'a repos,
De lui vient mauvaistié et vice à tous propos.
Il est en verité l'emplastre lequel tire
Peché en toute sorte, et à l'homme l'inspire,
Dans lequel se veautrant[2] comme truye au bourbier,
Gueres il ne lui chaut qui le doit expier[3] :
Car à tout mal enclin il est de sa nature,
A incredulité, à haine, à forfaiture,
Si ce n'est que de Dieu le bon Esprit lui soit
Communiqué de grace, alors il en[4] reçoit,
Conduit par icelui[5], contentement et vie,
Laquelle lui estoit au paravant ravie :
Les Anges à l'entour de lui plantent leur camp,
Quoy voyant l'ennemi s'en va tout sur le champ.
Mort, Monde, Chair et Diable avec son stratageme,
Ne peuvent subsister devant la foy qui aime :
Ainsi l'homme Chrestien passe tout à travers
De toute affliction, n'ayant peur des enfers.

1 › *trebucher* : « tomber ».
2 › Il s'agit de l'homme.
3 › Il ne se soucie donc pas du Christ.
4 › *en* : « il reçoit de Dieu ».
5 › *icelui* : « celui-ci » (le Saint-Esprit, le *bon Esprit* de Dieu, dont la fonction est de sanctifier).

Sois tousjours disposé de partir de ce monde.

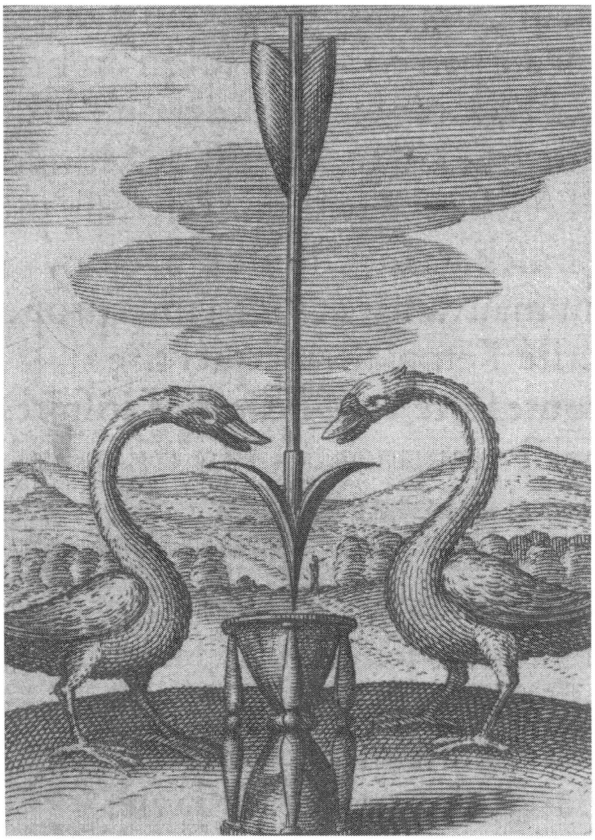

Le temps s'en va leger, la Mort blesme s'approche,
Heureux qui de bon heure à l'Eternel se rend,
Et qui du Cigne blanc la chanson droite apprend ;
Benissant le bon Dieu, et vivant sans reproche.

V. 1 › *leger* : valeur d'adverbe (« rapidement »).

V. 2 › Lisez « bonne heure » ; le traducteur adopte la même orthographe (par attraction peut-être de « bonheur », « bon heur » ?) dans la Déclaration de l'emblème LXV.

DECLARATION DE LA LIX. FIGURE.

Comme bien vistement par l'air vole la flesche,
Et l'œuvre qu'elle doit en peu de temps deſpeche[1] ;
Ainsi pareillement en fait nostre heure aussi,
Laquelle en un moment à peu pres vient ici,
Et emporte plusieurs avecques violence,
Quand ils sont sans souci vivans en insolence[2].
Parquoy tandis qu'avons nostre entendement sain,
Il nous convient tousjours d'avoir tous ce dessein,
De chanter la chanson laquelle signifie,
Que le Cigne est venu à la fin de sa vie.
Quiconque orprimes veut, quand il sera ancien[3],
Cognoistre ses pechés, et estre bon Chrestien,
Quand il lui faut mourir ; telle recognoissance
Rarement vient à bien, ains[4] est sans eſperance.

1 › *deſpeche* : « accomplit », « achève ».
2 › *en insolence* : « comme des présomptueux ».
3 › « Quiconque ne veut connaître ses péchés que quand il sera vieux ».
4 › *ains* : « mais au contraire ».

La fin du monde eſt pres, bien qu'on ne s'en soucie.

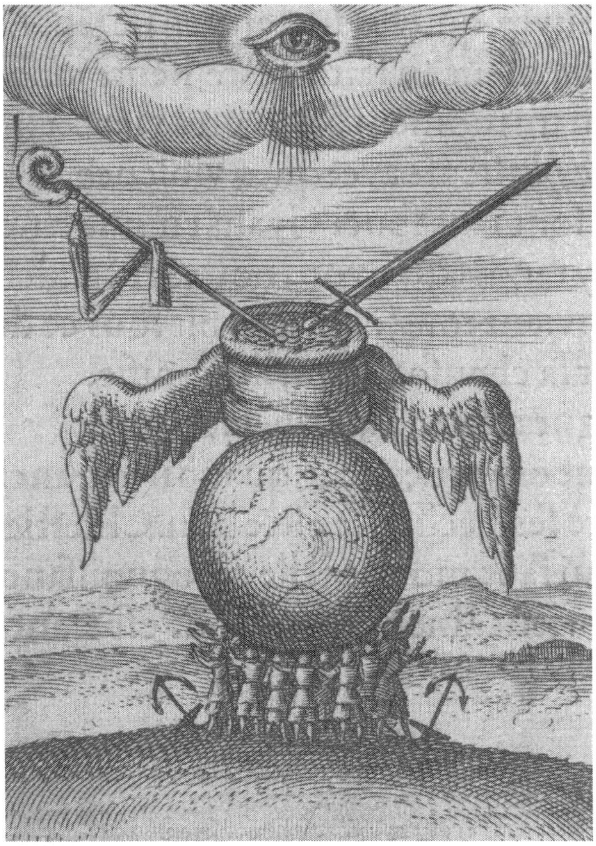

L'œil de Dieu le tourment des oppressés contemple.
Son oreille oit leur cri et leur gemissement ;
On void des deux coſtés les grands qui laschement
Pendent l'aile : La fin nous declare l'exemple.

Titre› *pres* : « proche ».

v. 2 › *oit* : « entend ».

v. 4 › Le sujet et le COD sont inversés : « ce fait exemplaire nous annonce la fin (du monde) ».

DECLARATION DE LA LX. FIGURE.

O vray Dieu Tout-puissant regarde en bas le monde,
Lequel est gouverné par la monoye immonde[1].
Sur icelle[2] à peu pres tout recline[3] aujourd'huy,
S'en laissant aveugler, y cerche[4] son appuy :
Car le sac plein d'argent de ce monde est l'idole,
Et qui ne l'aime point ne vaut pas un obole :
Personne ne prend garde[5] aux dits de l'Eternel,
Le pauvre est surchargé du[6] monde criminel ;
Estant de lui pressé si faut il[7] qu'il le porte,
Ses mains levant au ciel en Dieu se reconforte :
Puis que ceux qui l'espée et la croce ont en main,
Pendans l'aile aux costés, tiennent mesme chemin[8].
Telle des oppressés est donques la priere[9] :
Seigneur, par ta vertu et force justiciere,
Vien, car nous t'attendons avec tresgrand desir,
Et esperons en toy toute joye et plaisir.

1 › Je corrige la ponctuation des v. 2 et 3, inversée dans l'original.
2 › *icelle* : « celle-ci ».
3 › *recline* : « repose ».
4 › Le sujet de *cerche* (« cherche ») est *le monde*, qui se laisse aveugler par sa cupidité.
5 › *prend garde* : « observe », « respecte ».
6 › du : « *par le* ».
7 › *si faut il* : « il faut encore ».
8 › tiennent mesme chemin : « font la même chose » (ils ne valent pas mieux les uns que les autres).
9 › Je remplace un point-virgule par les deux-points.

Le pauvre est consumé par la force du riche.

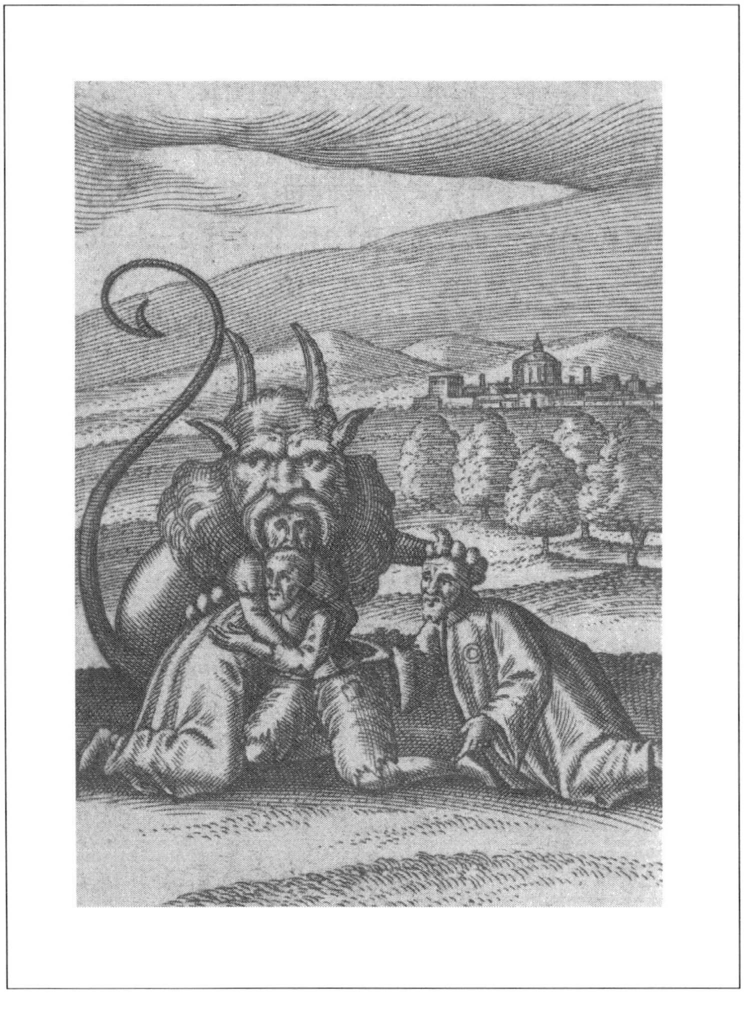

Ceux qui jaunes rondeaux portent dessus leurs robbes
Aux pauvres gens tourment apportent maintesfois,
Aussi le sçavent ceux qui les ont sur les doigts.
Tu seras fourragé, ô meschant, qui desrobbes.

V. 1 › *rondeaux* : « anneaux ».
V. 4 › *qui desrobbes* : « qui voles » (le verbe fourrager a ici le même sens, *cf.* la note au vers 16 de la Déclaration).

DECLARATION DE LA LXI. FIGURE.

Le pauvre maintenant grande oppression souffre,
On lui oste son pain, et le riche l'engouffre,
A sa premiere force il ne peut revenir,
On ne lui fait honneur, biens ne peut obtenir :
Au contraire un chascun à tous moyens regarde,
Comment il lui pourra oster tout ce qu'il garde.
L'araigne[1] en fait ainsi fischant dedans le flanc
Des mousches l'aiguillon, et succant tout leur sang.
On lui tire la peau par force et par fallace[2],
Jusques à tant qu'il soit reduit à la besace[3] :
Il advient donc selon le proverbe commun,
Je l'ay ouï souvent prononcer à quelqu'un :
Le riche maintenant du pauvre le sang mange,
Et Dieu mesme pourroit trouver ce cas estrange :
Le Diable toutesfois mange le riche en fin,
Adonc des fourrageurs[4] est saoulée[5] la faim :
Parquoy si ne voulés du Diable estre la proye,
O riches inhumains, chascun de vous me croye[6],
Cessés d'estre cruels, et selon vos moyens,
Aidés et soustenés vos pauvres citoyens :
Afin que Jesus Christ vous face recompense,
En vous faisant ouïr la joyeuse sentence[7].

1 › *L'araigne* : « L'araignée ».

2 › *fallace* : « tromperie ».

3 › *reduit à la besace* : locution imagée pour dire une extrême pauvreté : la besace implique le vagabondage et la mendicité.

4 › *fourrageurs* : « ceux qui pillent » (le *fourrageur* est le soldat chargé de l'approvisionnement en vivres, tâche qu'il accomplit souvent par des moyens malhonnêtes).

5 › *saoulée* : « rassasiée ». La diphtongue compte bien deux syllabes.

6 › *croye* : (subjonctif optatif) « que chacun de vous me croie ».

7 › *La joyeuse sentence* est la promesse annoncée par l'Évangile, « la bonne nouvelle ».

Pren garde au temps present aussi bien qu'à toy mesme.

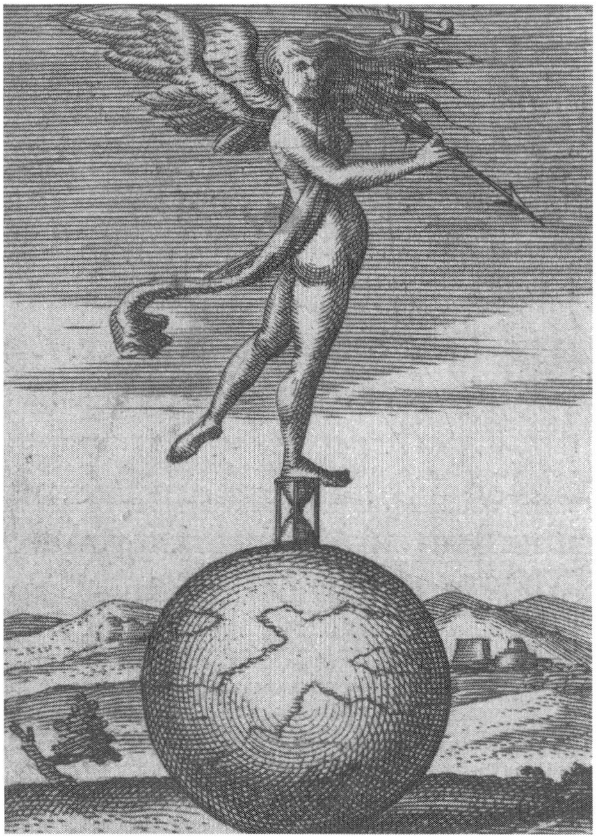

L'Occasion tousjours ne se laisse pas prendre
Quand on le voudroit bien : Repen toy aujourd'huy ;
Richesse, honeur, beauté, sagesse, joye, ennuy,
Au monde demeurront, et tu iras en cendre.

v. 1 › C'eſt la déesse appelée aussi Fortune.

DECLARATION DE LA LXII. FIGURE.

Seigneur Dieu Tout-puissant, tousjours tu nous apprens,
Que vistement s'enfuit nostre vie et le temps,
Ainsi qu'en un clin d'œil la flesche l'air traverse[1] ;
La Mort faisant grands pas accourt et nous renverse,
Riche, et ambitieux, beau, et sage, et sçavant,
Se passent tout ainsi qu'une vapeur au vent.
O homme pense donc tousjours à ceste chose,
La Mort te vient saisir, ta vie s'en va close[2],
Il faut que nous partions c'est le vouloir de Dieu,
Bien que nous n'en sachions ni le temps ni le lieu.
La mort baisse son dard contre nous à toute heure,
Parquoy fui le peché,[3] à bien faire labeure,
Ne differe long temps de ta vie amender ;
Car tes biens en ce temps ne te pourront aider,
Ni ton orgueil aussi, ta force redoutable,
Contre la dure mort n'est de rien profitable.
Plustost invoque Dieu, que de sa grace ici
Te face part : Et toy sois volontaire aussi,
De pardonner à ceux lesquels t'ont fait outrage ;
Adonc verras de Dieu le gracieux visage.

1 › Je remplace une virgule par un point-virgule, conformément au texte allemand.

2 › *s'en va close* : « est en train de se clore » (de s'achever).

3 › J'introduis une virgule.

La parole de Dieu à tout jamais demeure.

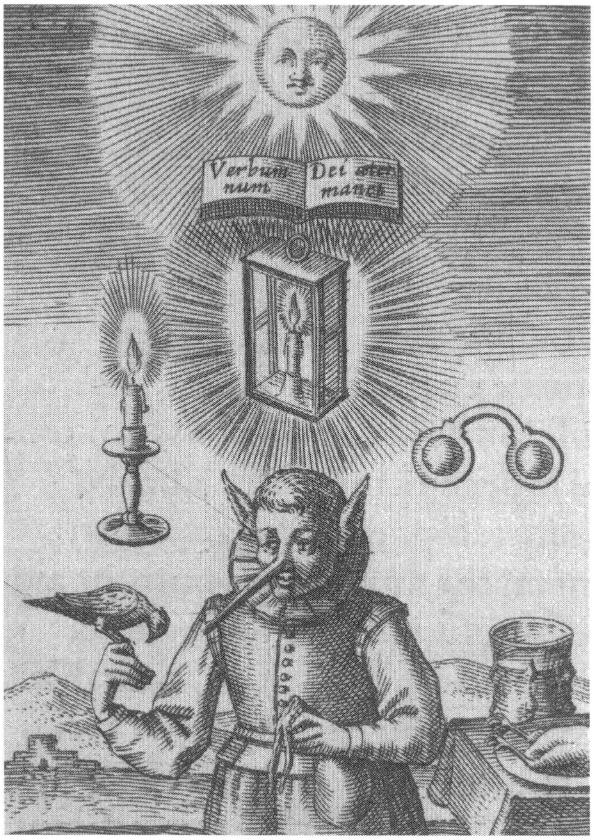

Les dits de l'Eternel sont bien intelligibles,
Si garde on y vouloit prendre tant seulement;
Qui donc oreilles a, les escoute hardiment,
Ne suivant des humains inventions nuisibles.

v. 1 › Je remplace un point par une virgule.
v. 2 › « Si seulement on voulait y prendre garde ».
v. 4 › « Sans suivre les inventions des hommes ».

DECLARATION DE LA LXIII. FIGURE.

Tant de jour que de nuict l'Eternel nous esclaire,
Par sa clarté monstrant ce que nous devons faire :
Sa parole nous est tresluisante splendeur,
Si nous la recevions avec simple rondeur :
Mais Satan et peché, conjoints avec le monde,
Nous ont plongé dedans l'obscurité profonde :
A quoy donques nous sert d'avoir des si clairs yeux,
Puis que nous ne voulons point regarder d'iceux[1] ?
A quoy sert le long nés, et vertu odorante[2],
Si sentir ne voulons l'odeur si attirante ?
A quoi nous sert de tous les membres sentiment[3],
Si nous ne sentons pas le peché tristement ?
A quoy sert il d'avoir et bonne et saine viande[4],
Si nous n'en jouïssons comme Dieu le commande ?
Las ! à quoy sert chandelle et lunettes avoir,
Depuis que[5] l'on ne veut par icelles[6] rien veoir ?

1 › *d'iceux* : « avec ceux-ci ».
2 › *vertu odorante* : « et faculté de percevoir les odeurs » (sens olfactif).
3 › le sentiment de tous les membres est le sens tactile.
4 › Le mot *viande* s'applique à toute nourriture (c'est le mot « chair » qui désigne la viande).
5 › *Depuis que* : « Du moment que ».
6 › *par icelles* : « par celles-ci » (par leur moyen).

L'un le chevron et l'autre a le feſtu en l'œil.

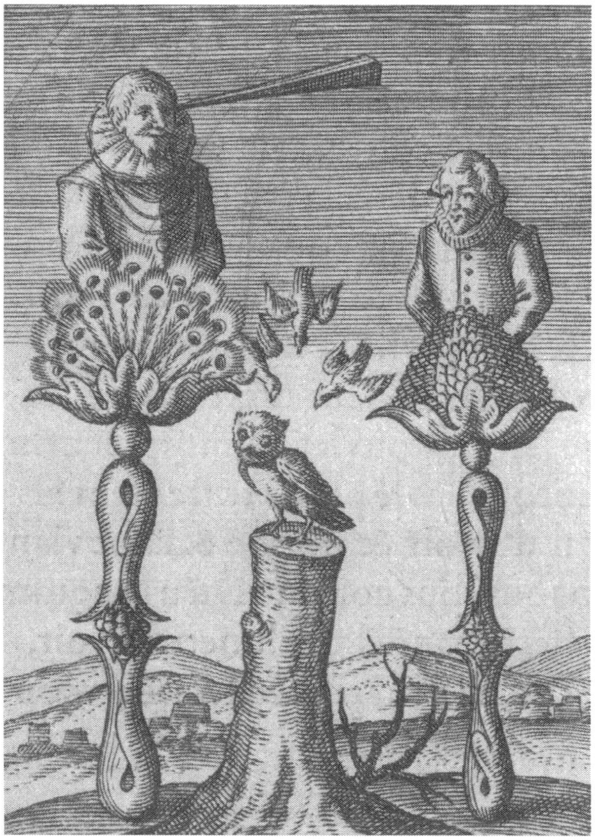

Les oiseaux ont tousjours eu la chevesche en haine ;
Et toutesfois elle eſt oiseau aussi bien qu'eux.
Toy jette le chevron de ton œil si tu veux
De la veuë d'autruy faire enqueſte non vaine.

Titre › *le chevron* : « la poutre ».
Titre › *le feſtu* : « la paille ».
v. 1 › *la chevesche* : « la chouette ».

DECLARATION DE LA LXIV. FIGURE.

Pourquoy regardes tu, ô pauvre miserable,
Si loing dans l'œil blessé du frere supportable[1] :
Hypocrite, hors du sens[2], tu y voids un festu,
Et tu as merité d'estre premier batu[3] !
Considere toy bien, et tu verras sans faute
Ton œil plus que le sien chargé : Je te di, oste
Tout premier le chevron qui est dedans le tien,
Apres regarderas de[4] nettoyer le sien.
Remonstre à ton prochan doucement son offence,
Et ne le precipite aux enfers par vengeance ;
Autrement tu seras semblable à ces oiseaux,
Qui picquent la chevesche eux n'estans pas[5] plus beaux.
Parquoy lave toy bien devant que d'entreprendre
De censurer autruy ; sinon te faut attendre,
Qu'on te tiendra[6] pour sot, on te fera sentir,
Que ta temerité merite un repentir.

1 › *supportable* : « qu'on peut excuser ».
2 › *hors du sens* : « insensé ».
3 › *premier batu* : « battu le premier ».
4 › *regarderas de* : « tu t'occuperas de ».
5 › *eux n'estans pas* : « alors qu'il ne sont pas ».
6 › « il faut que tu t'attendes à ce qu'on te tienne ».

Le desir de vengeance est tousjours dommageable.

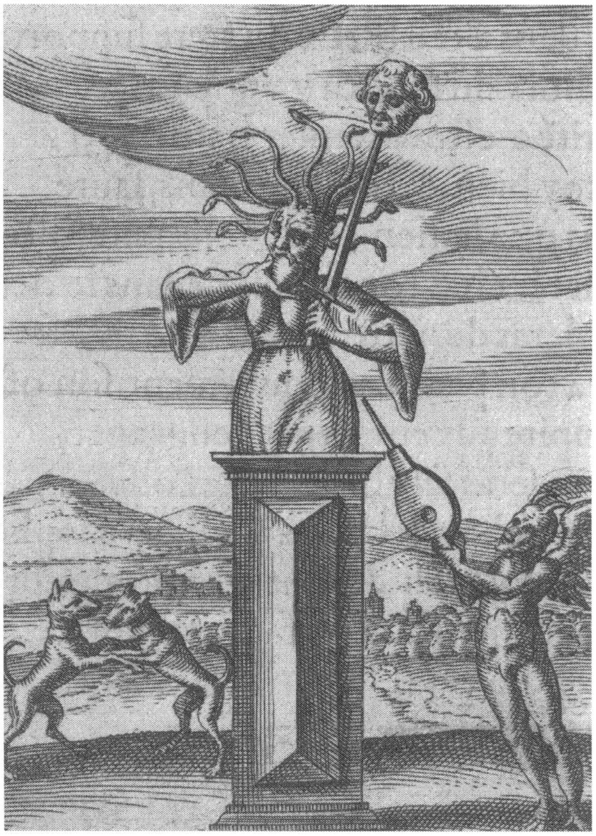

Les chiens en se mordant monstrent l'experience,
Que le moindre est tousjours du plus fort abbatu,
Bien qu'il gronde dessous, il n'en gaigne un festu ;
Ainsi fait le captif enflambé de vengeance.

v. 3 › *il n'en gaigne un festu* : « *il n'y gagne rien* ».

v. 4 › Le mot *captif* est un doublet de *chetif* (d'ailleurs employé au v. 3 de la Déclaration) : les deux mots désignent celui qui est faible, ce qui peut s'entendre de sa consitution physique ou de son état social, et souvent des deux à la fois.

DECLARATION DE LA LXV. FIGURE.

Grande est sans contredit des humains la malice,
Souvent regne[1] par force, Envie et injustice[2] :
Si donc avec le riche a noise le chetif[3],
Que de bon heure[4] il laisse hardiment[5] son estrif[6].
De tout bien on lui porte envie, et faut bien dire,
Que le Diable aux humains ceste malice inspire :
Elle est en tous estats exercée si bien,
Qu'à force de hair maint ne jouït de rien,
Ne se cognoissant pas soymesme : Ainsi son ame,
Et son corps va gastant : Et le malin[7] l'enflame
Tousjours de plus en plus : si que maint qui n'a peu,
Par envie[8] accomplir le desir qu'il a eu,
Mange son propre cœur, et cause l'amertume
De son chagrin[9] despit, qui en fin le consume.
La proye est des serpens le reste de sa chair[10],
Et son ame Satan avale[11] sans mascher :
Alors ville et païs prennent resjouïssance,
Pource qu'il est payé de son oultrecuidance.

1 › Le sujet du verbe est « Envie, et injustice », avec un accord du singulier.
2 › Ces deux substantifs sont sujet du verbe *regne* (on notera l'accord du singulier).
3 › « Si donc le miséreux a un différend avec le riche ».
4 › Lisez « de bonne heure » (même graphie au v. 2 de l'emblème LXIX).
5 › *hardiment* : « tout de go ».
6 › *estrif* : « querelle ».
7 › *le malin* : « le Diable ».
8 › *Par envie* : complète non pas *accomplir*, mais *le désir qu'il a eu*.
9 › *chagrin* est adjectif épithète de *despit*.
10 › Construisez : « Le reste de sa chair est la proie ... ».
11 › « Et Satan avale son âme ».

Les Epicuriens sont plustost pourceaux qu'hommes.

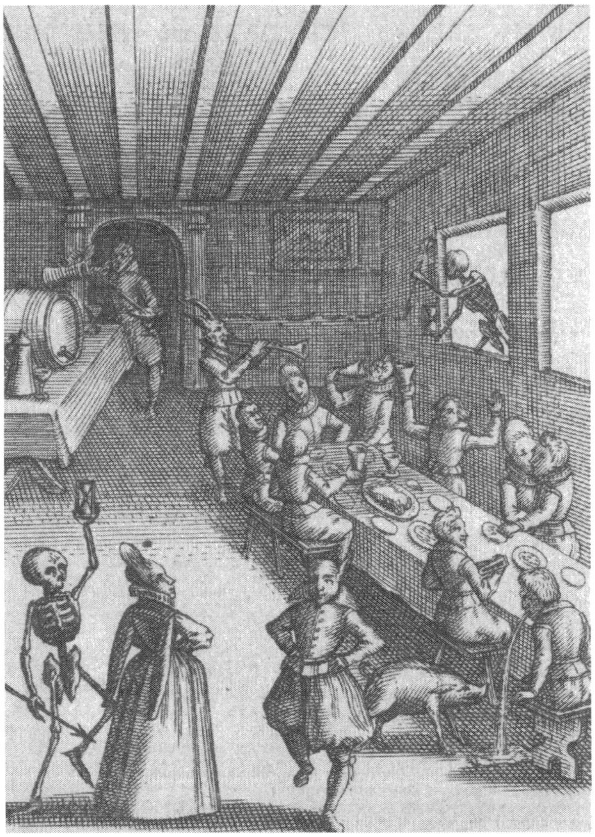

Les Epicuriens aiment l'yvrongnerie,
Car en elle pour eux il y a du hazard :
Tant la Mort, que le Diable y ont aussi leur part,
L'homme y perd corps et biens, l'ame s'en va perie.

DECLARATION DE LA LXVI. FIGURE.

On s'addonnoit jadis à ce qui fait apprendre
La vertu : maintenant on apprend à despendre[1]
Les biens de pere et mere. Et tel se haste fort,
Creignant de delaisser du bien[2] apres sa mort,
Qui neantmoins se void reduit à la besace[3],
Plustost qu'il ne pensoit : Et lors il faut qu'il face
Un conte tout nouveau : Car aux siens precedens
Il s'estoit forconté[4], et maintenant ses dents
Ne s'en contentent point. Où est la gourmandise,
L'yvrongnerie aussi[5], là est la paillardise :
Lors que la pance est pleine elle suit volontiers,
Apres qu'on a dancé[6], tous infames mestiers[7].
Le Diable est menestrier qui leur fait assistance,
Et la mort en son rang conduit toute la dance.
Les biens estans faillis, la mort peu à peu vient,
Monstrant l'heure escoulée, aucun conte ne tient
De priere quelconque : ains les forces defaillent,
Et faut bon gré maugré qu'en la fosse s'en aillent.
Tout ce train au pourceau, et à Satan plaist bien,
Satan, ni le pourceau onc n'y perdirent rien :
Car qui se veautre ici des pechés en la fange[8],
Apres sa mort sera puni du mauvais Ange[9] :
Duquel, Pere tres-doux, vueille nous preserver,
Et ce qu'as commencé en nous parachever[10].

1 › *despendre* : « dépenser », « dilapider ».

2 › *de delaisser du bien* : « de laisser des biens ».

3 › *Etre réduit à la besace*, c'est être si indigent qu'il faut vivre en vagabond et mendier. L'expression, qui donne un équivalent imagé de « **Bettelstab** » (extême pauvreté), est proche de celle que donne le dictionnaire de Stoer : « **An den Bettelstab gerathen** / *s'en aller à l'hospital, s'en aller à la besace* ».

4 › *Il s'estoit forconté* : « Il s'était lui-même trompé ».

5 › Autrement dit : « Où sont la gourmandise et l'ivrognerie, là… ».

6 › Le verbe est suivi par deux-points, c'est une virgule qui convient.

7 › *mestiers* : « entreprises », « besognes ».

8 › « qui se vautre ici en la fange des péchés ».

9 › « par le mauvais ange » (l'ange déchu : Lucifer, Satan).

10 › Il s'agit de la sanctification, le processus par lequel le pécheur (déjà racheté par le sacrifice du Christ) devient juste.

Jamais bien n'apporta trop grande beuverie.

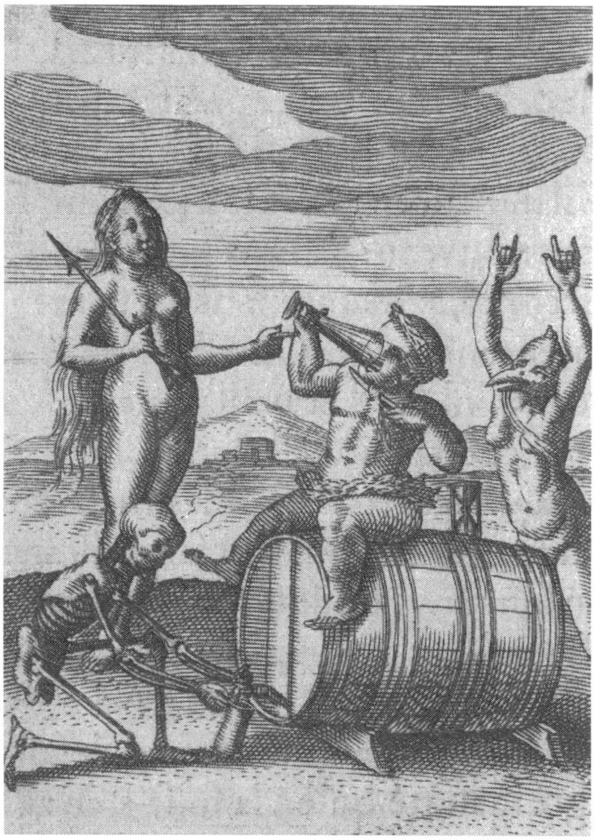

Assés, c'eſt assés beu, jeune enfant, tel breuvage
A fait mourir plusieurs, qui en sont la venus,
Pour n'avoir escouté ; Garde toy de Venus :
Sinon Satan rira joyeux de ton dommage.

V. 2 › *la* : « là ». Comprenez : « qui en sont venus jusqu'à cette extrémité ».

DECLARATION DE LA LXVII. FIGURE.

Bacchus, ton desir est vrayement detestable,
Tu regnes neantmoins au monde miserable :
Maint brave homme de guerre a tant versé, qu'en fin,
Il a esté vaincu et tué par le vin.
La Mort est diligente à te tirer à boire,
Dame Venus aussi de toy veut avoir gloire.
Par le moyen de ces deux vices malheureux,
Gens se sont ruinés, et païs plantureux.
L'Esprit malin en rit avec toute sa bande,
Car quand il void cela, c'est tout ce qu'il demande :
Parquoy si veux avoir longue vie et santé,
Fuy tant que tu pourras telle meschanceté ;
Et ne permets jamais que dessus toy domine
Paillardise ou le vin, plustost les abomine ;
Que[1] tu ne sois puni à toute eternité,
Recevant le loyer selon qu'as merité.

1 › *Que* est en corrélation avec *plustost* (ce qui interdirait le point-virgule en français moderne) : « abomine-les plutôt que de te voir punir… ».

Les moqueurs desormais ne sont rien de nouveau.

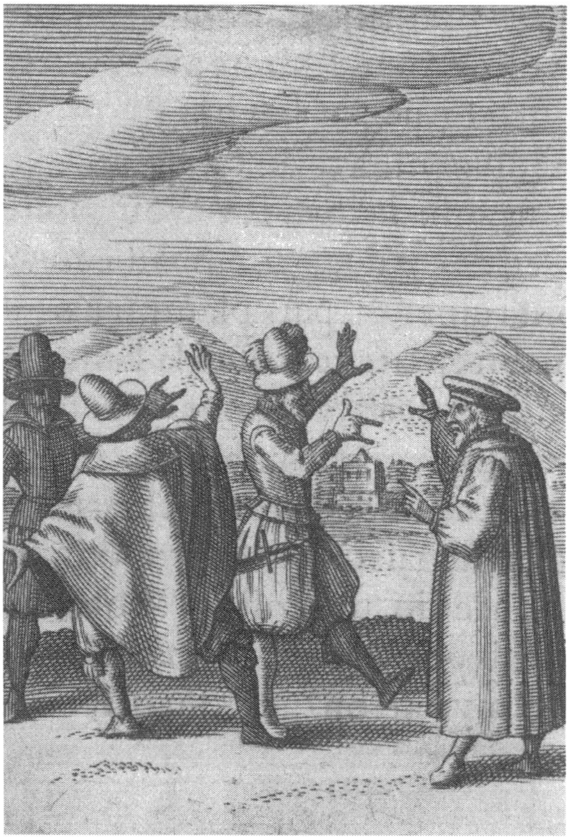

Les serviteurs de Dieu sont mesprisés au monde,
Les moqueurs ne s'en font que rire, et les honir :
Malheur à qui le fait ; car Dieu le veut punir,
Le deshoneur à Dieu, qui les donne, redonde.

Titre › C'est donc chose habituelle à présent.
v. 4 › Dieu donne les prêtres aux chrétiens, selon les termes de saint Paul (*Éph.* 4, 11-12).
v. 4 › *redonde* : « Le déshonneur rejaillit sur Dieu ».

DECLARATION DE LA LXVIII. FIGURE.

Le monde eſt tout rempli de rebelles moqueurs,
La rage insensée a prins place dans les cœurs ;
Aujourd'huy sont moqués les miniſtres fideles,
Il ne chaut plus de[1] Dieu, ni de doctrines telles.
Si quelqu'un maintenant veut dire verité,
Il void incontinent tout le monde irrité.
C'eſt à lui qu'on en a, c'eſt apres lui qu'on crie[2] :
Oſte, oſte le delà, puis qu'ainsi nous descrie.
C'eſt son meilleur loyer[3] d'eſtre honi et moqué,
On eſtime le plus qui l'a le plus piqué.
C'eſt pour cela que Dieu punit en tant de sortes,
Et qu'il n'y a ni foy, ni grace dans nos portes[4] :
Car la desloyauté a prins accroissement,
En tout païs on fait et parle faussement.
Qu'ainsi soit, vray tesmoin en eſt l'experience,
Qui nous en fait avoir trop[5] bonne cognoissance.

1 › *Il ne chaut plus de* : « on n'accorde plus d'importance à ».
2 › Je remplace un point-virgule par deux-points pour introduire le discours rapporté.
3 › *loyer* : « récompense ».
4 › *dans nos portes* : « chez nous », « dans nos cités » (il s'agit des portes des villes ; l'allemand dit « **im Land** »).
5 › *trop* : « très ».

De tous hommes mondains grande eſt la nonchalance.

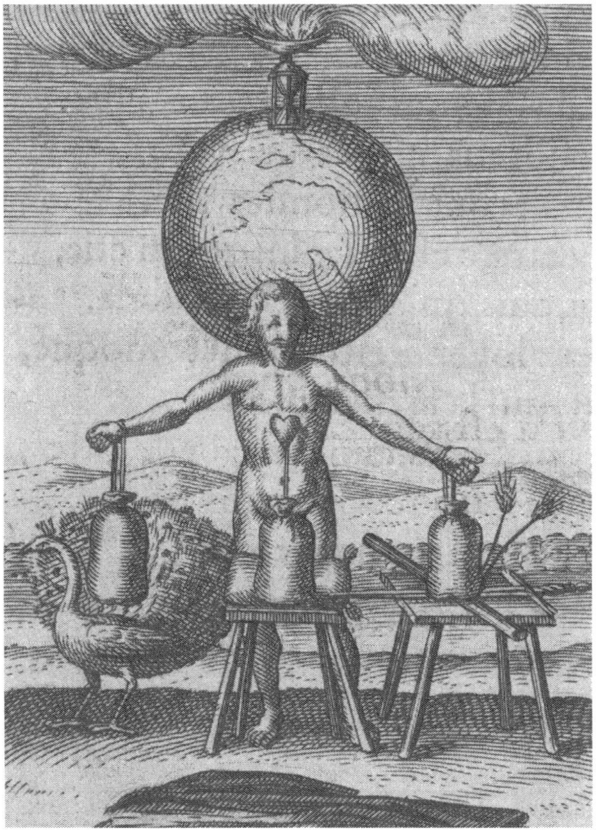

Il y a moult de gens qui n'ont ni soing ni cure,
Sinon que d'amasser abondance d'argent ;
Que te sert force, orgueil, argent, ô negligent !
Car tu t'en vas tout nud dedans la terre dure.

Titre › *nonchalance* : « négligence ».

DECLARATION DE LA LXIX. FIGURE.

L'homme calamiteux[1] en ce bas territoire
Se tient tout attaché à l'argent transitoire,
Tant son cœur mesfiant[2], que ses perverses mains,
Sont prises[3], tellement[4] qu'il n'y a nuls chemins,
Par lesquels eschaper de sa prison il puisse :
Par tout la porteroit[5], encor bien qu'il fuïsse[6].
Sur force, et violence, et sur honeur l'argent
De par l'homme est posé, son ame negligeant.
Et tant est despourveu de son bon sens le monde,
Qu'il met sur un coussin l'argent, où son cœur fonde[7],
Sur lequel[8] doucement le Mammon malheureux,
Se reposant, attend Satan son maistre affreux.
L'argent est maintenant par dessus la justice,
Il foule la vertu, et avance le vice.
On fait tout pour argent, l'argent fait le marché,
Au pauvre cependant il demeure caché ;
Car le riche l'oublie. O Dieu, pren l'en ta garde[9].
L'heure du jugement dernier vient et ne tarde.
Les richesses s'en vont, l'homme meurt nud et seul,
Et pour tout son avoir il emporte un linceul.

1 › *calamiteux* : « malheureux ».
2 › *mesfiant* a un sens proche de *pervers* : ce cœur est habité par une mauvaise croyance, une foi pervertie.
3 › *prises* : l'accord se fait avec le mot le plus proche (son cœur aussi bien que ses mains sont prisonniers).
4 › *tellement que* : « si bien que ».
5 › *la* est mis pour *sa prison*.
6 › *encor bien qu'il fuïsse* : « quand bien même il fuirait ».
7 › *où son cœur fonde* : « sur quoi il fonde son cœur ».
8 › *lequel* : reprend *le coussin*.
9 › *pren l'en ta garde* : « prends-le (*i. e.* le pauvre) sous ta protection ».

Du calomniateur grande eſt la tromperie.

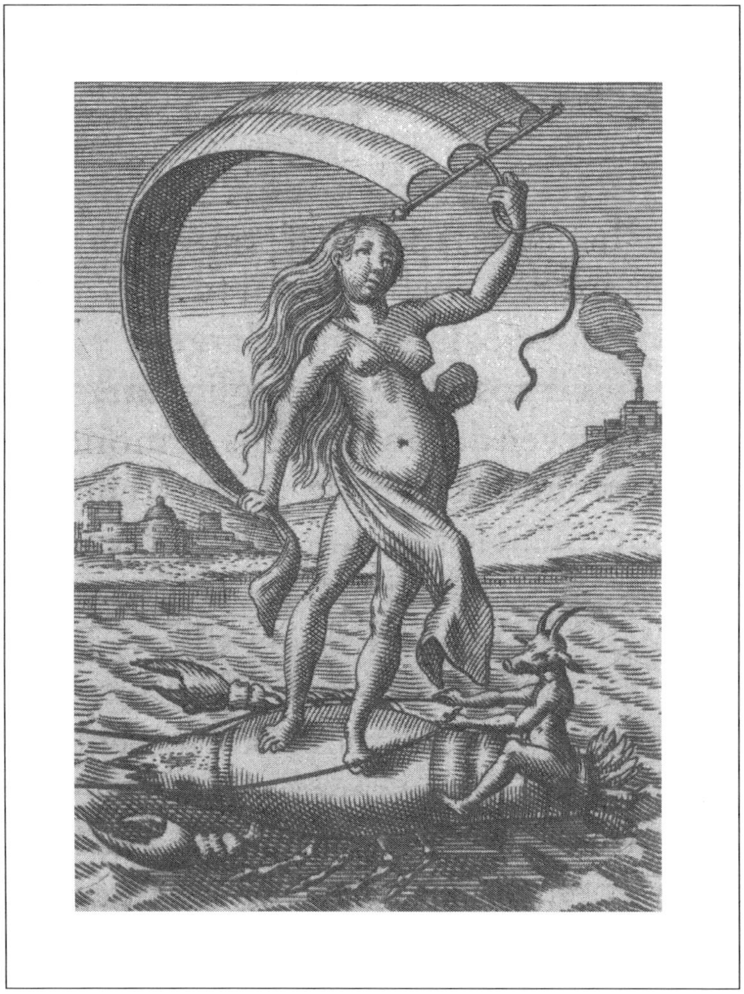

Quiconque va cercher son heur sur l'escrevice,
Merveille ce sera s'il y parvient jamais :
Il en prend tout ainsi à qui croid au mauvais,
Ou qui attend de lui quelque loyal service.

Titre › Conformément à l'étymologie, le *calomniateur* eſt le diable.

V. 1 › *son heur* : « son bonheur », « sa bonne fortune ».

V. 3 › *Il en prend* : « Il en va ».

V. 3 › Le *mauvais* eſt ici le Malin par excellence, le diable.

DECLARATION DE LA LXX. FIGURE.

Cil[1] qui par deshoneur[2] cerche son avantage,
Qu'il attende hardiment[3], il aura l'heritage,
Lequel vient du malin, et, si croire voulons[4],
Les escrevices vont, mais c'est à reculons,
Pour la plus part du temps : dont[5] qui attend fortune
Dessus un escrevice, attende une autre lune[6].
Il[7] sçait si bien nager, qu'on le void rarement
Une heure dessus l'eau, ains à fond[8] promptement
On l'apperçoit tomber. Ainsi par violence
Quiconque acquiert honeur ; et puis à insolence[9]
S'addonne ; un tel en fin de Satan est destruit,
On ne peut esperer qu'il portera bon fruict.
Or combien qu'aux bons cœurs soit longue la malice
Des meschans : toutesfois son chemin l'escrevice
Tousjours tient ; et en fin il faut que soyent punis
Les meschans encor bien qu'ils seroyent mieux munis[10].
Parquoy sois vertueux, et en tout equitable,
Et ne donne point lieu à la chançon du Diable :
Qu'il ne te mene perdre[11], et si mon dire entens[12],
Tu te deporteras[13] de tout mal en tout temps,
Et aimeras la paix autant que ta prunelle :
Ce faisant tu pourras avoir vie eternelle.

1 › *Cil* : « Celui ».

2 › *par deshoneur* : « par des moyens déshonorants », ou bien, puisque c'est son propre avantage qu'il recherche, contre le premier Commandement, « en n'honorant pas Dieu ».

3 › *hardiment* : l'adverbe est ici un signal d'antiphrase (comme lorsque nous disons : il ne perd rien pour attendre).

4 › *si croire voulons* : « nous voulons bien le croire » (*si* sert à renforcer l'assertion).

5 › *dont* : « de sorte que ».

6 › *une autre lune* : « une deuxième lune » (la lune est une représentation traditionnelle de l'inconstance).

7 › *Il* : mis pour l'écrevisse (substantif masculin).

8 › *ains à fond* : « mais jusqu'au fond ».

9 › *à insolence* : « aux excès », « aux abus ».

10 › *munis* fait référence à la protection militaire (fortifications, remparts, retranchements). L'idée est : « quand bien même ils se croiraient le mieux préservés », « quand bien même il croiraient jouir de la meilleure protection ».

11 › *Qu'il ne te mene perdre* : « Qu'il ne te conduise pas à ta perte ».

12 › *si mon dire entens* : « si tu comprends mon discours ».

13 › *Tu te deporteras* : « Tu t'abstiendras ».

Il y a tromperie en toute marchandise.

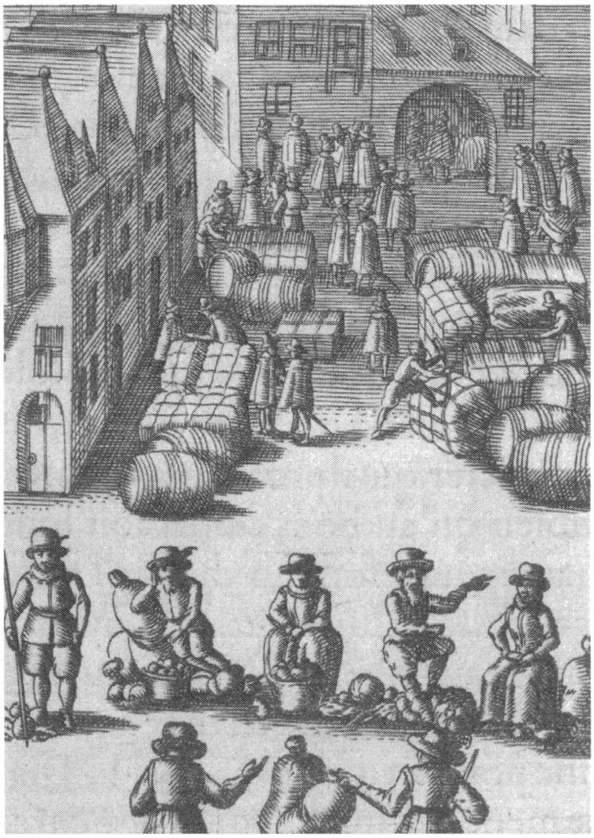

Des marchands le trafique eſt bien chose louäble,
Si les trompeurs n'eſtoyent aujourd'huy si communs ;
Tous les plus affettés sont les plus importuns :
La foy et loyauté n'eſt ores profitable.

v. 1 › *le trafique* : « l'activité commerciale », « le commerce ».
v. 3 › *affettés* : « rusés », « malins », « dissimulés ».
v. 3 › *importuns* : au sens du latin importunus, « intraitables ».

DECLARATION DE LA LXXI. FIGURE.

Les temps sont fort fascheux, grande est la convoitise,
Chascun se veut mesler du fait de marchandise[1],
Quiconque a de l'argent aussi peu que ce soit,
En son cœur le desir de trafiquer conçoit :
Mais tout le plus grand mal est qu'à la judaïque
La plus part des marchands ordonnent leur trafique.
Et en plusieurs endroits le juif est peu sçavant
Pour tromper ; le Chrestien boute[2] bien plus avant.
Les Constitutions, et la bonne ordonnance
Ne vaut rien desormais : qui trompe acquiert chevance[3] :
Soit qu'il soit le Seigneur, ou bien le serviteur,
On dit qu'il se nourrit en gentil debiteur[4].
Mesme le villageois de tromper fait son conte[5],
A peine sçauroit on trouver qui le surmonte.
Tout trompeur neantmoins trompé se trouvera,
Lors que de l'ennemi[6] attrappé se verra ;
Sinon que sans tarder son meschant train amende[7],
Ainsi que l'Eternel aux pecheurs le commande.

1 › *du fait de marchandise* : « de faire du commerce ».

2 › *boute* : « pousse » (il va beaucoup plus loin dans l'art de tromper).

3 › *chevance* : « richesse ».

4 › L'allemand dit littéralement « il se nourrit fort bien » (« er nehret sich gar recht »).

5 › *fait son conte* (compte) : « s'emploie à tromper ».

6 › *l'ennemi* : Satan.

7 › « A moins qu'il ne réforme sans tarder sa méchante façon de vivre ».

On ne sçauroit saouler la convoitise humaine.

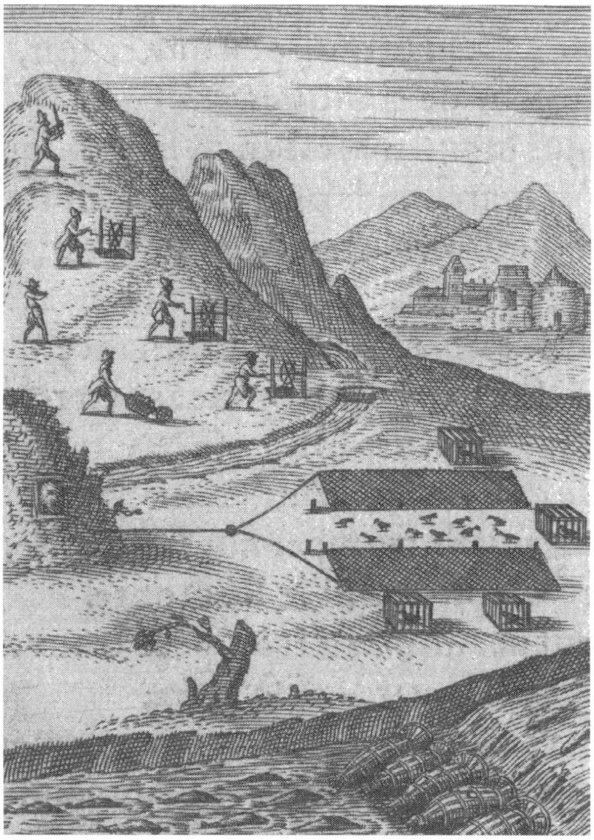

Plusieurs sont ruinés à cause des minieres
D'or, d'argent, et de plomp, et des autres metaulx :
Plusieurs s'estans gastés sont devenus brutaulx,
Prenans oiseaux de l'air, ou poissons des rivieres.

Titre › *saouler* : « rassasier ».
v. 1 › *minieres* : « mines », « exploitations minières ».
v. 3 › Est dit *brutal* celui qui a régressé au rang des bêtes.

DECLARATION DE LA LXXII. FIGURE.

1. Le Seigneur l'Eternel aime le genre humain,
2. Et lui baille[1] de tout richement en la main,
3. Il lui monstre souvent tant mainte abysme[2] creuse,
4. Dont l'homme peut tirer chose fort precieuse,
5. Comme l'or et l'argent, et tout autre metal,
6. Desquels jouïroit bien s'il n'estoit si brutal[3].
7. S'il s'en vouloit servir en amour fraternelle[4],
8. Faisant ce qu'il convient au serf de Dieu fidelle :
9. Mais les menteurs, trompeurs emportent orendroit[5]
10. Ce qui venoit de Dieu, et possedions de droit :
11. Tout ainsi que dans l'eau le pescheur fin[6] la nasse
12. Jette, et par ce moyen force poissons amasse :
13. Et que par tromperie, en sifflant[7], les oiseaux
14. On couvre de filés au bois, ou pres des eaux :
15. Ainsi pareillement on fait dedans les mines,
16. Par l'instinct de Satan, se monstrant belles mines[8] ;
17. Rarement toutesfois y est sincerité.
18. On trouveroit thresors, s'on disoit verité,
19. Qui porteroyent profit non seulement aux Princes,
20. Mais aussi aux ouvriers[9], et à plusieurs provinces :
21. Au lieu que maintenant le Roy perte en reçoit,
22. Le Maistre ouvrier en fin sa ruïne apperçoit.
23. Cela ne vient d'ailleurs, selon ma conjecture,
24. Sinon des garnemens[10] meschans qu'on y endure.

1 › *baille* : « donne ».

2 › Le poème allemand porte « Klufft », que Stoer traduit par « *Une grande ouverture de terre, un baillement, Abysme* ».

3 › Cette subordonnée hypothétique est relancée par un deuxième « si » au vers suivant : il faudrait ici une virgule.

4 › Le substantif « amour » est féminin.

5 › *orendroit* : « à présent ».

6 › *fin* : « rusé », « trompeur ».

7 › *Siffler* un oiseau consiste à se servir ou bien d'un appeau, instrument qui imite son chant, ou bien d'un appelant (appelé aussi *chanterelle*), oiseau que l'on dépose dans une cage près du lieu où l'oiseleur a tendu ses filets.

8 › *se monstrant belles mines* : « en se faisant bon visage ».

9 › *ouvriers* : le mot compte deux syllabes.

10 › *garnemens* : « vauriens », « pendards » (le mot n'a pas le sens très affaibli d'aujourd'hui).

L'homme a d'avoir des biens desir insatiable.

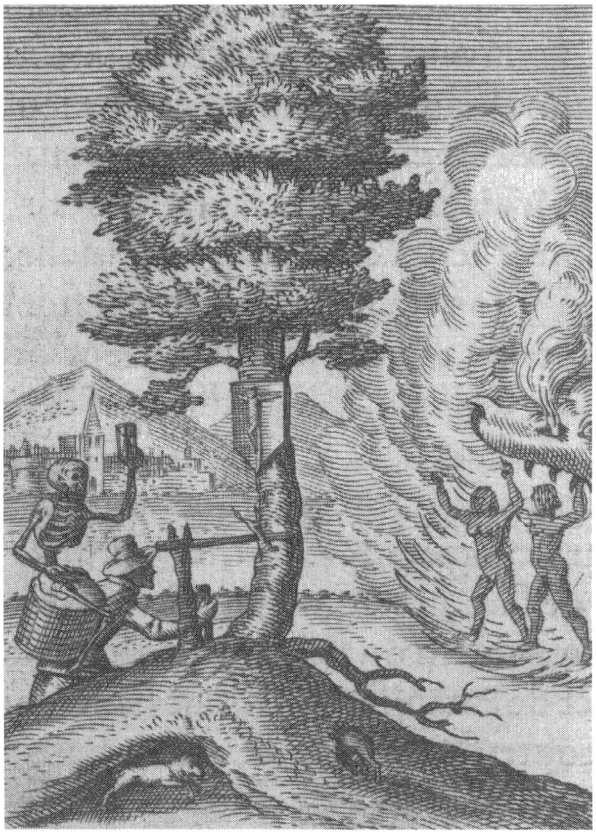

Le cosson derobbant, le blé tousjours assemble :
L'avare tout ainsi n'a jamais de repos,
Eſtimant qu'à tousjours vivra eſtant diſpos :
Mais un autre en jouït, soit qu'il l'herite ou emble.

v. 1 › *cosson* : C'eſt le nom que l'on donne à cette époque (par confusion) au charançon.

v. 3 › *diſpos* signifie « agile », « alerte » : c'eſt un mot qui entre régulièrement en collocation avec *frais* ou *gaillard*, pour énoncer des qualités qui sont l'apanage de la jeunesse. L'avare fait comme s'il vivra dans une éternelle jeunesse.

v. 4 › *soit qu'il l'herite ou emble* : « ou bien parce qu'il hérite de lui, ou bien parce qu'il le vole ».

DECLARATION DE LA LXXIII. FIGURE.

Ainsi que le cosson de porter ne se lasse
Le blé qu'il peut trouver, que pour l'hyver amasse,
Afin que doucement il le puisse passer :
Ainsi l'homme ne fait que des biens pourchasser ;
Souvent pour avoir biens caduques, met son ame
En danger eminent de l'infernale flame,
Comme s'il devoit vivre en ce monde à tousjours,
Jaçoit qu'il soit[1] certain qu'il va tout au rebours[2] :
Car où que nous allions la Mort nous fait la guerre,
Nous aguetant[3], en fin nous fait mettre en la terre.
Adonc maint estranger avec profusion
Ingrat, grand chere fait de la provision.
Encore bien souvent advient en ceste vie,
Que l'avaricieux perd ce en quoy il se fie,
Car ce qu'avec grand peine et soing a amassé,
Fust ce à droict ou à tort, ayant bien tracassé[4] :
Un autre larron vient, qui le tout lui emporte,
Puis le Diable venant tous deux en Enfer porte.

1 › *Jaçoit qu'il soit* : « Bien qu'il soit », « Bien que cela soit » (il impersonnel).
2 › *qu'il va tout au rebours* : « que c'est exactement le contraire qui se passe ».
3 › *aguetant* : « épiant ».
4 › *tracasser* signifie « parcourir », « aller et venir ».

L'honorable Vertu eſt des vices souillée.

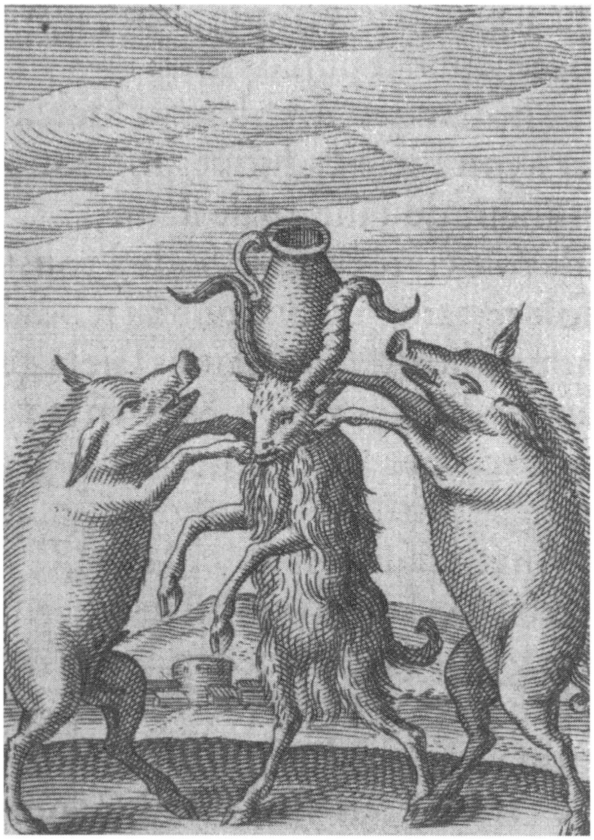

Maint homme on trouvera plein de science grande,
A cause neantmoins des vices ne fait rien
Qui vaille : Ainsi les boucs et pourceaux souillent bien
Par leur infameté la plus nette viande.

v. 4 › *infameté* : « impureté ».
v. 4 › *viande* : « nourriture ».

DECLARATION DE LA LXXIV. FIGURE.

Bonne viande estant[1] en un pot ord[2] et sale,
Sur tout si on la met sur la teste brutale
D'un bouc puant, qui est harrassé[3] des pourceaux :
Qu'il puisse demeurer au pot des bons morceaux,
Les essaye qui veut, moy je ne le puis croire.
Qu'un chascun bien ceci imprime en sa memoire,
Si Dieu a departi à un homme beau don,
Cependant s'il se met du vice à l'abandon[4],
En se laissant seduire aux pourceaux aime-ordures[5],
On sent la puanteur passant[6] les vertus pures.
Il arrive à un tel comme à un pot infect,
Auquel est bonne viande, et neantmoins suspect
Il demeure à bon droict, car il gaste la viande[7],
Elle ne vaut plus rien, personne n'en demande :
Maint science et sagesse ainsi pareillement
Corrompt[8], estant utile au Diable seulement,
Qui s'en estant servi en la vie presente,
En fin met l'ame et corps dedans la flamme ardante.

1 › Participiale à valeur hypothétique : « S'il y a de la nourriture saine… ».

2 › *ord* : « immonde », « sordide ».

3 › *harrassé* : « harcelé par ».

4 › *s'il se met du vice à l'abandon* : « s'il se met à l'abandon du vice » (« si cet homme se laisse aller au vice »).

5 › *aime-ordures* : « qui aiment les ordures » (néologisme, adjectif composé à la mode de Ronsard et Du Bartas).

6 › *passant* : « surpassant » (la puanteur l'emporte sur les pures vertus).

7 › Les deux pronoms *ils* renvoient au pot.

8 › Le sujet non exprimé du verbe est *un tel* : « de même, un tel homme corrompt mainte science et mainte sagesse ».

La lumiere opposée aux tenebres obscures.

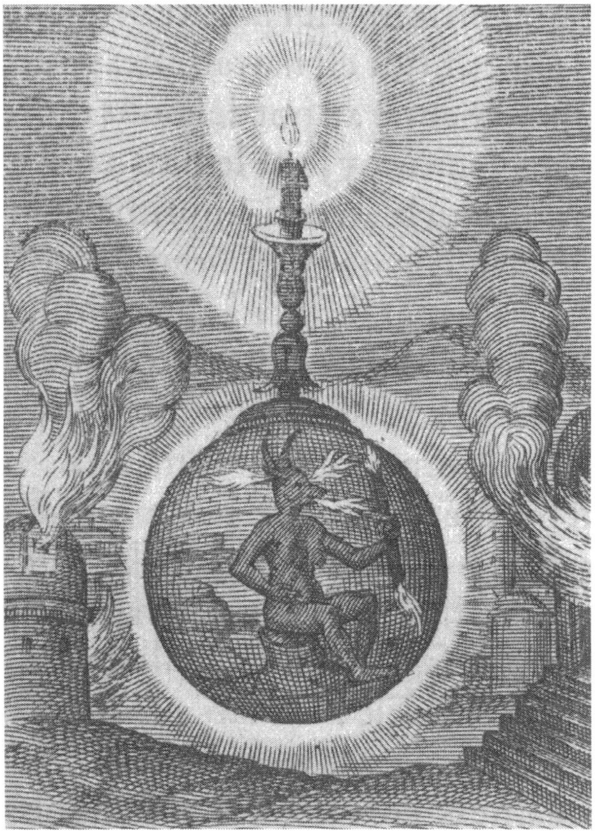

Quiconque fait le bien n'a peur de la lumiere,
La vertu hardiment pres ou loin se fait veoir ;
Mais celui qui fait mal n'ose point comparoir,
Ains cerche de Satan la trop noire taniere.

v. 3 › *comparoir* : « comparaître », « apparaître en public ».
v. 4 › *cerche* : « recherche ».
v. 4 › *la trop noire taniere* : « la caverne très noire ».

DECLARATION DE LA LXXV. FIGURE.

Ainsi que la lumiere és tenebres luisante[1],
Aussi l'alme vertu hardiment se presente,
Reluisant à chascun[2] qui la recerche bien,
Ce qui est seulement le fait de vray Chrestien :
C'est aux seuls gens de bien que ceste clarté monte
Les meschans au contraire ont de la vertu honte,
Ne s'en soucians point la fuyent laschement,
Selon qu'il se fait veoir[3] au monde ouvertement.
Le monde tout entier à mal faire s'addonne,
Et le malin Esprit à force l'eguillonne,
Par sa finesse et fraude en tenebres le tient,
Tant que[4] comme un pourceau maint homme se maintient[5],
Sans honte aucunement et sans aucune crainte :
Il n'y a plus de lieu pour l'honesteté saincte.
Vien, Seigneur, vien bien tost la chandelle allumer
Ainsi l'obscurité par elle consumer.

1 › *és tenebres luisante* : « qui luit dans les ténèbres ».
2 › *à chascun* : « pour chacun ».
3 › *il est impersonnel* : « Selon ce qu'on peut voir ».
4 › *Tant que* : « A tel point que ».
5 › *se maintient* : « se conduit ».

L'avarice, et vertu reçoivent leur salaire.

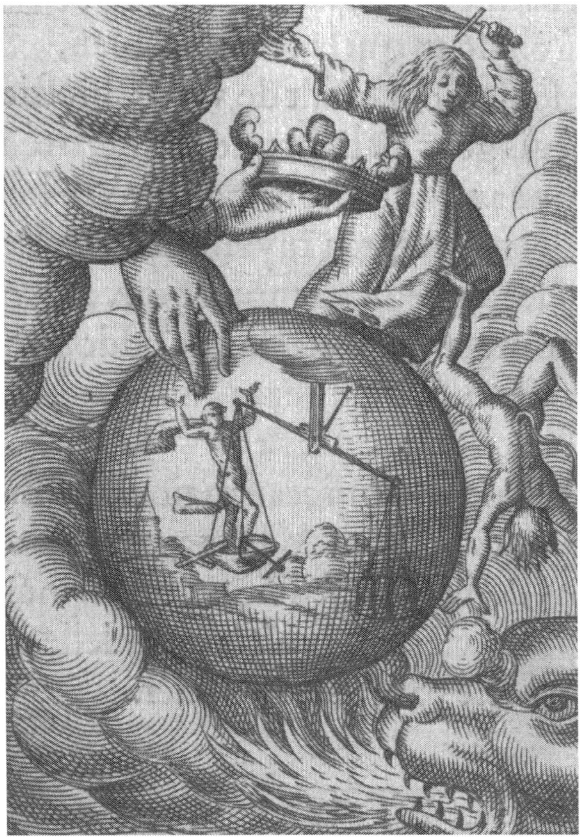

Celui qui eſt mauvais reçoit mauvais salaire :
Mais celui qui craint Dieu a son chef couronné :
A sincere vertu l'Eternel a donné
De s'eslever aux cieux : à l'argent au contraire.

DECLARATION DE LA LXXVI. FIGURE.

1. Il y a en ce monde une chose admirable,
2. L'argent est plus pesant que la vertu louäble.
3. Ce fait que le monde en tenebres se logeant,
4. L'enfer est sur le point d'engloutir tout l'argent :
5. Mais cependant vertu envers le ciel s'esleve,
6. Pres de Dieu à tousjours[1] meine vie souëfve[2].
7. Elle estoit ici bas pressée sous la croix ;
8. Le Seigneur la met hors des horribles effrois :
9. Il lui met sur son chef la couronne de gloire,
10. Des moqueurs diffamans[3] il lui donne victoire ;
11. Car ses gemissemens sont montés jusqu'aux cieux,
12. Dieu void sa patience et sa foy de ses yeux.
13. Mais le bien temporel dedans l'abysme tombe,
14. Et brusle de chaleur qui est en ceste tombe.
15. Ce qui est transitoire à Dieu ne peut venir,
16. L'orgueilleux et superbe il sçaura bien punir,
17. Il fait tomber Satan, l'orgueil et l'avarice
18. D'enhaut dedans l'abysme avec tout autre vice.

1 › *à tousjours* : « *pour toujours* ».

2 › *souëfve* : « douce », « agréable ».

3 › *Des moqueurs diffamans* : « Sur les moqueurs calomnieux ».

La Mort tient entre tous une egale mesure.

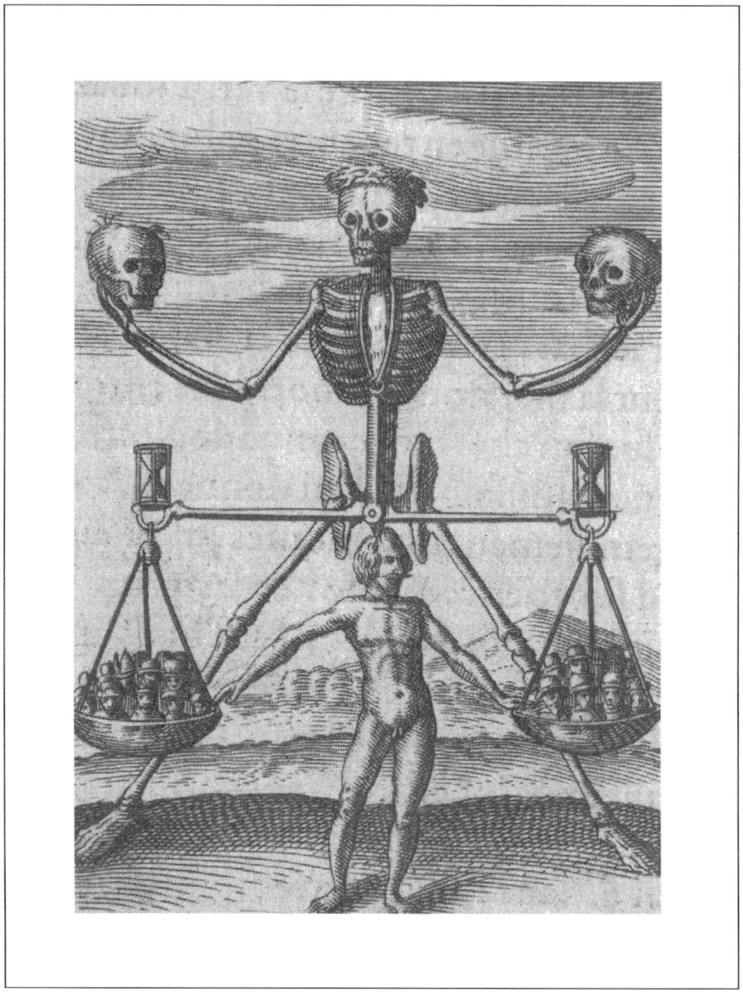

Rien ne vit d'immortel sur la terre globeuse,
Les païsans, les Rois, semblables à la fin,
S'en vont tous pesle-mesle engloutis du deſtin ;
Tout eſt né pour deſpouille à la Mort rapineuse.

V. 1 › *globeuse* : « ſphérique ».
V. 3 › *du deſtin* : « par le deſtin ».
V. 4 › *pour deſpouille à* : « pour être le butin de », « pour être dépossédé de ses biens par ».
V. 4 › *rapineuse* : « voleuse », « pillarde ».

DECLARATION DE LA LXXVII. FIGURE.

Quand l'homme au monde vient, pour tout accoutrement
Il n'a que nudité, c'est tout son ornement :
Combien qu'en icelui obtient[1] honeur et gloire,
Et grans gouvernemens ; le tout est transitoire.
Il s'estime puissant, excellent et bien haut,
En son cœur orgueilleux dit que nul ne le vaut :
Tant y a qu'estant mis[2] sur la juste balance,
L'orgueilleux, l'humble ; pauvre, et qui a grand chevance[3] ;
Le beau, laid ; sage, sot ; et le foible, et le fort :
L'un pese autant que l'autre estans au poids de Mort.
Maint estoit haut levé, quand il estoit en vie ;
Tous se trouvent egaux, quand la mort l'a ravie[4].
On ne sçauroit cognoistre à la teste d'aucun,
S'il estoit pauvre, ou riche ; honoré, ou commun :
Tel estoit grand Seigneur et riche personnage,
Qui s'est trouvé tout nud à la fin de son aage.
Heureux celui qui prend bien garde à tout ceci,
Se repent, a la foy tandis qu'il est ici ;
Use d'honeurs et biens avec un cœur fidele[5],
Assiste son prochain par amour fraternelle :
Car il sera sauvé de quelque estat[6] qu'il soit.
Biens, honeurs temporels maint insensé reçoit,
Lequel s'en jouë ici se mettant à son aise,
Precipite son ame en l'infernale braise.

1 › *Combien qu'en icelui obtient* : « Bien qu'il obtienne en ce monde ».

2 › *Tant y a qu'estant mis* : « Toujours est-il que lorqu'ils sont mis ».

3 › *grand chevance* : « beaucoup de richesses ».

4 › *l'a ravie* : « a ravi la vie » (*l'* entraîne donc bien l'accord du féminin).

5 › « le cœur de celui qui a la foi » (je remplace après le dernier mot le point de l'original par une virgule, comme le veut la syntaxe).

6 › *estat* : « condition sociale ».

L'aiguillon de la Mort eſt desormais rompu.

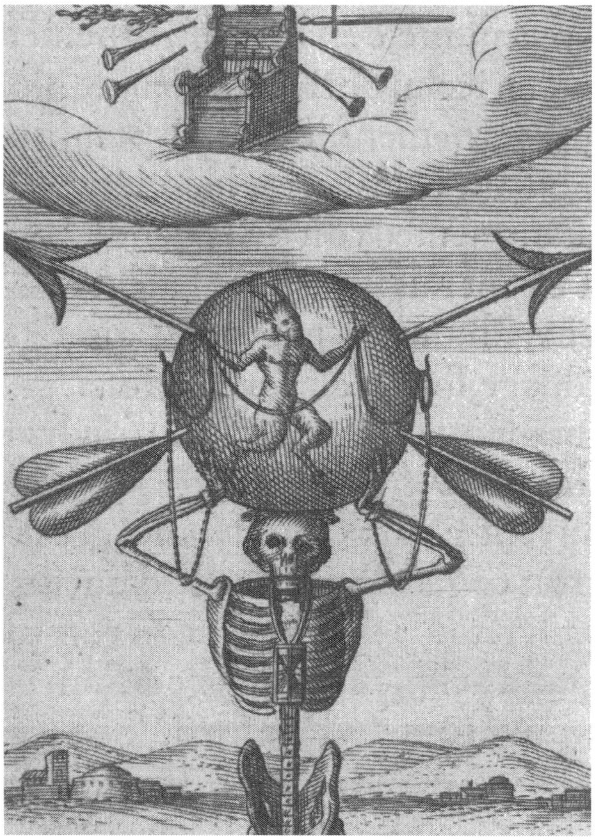

Le Diable a fait venir la Mort par tromperie
En ce monde ; et nous a grand esclandre apporté :
Quand Jesus Chriſt viendra monſtrer sa royauté,
Il oſtera la Mort, le Diable, et sa furie.

v. 4 › *oſtera* : « supprimera ».

DECLARATION DE LA LXXVIII. FIGURE.

La Mort a son plaisir quand le Monde elle void
Enchainé de[1] Satan, que volontiers il oit[2],
Depuis qu'il a receu[3] sa fausse[4] flaterie,
Par elle il est venu en telle fascherie :
Car la Mort le perçant de ses dards venimeux,
Abbat en un instant maint vaillant et fameux.
On ne sçauroit assés ceste misere pleindre,
Qu'en peu d'heure la Mort tant de gens vient esteindre.
Toutesfois nous avons, en ceste adversité,
La consolation, que Christ a racheté
Ceux qui croyent en lui : la Mort leur est passage
De la mort à la vie : et Christ son beau visage,
Enfin leur monstrera, quand il viendra juger ;
Les meschans desloyaux on verra enrager,
Lors que pour leurs mesfaits orront[5] juste sentence
Des tourmens eternels, sans aucune allegeance[6] ;
Mais il prendra à soy tous les saincts et pieux,
Et les fera jouïr du royaume des cieux.

1 › *de* : « par ».
2 › *il oit* : « il écoute ».
3 › *receu* : « accueilli favorablement ».
4 › *fausse* : « trompeuse ».
5 › *orront* : « ils entendront ».
6 › *allegeance* : « soulagement », « secours ».

La vie humaine pend à un filet bien tendre.

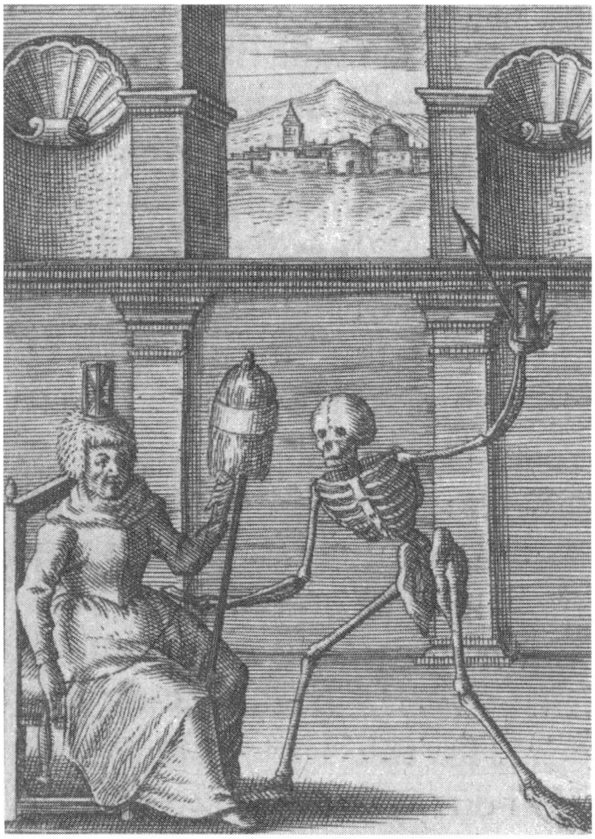

Le fil bien deslié est chose profitable
Pour la vie de l'homme, il est fort beau à veoir ;
Mais il rompt aisément : ainsi faut il sçavoir,
Que la Mort est à tous humains inevitable.

Titre › *tendre* : « fragile ».
v. 1 › *deslié* : « mince ».

DECLARATION DE LA LXXIX. FIGURE.

Ainsi que le filet a son commencement,
Aussi a il son cours, sa fin pareillement ;
Gros, ou bien delié femme ou fille le file,
Il est non seulement beau, mais aussi utile.
L'un s'en sert à orgueil, l'autre à necessité,
L'un en tire profit, et l'autre vanité.
Souvent il sert aux gens de fort belle parure :
On en fait du papier, sur lequel l'escriture
Mainte chose comprend[1] et propose aux humains,
En leur monstrant, comment ils feront de leurs mains
Actes plaisans à Dieu et à eux salutaires :
Sur terre y a beaucoup de choses necessaires ;
Mais on ne trouvera rien qui soit si exquis,
Dequoy on use bien, et comme il est requis ;
Que le monde pervers maintenant n'en abuse :
Il louë le mauvais, le bon blasme, et refuse.
Nul ne veut desormais sa fin considerer,
Pour apprendre en sa vie à ses faits moderer :
Elle[2] vient neantmoins bien souvent à la haste,
Comme le fil se coupe, ainsi la Mort nous gaste[3].

1 › *comprend* : « contient », « embrasse ».

2 › *Elle* représente *sa fin*.

3 › *gaste* : « détruit » (le texte allemand porte le verbe « hinrichen », « tuer »).

Transitoire et fragile est la vie de l'homme.

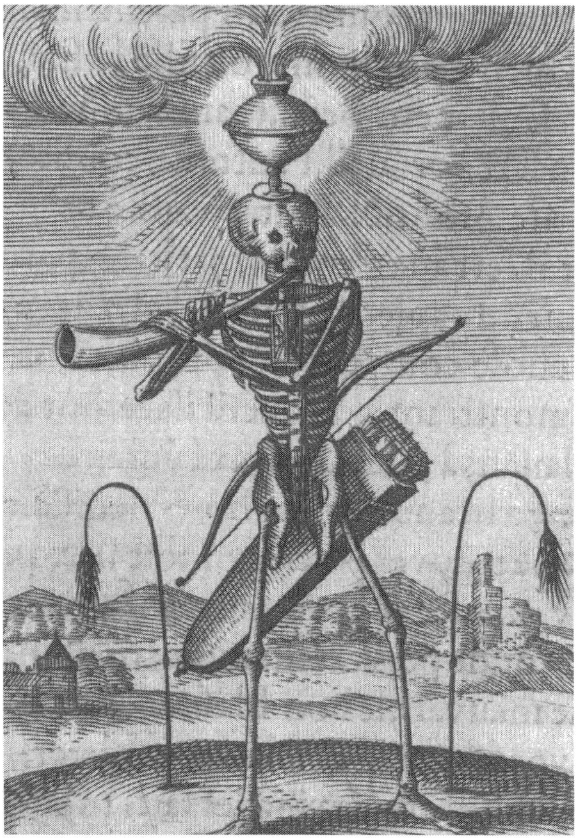

Tout ce qui est au monde, en quoy l'homme se fie,
Ressemble à un festu, ou à une vapeur,
Et s'en va vistement comme fait une fleur,
Quand la Mort par son cor, sa fin lui signifie.

DECLARATION DE LA LXXX. FIGURE.

O Dieu plein de bonté, appren nous à comprendre
La fin de tous nos jours, fay que puissons[1] apprendre
Que c'est de nostre vie[2], et comment on en sort :
Nul ne peut eschaper[3] les flesches de la Mort :
Riche, pauvre ; puissant, qui s'esleve, ou s'abbaisse,
Le sain, le sage, aussi l'esloigné de sagesse.
La Mort emporte tout allant de toutes parts,
Porte l'orloge au col, et au carquois des dards :
Car nostre vie fait incontinent[4] divorce,
Et la Mort nous ravit tout ce qu'avons de force[5],
Tout ainsi comme un feu sa fumée jettant,
Elle s'esvanouït et se perd à l'instant :
Comme aussi fait le son de la fluste qui jouë,
S'en va[6] tout aussi tost que desenfle la jouë :
Aussi void on flestrir bien tost l'herbe des champs,
Et le chaulme se rompt en un bien peu de temps.
Il en prend tout ainsi de ceste nostre vie[7] ;
Parquoy, ô insensé, pren garde, et ne t'y fie :
Dequoy sert la grandeur, les richesses, l'argent,
La science, et l'honeur, en ce monde à la gent[8] ?
Mais qui[9] humble de cœur, en crainte de Dieu passe
Sa vie, un bon thresor d'honeur au ciel s'amasse.

1 > *fay que puissons* : « fais que nous puissions ».
2 > *Que c'est de nostre vie* : « Ce que c'est que notre vie ».
3 > *eschaper* : « éviter ».
4 > *incontinent* : « tout de suite ».
5 > *de force* complète le verbe *ravit*.
6 > *S'en va* : « Le son s'en va ».
7 > *ceste nostre vie* : « cette vie qui est la nôtre ».
8 > *à la gent* : « aux gens », « aux hommes ».
9 > *qui* : « celui qui ».

En poids egal se tient des pechés la balance.

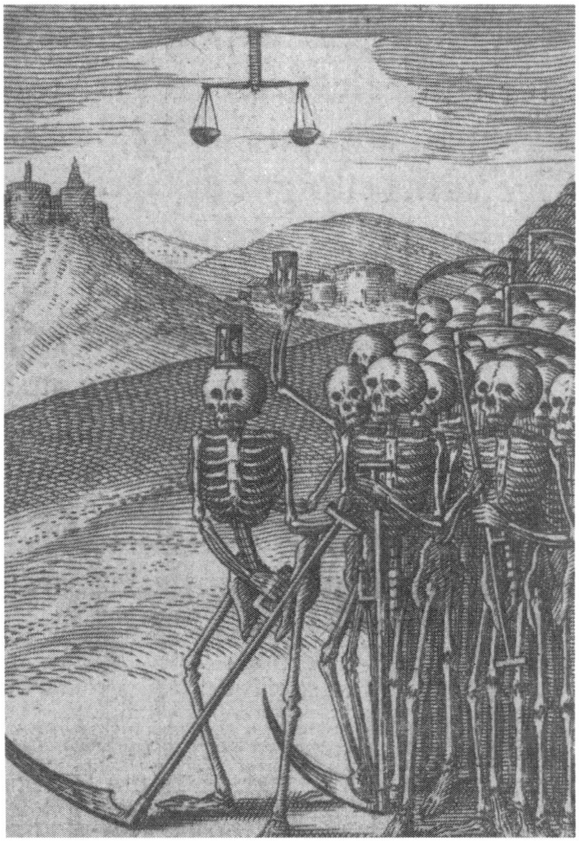

On fauche l'herbe alors quand elle eſt assez meure :
Ainsi jaçoit que l'homme aye long temps vescu,
Toutesfois en la fin il se trouve vaincu,
Car la Mort fauche tout, tant que rien ne demeure.

V. 1 › *alors quand* : « au moment où ».
V. 1 › *meure* : « mûre ».
V. 2 › *jaçoit que* : « bien que ».
V. 4 › *tant que* : « si bien que ».

DECLARATION DE LA LXXXI. FIGURE.

Pource que des pechés la balance est egale[1],
La Mort s'approche fort et fauche en fin finale :
L'heure s'est escoulée en courant vistement,
Et on verra tantost du bien grand changement.
Parquoy dispose toy à ta fin, il est heure,
Les faucheurs sont sortis au loin, je t'en asseure ;
Ils n'espargneront rien ; ains ils faucheront tout,
Tant qu'il n'y ait plus rien[2] de l'un à l'autre bout.
Force n'empeschera[3], n'aucune violence,
Ni du monde l'honeur, ni faveur, ni science,
Non pas mesme l'argent, ni la beauté aussi[4] ;
Il ne chaut à la Mort de rien de tout ceci,
Sois en bien asseuré, et de ce fay ton conte :
Donc au Seigneur Jesus ta foy constante monte[5],
Et regarde à lui seul, laissant les hommes vains,
Ton ame et ton esprit remets entre ses mains.

1 › « Les plateaux de la balance sont en équilibre ».

2 › *Tant qu'il n'y ait plus rien* : « Jusqu'à ce qu'il n'y ait plus rien ».

3 › *Force n'empeschera* : « La force n'y fera rien ».

4 › *aussi* : « non plus ».

5 › Ce verbe et le suivant sont au subjonctif (« que ta foi monte… et ne s'occupe que de lui… »).

Ici se void en train la famille du Diable.

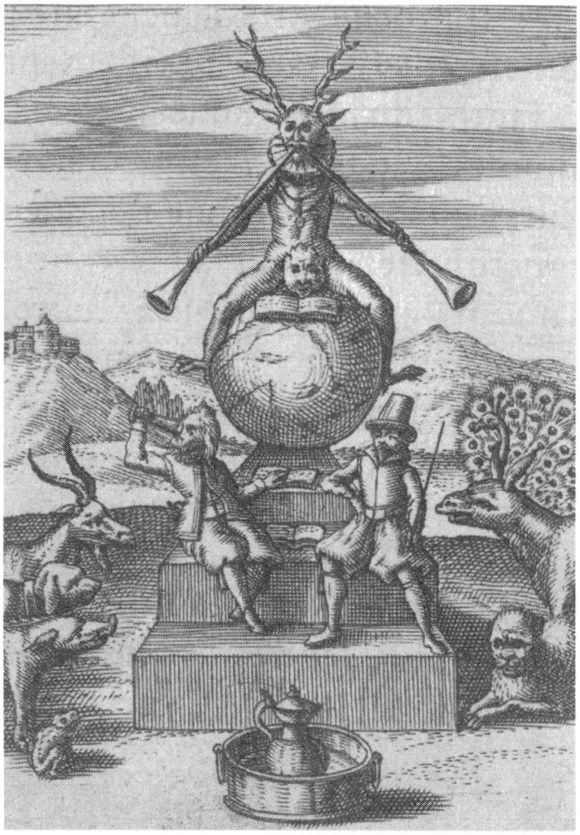

Le lion, l'asne, et le paon, le bouc, le chien, la truye,
Le crapaud, chascun d'eux a sa proprieté,
Ils ont en eux du bien et de l'iniquité :
Mais l'homme beaucoup plus par peché Dieu ennuye.

V. 4 › *ennuye* : « tourmente ».

DECLARATION DE LA LXXXII. FIGURE.

Le Diable à grand effort sonne de sa trompette,
Sa famille se vient à lui rendre[1] subjette ;
Il l'a voulu avoir pour le partage sien :
Le crapaud venimeux avare lui plaist bien ;
La truye qui fouït du groin dedans l'ordure,
A neantmoins tousjours faim, n'ayant nourriture ;
Le bouc puant et sale en sa lasciveté
Vit ; le chien envieux en sa malignité,
Puis le superbe paon se contemple soy mesme,
Ne voulant de ses pieds veoir la laideur extreme ;
Le lion furieux destruit tout ce qu'il peut ;
Et l'asne paresseux que tout pourrisse veut,
Il retient son vieil train et laschement[2] chemine,
Il ne veut, ni ne peut changer d'asne la mine :
Avec ceux-ci Satan accorde sa chançon,
Et tous ses courtisans ensuivent sa façon,
Beuvant diligemment du peché le breuvage ;
Tel est du malheureux monde le chariage[3].

1 › *se vient à lui rendre* : « vient à lui pour se rendre ».

2 › *laschement* : « avec nonchalance ».

3 › *le chariage* (du monde) : « le train du monde », « le cours du monde ».

Contemplés en ceci du monde la charrette.

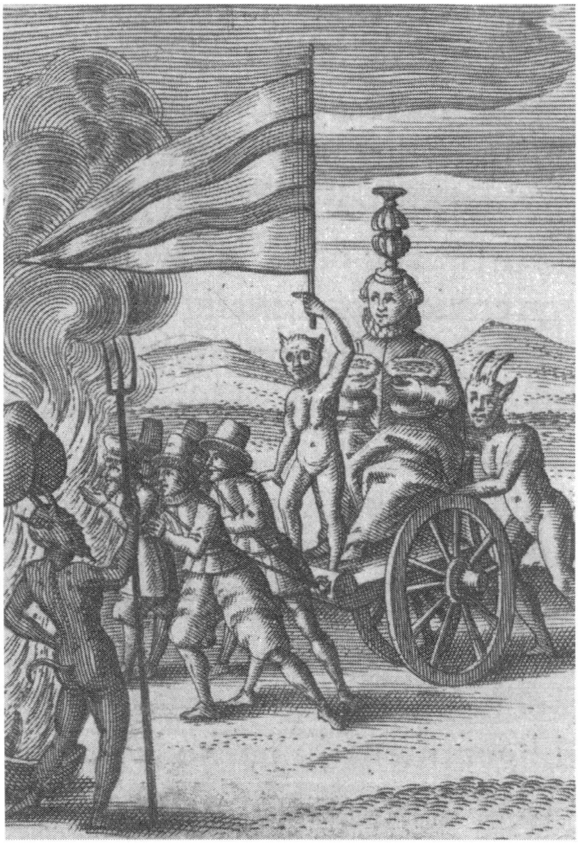

L'Eſprit malicieux, avec grande puissance,
Conduit de tous eſtats induſtrieusement
Plusieurs, en leur oſtant tout leur sens, tellement
Qu'ils vont sans y penser dans le feu de souffrance.

V. 1 › *malicieux* : « malin » (au sens de « diabolique »).

DECLARATION DE LA LXXXIII. FIGURE.

Ici maint insensé tire avec grand plaisir,
Peu s'en faut qu'un chascun n'ait de tirer desir :
Quiconque a seulement son sac plein de monoye,
Bien qu'il soit un pourceau, et que loin se fourvoye,
Si[1] a il en ce monde autant qu'il veut d'honneur,
Sur tout si[2] de l'argent est liberal donneur.
Toutesfois bien souvent il n'a point de courage[3],
Le Diable le possede et conduit son ouvrage[4],
En sorte que jamais assés ne peut avoir[5],
Il fait courir son[6] char, sans où il va sçavoir[7] :
Car il s'en va avec sa satanique bande,
Payer de son mesfait en enfer juste amende :
De ce son hoste rit, car c'est tout ce qu'il veut,
Le Diable pousse avant le char autant qu'il peut,
Son porte-enseigne fait voler haut la banniere,
En se resjouïssant d'estre sur la frontiere[8] :
Car il ne sera seul en l'infernal tourment,
Mais a des compagnons qu'il traitte rudement.

1 › *Si* sert à renforcer l'assertion (« Quiconque a… a en réalité autant d'honneur en ce monde qu'il le veut »).
2 › *si* marque ici la condition.
3 › *courage* : « volonté » (il n'a pas de volonté propre).
4 › *son ouvrage* : « ce qu'il entreprend ».
5 › Le sujet de *peut* est toujours *quiconque*.
6 › « le char du diable ».
7 › *sans où il va sçavoir* : « sans savoir où il va ».
8 › *estre sur la frontiere* : nous dirions « être en première ligne ». Il s'agit du Diable, plutôt que de son porte-enseigne, de même que dans les deux derniers vers.

L'infernal gehenneur demonſtre la figure.

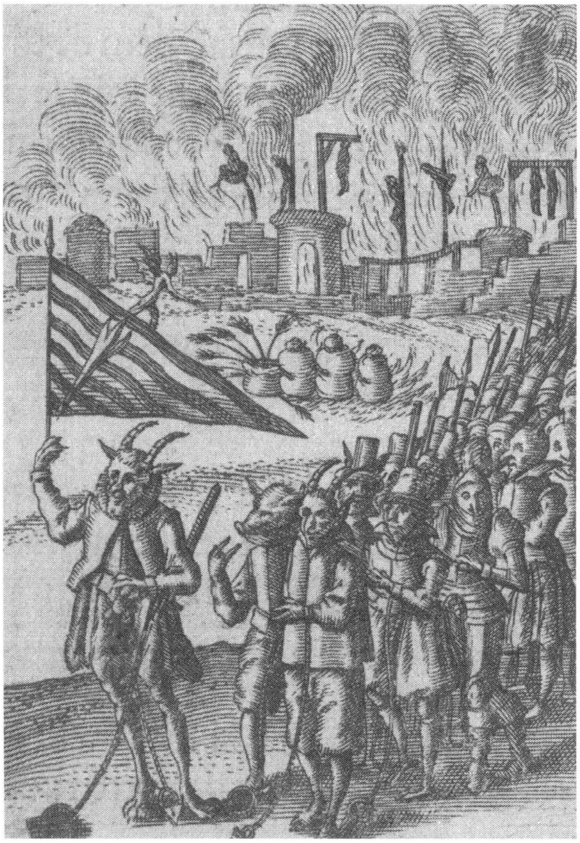

Pense bien à ceci, ô homme miserable,
Ne sois plus desormais ni aveugle, ni sourd ;
Croy ceci hardiment, je te le di tout court,
Sans fin eſt le tourment de l'Enfer effroyable.

Titre › *gehenneur* : « bourreau ». Le sujet et le COD sont inversés.
Titre › La *figure* eſt l'image de l'emblème. « L'image représente le bourreau infernal ».

DECLARATION DE LA LXXXIV. FIGURE.

Ha ! puis que ne voulés ouïr, gent[1] enragée,
Voici Satan qui vient, son armée est rangée[2] :
Il fait voler l'enseigne ayant contentement,
Son glaive tout sanglant monstre superbement,
Qu'il est bourreau cruel : ainsi il se declare[3].
Pour durement traiter les meschans se prepare[4],
Par feu, soufre, et par poix, sans user de fagot ;
A maint il payera largement son escot,
Se servant à cela de ses chaines obscures,
Pour lier à jamais les pauvres creatures.
Dieu nous vueille garder[5] de l'Eternelle mort !
Amendés vous humains, pour de Dieu le support[6],
Et pensés maintenant à ce qui se rapporte
Au salut eternel : Dieu en aucune sorte
N'a espargné du tout rien[7], ne prenant plaisir
A la mort du pecheur : ici avons loisir
De la vie amender, cheminans en sa crainte :
Il faut donc servir Dieu de cœur, et sans contrainte.

1 › *gent* : « race ».

2 › *rangée* : « en ordre de bataille ».

3 › *il se declare* : « il se révèle », « il se montre au grand jour ».

4 › *se prepare* : « Il se prépare à traiter… ».

5 › *garder* : « préserver ».

6 › *pour de Dieu le support* : « en raison de la patience de Dieu ».

7 › *du tout rien* : « absolument rien ». Dieu a donc pris toutes les dispositions envisageables pour que chacun puisse obtenir le salut.

La file des pechés eſt ja toute accomplie.

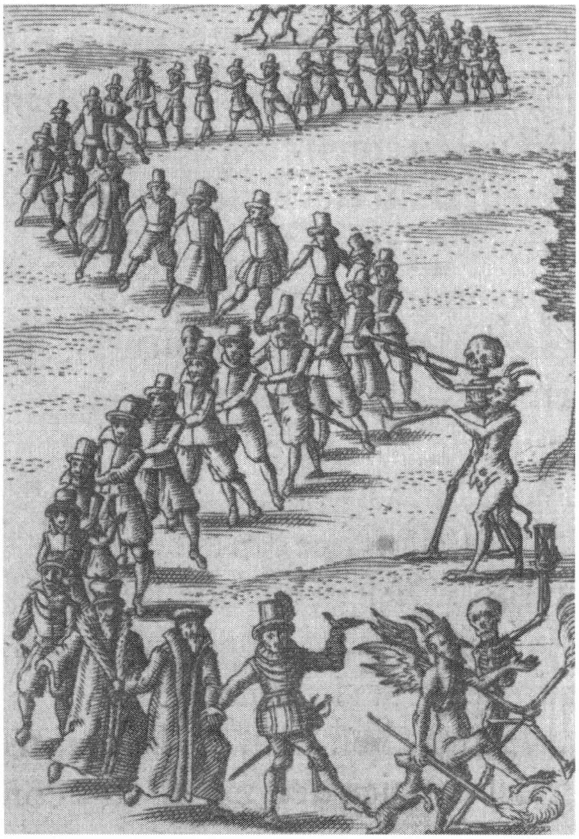

Si de tels compagnons tu tiens ici la route,
En assemblant peché sur peché tous les jours,
Suivant ceſte chanson, tu feras plusieurs tours ;
Mais tu vas en Enfer tout droit, sans point de doute.

V. 1 › *Si… tu tiens ici la route* : « Si tu te conduis comme… ».

DECLARATION DE LA LXXXV. FIGURE.

Or[1] sont tous les pechés à leur comble venus,
Le Diable a achevé sa danse, et retenus
Tous ceux qui l'ont suivi en gentille ordonnance,
Ils sont en bien grand nombre, et de diverse engeance,
Gens d'Eglise et mondains, pauvres et opulens,
Dansent tous d'un accord, et sont equipollens[2],
Bien que l'un en cestui, et l'autre plaisir prenne
En des autres pechés[3], ils font mesure pleine[4],
Et sautent[5] hardiment, sans en estre distraits,
La mort et l'ennemi[6] vont devant et apres :
Ils sont les menestriers qui jouënt à la danse[7],
En l'abysme ils[8] vont tous avec correspondance[9],
Là ils seront punis par la flamme du feu,
Qui jamais ne s'esteind : c'est la fin de leur jeu.

1 › *Or* : « maintenant ».

2 › *equipollens* : « équivalents », « égaux ».

3 › « Bien que l'un prenne plaisir en tel péché, et l'autre en tels autres ».

4 › Le mot *mesure* n'est pas ici en rapport avec la musique, mais avec le poids (le mot correspondant dans le poème allemand est « Maß ») : allusion à la balance des péchés.

5 › *sautent* : « dansent ».

6 › *l'ennemi* : « le Diable »..

7 › *jouënt à la danse* : « qui jouent pour faire danser ».

8 › Le pronom désigne les victimes.

9 › *avec correspondance* : « d'un pas égal », « de concert ».

En attendant le temps les roses floriront.

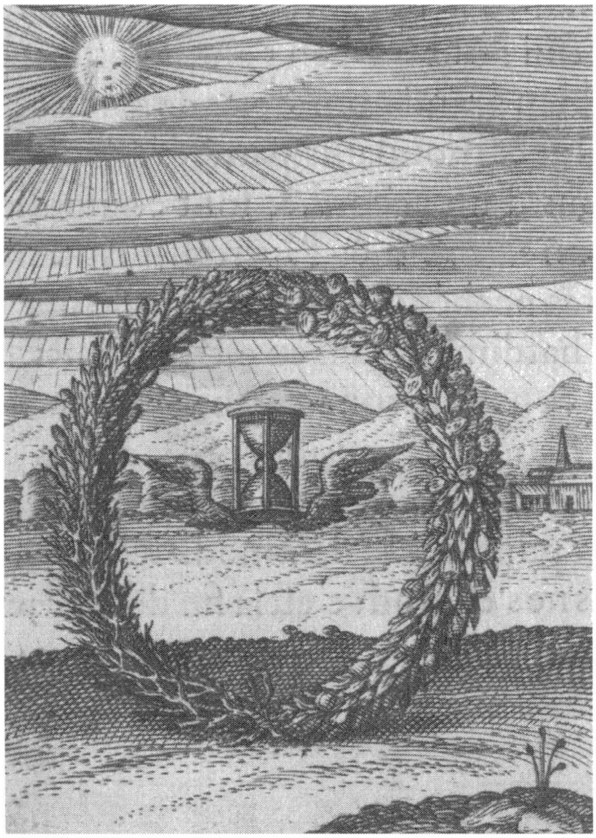

Qui sçauroit seulement avoir la patience,
Mettroit fin à son fait bien et heureusement :
L'ordonnance de Dieu tousjours entierement
S'accomplit ; à l'encontre il n'y a de science.

V. 4 › *à l'encontre* : « contre cela ».

DECLARATION DE LA LXXXVI. FIGURE.

Dieu a tout ordonné, en sorte que nature
Produit ce qu'il lui plaist, rien n'est paravanture[1] :
Mais tout est en son lieu, et son ordre retient,
Ainsi que Dieu le veut toute chose provient,
Personne ne lui peut de ce faire defendre[2],
Et à sa volonté franche[3] il nous faut attendre.
O combien est l'Esté aggreable et plaisant,
Auquel l'ame et le corps en joye va disant[4],
Les grands faits du Seigneur, quand l'homme en diligence
Medite les bienfaits de la divine essence ?
Combien belle est la rose avecques ses couleurs[5] ?
Et que jolies sont toutes les autres fleurs ?
Elles ne croissent pas pourtant chasque journée ;
Mais en un certain temps, que Dieu veut, de l'année.
Il semble qu'en hyver tout espoir soit perdu,
Quand on void sur les champs presque tout morfondu :
Mais quand l'Esté revient, roses[6] de toute sorte,
Le bois qui sembloit sec et rude nous apporte.
Ainsi toute autre chose[7] advient pareillement,
Chascune en sa saison se monstre proprement.
Atten donques le temps, aye en Dieu esperance,
Il te donra[8] en temps de tout mal delivrance ;
Quand il faudra mourir il sera si humain,
Qu'il te consolera, et te tendra la main.

1 › *rien n'est paravanture* : « rien ne procède du hasard ».

2 › « Personne ne peut lui interdire de faire ainsi ».

3 › *franche* : « libre ».

4 › Le verbe a bien deux sujets, mais l'accord se fait avec le plus proche (comme en latin). La virgule en fin de vers est superflue (la suite est COD du verbe).

5 › Ce point d'interrogation ainsi que le suivant ont valeur de point d'exclamation.

6 › *roses* complète le verbe *apporte*.

7 › « Il en est de même pour toutes les autres choses ».

8 › *donra* : « donnera » (« il te délivrera de tout mal au moment opportun »).

La resurrection des morts chascun doibt croire.

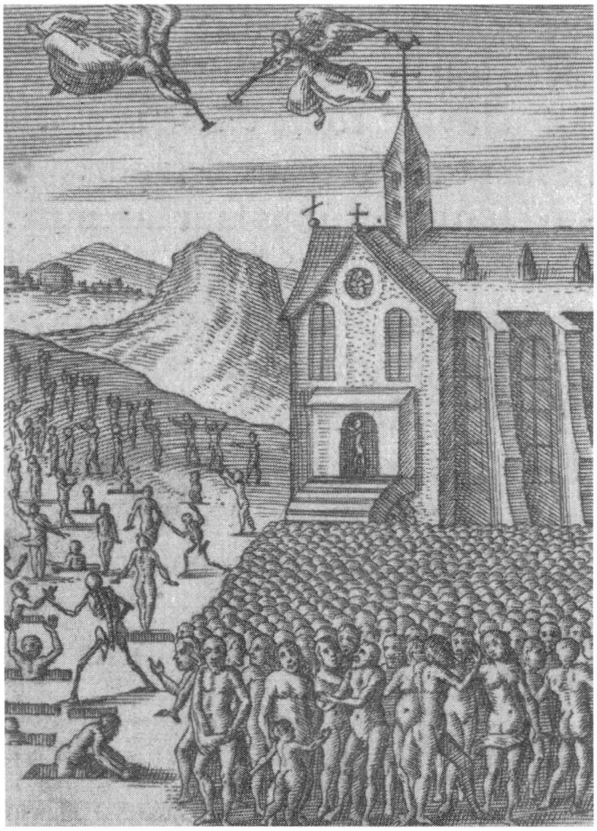

Au jour du jugement sa fin prendra le monde,
Les saincts escrits de Dieu nous l'enseignent ainsi,
Les sepulchres rendront leurs morts, la mer aussi,
Tous se presenteront au juge qui tout sonde.

DECLARATION DE LA LXXXVII. FIGURE.

La trompette de Dieu resonne maintenant,
Levés vous tous les morts, venés incontinent[1],
Vos os et vostre chair ayans[2] pour couverture
La peau qu'aviés jadis, selon saincte Escriture.
Venés vous presenter au jugement de Dieu,
C'est le commandement qu'il vous fait en ce lieu.
Le juge jugera tout en bonne justice,
Tant ceux qu'on a servi, que qui a fait service :
Car il n'a point d'esgard n'à[3] faveur, n'à presens,
Il ne lui chaut de ceux qui des grands sont faisans ;
Encore moins de ceux qui és armes se fient,
Ou qui ont grand butin, et qui s'en glorifient ;
Il ne regarde point aussi aux beaux discours,
Qui n'ont rien profité[4] aux temples, ni aux cours.
De ce qui est plaisant à Dieu, et necessaire
Au prochain, recevrés maintenant le salaire.

1 › *incontinent* : « immédiatement ».
2 › *ayans* : « ayant » (os et chair revêtus de la peau…).
3 › *n'à… n'à…* : « ni à…, ni à… ».
4 › *Qui n'ont rien profité* : « Qui n'ont profité en rien ».

Le jugement ensuit la resurrection.

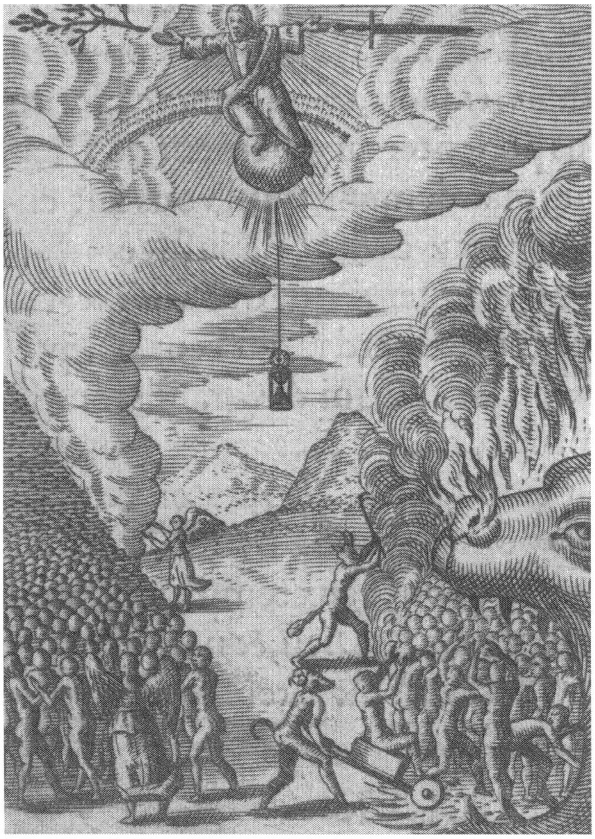

Quand Jesus Christ viendra en sa magnificence,
Comme il l'a declaré, au dernier jugement ;
Lors un chascun de lui recevra justement
La du tout peremptoire et derniere sentence.

v. 4 › *du tout* : « absolument ».

DECLARATION DE LA LXXXVIII. FIGURE.

Venés[1] tous les bénits de mon pere celeste,
Possedés son royaume en gloire manifeste ;
Pource que de bon cœur desiré vous m'avés,
En effect recevrés, depuis qu'estes lavés[2]
En mon sang, tous les biens selon[3] vostre croyance.
Au monde avés porté la croix en patience ;
Parquoy approchés vous, et ayés le salut,
Que jadis preparer mon pere vous voulut.
Mais vous, departés vous[4] de moy tout au contraire,
Maudits au feu d'Enfer, pour avoir le salaire,
Que par actes meschans vous avés merité,
Il vous est des long temps desja tout apresté,
Comme pareillement au Diable et à ses anges ;
Vous y souffrirés tous des angoisses estranges :
Vous avés mesprisé tant les pauvres, que Dieu ;
Souffrés donc le tourment de la flamme au milieu[5].

1 › *Venés* : « Venez » (et à la suite : possédez, avez, recevrez, etc.).
2 › *depuis qu'estes lavés* : « puisque vous êtes lavés ».
3 › *selon* : « conformément à ».
4 › *departés vous* : « éloignez-vous », « séparez-vous ».
5 › *de la flamme au milieu* : « au milieu de la flamme ».

CONCLUSION.

Or sommes nous venus jusqu'à la fin du livre,
Puisse estre leu de ceux qui le bien veulent suivre,
Quiconque le lira, veuille se moderer,
Et devant qu'en juger, son but considerer.
S'il le fait sans mespris, et volontiers escoute,
Mon dire trouvera vray, sans aucune doute :
Que s'il le trouve faux, qu'il dise *Non* alors :
Il merite autrement d'estre bouté dehors.
On vit communément pour passer la journee[1] :
Tant que plusieurs sont prins de mort inopinee :
Pour ceste cause Dieu souvent aussi permet,
Qu'on tombe en deshoneur pour les maux qu'on commet.
A peine on trouvera nation tant soit elle
Barbare, qu'à[2] son Dieu fust jamais si rebelle,
Comme sont aujourd'huy la pluspart des Chrestiens,
Qui sont plus meschans qu'onc ne furent les payens,
Je vous pri, dites moy, qui a du peché crainte,
Lequel en tous païs a la vogue[3] ? Et la saincte
Parole du Seigneur à qui va elle[4] à cœur ?
De la dilection[5] vraye où est la vigueur ?
Qui aime maintenant le Seigneur sans feintise ?
Et qui à son prochain de bien faire s'advise ?
Qui est ores[6] celui qui cerche l'equité ?
Les fruicts monstrent tresbien qu'on aime iniquité.
Encore[7] de la foy chascun se glorifie !
Tresfroide est la priere, en Dieu on ne se fie.
Les fruits de l'arbre sont d'orenavant pourris,
Les ruisseaux de la foy s'en vont du tout taris,
Le cœur n'en a plus rien, on se vante de bouche,
Pour en produire fruicts, nul à peu pres n'y touche[8].
O Seigneur Dieu benin le pauvre endure effort[9],

1 › *pour passer la journee* : « au jour le jour ».
2 › *qu'à* : « qui à ».
3 › L'antécédent de *lequel* est *le péché*, qui *a la vogue*, c'est-à-dire « est à la mode ».
4 › *va elle* : « va-t-elle » .
5 › *dilection* : « amour », « charité ».
6 › *ores* : « à présent ».
7 › *Encore* : « Et malgré tout ».
8 › Comprenez : mais pour ce qui est d'en produire les fruits (*i. e.* de la foi), il n'y a à peu près personne.
9 › *endure effort* : « supporte la violence qui lui est faite ».

32. Son cœur est en esmoy quasi jusqu'à la mort.
33. Le riche d'icelui[10] du tout ne se soucie,
34. Mais pour biens amasser[11] tousjours il negocie,
35. Son cœur, et sa pensee, et son desir est là,
36. Amour et loyauté ont prins fin[12] pour cela :
37. Il faut que soit foulee aujourd'huy la justice,
38. Et le dessus en ont l'orgueil et l'avarice[13] ;
39. Car qui ne s'y addonne est du tout[14] mesprisé,
40. On le laisse en danger lors qu'il est espuisé.
41. Or toy[15], tay t'en[16] tout coy, en laissant à Dieu faire :
42. Je ne te celeray, croy moy en cest affaire,
43. L'insolence[17] long temps ainsi ne durera,
44. Mais l'orgueil et Mammon Satan emportera,
45. Ta force et tyrannie aura sa recompense,
46. Ton infidelité te mettra en grand transe.
47. Puis qu'à peu pres nullui[18] ne se veut amender,
48. L'Eternel Tout-puissant est prest de commander
49. A la guerre et famine, et à la pestilence,
50. Qu'elles destruisent tout avecques violence,
51. La mort l'heure monstrant le nous fera sçavoir,
52. Et alors maint voudroit bien faire son devoir :
53. Le cruel enemi[19] desja son feu atise,
54. Pour du monde brusler toute la convoitise,
55. Ce sur quoy les meschans se fioyent fierement,
56. Faisans despit à Dieu et au prochain tourment,
57. On verra tout cela en peu de temps fin prendre.
58. Heureux qui son Seigneur Jesus Christ peut entendre,
59. Et en le cognoissant du mal se destourner,
60. En suivant la clarté de foy, ci[20] sejourner.
61. Humains amendés vous de cœur, il en est heure,

10 › *d'icelui* : « de celui-ci » (du pauvre).
11 › *pour biens amasser* : « pour amasser des biens ».
12 › *ont prins fin* : « ont pris fin », « n'existent plus ».
13 › « Et l'orgueil et l'avarice ont le dessus sur elle ».
14 › *du tout* : « complètement ».
15 › Le discours interpelle le riche oppresseur dont il vient d'être question.
16 › *tay t'en* : « tais-toi là-dessus » (inutile de chercher une réponse, Dieu se chargera de faire éclater la vérité).
17 › *L'insolence* : « La présomption ».
18 › *nullui* : « personne ».
19 › Satan.
20 › *ci* : « en ce lieu-ci » (« ici-bas »).

Car la punition de peché ne demeure
Desormais pas fort loin : pecheur nettoyés vous,
Eſtans lavés au sang du Seigneur Jesus tous :
Dieu vous avoit creés purs et nets de tout vice,
Il redemande aussi l'homme pur de malice :
Parquoy deportés vous[21] de pecher fierement,
Que si vous l'avés fait, pleurés amerement,
Ayant voſtre recours de Jesus au merite[22],
Quiconque croit en lui, vie eternelle herite.
C'eſt la raison pourquoy ce livret vous descrit,
Divers pechés ausquels maint homme, qui perit,
Soit il en dignité et qu'il ait grand' chevance[23],
Ou qu'il soit meſprisé et qu'il souffre indigence,
S'addonne en ceſte vie, ayant honte mis bas :
Ici avoir blasmé aucun je ne veux pas.

FIN.

21 › *deportés vous* : « abſtenez-vous ».
22 › *de Jesus au merite* : « au mérite de Jésus ».
23 › *chevance* : « richesse ».

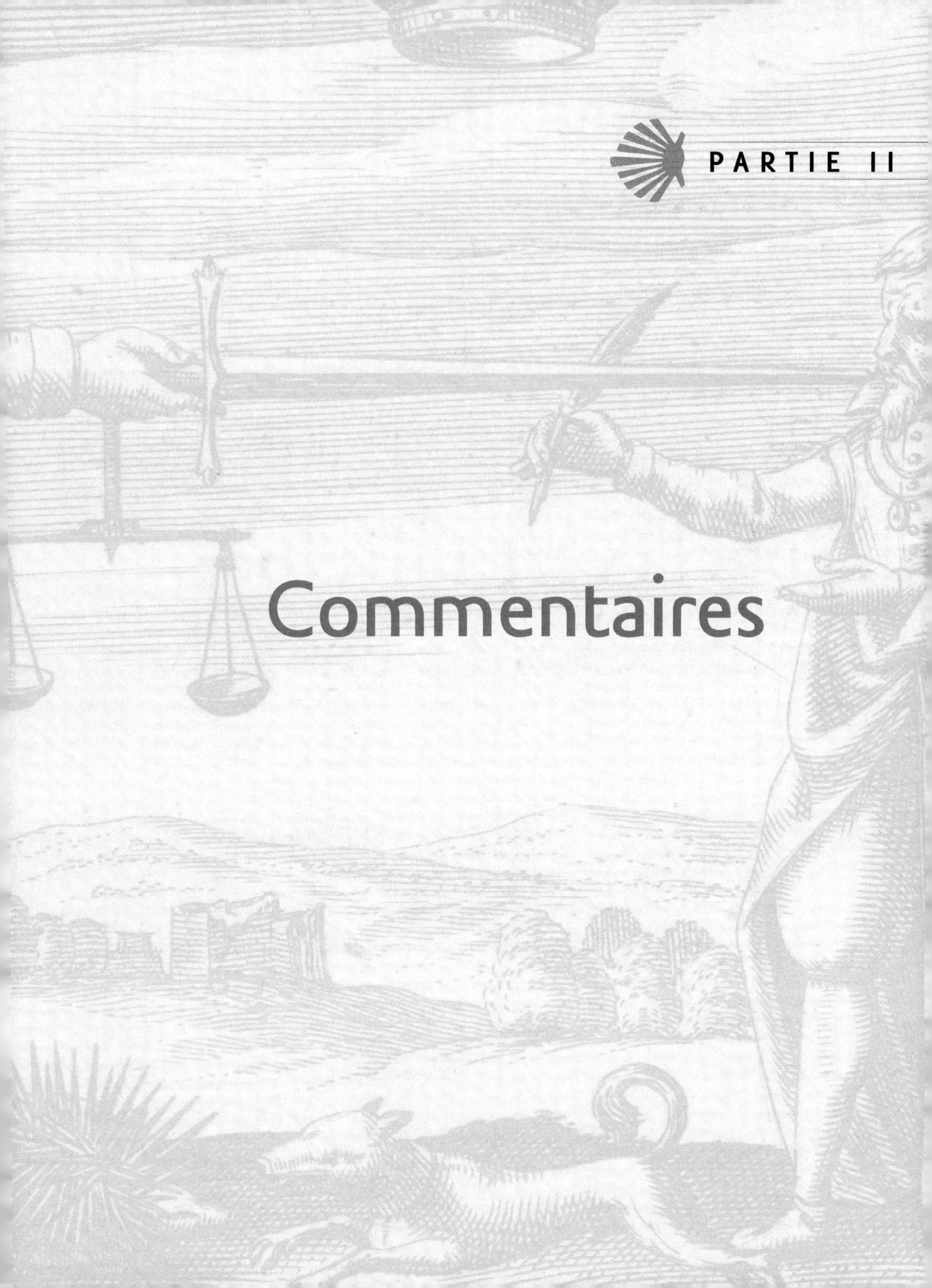

PARTIE II

Commentaires

1. DIEU A CREÉ LE MONDE, ET IL A TANT DE TESTES.

Le recueil d'emblèmes d'Andreas Friedrich commence par une image étrange, énigmatique, de facture très abstraite, mais dont le lecteur perçoit immédiatement qu'elle est construite sur le principe d'une bipartition de l'espace de représentation, une bipartition d'autant mieux perceptible qu'elle est soutenue par tout un système d'oppositions.

C'est d'abord une opposition dans la distribution des masses dans l'espace, une distribution inégale qui réserve le tiers supérieur à Dieu et les deux tiers restants pour sa Création, et une opposition de formes, avec en haut un triangle où s'inscrit le tétragramme du nom divin et en dessous un grand cercle qui matérialise le monde. L'ombre progressivement portée sur le pourtour du cercle donne l'illusion du volume, faisant du cercle une sphère qui s'arrondit sous les yeux du lecteur, ce qui par la même occasion recule pour ainsi dire le triangle divin, surface plate, et impeccablement blanche. Le système d'opposition généralisée commence à faire sens avec l'opposition du blanc et du noir, de la lumière éclatante et de l'obscurité. Les côtés du triangle divin sont redoublés par une bande hachurée qui signifie des rayons lumineux d'intensité différente au milieu de laquelle une zone blanche artificiellement ménagée renforce l'impression lumineuse tout en codant une lumière aveuglante. Les rayons lumineux rencontrent l'obstacle d'un cordon de nuages qui leur interdit de passer dans la zone inférieure dévolue au monde, et l'œil perçoit d'autant mieux cette opposition entre un monde sombre et un espace supérieur fait de pure lumière, que le dessous des nuages qui font la frontière, au plus près de la zone inférieure de la vignette, est lui-même noir. Cette double dévalorisation de la sphère du monde par sa localisation dans l'espace de la vignette et par le déficit de lumière qui la plonge dans la pénombre, se complique et se justifie à la fois par un autre jeu d'opposition sur le critère du nombre, une opposition entre l'un et le multiple. Ce monde, qui selon le titre « a tant de testes », oppose la multiplicité des visages anonymes qui le composent, et dont les traits se confondent dans l'obscurité du contour, au seul nom de Dieu que quatre lettres extrêmement nettes inscrivent dans le triangle blanc, représentation symbolique la plus sobre qui soit de la Trinité, *trine* et une à la fois, disait-on à cette époque-là.

Indépendamment de ces oppositions binaires qui sollicitent l'attention du lecteur et mettent en place l'axiologie qui doit l'aider à apprécier l'appareil textuel de l'emblème qu'il est censé découvrir conjointement, le motif des têtes inscrites dans une énorme sphère, en rapport avec le concept de diversité, n'est pas sans chercher à solliciter sa mémoire pour, lui aussi, faire sens. Car pour qui fréquente la littérature emblématique, ces têtes évoquent l'une des figures des *Emblemata* de Johannes Sambucus[1] intitulée « *Varii hominum sensus* » : l'image représente une vieille femme en train de ramasser des crânes qui ont dévalé la pente d'une colline en roulant dans diverses directions. Le sommet de l'éminence est occupé par une église autour de laquelle s'entasse un nombre impressionnant de crânes. Comme le dit le titre de l'emblème,

1 › Joannes Sambucus, *Emblemata cum aliquot nummis antiqui operis*, Anvers, C. Plantin, 1564. Sambucus (latinisation de Zsamboky), Hongrois emprunt de culture germanique, élabora son recueil d'emblèmes au terme d'une vingtaine d'années de pérégrinations en Allemagne, en France, en Italie et dans les Pays Bas, et vécut longtemps à Vienne, en tant qu'historiographe de Ferdinand I, Maximilien II, puis Rodolph II.

il s'agit d'illustrer le fait que les hommes ont des opinions différentes. Voici le début de l'épigramme, dans la traduction française de Jacques Grévin[2] :

> Quelque vieille portoit sur un mont à l'escart
> Force testes de morts, mais foible et chancellante
> Se laissa choir en terre, et en diverse part
> Elle vit çà et là tout' sa charge roulante.
> Lors, dist elle, il ne faut prendre esbahissement
> Si les vivans ne sont d'opinion semblable,
> Car mesme les oz morts roulent diversement.

Daniel Meissner, dès la première édition de son *Thesaurus philo-politicus* (Francfort, 1623), utilisera ce même motif pour illustrer le premier plan de sa représentation de la ville hongroise de Raab : à la différence près que cette fois, ce sont des têtes fraîchement coupées qu'un quidam penchant une immense corbeille vers le sol laisse rouler. « *Viel Köpf viel Sinn* », dit le titre, repris en dessous de l'image par le latin « *Quot sunt mortales, tot sensus* » : autrement dit, autant de têtes, autant d'opinions – le titre de l'emblème de Sambucus ne disait pas autre chose. Si je cite Meissner, dont l'image emblématique est postérieure aux *Emblemes nouveaux*, c'est qu'il se réclame d'une autre source, à laquelle Friedrich comme Sambucus ont pu tous les deux puiser, et une source que tous les humanistes allemands sont susceptibles de connaître sans pour autant être des lecteurs assidus de livres d'emblèmes. Une brève *exegesis* en prose précise en effet que le dessinateur, ou plutôt le concepteur, de cet emblème s'est inspiré d'un adage allemand (« *proverbium* »), dont le contenu n'est autre que cette même histoire, utilisée par Sambucus, de crânes qui roulent accidentellement depuis l'ossuaire où ils sont entreposés et empruntent des chemins différents pour s'immobiliser dans des endroits divers, avec la même conclusion : têtes nombreuses, et nombreuses opinions[3]. Si adage allemand il y a, on peut dire qu'Andreas Friedrich travaille pour son lectorat immédiat en terrain connu, et que la référence implicite commune contribue à lever en grande partie l'hermétisme de l'image. Ce qui n'enlève rien à la qualité de la composition, qui s'approprie le motif et le renouvelle en jouant de la métonymie et de la condensation. Les têtes entassées en effet ne roulent pas, mais n'en occupent pas moins l'espace d'une sphère qui, par essence, véhicule bel et bien le concept de mobilité, jusqu'à l'instabilité. De sorte que l'entassement des têtes dans cette sphère qui représente le monde suffit à signifier la diversité des opinions, comme le dit expressément le poème explicatif allemand : « **Viel Köpff in der Welt ungestümm / Da jeder hat sein eygen Sinn** ».

D. v. 13-14 Le dernier mot, « **Sinn** », que le dictionnaire de Stoer fait correspondre à « la pensée de l'homme », est rendu par le traducteur par le mot « raison ». L'image dénonce la raison particulière, toute opinion qui se substitue au dessein divin, voire qui fait l'économie de la pensée de Dieu, selon la forte expression du vers 18 à l'encontre du mauvais chrétien : « Qu'il est Seigneur de vie en son cœur pense et dit. » C'est là vivre sans se préoccuper du salut de son âme, penser qu'on est maître de sa vie, – et de la vie éternelle. C'est, contre le tout premier Commandement, méconnaître Dieu ou penser pouvoir le maîtriser, lui qui est le Seigneur, en

2 › Jacques Grévin, *Les emblemes du signeur Jehan Sambucus. Traduits de Latin en François*, Anvers, C. Plantin, 1567.

3 › « Pictor noster vel potius illius Emblematis autor Germanico proverbio indulsit, quo innuitur fatui cujusdam jocosum factum, qui deprompta è sepulcratis crania mortuorum de montis fastigio cum deturbasset, varieque volvi et in diversas partes abire conspexit, dixit : multa capita, multa sensus. »

lui substituant sa propre personne et ses propres conceptions, loin d'une écoute attentive de sa Parole, attitude caractéristique de ceux qui estiment pouvoir se dispenser de la promesse du Christ et comptent sur leurs propres ressources pour être justifiés.

Ainsi ce premier emblème énigmatique pose-t-il le fondement majeur de la réflexion de Friedrich telle qu'elle apparaît au fil des quatre-vingt huit méditations du recueil, la difficulté inhérente à la faiblesse de l'entendement humain à comprendre les mystères divins, qui détermine toute la problématique du rapport à la vérité et tout particulièrement, on le verra, en matière de droit. *Accommode-toi au monde, ta tête est trop petite pour que le monde entier s'y accommode*, disent littéralement les deux derniers vers du quatrain original en langue allemande : « **dein Kopff ist z'klein / Daß sich die ganße Welt schick drein** ». Il y a là la prescription d'une sagesse qui prend des allures de paradoxe, au rebours de la sagesse du monde, au rebours en tout cas de ce qui est considéré comme le modèle même du processus d'intellection : le processus de vision, comme le rappelle Johannes Gerhard dans un traité sur l'interprétation de l'Écriture sacrée publié en 1610 à Francfort. Gerhard, qui cite le *Contre Cardan* de Scaliger, reprend la théorie scientifique selon laquelle l'intellection est le traitement par l'intellect agent des « espèces » des objets à connaître préalablement reçues dans l'intellect, et rappelle que ces « espèces » (qui sont des images et représentations abstraites) sont extraites des objets du monde par des moyens sensibles : « Il faut donc qu'entre l'intellect qui procède à l'acte de connaissance et la chose qui se prête à cet acte un ajustement, à la manière du processus de vision, qui est comme le modèle et le paradigme de l'intellection.[4] » La vignette de notre emblème, qui intègre l'image de têtes *dans* le monde et non pas l'image du monde dans une tête, propose un renversement paradoxal des mécanismes de la perception visuelle et de l'intellection, propre à traduire le fait que la diversité des opinions démontre que notre entendement est insuffisant pour appréhender le mystère de la Création, c'est-à-dire les desseins de Dieu. Qu'il suffise donc à chacun de connaître les articles élémentaires de la foi et de s'adapter à l'ordre du monde en respectant les Commandements.

Le texte le dit, et le dit deux fois, aux vers 6-7 puis 15-16 : il appartient à chacun de vivre en considérant son début, son milieu et sa fin. Ce sont les termes choisis par la *Formule de Concorde* pour définir la foi : début, milieu et fin du salut et de la vie chrétienne. La série ternaire est ici appliquée au chrétien – dont la vie doit être, précisément, déterminée par la foi – invité à méditer sur l'ordre divin de la Création dans le déroulement même de sa vie. Son début : issu d'Adam, entaché par le péché originel, rédimé par le sacrifice du Christ. Sa fin : sauvé s'il a su accepter la rédemption, damné s'il est resté sourd à l'appel de la foi. Quant au milieu, c'est-à-dire sa vie sur terre, Friedrich l'évoque la deuxième fois dans des termes qui suffisent à comprendre qu'il s'agit d'observer les deux préceptes fondamentaux enseignés par le Christ, aimer Dieu et aimer son prochain, deux préceptes qui synthétisent les dix Commandements de la Table de Moïse : le mauvais sujet, dit le poème, « ne cognoit son prochain, ni l'essence divine ».

4 › Johannes Gerhard, *De interpretatione scripturae sacrae*, § 47 : « Omnis notitia versatur inter rem cognoscendam et intellectum cognoscentem, *quia intellectio est speciei ab objecto cognoscendo abstractae in intellectum receptio, cui succedit intellectus agentis actio*, prout hac de re disputat Scaliger exerc. 307 sect. 21. Requiritur igitur inter intellectum cognoscentem, et rem cognoscendam adaequatio, perinde ut in visione, quae est intellectionis quasi umbra et [paràdigma]. » J'ai consulté le traité de Gerhard dans une édition de ses *Loci theologici* (Tubingae, sumtibus Jo. Georgii Cottae, 1762) où il a été réutilisé pour former le deuxième « lieu ». Ce traité a par ailleurs fait l'objet d'une édition en langue allemande en 1612 à Francfort.

C'est encore plus évident dans le texte allemand, qui respecte l'ordre, « **Auch weder Gott noch Nechsten kent** » : puisque la première table du décalogue contient des Commandements qui concernent Dieu, et la seconde les hommes, selon le commentaire traditionnel repris par Luther dans la première partie de son Catéchisme en langue allemande[5], et dans une vue synthétique qui renvoie à la Justice du Christ, fondée sur la croyance en sa parole et sur l'amour
Gal. 5,14 du prochain – *tu aimeras ton prochain comme toi-même.*

C'est sur cette recommandation d'observer indéfectiblement les préceptes de Dieu que se clôt la « Declaration » de l'emblème : « Sur les loix de ton Dieu jette tousjours la veuë ». Ce dernier vers est par ailleurs un ajout de la traduction française, conforme à ce que prescrit le
Mt. 19 Christ (« Si tu veux être sauvé, garde les commandements »), et qui ne fait qu'anticiper sur la conclusion de la Déclaration de l'emblème suivant, qui forme avec le premier une suite homogène. Les quatre premiers vers du poème explicatif, dans la même veine, restituaient d'une façon elle aussi très condensée rien moins que la troisième partie du *Grand Catéchisme*, qui sont les articles de foi, ramenés par Luther à trois articles fondamentaux : croyance en Dieu auteur de la Création (« Dieu nous a tous creés fort merveilleusement »), croyance en la rédemption du Christ (« Et Christ a rachetés tous les siens puissamment »), croyance en la sanctification que le Saint-Esprit a pour fonction d'opérer (« Le sainct Esprit aussi avec grande efficace / Les Chrestiens sanctifie »). Dans cette même foi se rassemble alors la communauté des vrais chrétiens, cette Église qui se prépare à épouser le Christ, comme le laisse lire sur le mode métaphorique le *Cantique des cantiques.*

L'articulation même de la méditation poétique oppose à cette communauté idéale « le grand
D. v. 12 troupeau prophane » des impies, des « meschans » : c'est pour ceux-là et à cause de ceux-là que la Loi perdure, provisoirement, en attendant la victoire de l'Évangile, et le chrétien parfait est invité lui aussi à se soumettre à ses commandements (à *s'accommoder au monde*, selon l'expression du quatrain), quoique, d'un point de vue théologique, il soit au-dessus de la Loi. L'image parvient à dire à sa façon, à suggérer avec les moyens qui lui sont propres, cette sorte de paradoxe chrétien qui s'explique par la distinction entre deux mondes ou niveaux, en faisant pendre depuis la pointe inférieure du triangle trinitaire un sablier, symbole du temps et du
Q. v. 3 transitoire : c'est dans cet ordre-là, « à ceste fois », que le quatrain préconise une soumission à l'ordre du monde qui n'est autre que soumission à la Loi.

Le traducteur, qui explicite les choses en ajoutant l'expression « à cette fois », s'écarte sensiblement de l'original dans le dernier vers, lequel dit au lecteur allemand qu'il doit s'accommoder au monde parce que sa tête est trop petite pour que le monde s'y accommode (« **dein Kopff ist z'klein / Daß sich die gantze Welt schick drein** ») : thème développé par Paul dans la première épître aux Corinthiens[6]. C'est bien la faiblesse de l'entendement humain par rapport aux mystères divins, et non pas comme pourrait le laisser entendre la version française, par rapport à la diversité des opinions, qui justifie la soumission de tous à la parole de Dieu incarnée dans l'ordre du monde. La traduction risque d'affaiblir l'injonction en suggérant une explication moins théologique et eschatologique (impuissance intellectuelle de l'homme par rapport à Dieu) que psychologique et tropologique (impuissance de l'homme seul par rapport à la multitude des autres). Cette traduction cependant est parfaitement cohérente : si opinions

5 › Nous l'appellerons désormais conformément à l'usage le *Grand Catéchisme.*

6 › « Dieu n'a pas voulu que le monde arrivât, par sa propre sagesse, à le connaître. » (1 *Cor*, 1, 21)

diverses il y a, c'est forcément au prix de contradictions, révélatrices de la faiblesse de la raison humaine ou « charnelle » par opposition avec le Verbe divin qui ne saurait se contredire et est l'expression de la Vérité.

Si toutes les têtes, celles des bons chrétiens évangéliques comme celles des méchants, enfermées qu'elles sont dans la seule et même sphère du globe terrestre, sont destinées à rouler toutes en même temps que le globe, le dispositif de cette image entend nous démontrer qu'elles roulent au bout du compte dans la même direction, et qu'elles ont beau être diverses il leur faut bien *s'accommoder*, c'est-à-dire se ranger et se conformer (« **schicken** ») à cette Vérité, la Création et le dessein de Dieu[7] : belle appropriation d'un thème emblématique connu, belle variation proprement luthérienne, digne d'inaugurer ce livret d'« emblèmes nouveaux ». Quant à la traduction française de la fin du quatrain, elle a le mérite de faciliter la lecture de l'emblème qui suit et qui prend pour objet l'ordre du monde.

2. POUR MAINTENIR LE MONDE, IL Y A TROIS ESTATS.

Les trois verbes soulignés dans le quatrain par la variation typographique correspondent à la trilogie « **Lehr**, **Wehr**, **Nehr** » qui, combinés avec « -**Stand** », font les trois premiers mots de l'épigramme allemande. Le lexique et le concept sont parfaitement luthériens : la structure sociale est faite de trois « Estats », l'Église (*Lehrstand*), le pouvoir civil (*Wehrstand*) et les autres professions (*Nährstand*). Les noms des trois États désignent leurs fonctions, que restituent les verbes de la traduction, ainsi que l'image de la vignette : au milieu l'évêque, associé au livre, représente l'État qui « enseigne », et de chaque côté se trouvent celui qui « nourrit » (le paysan avec sa houe) et celui qui « maintient » (le chevalier en armure muni d'une épée).

On notera que ces trois personnages, main droite levée en direction de la nuée qui s'arrondit contre la marge supérieure du cadre, reçoivent leurs attributs du ciel (trois mains sortant du plus épais du nuage tendent à chacun l'objet qui lui convient et qui symbolise sa fonction dans la société). On comprend alors que cette tripartition sociale correspond à l'ordre du monde tel que Dieu l'a voulu et que plus largement, comme le disent les deux premiers vers de la Déclaration, elle procède du dessein divin : « L'ordonnance de Dieu » est l'exact équivalent de « **Gottes Ordnung** » dans la langue de l'époque, témoin le dictionnaire de Stoer qui consigne « **Ordnung Gottes** : *Predestination, Ordonnance divine, destinée.* Fatum ».

Les trois personnages allégoriques de l'image sont juchés sur la sphère du monde, qui contient un paysage de montagnes, vallées, fleuve et ville : espace naturel et espace culturel, c'est le monde que l'on habite, le monde où l'on vit. Moyennant certain jeu de jambe ou de pied pour épouser la rotondité du support, ces trois allégories en rang d'oignon sont telles que l'on ne peut pas dire que l'une soit plus importante que l'autre. Comme le dit le quatrain, chacune d'elles a besoin des deux autres, et il convient à tout individu de « faire son devoir » dans l'État auquel

7 › Sur ce verbe et son utilisation dans la citation (*Éphésiens*, 5, 16) qui n'apparaît que dans la version allemande du recueil de Friedrich, je renvoie le lecteur à l'Introduction à la présente édition, p. 28.

il appartient (l'allemand emploie le verbe « **gezîemen** », que Stoer traduit par : « *Convenir, estre du devoir de quelqu'un, ou bienseant* »). Pour exprimer cette notion de devoir, la Déclaration recourt à un autre terme clef de la pensée luthérienne de l'organisation sociale, le mot « vocation », qui traduit l'allemand « **Beruff** ». La méditation, implicitement, poursuit la réflexion amorcée dans le premier emblème, et la poursuit sur le terrain de l'éthique : vivre en chrétien, être agréable à Dieu, ce n'est pas se retirer du monde. Comme le disent les vers 6 et 8, c'est faire son devoir dans le cadre de sa vocation, c'est-à-dire accomplir les devoirs de la fonction sociale qui a été assignée à chacun dans l'ordre du monde tel que Dieu en a eu le dessein (« l'ordonnance ») : c'est aussi cela, *s'accommoder au monde*. En participant à son rang à cet ordre du monde, le chrétien honore son Dieu tout en mettant en acte le principe de charité envers les autres membres du corps social ; ce faisant, il respecte les deux injonctions du Christ auxquelles se ramènent les dix commandements de la Loi : aimer Dieu et aimer son prochain.

Le traducteur a adapté la fin de la Déclaration de façon très adroite en choisissant de varier l'expression imagée qu'avait choisie Friedrich pour signifier l'idée d'aller au paradis : où l'allemand promettait de franchir la porte du ciel, il préfère « monter par-dessus les deux poles », c'est-à-dire par métonymie par-dessus la sphère céleste, par-dessus l'univers des objets créés. Ce faisant, il renvoie à l'image où les allégories des trois Etats sont juchées sur un de ces pôles terrestres qui par projection mathématique correspondent pour les cosmographes aux pôles du ciel. Et le simple geste de lever le bras vers le haut, qui signifie d'abord l'acceptation par chacune des allégories de son devoir, et la relation à Dieu à la fois, semble alors promettre lui
Q. V. 4 aussi cet accès à « l'eternel regne » sur la perspective duquel s'achève le texte[8].

3. L'ARGENT ARD LA GENT.

Le titre allemand, « **Gelt regiert die Welt** », est un proverbe, enregistré comme tel avec de nombreuses attestations bien antérieures à notre livre d'emblèmes dans le *Deutsches Sprichwörter-Lexikon* (K.F.W.Wander), et le traducteur lui substitue un proverbe ancien de notre propre patrimoine culturel : on le trouve par exemple dans *Les faictz et dictz* de Jean Molinet, qui l'utilise dans une série de rimes couronnées (« Argent ard gent, point ne m'est confort fort, / Le monde faulx par trop hardiment ment ») ou dans *La deploration de l'Eglise* de Jean Bouchet, et dans bien d'autres écrits. La vieille pratique de l'équivoque (reconnaissable en dépit de l'introduction d'un article défini) donnait sans doute à ce titre un caractère suffisamment poétique pour qu'il fût dispensé de se couler dans les douze syllabes de l'alexandrin, comme presque tous les autres titres du corpus. Cette locution française n'est pas l'exact équivalent du proverbe allemand, mais peut être considérée comme l'expression de sa conséquence morale et théologique directe : si le monde se laisse régir par la toute-puissance de l'argent, les hommes seront damnés. Ainsi le verbe « ardre » renvoie-t-il moins au désir de posséder qui consume l'avare, qu'aux flammes de l'enfer.

8 › On retrouve ce geste dans l'emblème LXXVI.

Pour la troisième fois l'image fait apparaître la représentation du globe terrestre, mais un globe terrestre très particulier. Il est pourvu de deux oreilles à grelots, et au lieu du Tau qui marque la représentation chrétienne conventionnelle du monde sauvé par la croix, il est ceint d'une corde, signe de possession : il est en effet possédé par les deux personnages de part et d'autre qui le tiennent solidement par les oreilles, et avec un peu d'imagination, de par la forme légèrement ovale que le dessinateur lui a donnée, on pourrait penser qu'ils l'ont soulevé et qu'ils sont en train de l'installer sur l'énorme sac rempli de pièces de monnaie. C'est peut-être ce qui a incité le traducteur à rendre la notion de volonté (« Muth : *Courage.* Animus ») par le syntagme verbal « eslever il s'ose » : si le monde *ose s'élever*, c'est contre Dieu, et l'appétit d'argent et la thésau- D. v. 2
risation des biens sont le moteur de sa témérité sacrilège. Les oreilles et la corde donnent au monde la silhouette d'une tête dont le tiers supérieur serait coiffé d'un bonnet de fou.

En dessous, à mi-hauteur du sac, une petite tête de mort lui donne la réplique sur le mode macabre. C'est même, dirait-on, l'ensemble de ce qui se joue, au niveau des motifs les plus volumineux qui constituent cette image, qui se retrouve comme rejoué par la petite composition centrale tout en bas de la vignette : un écu noir, sans autre meuble que ce champ *de sable*, surmonté de la tête de mort en guise de casque, elle-même portant comme en cimier le sablier symbole de la précarité et de la finitude de la vie de l'homme sur terre ; de chaque côté s'étend, au lieu des habituels lambrequins, un drap mortuaire. Par sa place, l'écu trouve une correspondance dans la masse formée par le sac et ce monde que l'héraldique qualifierait de « cintré » ; les oreilles suffisent à évoquer le casque et son cimier ; et les deux personnages de part et d'autre font des tenants très acceptables. L'écu noir, sinistre blason de la mort, est une vision satirique de ce que la composition principale donne à voir, sa critique et sa vérité.

Sa vérité, c'est que ce monde qui repose sur l'argent est tout entier en proie à la folie (incarnée par l'autre personnage qui brandit au-dessus de sa tête la « cappe de sotie », le bonnet D. v. 6
à oreilles et à grelots) et qu'il est à la solde du diable (le personnage représenté à gauche).
La « cappe », que les « grands », ceux qui ont le pouvoir civil, sont prêts à coiffer, redouble D. v. 16
par ses oreilles à grelots les oreilles d'âne qui sont communes, comme le montre le détail de la gravure, au *stultus* et au diable. Pire encore, même les chrétiens régénérés, les « Spirituëls », D. v. 12
sont susceptibles de succomber à la tentation : comme le rappelle la Formule de Concorde, c'est aussi pour eux que les Commandements doivent être prêchés.

Le texte de la Déclaration prend en charge les détails : sur le sol, à proximité du sac d'argent, gisent les symboles des vertus ou valeurs dont ce sac est la négation même, à commencer par ceux qui caractérisent les deux États liés à l'enseignement et au pouvoir, les livres sacrés pour le premier, et pour le second l'épée et le sceptre ou bâton de commandement. « L'amour, la D. v. 8
loyauté et la foy » sont représentés par les deux mains jointes, motif hérité de l'Antiquité et dont Alciat avait exposé la valeur dans l'emblème intitulé « *Concordia*[9] ». Comme l'argent fait « tomber » la Bible, il fait « entomber » amour, loyauté et foi : d'où sans doute le cercueil D. v. 7
frappé d'une croix, entre les jambes du diable. Du côté de l'autre personnage, en revanche, D. v. 8
tout contre la marge inférieure, on voit un objet que le texte ne mentionne pas : sans doute ne fait-il pas partie des symboles positifs, et l'on peut reconnaître dans cet instrument le moule destiné à former le flan qui après la frappe devient la pièce de monnaie.

9 › L'épigramme précise que ce sont les mains droites qui se joignent, « dextras manus ». Texte présent dès la première édition de l'*Emblematum liber* (Augsbourg, Heinrich Steyner, 1531).

Ce que le texte passe sous silence également, c'est le lien qui rattache cet emblème au précédent, et qui tient à la relation de contrariété entre la cupidité et la notion de « *Beruff* ». La valorisation de l'activité professionnelle (ou domestique) dans la mentalité luthérienne n'est en aucun cas un encouragement à réaliser des profits inutiles ; l'idée même de chercher à gagner de l'argent pour l'argent et non pas pour subvenir simplement à ses besoins contrevient aux termes et à l'esprit de la prière par laquelle le chrétien demande à Dieu de lui donner son pain *aujourd'hui*[10]. On ne cherche pas à améliorer sa position sociale en accaparant indûment les biens et les richesses, faire honnêtement et au mieux les devoirs de sa « vocation » c'est D. v. 8 exercer la charité (cet « amour » que l'argent fait « entomber ») en contribuant à la bonne marche de la société, et garantir l'ordre arrêté par Dieu.

Folie généralisée, donc, qu'un monde perverti par l'argent, et par conséquent triomphe de la mort, dont les symboles surmontent les deux mains : l'intertexte implicite de la méditation est notamment *Luc*, 12, 15 (« Voyez, et vous gardez d'avarice ; car encore que les biens abondent à quelqu'un, si est ce qu'il n'a pas la vie par ses biens ») et I *Tim.* 6, 9-10 (« Ceux qui veulent devenir riches, tombent en tentation, et au piege, et en plusieurs desirs fols et nuisibles qui plongent les hommes en destruction et perdition. Car la racine de tous maux c'est la convoitise des richesses ; desquelles quelques uns ayans envie, se sont desvoyez de la foi, et sont eux-mesmes enferrez en plusieurs douleurs. »)

Le culte de l'argent, que Luther appelle tantôt « Mammon » tantôt « l'avarice », est stigmatisé dans tous ses écrits comme la transgression la plus manifeste du premier Commandement, et c'est par là qu'il commence son commentaire dans le *Grand Catéchisme* : « Maint homme pense qu'il a Dieu et toutes choses en suffisance quand il a de l'argent et des biens [...] il met tout son cœur en cela, ce qui est aussi, sur terre, l'idole la plus commune » ; « Celui qui a de l'argent et des biens se sent en sécurité, est joyeux et sans contrainte comme s'il siégeait au D. v. 3 milieu du paradis[11]. » D'où cette « joye terrienne », consécutive à l'oubli de la faute originelle et du sacrifice du Christ, qui caractérise ces pécheurs et que le dessin représente magistralement par un globe terrestre déguisé en fou, puisque choisir cette joie-là, c'est choisir la damnation éternelle.

Autre trouvaille du dessinateur très conforme au commentaire du premier Commandement, la corde qui lie le monde en signe de possession épouse en même temps la forme du Tau, comme pour montrer ce à quoi telle attitude renonce : on ne possède pas Dieu, dit Luther, comme on possède un objet concret, palpable et visible. « Quant à "avoir Dieu", tu peux bien déduire qu'on ne peut le toucher ou le saisir avec les doigts, ni le mettre dans une bourse ou l'enfermer dans une boîte[12]. » C'est par le cœur, poursuit-il, qu'on saisit Dieu : « Mais voici comment on le saisit : quand le cœur s'empare de lui. » Or le cœur habité par l'idole de l'argent ne peut pas accueillir Dieu et uniquement Dieu, comme Dieu l'exige. Un tel cœur ne connaît pas lui-même d'autre mode de possession que la possession matérielle.

10 › « Quatrième demande » du *Notre Père*.

11 › Martin Luther, *Œuvres*, Genève, Labor et Fides, tome VII, 1962, p. 34.

12 › *Ibid.*, p. 35.

4. CE SONT DES VICES GRANDS QUI ONT LA VOGUE AU MONDE.

Le dessinateur a repris à plus petite échelle le motif complexe du globe sur un sac rempli d'argent de l'emblème précédent, bonnet de fou en moins, et l'a placé au centre de la gravure. L'ensemble repose sur une stèle funéraire, dans laquelle une niche cintrée abrite une tête de mort surmontée d'un sablier, et dont la base est cachée par un cercueil recouvert du poêle et posé sur un brancard, prêt à être emporté : la mort est proche, elle est même imminente. C'est là le fondement paradoxal des préoccupations mondaines, un fondement dont la fragilité est dénoncée par le creux ménagé dans la stèle et par les symboles qui y sont entreposés.

Le globe du monde, dont le point le plus bas se trouve exactement à mi-hauteur de la vignette, contient à présent une bougie dont la flamme fait une petite tache blanche fortement contrastée sur un fond très sombre. Les deux premiers vers en explicitent la signification, pour peu que l'on accorde à l'opposition entre la lumière et l'obscurité sa valeur théologique : sans la puissance de Dieu, le monde, enclin au péché, serait sous l'entière domination de Satan et sans espoir de rédemption. Ce globe que les ténèbres menacent supporte un homme en armure exhibant de la main droite une tête tranchée et dégouttante de sang que traverse de part en part la lame de son cimeterre. Dans sa main gauche, trois épis de céréale dénoncent le caractère éphémère de cette démonstration de puissance par l'exercice de la violence la plus cruelle.

De part et d'autre de l'axe vertical constitué par l'homme en armure puis le globe, le sac et la stèle, se déploie dans le tiers supérieur de l'image la frondaison d'un arbre qui abrite à gauche un couple nu en train de s'embrasser, et à droite un paon qui fait la roue : ainsi, pour reprendre les mots de la Déclaration, la « force[13] » est-elle accompagnée par « plaisir charnel » et « orgueil ». D. v. 7-8
Tels sont les fruits de cet arbre que la Déclaration qualifie de « transitoire », « arbre de la corruption » dans la leçon allemande[14]. D. v. 11

Sans doute ces fruits correspondent-ils à ce que Luther appelle avec saint Paul du nom de *chair*, « ce qui inclut toutes les trois puissances de l'âme : l'inclination à la concupiscence, l'inclination à la colère et l'intelligence » (*voluntas concupiscibilis, voluntas irascibilis* et *intellectus*[15]). Ces catégories ne sont pas proprement luthériennes, et l'on reconnaît les trois appétits spécifiques qui font pour les scolastiques ce qui est appelé de façon générale du nom de concupiscence : le désir de domination (*libido dominandi*), le désir de satisfaction des sens (*libido sentiendi*), et le désir de savoir (*libido sciendi*) qui pousse le savant à cet orgueil représenté dans notre image par le paon. La concupiscence, toutes puissances de l'âme confondues, est pour Luther cette victoire dans le cœur de l'homme de la chair sur l'esprit, une inclination mauvaise dont il entend montrer dans son commentaire de l'Épître aux Romains qu'elle conduit l'homme à l'incroyance, en le poussant à s'affirmer – à *oser s'élever*, comme le disait Friedrich dans le poème précédent à propos du monde mû par l'argent. C'est le rôle des v. 19-20 de montrer

13 › Stoer : « **Erhält** / *Puissance, force, autorité.* Potentia, vis ».

14 › V. 11 du texte allemand : « **Baum der Vergänglichkeit** ».

15 › *Commentaire de l'Épître aux Galates*, 5, 20. Ou encore, dans la *Préface à l'Épître de Paul aux Romains* : « Paul appelle "chair", comme le Christ le fait en Jean, III, tout ce qui est né de la chair, l'homme tout entier avec son corps et son âme, avec sa raison et tous ses sens, parce que tout en lui recherche le charnel. » (Luther, *Œuvres,* Paris, Gallimard, coll. la Pléiade, [dir. Marc Lienhard et Matthieu Arnold], 1999, p. 1061).

cette confiance excessive des pécheurs en leurs propres capacités, « eux qui par finesse et par gloire mondaine / Pensoyent vaincre Satan, sans avoir fort grand peine ».

L'arbre du vice, ou plus précisément de la concupiscence, dont le dispositif vertical que j'ai d'abord décrit fait le tronc, est flanqué des deux allégories de la Justice et de la Foi. Ce qui pourrait être positif, n'était que ces deux personnages allégoriques sont attachés au sac d'argent central ; en signe d'impuissance et de défaite, la Justice ne brandit pas son épée mais la tient pointe en bas, sa balance comme négligemment accrochée à la poignée, de même que de l'autre côté la Foi tient sa croix vers le bas et, ostensiblement, derrière son dos. Non seulement leurs attributs semblent ne leur servir de rien, mais de plus, toutes deux, symétriquement, lèvent la main par laquelle elles sont liées à l'argent, démontrant ainsi leur subordination, voire leur incapacité. Ce geste non seulement met en évidence la corde qui les lie, mais leur permet en même temps de désigner de l'index un attribut inédit dans leurs cheveux : la Justice porte un croissant de lune, pour signifier qu'elle se fait indécise et changeante, et la Foi une petite croix, la croix de l'oppression et des tribulations.

Dire que Justice et Foi sont entravées ou dévoyées par l'argent, c'est, selon la glose de la
D. v. 16 Déclaration, dénoncer globalement la faillite de l'État qui correspond au pouvoir civil (« le glaive portant ») et de l'État qui correspond au ministère (« celui qui immole »). Sans doute
D. v. 14 le ministère est-il particulièrement visé avec l'emploi du verbe *tinter* (« Sur tout lors que l'argent bien tinte »), qui renvoie au scandale des indulgences et à la formule attribuée à Johann Tetzel (« Aussitôt que l'argent tinte dans la caisse, l'âme s'envole du purgatoire[16] »), citée et dénoncée par Luther dans la 27e des thèses affichées à Wittenberg un siècle exactement avant la publication du livre d'emblèmes de Friedrich, contre la conception d'une foi fondée sur l'idée que l'on peut monnayer le salut. Le cercueil en bas de l'image invite les représentants des deux États à trouver la force de se réformer en *considérant leur fin*, comme les y engage verbalement le quatrain, en retrouvant les termes de la Déclaration du tout premier emblème ; la différence est que le chrétien est envisagé à présent selon l'État dans lequel il doit accomplir sa vocation, c'est-à-dire selon sa place dans l'ordre du monde.

D. v. 23 La fin de la Déclaration interpelle directement le lecteur et l'engage à la « vraye repentance » : tout un chacun en effet est susceptible de succomber à la tentation de croire pouvoir se reposer sur ses propres capacités, avec les conséquences délétères illustrées par l'emblème ; la pénitence, par laquelle le baptême à chaque fois reprend son œuvre, est propre à faire renouer l'orgueilleux repentant avec la puissance efficace du Christ. Cette possibilité permanente de recouvrer la grâce, sur laquelle Friedrich clôt la méditation sur son quatrième emblème, est un des points importants par lesquels les luthériens se démarquent des calvinistes, qui ne transigent pas avec le dogme de la prédestination.

16 › « Wenn das Geld im Kasten klingt ». C'est bien ce verbe « klingen » que Friedrich emploie dans le vers en allemand correspondant.

5. L'ALME VERTU SE VOID MAINTENANT PRISONNIERE.

Après le vice, la vertu. Liée au triomphe de la concupiscence, l'avarice est du même coup liée à la défaite de la vertu, et en premier lieu de la vertu de Charité : on voit de chaque côté du carcan où l'allégorie de la Charité est retenue prisonnière et exposée au mépris du public trois sacs d'argent attachés au mur. Cet argent ne servira donc pas à venir au secours du prochain. La Déclaration, qui commence par prendre en charge cette partie de l'image, la commente en ce sens, pour aboutir à l'idée que celui qui amasse des biens souffre lui-même, paradoxalement, d'une grande pauvreté ou nécessité : là s'arrête la leçon allemande, qui laisse supposer que la nécessité en question consiste peut-être surtout dans l'éloignement par rapport à Dieu, et par conséquent dans la perspective de la damnation éternelle avec les tourments d'une « **muhtwillig todt** », une mort méchante.

Deux hommes, la jambe en avant, considèrent de près la Charité entravée et empêchée, dans une attitude qui apparemment n'a rien de compatissant : le texte confirme ce manque d'empathie en évoquant très précisément la moquerie et le mépris au vers 14. Pire peut-être, au premier plan, un mondain qui tient une paire de gants à la main et un théologien en pelisse discutent, en tournant ostensiblement le dos au pitoyable spectacle. L'un affirme (doigt levé), l'autre acquiesce (paume ouverte) : la discussion peut rouler sur n'importe quel sujet… À moins que le doigt levé ne vienne accompagner un discours qui prendrait le Ciel à témoin, et que la paume ouverte ne signifie la résignation impuissante devant l'évidence, comme l'expression d'une sorte de fatalisme – le tout, bien entendu, dans la plus parfaite hypocrisie. Soit les deux hommes poursuivent une conversation qui n'a aucun rapport avec le spectacle auquel ils tournent le dos, et l'image veut montrer des gens qui refusent de voir qu'il y a un problème, soit ils font semblant de ne pas savoir d'où vient le problème, auquel cas l'image veut montrer des gens qui mettent la situation déplorable qu'ils côtoient au compte d'une fatalité contre laquelle ils ne pourraient rien. Dans les deux cas, comme le dit la Déclaration, leur ignorance procède d'un choix : ces gens-là ne « veulent » pas savoir (« Mesmement les anciens n'y veulent adviser »). Le compor- D. v. 13
tement des uns et des autres, jeunes et vieux, suscite la justice vindicative de Dieu, cette colère divine sur laquelle Luther insiste si souvent. Rappel à l'ordre, rappel à la loi, ou à la foi : « **Drumb muß straffen der trewe Gott** ». Dieu doit punir, il doit *tancer*, dirait Stoer – « **Straffen** / *Reprendre, tanser aigrement, bien renvoyer quelqu'un, et luy laver la teste* » – nous dirions *passer un savon*… et quel savon : « famine, […] peste, et autre maladie » ! D. v. 16

Revenons sur l'image, pour tenter de cerner ce en quoi elle joue sa partie, avec les moyens qui lui sont propres, dans l'économie de ce début de livre d'emblèmes. Sans doute, dans une telle image très narrative, dépourvue du dispositif central et des effets de symétrie des images précédentes, l'œil s'arrête-t-il surtout sur la Charité au pilori, à gauche. C'est vers ce spectacle insolite que conduit la ligne dessinée par les pieds du mondain gants à la main au premier plan, ligne qui passe par l'extrémité du pied du moqueur derrière lui. En la représentant dans cette posture, le dessinateur a voulu déposséder la Charité de ses attributs puisque ses genoux, qui disparaissent dans le carcan, ne peuvent pas recevoir les enfants de l'allégorie conventionnelle, pas plus que ses bras, fixés au niveau des poignets par des anneaux de métal à la partie supérieure de la structure qui l'emprisonne. Les enfants de l'allégorie sont d'ailleurs eux-mêmes enchaînés au mur de la prison par le cou, et l'aspect de ces petits corps bien droits est résolument contraire au spectacle de bambins agrippant et escaladant leur mère auquel les graveurs et les peintres ont habitué le public de l'époque : la rigidité froide et statique se substitue au dynamisme chaleureux qui d'ordinaire anime la composition. On a affaire somme toute au même procédé que celui qui consistait, dans l'emblème précédent, à manipuler quelque peu les attributs traditionnels des allégories de la Justice et de la Foi, mais un procédé auquel l'artiste peut à présenter donner toute sa mesure en l'appliquant au thème principal de l'emblème.

La Charité dont il s'agit ici est la vertu théologale. Diamétralement opposé au personnage allégorique, un soleil très lumineux darde ses longs rayons exclusivement dans sa direction, façon de marquer la relation entre cette allégorie et la sphère de la divinité, et l'on remarque alors, dans le prolongement de ces rayons, que la tête de la Charité, dont la petitesse due à la perspective risquait de rendre encore plus discret ce détail minuscule, est nimbée d'une auréole, comme un écho affaibli. D'autre part, le soleil par son éclat justifie les contours nets du groupe au pilori et les masses bien blanches des corps, par opposition aux silhouettes qui se profilent au-dessus, derrière les barreaux, dans le noir le plus total : ce sont les autres vertus,
D. v. 11 qui sont « emprisonnées ». Ainsi l'image suffit-elle à nous dire que si l'avarice met en évidence le manque de charité, le fait que cette vertu soit bafouée manifestement et comme au grand
D. v. 11 jour ne doit pas faire oublier le mépris général qui s'ensuit pour « le reste des vertus », vertus cardinales et simples vertus morales.

6. EN CHRIST TANT SEULEMENT SE TROUVE LE SOULAS.

On retrouve avec la figure de ce sixième emblème le principe d'une composition symétrique, avec une distribution des motifs à droite et à gauche d'un axe vertical matérialisé au beau milieu de l'espace rectangulaire de la vignette. Sept personnages barbus et en pèlerines sont agenouillés autour d'un arbre dont le tronc porte un Christ. L'humble cercle qu'ils dessinent horizontalement dans le tiers inférieur de la vignette trouve un écho majestueux dans le feuillage qui au-dessus d'eux se déploie, comme dans un mouvement rayonnant lancé par les deux bras tendus du Christ.

Gen. 2,9 Conformément à la tradition exégétique qui fait de l'arbre de vie, planté au milieu du jardin d'Éden, une préfiguration de la croix, le Christ est représenté crucifié non sur la croix mais sur un arbre. La mention « INRI » qui l'identifie comme le roi des juifs ne laisse pas de doute, il s'agit là d'une représentation de la Passion, et cet arbre vaut bien pour la croix. Pour la tradition dans laquelle s'inscrit une telle image, le Christ par sa mort rédemptrice sur la croix est devenu lui-même arbre de vie, l'arbre dont les fruits sont la vie et la béatitude éternelles selon
Cant. 3,2 le sens que l'on accorde à ce verset du *Cantique des cantiques* : « Je me suis reposée à l'ombre de celui que j'avais désiré et son fruit a été doux à ma bouche. »

D. v. 1 Friedrich choisit de faire de la croix « le vray arbre », parfait contrepoint à l'« arbre transitoire » de l'emblème IV, et il en assimile l'ombre bienfaisante au Christ, comme le veut par exemple, sur ce même verset du *Cantique des cantiques*, le sermon 48 de saint Bernard, intitulé « Des louanges que se donnent réciproquement l'Epoux et l'Epouse : et comment par l'ombre du Christ il faut entendre son corps et la foi en lui ». Luther développe ce thème dans *Le traité de la liberté du chrétien* en s'appuyant sur *Éph.* 5, 30 : « La foi […] unit aussi l'âme au Christ comme une épouse à son époux. Ce mariage fait, selon l'expression de saint Paul, que le Christ et l'âme deviennent un seul corps[17]. » Le commentaire de l'épître aux Galates, 2, 20 (« Or je vis mais ce n'est plus moi : c'est Christ qui vit en moi ») renvoie à ce même verset en disant que l'union à Christ se fait « plus étroitement que le mari n'est uni à sa femme », et emploie le verbe *copulare*. Une union entre l'âme et le Christ, telle est donc la prérogative de la foi.

Le passage central de la Déclaration propose une variation sur cette union de l'âme en faisant allusion, avec l'évocation du mariage du fils du Roi et du vêtement de fête que doivent porter les convives, à la parabole des noces telle qu'elle est restituée par l'Évangile selon Matthieu. La parabole christique est soumise à l'interprétation qui est celle de Luther, qui s'écarte de la glose traditionnelle : l'habit de noce dont on revêt les invités n'est pas la charité, mais la foi[18]. C'est la Justice de Jésus-Christ qui nous pare, dit Luther, et non pas nos œuvres. L'âme est donc invitée à revêtir la « robbe nuptiale » comme elle s'est laissée revêtir par l'ombre métaphorique, et Friedrich insiste sur cette joie toute luthérienne de celui qui a la foi, « car l'homme intérieur, conforme à Dieu et créé à l'image de Dieu par la foi, est dans la joie et dans le bonheur à cause de Christ[19] » : une joie tout à l'opposé de la *joie terrienne* de l'emblème III, associée à l'habit de fou. À la fois spectateur et acteur des noces du Christ, pour reprendre les termes des vers 13-14, le vrai chrétien dont il est question ici appartient à une communauté qui forme ce que la Déclaration du premier emblème identifiait comme « la vraye espouse » : « l'Eglise Christiane[20] », l'Église invisible des justes, promise collectivement à l'union mystique à la fin des temps. Nous avons donc affaire à un emblème dont le but est de proposer une méditation sur la foi, qui consiste à croire à la promesse de l'évangile : au terme de la vie, comme les voyageurs fatigués de l'image, le croyant obtiendra le repos en échange du sacrifice du Christ.

Mt. 22, 12-13

D. v. 11

D. v. 10

« Les bons fruits de ton ame », à l'avant-dernier vers, sont les œuvres, qui ne sont bonnes, selon Luther, que dans la mesure où elles dépendent de la foi, c'est-à-dire de la soumission à la volonté du Christ. La fin de la Déclaration cherche à rendre l'expression sur laquelle se termine le poème original, « **der Seelen Seeligkeit** » (le salut de l'âme), par une expression équivalente et propre à achever le poème sur un même effet de répétition, et joue sur la proximité des mots « ame » et « pasme ».

L'emploi du verbe *se pâmer* en construction négative implique la promesse, pour l'éternité (« à jamais »), que l'âme ne sera plus troublée par des émotions violentes : le repos recherché par les voyageurs lassés de l'image préfigure cet état de quiétude morale qui définit la félicité

17 › Luther, *Œuvres*, Pléiade, p. 846.

18 › Il y a là un clivage entre catholiques et réformés, dont Cornelius a Lapide (nom sous lequel publie le jésuite flamand Cornelis Cornelissen van den Steen) se fait ainsi l'écho : « Le vêtement nuptial, c'est-à-dire net, précieux et resplendissant, n'est pas la foi, comme le veulent les Hérétiques : tout le monde en effet dans ce banquet de l'Eglise avait la foi, et nul n'aurait pu en faire partie qui n'eût pas eu la foi ; de sorte que ce vêtement est la charité, et la sainteté et la probité de mœurs ; car une vie pure et sainte est comme le vêtement net, et la robe respendissante, tissée à partir des vertus et des bonnes œuvres, qui embellit merveilleusement l'apparence de l'homme. » (« Vestis nuptialis, id est, munda, pretiosa et splendida, non est fides, ut volunt Haeretici ; omnes enim in hoc Ecclesiae convivio habebant fidem, imo non nisi per fidem in illud ingredi poterant ; ergo vestis haec est charitas morumque probitas et sanctitas ; vita enim pura et sancta est instar vestis mundae, et cycladis splendidae, ex virtutibus et bonis operibus contextae, quae mirè hominem exornat. » (*Commentarii in IV Evangelia*, Lyon, M. Martin, 1685, p. 405, col. 1).

19 › *Le traité de la liberté du chrétien.*

20 › De l'emblème I, v. 10-11 de la Déclaration.

éternelle. Mais le verbe au moyen duquel le traducteur veut exprimer cette perspective eschatologique, qui s'ajoute au premier bénéfice de la foi – rendre les œuvres bonnes –, est peut-être employé au plus près de la valeur ancienne du substantif « pamoison », auquel cas il impliquerait la notion de chute, ou plutôt, en contexte, la négation de la notion de chute, comme l'arbre de la Passion du Christ inverse et nie l'arbre du jardin d'Éden et les conséquences de la faute originelle.

Quoi qu'il en soit, que l'âme soit appelée à ne plus chuter ou à ne plus être troublée, le traducteur a trouvé là un équivalent honorable de la promesse de salut éternel, avec le bénéfice de la paronomase (« ame » / « pasme ») qui restitue non sans habileté le caractère répétitif de l'expression allemande, couronnement d'un poème qui ne cesse de jouer sur les mots de la famille de « Seele » – ce qui autorisait pleinement le traducteur à souligner le jeu de mots en faisant apparaître une première occurrence du mot « ame », à la rime du vers précédent.

7. AGGREABLE EST À DIEU VRAYE SIMPLICITÉ.

D. v. 1 Le scripteur poursuit sa méditation sur la foi, par une comparaison entre l'âne, « simple beste »,
D. v. 17 et le chrétien humble qui, « en sa simple foi », est justifié par le Christ. En filigrane, on reconnaît d'autant mieux la formule rapportée dans l'Évangile selon saint Matthieu, « Heureux les
Mt. 5,3 pauvres en esprit, car le royaume des cieux est à eux », que l'image montre le Christ montant au ciel et recevant des mains de Dieu la Royauté, figurée par un sceptre et une couronne. Les deux derniers vers de la Déclaration allemande évoquent l'ascension du Christ vers le Père et son mépris pour la sagesse du monde (« Und alle Weißheit der Welt spott »), mépris déjà posé dans les deux versions au vers 9.

La sagesse du monde inclut les gloses de la patristique, qui compliquent inutilement la lecture des Écritures, et la médiation de l'appareil ecclésiastique entre le chrétien et son Dieu : la simple foi consiste en effet à lire directement le texte sacré et à croire la promesse qu'il contient en des termes parfaitement clairs. La traduction française, que des raisons à la fois techniques (les contraintes de la versification) et stratégiques (la recherche d'une formule conclusive) conduisent souvent à s'écarter quelque peu de l'original en fin de poème, privilégie l'accueil du chré-
D. v. 19 tien humble « au royaume des cieux ». Mais le rapport avec l'image dit assez cette homologie entre le Christ, qui a voulu partager la vie des petits, et l'humble, représenté par l'âne.

Une homologie qui n'a bien entendu rien d'irrévérencieux, et comme le rappellent de façon allusive les vers 3 et 4 de la Déclaration, le Christ lui-même a montré sa prédilection pour l'animal lors d'une entrée à Jérusalem qui se voulait triomphale, mais hors de toute pompe. L'âne est choisi par Friedrich en fonction du mépris qu'il suscite, mais aussi en fonction de l'obstination qui fait sa réputation proverbiale, et qui permet de suggérer immédiatement l'idée qu'il
D. v. 11 poursuit son chemin envers et contre tout, qu'il « va tousjours droit » sans se détourner « à
D. v. 13 dextre n'à senestre ». Faire de l'entêtement de l'âne une valeur positive permettait en effet de se servir de façon très appropriée de l'animal pour exprimer visuellement la notion théologique de justification, en se reposant sur l'interprétation luthérienne de la métaphore biblique

de la « voie ». Dans son commentaire au verset 9 du Psaume 5 (« Seigneur, conduis-moi dans ta justice, à cause de mes ennemis, rends droite à ta vue ma voie [21] »), Luther s'arrête sur l'expression « justice de Dieu » : non pas, dit-il en citant saint Augustin, celle par laquelle Dieu est juste et condamne les impies, mais *celle dont il revêt l'homme, en le justifiant.* « Autant dire la miséricorde ou la grâce justifiante, par laquelle nous sommes réputés justes auprès de Dieu », poursuit-il, en citant saint Paul : « la justice de Dieu est révélée dans l'Evangile… comme il est écrit : le juste vit de la foi[22] ». La Justice de Dieu est donc « la miséricorde et la grâce de Dieu à nous conférées en Christ ». Puis Luther en vient au mot que le français traduit par « voie », en démontrant que « ma voie », comme le traduit la Vulgate, ou « la voie de Dieu », comme le veut l'hébreu, reviennent au même : « La voie de Dieu, en effet, c'est la justice de Dieu – dans laquelle il faut vivre et marcher. » C'est bien la voie de Dieu, « parce que, comme il le dit dans le *Lévitique* 26, il marche en nous, c'est-à-dire il opère en nous, vit en nous, parle en nous ». Et c'est aussi *ma voie,* dans la mesure où Dieu œuvre *en moi,* si bien que j'œuvre correctement. Ainsi, ajoute Luther, le Psalmiste « signifie qu'il n'agit pas de lui-même, mais que c'est par Dieu qu'il est conduit et agi ». De même l'âne, « qui le droit chemin tient », « va et vient », D. v. 15 v. 16
précise la Déclaration de l'emblème VII, « selon que le Seigneur le guide ». L'âne de l'image D. v. 16
représente bien le chrétien *marchant* avec autant d'humilité que de fermeté *dans la justice de Dieu,* dans une parfaite illustration de la phraséologie luthérienne.

Cette voie, le Psaume veut qu'elle soit « droite » ; Luther fait remarquer à ce propos que « le verbe *dirigere* est très fréquent dans l'Écriture, où il met en exergue la rectitude ou si l'on veut la *directio* [droiture] du cœur ». Qu'est-ce alors qu'un cœur droit ? Celui « qui ne cherche pas les choses qui sont à lui mais celles qui sont à Dieu, et qui d'un œil simple et d'un regard direct est fixé sur la volonté de Dieu, observe celle-ci seule, en toutes occasions prospères ou adverses[23] ». L'image de l'emblème s'emploie bien à démontrer une telle *rectitude* : au sens le plus concret, en suggérant par l'attitude de l'animal, oreilles pointées en avant, presque dans le prolongement du dos, la marche en avant, avec résolution et obstination ; mais aussi au sens théologique, en faisant de la parole de Dieu la voie au sens littéral du terme, puisque l'âne marche sur un texte où l'on déchiffre les deux derniers versets du Psaume 25 : « *Integritas et æquitas custodiant me quoniam expectaui te. Redime Deus Israëlem ex omnibus tribulationibus eius.* » Ce que David Martin, qui suit cette même version, traduit ainsi : « Que l'intégrité et la droiture me préservent : car je me suis attendu à toi. O Dieu, rachète Israel de toutes ses détresses.»

Mise en rapport avec une foi qualifiée de « simple », l'intégrité consiste en cette lecture scrupuleuse du texte sacré qui s'interdit de chercher à expliquer un passage prétendument obscur par le recours à un autre texte que le texte sacré lui-même, en confrontant des passages parallèles ou en revenant à la langue originale : *sola scriptura.* Cette position luthérienne contre les conclusions de la quatrième session du Concile de Trente, qui entendait imposer le recours systématique à la patristique et à toute la tradition de l'Église, s'illustre de façon très polémique à l'époque de Friedrich dans la publication en 1610 à Francfort du *Tractatus* de Johann Gerhard sur la légitimité de l'interprétation de l'Écriture sainte[24], où Bellarmin est nommément pris

21 › Luther, *Œuvres,* Labor et Fides, tome XVIII, p. 94 *sq.* Toutes les citations de ce paragraphe proviennent du même passage.

22 › Cette dernière proposition provient de *Rom.* 1, 17.

23 › Luther, *Œuvres,* Labor et Fides, tome XVIII, *ibid.*

24 › Rappelons que la publication latine de 1610 est suivie en 1612 d'une publication en allemand.

à partie. Qu'on lise les commentaires de saint Augustin sur les Psaumes, dit Gerhard, et l'on verra à quel point il peut être loin de la vérité hébraïque… comment dans ces conditions s'en remettre tout bonnement à l'interprétation des Pères de l'Église[25] ? Et, s'il était besoin de conforter le lien entre « integritas » et « simplicitas », la leçon de la Bible de Luther, pour les deux versets du psaume sur lesquels s'avance la « simple beste », commence par : « Schlecht und recht, das behüt mich », ce qui correspond d'ailleurs au vocabulaire de la Bible de Genève : « Que ma simplicité et droiture me preservent[26] ».

Dans la moitié supérieure de l'image figure le Christ d'une Déposition ou Descente de croix, avec un corps présentant de façon caractéristique un début de rigidité cadavérique et conservant les marques de la souffrance, et au contraire une tête nimbée au visage comme apaisé. L'extrémité du pied se situe très exactement sur l'axe horizontal qui séparerait la vignette en deux parties égales : une bipartition parfaite de l'espace, pour deux figures homologues, le Christ et l'âne qui représente le chrétien caractérisé par une foi simple. Mais la configuration de l'image dit plus encore que cela. Un léger effet de perspective, la ligne oblique de l'épée, la dynamique de la progression de l'animal, tout invite à prolonger par l'imagination la ligne supérieure de l'oreille de l'âne, jusqu'à rencontrer la marge, à l'endroit même où une projection semblable à partir de la jambe du Christ aboutirait : l'œil fait un double mouvement, comme de rebond, épousant tour à tour la dynamique de l'âne progressant vers la gauche puis dans le sens inverse la dynamique ascensionnelle du Christ, qui conduit à son tour à ces deux mains divines, dans le registre supérieur, tendant les symboles de la royauté. Ainsi le déplacement de l'âne, caractérisé dans le texte par la rectitude, est-il mis, figurativement, en rapport avec la gloire du Christ : rebond pour l'œil, inversion de sens, et renversement paradoxal tout à
Lc. 14,11 fait conforme avec la Parole selon laquelle l'humilié se trouvera exalté. La Déclaration s'achève sur la certitude absolue du salut, certitude qui pour Luther appartient à la foi même du chrétien qui accepte tout simplement de laisser agir la grâce.

Reste que le second texte où l'âne met ses pas, et qui porte « *Suum cuique vendices, Nec ex favore iudices* », ne semble pas provenir de la Bible. La première proposition est fort proche de la définition que donne Ulpien de la justice, « *suum cuique tribuere* », c'est-à-dire « conférer à chacun son dû ». La seconde a l'allure d'une maxime adressée au magistrat ou juriste, la recommandation de ne pas se laisser influencer. Ce sont les premiers éléments d'une thématique appelée à prendre une place importante dans le livre d'emblèmes de Friedrich, et qui consiste à établir un rapport étroit entre Justice de Dieu et justice du pouvoir civil. C'est ainsi
D. v. 17 que l'âne, que le texte dit revêtu de Justice par le Rédempteur (« Jesus son Sauveur »), porte sur son dos les attributs allégoriques de la justice civile, l'épée et la balance, combinés avec une colombe posée sur la Bible pour signifier la simplicité de la foi[27]. On peut considérer dans un premier temps qu'il s'agit là encore pour le dessinateur de se donner les moyens de communiquer de façon immédiatement lisible la notion complexe de Justification. Et sans doute à cet égard est-il opportun de souligner que la restriction « *nec ex favore* », qui semble s'adresser à

25 › § XCV, « Legat quispiam Augustini expositiones in Psalmos, et videbit, quam procul ab hebraica veritate quandoque abeat. [...] Quis proinde in patrum interpretatione simpliciter acquiescet ? »

26 › *La Bible, qui est toute la saincte Escriture : contenant le Vieil et le Nouveau Testament*, Genève, François Estienne, 1567. Le texte des Psaumes est celui de Marot et de Th. De Bèze.

27 › La colombe figure du Saint-Esprit, comme on le verra avec l'emblème IX, est représentée de face et ailes déployées en plein ciel.

Dieu tout comme le Psaume de David, correspond alors nettement à une conception de la Justice de Dieu qui exclut toute forme d'intercession et de chantage aux œuvres prétendues bonnes, comme Luther reproche aux catholiques de vouloir s'en prévaloir : il n'y a, affirme-t-il, que le Christ, « médiateur plein de grâce, aimable, consolant, entre ma conscience effrayée et Dieu[28] ». On voit comment le mélange de symboles profanes et de symboles bibliques, de texte sacré et de formules juridiques, donne à l'image une portée polémique dont le poème explicatif est dépourvu – une image décidément très élaborée, d'une densité et d'une profondeur singulières.

8. TELLE EST DE VRAYE FOY LA CONSTANTE NATURE.

Comme dans l'emblème précédent, l'image offre une bipartition horizontale à peu près égale de l'espace, selon une ligne de partage imaginaire qui passe entre les deux petits objets disposés au centre de la composition (pour être tout à fait égale, la ligne médiane passerait par la pointe du cœur), et cette structure à nouveau supporte l'expression d'une analogie. Cette fois, l'analogie met en balance les eaux inépuisables et rafraîchissantes d'une source et les trésors de bienfaits de Dieu. D'un point de vue plastique, le rapport entre les trois jets, dans le registre inférieur, qui jaillissent de sorties ménagées dans des visages sculptés au-dessus d'un bassin, et le dessin d'un large écoulement qui se déverse entre les deux personnages du registre supérieur, garantit la lisibilité de cette analogie en rendant visible un des points communs qui lui permettent de fonctionner en assurant son intelligibilité, l'effusion abondante. Cette nouvelle analogie s'inscrit dans le fil de la méditation sur la foi, comme l'annonce le titre et comme le montre la présence d'un calice, le calice de facture très simple de la liturgie luthérienne. La communion, affirme Luther dans le *Grand Catéchisme*, exige « non une préparation du corps, mais la foi du cœur » ; c'est « l'aliment spirituel » qui « fortifie notre foi ». Une foi ferme au préalable, et « non feinte » (« *anhypocriton* », dit Paul dans I *Tim*. 1, 5), une foi encore affermie D. v. 9
à l'issue du sacrement : sans aucun doute dans notre image, qui ne cherche pas pour autant à représenter la Cène, ce calice et ce cœur environné de rayons comme une étoile se combinent pour former un signe propre à traduire cette *foi du cœur* exigée par Luther, expression reprise au vers 9 de la Déclaration : « d'un cœur ardant la foy ».

« Brünstig / *Qui est plein de chaleur*. Ardens » : il est ardent, ce cœur, car il faut, selon les recommandations sur la manière de prier écrites par Luther pour son ami et barbier Beskendorf, commencer par l'« échauffer » au moyen de la récitation de quelque parole du Christ ou de textes des Psaumes ou de Paul, lesquels sont, dit-il, comme le briquet qui permet de l'« embraser ». Luther fait encore cette recommandation, qui permet de comprendre pourquoi le personnage de notre emblème est en bonnet de nuit, de « faire de la prière la première occupation du début du jour, et la dernière le soir » – question de disponibilité et de concentration. Quant à l'ange qui prête l'oreille et recueille la prière, c'est, écrit Bernard Vogler, « une réalité

28 › Cité par Marc Lienhard, *Au cœur de la foi de Luther*, Paris, Desclée, 1991, p. 186.

reconnue, très présente dans la littérature d'édification, malgré une certaine réserve de la théologie orthodoxe. C'est un thème permanent dans les prières du matin et du soir[29]. » Difficile sans doute de résister dans la deuxième décennie du XVIIe siècle à cette évolution de la piété luthérienne, quand le *Petit Cathéchisme* recommandait déjà aux contemporains de Luther de dire pour la prière du matin : « Que ton saint ange m'accompagne », et pour celle du soir : « Que ton bon ange soit avec moi. »

On remarquera l'attitude très familière des deux personnages, qui semble répondre à deux intentions. Il s'agit d'abord de rendre par le geste d'embrassade cette idée que l'appréhension du Christ se fait sur le mode de la *saisie*, une saisie non pas intellectuelle mais d'abord affective, dont le lieu est le cœur : il faut ouvrir au Christ les portes de son cœur, disait la Déclaration du premier emblème. D'autre part, cette familiarité est sans doute permise par la médiation de l'ange dans la relation du chrétien à son Dieu, une attitude très éloignée en particulier de la posture conventionnelle de la supplication, et très représentative de la piété luthérienne telle qu'elle se met en place dans cette période. Loin d'être un Dieu très au-dessus de sa créature comme pour les calvinistes, le Dieu des luthériens sait se faire présent dans l'âme et dans le cœur de celui qui le prie – et l'on reconnaît dans ce cœur ardent de la Déclaration un des traits qui peuvent apparenter la piété luthérienne au mysticisme. Ce commerce intime avec son Dieu ne signifie pas pour autant que ce Dieu ne soit pas honoré et craint, dans le respect des deux
D. v. 10 premiers Commandements : l'éducation luthérienne s'efforce d'inculquer très tôt « de Dieu la crainte », Luther ayant préconisé dans le *Grand Catéchisme* d'« élever la jeunesse, d'une façon enfantine et comme en se jouant, dans la crainte de Dieu et pour sa gloire, en sorte que le premier et le deuxième commandement restent en vigueur et soient constamment pratiqués[30] ».

La certitude d'être sauvé, du moment que la vraie foi est donnée par la grâce, s'accompagne
D. v. 16-17 de la certitude que la prière sera exaucée : « On parvient au Seigneur, et à fruition / De tout ce qu'on souhaite ». Au reste la prière, du point de vue luthérien, consiste moins dans l'acte de quémander une faveur que dans une sorte de jaillissement initié par l'amour donné gratuitement par Dieu et dont la certitude vient de la perception de cette présence intime. « Il faut prier, non comme c'est l'usage, en comptant moult pages ou petits grains, mais en présentant quelque besoin qui nous tient à cœur, en le désirant tout de bon, et en exerçant notre foi et notre confiance en Dieu, de telle sorte que nous ne doutions pas que nous serons exaucés » ; « prier, c'est s'exercer particulièrement dans la foi, qui, en toute certitude, rend cette prière si agréable que, ou bien elle sera certainement exaucée, ou bien il nous sera donné quelque chose de meilleur que ce que nous demandons[31] ». La certitude que la prière sera exaucée et qu'on *parviendra à fruition* s'appuie dans le Catéchisme de Luther sur *Marc*, 11, 24 : « Tout ce que vous demanderez en priant, croyez que vous le recevrez, il vous sera accordé » et sur l'Évangile selon saint Matthieu (7, 7) : « Demandez, et on vous donnera. » Ainsi « Dieu atteste par sa Parole que notre prière est agréable à son cœur, de plus, qu'elle sera, en toute certitude, exaucée et accordée[32]. »

29 › Bernard Vogler, « La Piété luthérienne d'après les recueils de prière (1550-1700) », dans *Histoire, Economie et Société*, 1988, vol. 7.

30 › Luther, *Œuvres*, Labor et Fides, tome VII, p. 44 : commentaire sur le deuxième Commandement.

31 › Luther, *Sermon des bonnes œuvres*, dans *Œuvres*, Pléiade, tome I.

32 › Luther, *Œuvres*, Labor et Fides, tome VII, troisième partie, p. 104 : Le *Notre Père*.

La métaphore de la source correspond évidemment à cette surabondance de bienfaits que la prière obtient : le bassin de la fontaine ne cesse de se remplir et la coupelle sur l'herbe, au premier plan, est une invite à venir y puiser à volonté. Mais de même que cette source satisfait, comme le dit tout le début de la Déclaration, un besoin vital pour « tous animaux », il me semble qu'elle renvoie aussi à cette soif métaphorique de Dieu que Luther commente par exemple dans les Psaumes 63 (« Mon âme a été assoiffée de toi ») et 143 (« Mon âme est devant toi comme une terre aride ») : « De même qu'un champ aride est assoiffé de pluie, de même mon âme est assoiffée de la grâce [...] parce qu'elle ne savait pas que, sans la grâce de Dieu, toutes les œuvres sont néant. » Le traducteur du recueil de Friedrich en tout cas n'est pas très éloigné de cet intertexte, quand dans le quatrain de l'emblème il fait s'exercer le cœur des bons « en œuvres de clemence », sans qu'il y ait l'équivalent dans le texte original. Sans Q. v. 3 doute n'est-il pas inutile de rappeler que la prière individuelle, pour Luther, est avant tout une méditation sur les dix Commandements, et que seule la vraie foi peut conférer au respect de la Loi, dans l'amour de Dieu et du prochain, la possibilité d'engendrer de bonnes œuvres. C'est ainsi que le poème conclusif en fin de recueil constate amèrement que « Les ruisseaux de la foy s'en vont du tout taris », et que, conséquence inévitable, « Pour en produire fruicts, nul à peu pres n'y touche[33]. » La source du registre supérieur qui se déverse à profusion sur le cœur ardent représente alors l'infusion de la grâce qui fait, selon une formule de Luther, que « nous ne devenons pas justes en faisant ce qui est juste, mais en tant que nous sommes rendus justes, nous produisons des œuvres justes[34] ». C'est tout le problème de la place des œuvres, c'est-à-dire de la charité, par rapport à la foi.

9. AINSI LA CHARITÉ VRAYE SE REPRESENTE.

Il n'est guère surprenant que la méditation de Friedrich fasse place, après la Foi, à la Charité. Et de même qu'il y a une « vraye foy », il y a une « Charité vraye » : ce ne sont pas là de simples vertus morales, mais des vertus théologales, que l'auteur entend présenter dans la spécificité de leur relation avec Dieu, telle que sa confession le lui fait concevoir. Or, on va le voir, la vraie Charité n'est pas concevable sans la Foi.

L'emblème proprement dit propose donc, selon le titre, une représentation de la Charité vraie, qualifiée par le quatrain de « ferme ». Cette qualité est exprimée par le recours à une analogie avec les constructions en pierres de taille dont la solidarité est assurée au moyen de ciment et de barres de bronze ou de fer insérées et scellées par du plomb, selon une technique que décrira encore l'*Encyclopédie*. Le piédestal parallélépipédique qui occupe le bas de l'image est ainsi prolongé en arrière par une pierre de même hauteur, reliée à droite et à gauche par deux de ces crampons posés de façon oblique. Cette représentation réaliste de l'art du bâtiment ne se remarque pas immédiatement : le prolongement perpendiculaire est raccourci par la perspective

33 › Conclusion, v. 28 puis 30.

34 › Luther, *Œuvres*, Labor et Fides, tome I, p. 98.

et presque entièrement masqué par une stèle ou colonne à section carrée posée sur le piédestal au premier plan, et dont le maintien est assuré par trois crampons noirs tout à fait improbables mais très démonstratifs. L'ensemble occupe la moitié inférieure de l'espace de la vignette, et à l'arrière-plan se profile une ville fortifiée, une de ces « bonnes » villes protégées par de solides
D. v. 4 murailles (les « bastimens » de la Déclaration), redoublant ainsi le concept de fermeté.

Sur la stèle se tient, avec toute la fermeté promise par l'étrange appareil architectural qui la dresse en hauteur, l'allégorie de la Charité : représentée dans la posture d'une femme assise, elle maintient dans son bras droit un enfant sur son giron et de sa main gauche elle tient une bible dont la tranche repose sur sa cuisse gauche. Derrière elle, apparaît de face un agneau auréolé, les deux pattes avant écartées comme s'il s'agissait des bras d'un homme, l'une posée sur la tête de l'enfant et l'autre maintenant une croix sur la bible. Cette représentation du Christ rédempteur transforme l'image traditionnelle de l'agneau, de telle sorte que les pattes en croix, outre qu'elles redoublent l'évocation de la Passion déjà symbolisée par la croix sur la bible, ne sont pas sans rapport, par leur maigreur et par leur mouvement descendant, avec les deux grands crampons obliques et symétriques de part et d'autre de la colonne dans le registre inférieur. Ils en partagent en outre le caractère invraisemblable – c'est-à-dire le caractère symbolique délibérément affiché.

Nous avons donc affaire à nouveau à une image dont la bipartition en deux espaces de représentation superposés induit un rapport analogique. La solidarité et la fermeté de l'appareil architectural en bas valent pour la solidarité et la fermeté des vertus théologales représentées symboliquement dans le registre supérieur, la Foi et la Charité. Le concepteur a misé sur la reconnaissance de la colonne de la Foi, expression clichée et signe iconique lui-même stéréotypé, même si la colonne en question est généralement ronde et non pas, comme ici, de section carrée[35] ; et cette reconnaissance permet alors de compléter l'analogie et d'établir un rapport entre l'allégorie féminine au giron accueillant et le large piédestal : « Pareillement unie
D. v. 7-8 et conjoincte est la Foy / A Charité ardante », dit la Déclaration. Et ce qui assure cette union et conjonction, comme les crampons dans l'art du bâtiment, c'est le Christ paradigme de la vertu de patience, sous la forme de l'agneau qui relie de ses pattes étendues l'enfant, attribut de la Charité, et la croix qu'il appuie sur l'Écriture : l'intérêt de l'analogie réside, évidemment, dans le rôle et le statut des crampons énigmatiques, ou, dès lors que l'on interroge le registre supérieur, de leur équivalent, l'agneau mystique.

Le groupe solidaire de la Charité et de la Foi est surmonté par le Saint-Esprit sous la forme traditionnelle de la colombe, et le tout est nimbé de rayons, comme l'était le cœur représenté au centre de l'image de l'emblème précédent : un cœur, on s'en souvient, « ardant », comme ici
D. v. 8 la charité est dite « ardante ». Le commentaire sur l'épître aux Galates dit aussi, à ce propos : « celui qui croit a le Saint-Esprit. Or, là où se trouve le Saint-Esprit, il ne laisse pas l'homme dans l'oisiveté » ; « sans les œuvres la foi ne vaut rien[36] ». Et Luther ajoute, ce qui est tout à fait dans l'esprit du vers 11 (« la Foy ne peut être sans Croix »), qu'une fois que Christ est « saisi par la foi », « le Saint-Esprit est aussitôt donné[37] », et les tourments ne se font pas attendre :

35 › Pour donner un exemple protestant, voyez l'emblème « Maxima non confundit, justificat Christus » de Georgette de Montenay (*Emblemes ou devises chrestiennes*, Lyon, J. Marcorelle, 1571 : emblème 8).

36 › Commentaire au verset 2, 18.

37 › Commentaire au verset 3, 10 (ainsi que les citations suivantes).

« Alors l'on aime Dieu et le prochain, on fait de bonnes œuvres, on porte la croix. » Car dès que la Foi reconnaît et accueille le Christ, « tout aussitôt s'élèvent contre nous des ennemis : le monde, la chair, le diable ; ils nous haïssent et nous persécutent cruellement, corps et esprit », et ces ennemis tâchent d'enrayer le processus de justification, qui n'aboutira que dans l'au-delà. La croix évoquée par la Déclaration de l'emblème représente, au-delà de la croix de la Passion du Christ, la persécution du fidèle par les ennemis que nomme Luther, monde, chair et diable. Selon une formule du même commentaire sur l'épître aux Galates, « le péché qui s'accroche à nous et ne cesse de nous contrister » : « la croix et les luttes ne tardent pas à suivre la connaissance de Christ[38] ». Mais comme la Charité, poursuit Luther, est patiente (ainsi que le dit saint Paul dans I *Cor* 13, 4), grâce à elle le cœur « endure et [...] persévère à l'heure de l'adversité » en attendant « des temps meilleurs ». C'est le sens même du mouvement des vers 10 à 14 de la Déclaration : la vertu christique de patience anime aussi bien la Foi que la Charité, comme un point commun qui en même temps assure la nécessaire solidarité des deux vertus.

Que l'on observe attentivement la composition allégorique : l'allégorie de la Charité porte l'enfant (amour du prochain, bonnes œuvres) et se voit confier la croix (patience, pour l'amour de Dieu, dans les tribulations ou ce que le traducteur choisit de rendre par « la tentation », le terme allemand « **Anfechtung** » signifiant les deux). Mais c'est bien l'agneau qui lui confie la croix, comme il pose la patte sur la tête de l'enfant ; et de même que l'agneau est, spatialement, au-dessus de la Charité et lui confie son propre attribut, la Foi est, théologiquement parlant, première, et réalise cette sorte de trait d'union entre le Saint-Esprit et la Charité qui fait que les œuvres peuvent être dites bonnes. Au dessin, donc, de porter cette notion, fondamentale dans la théorie luthérienne de la justification, que la Foi, loin d'être « formée » par la Charité comme le voulait la scolastique, précède la Charité, sans pour autant que dans la pratique de la justice dite « active », dans le rapport du chrétien à la Loi, les deux vertus théologales puissent être dissociées. Mais l'image impose bien l'idée que c'est la Foi qui est première dans cette association des deux vertus, c'est elle qui fait le ciment, ou plus exactement qui fournit le matériel propre à jouer le rôle des crampons... La méditation, elle, retient tout simplement cette idée que de la Foi, une Foi qui « pratique constamment la vertu[39] », découlent nécessairement les bonnes œuvres de la Charité. C'est là cette « foi agissante par la charité » dont Luther dans son commentaire montre longuement qu'elle est « vraie et vivante », et non pas « feinte ou hypocrite » (Friedrich dit : sans « male-tromperie »), dans la mesure où elle « accomplit les œuvres bonnes » par la Charité et « pousse » à les accomplir. La « Charité vraye » promise par le titre ne pouvait que rencontrer, même de façon allusive, le texte fondamental de Luther sur l'épître aux Galates, et l'on voit que Friedrich a en tête une image qui restitue par le détail de son dispositif les présupposés théologiques de son discours poétique.

D. v. 15

Gal. 5,6

D. v. 9

38 › Commentaire au verset 5, 5 (ainsi que la citation suivante).

39 › Commentaire sur l'épître aux Romains.

10. L'ESPERANCE CHRESTIENNE ONCQUES NE CONFONDRA.

Le titre allemand, « **Christliche Hoffnung läßt nicht zuschanden werden** », reprend la traduction par Luther du verset 5 de l'épître aux Romains, chapitre 5[40]. Le traducteur choisit pour le titre en français un verbe qui n'est autre que le décalque de la version de la Vulgate, qui fait apparaître le verbe « *confundere* » (« *spes autem non confundit* » : l'Espérance chrétienne ne jette pas dans la confusion). Cette confusion pour Luther est le « trouble de la conscience qui résulte de la terreur et de la peur[41] ». La troisième vertu théologale est illustrée par un bateau, et le verbe du titre, dans ce contexte métaphorique, désigne aussi bien cette inquiétude que provoquerait selon la leçon allemande la ruine de l'Espérance, que le danger de sombrer. Le motif du bateau permet de recourir au symbole traditionnel de l'ancre pour dire la fermeté et la stabilité, dans une configuration qui fait apparaître, à côté de ladite ancre, une réplique *a minima* de la composition allégorique précédente : la Charité avec pour attributs l'enfant d'un côté, la croix de l'autre, et le Saint-Esprit, c'est-à-dire cette Charité provoquée ou rendue *vraie*[42] par la Foi – ce que le texte français tâche de rendre au v. 3 par l'expression « charité de foy », bien distincte, dans la même phrase, de « la foy ». Rétablissons l'ordre des mots : *Celui au cœur duquel la charité se découvre bien mûre, demeure avec fermeté en charité de foi.* La phrase impose, comme on a pu le dire au cours de l'analyse de l'emblème précédent, l'antériorité de
D. v. 4 la Foi par rapport à la Charité : il faut que la Foi ait eu le temps de mûrir (« bien meure ») pour porter ce fruit qu'est la Charité. Cette métaphore de la fructification est notamment utilisée dans le *Traité de la liberté du chrétien* avec la même intention pédagogique, faire comprendre la nécessaire antériorité de la Foi par rapport aux œuvres dans l'économie de la justification.

Des œuvres, d'ailleurs, ici, il n'en est pas question : l'objet de l'Espérance chrétienne est strictement d'ordre eschatologique. L'Espérance conforte le fidèle dans sa Foi, dans la certitude de son salut. Luther note dans son commentaire sur l'épître aux Galates (5, 5) qu'« il y a une si grande parenté entre la foi et l'espérance qu'il n'est pas possible de les séparer l'une de l'autre ». Leur rôle cependant, précise-t-il, est différent : si la Foi est question d'intelligence, l'Espérance a pour fonction d'exhorter la Foi et de la susciter « au sein des afflictions », mais aussi de réconforter « celui qui est déjà justifié par la foi pour qu'il ne succombe pas dans le malheur ». Ce malheur est représenté dans le texte de Friedrich par la métaphore des vagues et des tourbillons, « les maux du monde » : la Foi, ajoute Luther, « lutte contre les affections telles que les tribulations, la croix, l'impatience, la tristesse, la pusillanimité, le désespoir, le blasphème ».

Cette succession des emblèmes VIII, IX et X est donc fondée en théologie : d'abord la Foi, et rien que la Foi, une Foi justifiante ; or cette Foi, dans la mesure même où elle est justifiante, est nécessairement agissante, et met en œuvre la Charité ; mais contre les ennemis diaboliques que cette Foi suscite, il faut encore que l'Espérance l'affermisse jusqu'à l'heure de la justifica-

40 › « Hoffnüng aber läßt nicht zuschanden werden ».

41 › Dans son cours sur l'épître aux Romains (1516-1517), où il cherche la cohérence entre *Esdras*, 28, 16 et *Romains*, 9, 33 (qui reprend le verset 5 du chapitre 5).

42 › Selon le titre de l'emblème précédent. De même l'Espérance *chrétienne* ne saurait se confondre avec l'espoir trivial des objets de ce monde, qui ne sauraient constituer des fruits éternels, mais des fruits périssables, *fructus non properantes* selon les termes de l'épigramme liminaire donnée par Martersteck.

tion définitive, ce que Luther qualifie comme « notre justice espérée[43] », puisque Paul dit aux Romains que « c'est en espérance que nous avons été sauvés ». *Rom.* 8, 24

Les tribulations du chrétien, qui consistent à « passer parmi la croix », sont représentées par les vents anthropomorphes aux chevelures de nuages[44] et la mer agitée qui menacent l'embarcation, – une embarcation que ses voiles gonflées poussent dangereusement en arrière. Mais l'Espérance chrétienne vient conforter la Foi et l'ancre est jetée sur la bible comme pour stabiliser le navire métaphorique auprès du rivage, puisque la Foi salvatrice consiste à suivre la voie du Christ et à entendre sa parole (« **Wort** », dit le texte allemand, et le traducteur « sa voix »). La prédication (« la force d'Esprit et son soulagement ») suffit en effet à réactualiser le moment où le chrétien a « revêtu Christ » comme dit Paul aux Galates en évoquant le baptême, « Christ c'est à dire, commente Luther, son innocence, sa justice, sa puissance, son salut, sa vie, son Esprit, etc. » C'est, ajoute-t-il, renoncer à la peau d'Adam, « tunique mortelle et vêtement de péché », ou, comme le dit la Déclaration de notre emblème, dans une belle utilisation de l'adjectif substantivé, « [mettre] le caduque en arriere ».

D. v. 9 — D. v. 10 — D. v. 17 — *Gal.* 3, 27 — D. v. 15

11. IL FAUT QUE PAR LA CROIX LE CŒUR SOIT ESPROUVÉ.

Le titre de l'emblème nous invite à penser que la méditation va se poursuivre en précisant la notion de « croix », cette croix *parmi* laquelle l'Espérance, disait l'emblème précédent, permet au chrétien de *passer*, et l'image propose une composition très abstraite, faite d'une accumulation de symboles configurés dans l'espace rectangulaire sur le principe, précisément, d'une composition cardinale, comme une croix dont la traverse horizontale serait faite par deux bras qui sortent de deux nuages. Ces nuages peuvent paraître d'une facture naïve assez peu heureuse sur le plan esthétique : cette naïveté-là s'appelle stylisation, et l'artiste a délibérément conservé ce caractère stylisé à un motif qu'il emprunte directement à l'héraldique. Chacun est ainsi à même de reconnaître dans ces *bras issants de deux nuées* et prolongées par ces deux mains unies paume à paume, le meuble dont la dénomination spécifique est *une foi*.

Mais que l'image accueille un signe du code héraldique ne signifie pas que l'on doive pour autant s'arrêter strictement à une signification figée. Intégrés dans la composition emblématique, ces nuages stylisés sont le signe que nous avons affaire à une réalité spirituelle, comme dans les emblèmes d'Alciat, de La Perrière, ou davantage encore de Georgette de Montenay[45] : le symbole des mains qui se joignent représente ici moins la fidélité au sens tropologique de la loyauté, qu'au sens spirituel de la Foi. C'est ainsi que l'expression « cœur fidèle » est employée, avec ce sens très précis, dans les Déclarations des emblèmes XXI (v. 5), LIV (v. 9), LXXVII (v. 19),

43 › *Commentaire de l'épître aux Galates*, 5, 5. Les citations du paragraphe suivant proviennent du même texte.

44 › On pense au magnifique portrait de Borée dans le tout premier emblème de l'*Atalanta fugiens* de Michel Maier, strictement contemporain du recueil de Friedrich.

45 › La main qui sort d'une masse nébuleuse pour signifier l'intervention divine est un code très largement partagé depuis les débuts de l'emblématique. Dans le recueil de Georgette de Montenay, on la trouve dans plus d'un emblème sur quatre.

conformément d'ailleurs aux traductions françaises du XVIe siècle du commentaire de Luther sur l'épître aux Galates, où le mot grec « *pistis* » (« la foi ») est rendu par « la fidélité[46] ».

Nous avons donc affaire avec cette image abstraite à un nouveau signe pour désigner la Foi au sens chrétien du terme, un autre « synonyme » à ajouter au vocabulaire plastique de ces emblèmes dont le caractère *nouveau* a été revendiqué dans le titre choisi pour l'ouvrage. Restait à préciser cette Foi au sens chrétien, et luthérien du terme. Les deux mains se rencontrent au point de jonction d'un cœur et d'une bible qui lui est reliée verticalement par un lien et qui se trouve elle-même prolongée par un bouquet de fruits, symbole d'une abondance de bienfaits. Chaque main tient en outre entre pouce et paume une croix de part et d'autre de la pointe du cœur : le quatrain nous invite à visualiser deux couleurs, le rouge et le noir, qu'il faut associer
Q. v. 2-3 respectivement au « plaisir » et à la « douleur ».

Rappelons au passage que ce sont les deux couleurs fondamentales de la devise que Luther a créée pour son propre usage, en plaçant au centre d'une rose un cœur rouge portant, au milieu, une croix noire. D'après sa propre explication, le noir est lié à l'idée que cette croix, celle du crucifié, mortifie et doit faire mal. Mais si le cœur est rouge, c'est qu'il est la vie : car cette croix ne tue pas pour autant, en réalité elle maintient en vie. Tristesse, par conséquent, celle des tribulations, mais aussi joie, puisque ces tribulations sont supportées dans l'espérance : après la mort de la chair, la vie éternelle.

Le haut de l'image est occupé par un cœur en flammes pourvu de grandes ailes héraldiques éployées, comme un oiseau *essorant*, selon le lexique technique approprié ; c'est donc un cœur ardent qui prend son vol en direction du ciel, ainsi que le commente la Déclaration. Ce cœur ardent, explique Friedrich, représente la Charité (la « Charité vraye », selon les premiers mots
D. v. 7 du texte) mais, à nouveau, le texte prend garde à subordonner la Charité à la Foi (« un tel cœur tousjours vole en foy »), et sur l'image la pointe du cœur est placée derrière les mains qui se rejoignent, comme s'il s'en envolait, ou encore comme s'il entraînait dans son ascension le tout de la construction symbolique avec lui.

Mots du poème et motifs de l'image semblent à nouveau utilisés selon une syntaxe et un agencement étudiés, propres à respecter au mieux dans le traitement de ces notions la doctrine luthérienne de la justification. Et l'on peut sans grand risque penser que le symbole d'abondance attaché à la bible, au-dessus d'un paysage montagneux qui représente le monde, est chargé de signifier les bonnes œuvres produites et légitimées par la Justice du Christ promise par la Parole. Les œuvres pour Luther sont les fruits de la Foi, comme le dit le commentaire sur l'épître
Gal. 5, 14 aux Galates : « sur ce fondement, il édifie maintenant les bonnes œuvres ». Quant à la bible, jointe au symbole de la Foi, elle correspond à une seconde forme du Saint-Esprit : non plus la colombe descendue sur le Christ au bord du Jourdain comme dans l'image précédente, mais le Saint-Esprit tel qu'il « est envoyé dans le cœur des croyants par la Parole[47] » – difficile pour le dessinateur d'évoquer cette forme-là autrement que par un objet de l'ordre du visible...

La Déclaration, qui réaffirme le lien posé dans l'emblème précédent entre la Charité et l'Espérance, se présente, par les quatre premiers vers qui reviennent sur la solidarité entre Charité, Espérance

46 › Je me fais là l'écho d'une remarque de René-H. Esnault, le traducteur moderne de l'épitre dans l'édition que j'utilise (Labor et Fides).

47 › *Cf.* le commentaire de Luther à *Gal.* 4, 6 (« Dieu a envoyé dans vos cœurs l'Esprit de son Fils »).

et Foi, comme l'aboutissement des méditations précédentes sur les trois vertus théologales. La suite reprend le thème fondamental de l'emblème VII, celui de la nécessité d'une Foi simple : la trilogie des emblèmes VIII, IX et X, qui ont pour objet la façon dont s'articulent dans la justification les trois vertus théologales, est ainsi comme encadrée. La Foi simple, disent les vers 12 et 15, est celle qui se fonde sur la croyance dans la parole du Christ, « voix de lumière », selon l'expression du v. 14 qui génère sur l'axe vertical de l'image ce parcours depuis la bible jusqu'à la flamme lumineuse de la chandelle, le parcours de la Parole à la lumière.

Quant à l'impie, qui croit en sa raison, compte sur ses propres forces et prétend trouver la justification dans ses œuvres, c'est un orgueilleux qui « se vante », car personne, insiste Luther, ne saurait satisfaire parfaitement à la Loi, et la sanction qu'il encourt (« la parole le juge ») est la damnation éternelle. Le vrai chrétien, en revanche, que sa Foi en la promesse du Christ porte à aimer Dieu et son prochain[48] – ce à quoi, dit Luther, reviennent les dix prescriptions du Décalogue – peut-être assuré de son salut.

D. v. 18

D. v. 18

12. L'ARC TROP TENDU SE ROMPT, OU POUR LE MOINS LA CORDE.

« Il y aura beau jeu si la corde ne rompt », disait-on en France à cette époque : bien que la parémiologie lui fournît un alexandrin facile, le traducteur a préféré conserver l'arc du titre allemand. Ce titre fait ainsi écho dans les deux langues à une fable de Phèdre, « *Aesopus ludens* ». Ésope, surpris en train de jouer avec des enfants et moqué, répond au railleur en lui montrant un arc à la corde détendue. « Tu rompras vite ton arc, si tu le tiens toujours tendu », ajoute-t-il : l'apologue signifie qu'il faut accorder de temps à autre quelque récréation à son esprit. On trouve d'ailleurs cette analogie ailleurs que chez Phèdre, dans l'*Enquête* d'Hérodote qui la met dans la bouche d'Amasis, roi d'Égypte, ou encore dans Plutarque, qui l'attribue à Denys l'ancien. Mais Friedrich élude le sens général de l'apologue (le divertissement, ou le relâchement de l'effort, est nécessaire à l'homme pour un bon fonctionnement ultérieur de ses facultés) pour opposer de façon générale bon usage et mésusage, le mésusage étant caractérisé par l'exercice d'une violence.

liv. IV, 3

II, 173

L'image évoque par les objets posés sur une surface plane comme celle d'une table les activités triviales que le premier vers du quatrain nomme, la musique et la lecture. Le luth, pourvu de toutes ses cordes, est intact, et l'on peut supposer alors que les lunettes que l'on voit parmi les livres ne sont pas les verres déformants déconseillés par le quatrain, mais au contraire les « droictes lunettes » de la Déclaration. Cet ensemble d'objets correspond donc à des activités positives, et le sablier posé sur la table d'harmonie du luth renvoie à la notion de temps que posent avec insistance les premiers vers de la Déclaration, le temps plaisant des loisirs agréables, la durée (« beaucoup de temps ») dans laquelle ces activités peuvent s'inscrire sans épuiser pour autant le plaisir et la satisfaction que l'on en retire[49].

D. v. 19

D. v. 3

48 › C'est le sens des v. 20 et 21.

49 › Déclaration, v. 4 : « Le plaisir qu'on y prend la joye ne dechasse ».

Cependant si par l'intermédiaire de la corde le texte peut passer de l'arc au luth, et puis du luth
au livre, la lecture dont il est question dans la Déclaration est autre chose qu'un passe-temps
agréable : c'est de la Bible qu'il s'agit, et le bénéfice moral que l'on retire de sa fréquentation est
D. v. 11 la « joye d'esprit » et le réconfort dans les vicissitudes[50]. Ainsi le véritable enjeu de l'image est-il,
au-delà de ces livres variés qui sans doute renferment le texte sacré sous ses différentes formes
(dont un livre de partition, au format italien, entre musique et lecture, un recueil de cantiques
D. v. 9 sans doute), le Livre par excellence, « la saincte Escriture ». Car c'est de la Parole de Dieu qu'il
faut faire bon usage, sans faire violence au texte, comme l'exige Luther, et après lui Gerhard,
dont on peut penser qu'il est un bon représentant de la sensibilité luthérienne contemporaine
de Friedrich. Et l'Ecriture pour Gerhard est bien, comme le luth, une histoire de son : « Le
Saint Esprit nous parle dans les Ecritures et par les Ecritures, de telle sorte que dans ces mots
des Ecritures se fait entendre la voix du Saint Esprit et sa pensée, qu'il n'y a pas à plaquer depuis
une autre source sur ce qui est écrit, mais qu'il faut puiser à ce qui est écrit et écouter[51]. »

D. v. 23 Faire violence au texte sacré, c'est le fait de celui qui ne fait confiance qu'à sa « raison char-
D. v. 14 v. 16 nelle » et préfère suivre son opinion : cette « teste inflexible » est celle-là même que le tout pre-
Ex. 32, 9 et mier emblème engageait à se plier au monde : c'est la « nuque raide » de l'Ancien Testament.
Deut. 9, 13 De même, c'est à la raison de l'homme de se plier à la Bible pour entendre la Parole divine, et
non le contraire. Suivre son opinion, ici, consiste à mal interpréter l'Écriture pour la mettre au
D. v. 18 service de ses désirs mauvais, « ses cupidités », sa concupiscence, ce qui se fait en « Cerchant
D. v. 17 en des mots clairs plusieurs subtilités ». C'est séparer le sens de l'Écriture des mots de l'Écri-
ture (ce que reproche Gerhard aux gloses de la tradition recommandées par le Concile de
D. v. 15 Trente[52]) pour y « inserer », comme le dit Friedrich, sa propre opinion.

La recherche à tout prix de sens supérieurs, qui entraîne une sollicitation systématique du
texte, est une caractéristique de l'exégèse scolastique fermement proscrite par Luther : une
lecture selon quatre niveaux d'interprétation (littéral, tropologique, allégorique, anagogique)
qui, dit-il dans son commentaire sur l'épître aux Galates, morcelle le texte sacré au mépris
de son unité, perd le croyant dans les détails, risque de donner une importance plus grande
aux commentaires qu'au texte lui-même, et permet de dire à peu près n'importe quoi – des
« imaginations incongrues et frivoles[53] ». La lecture préconisée par Luther est fondée sur le
postulat que le texte sacré est un texte clair, intelligible, pourvu qu'on prenne la précaution
D. v. 20 d'en établir le sens historique (avoir souci « du temps »), le sens littéral (avoir souci des
D. v. 20 v. 21 « paroles nettes ») et l'intention générale (avoir souci du « but du parlant »). Le repérage
de cette intention générale autorise à écarter les détails embarrassants qui supposeraient un
travail herméneutique complexe : le protocole de lecture ainsi posé consiste bien, comme le
D. v. 21 dit Friedrich dans la Déclaration, à « suiv[re] simplicité ».

50 › Déclaration, v. 11-12 : « et l'ame reconforte / Contre tous les assauts de tentation forte. » À nouveau le terme « tentation », comme dans les emblèmes 9 et 11, signifie les tribulations, les « croix ».

51 › J. Gerhard, *op. cit.*, § 21 : « Spiritus S. in scripturis et per scripturas ad nos loquitur, ergo in illis scripturae verbis sonat Spiritus S. vox et sententia, non aliunde inferenda in scripturam, sed ex ea haurienda atque audienda ».

52 › J. Gerhard, *ibid.*, § 21 (« [...] quod Spiritus S. sensum a verbis scripturae separant [...] »). Les papistes, dit-il au paragraphe suivant, font de l'Écriture une sorte de squelette ou de statue inerte et muette qui demanderait à être animée par le discours soi-disant autorisé du Pape.

53 › L'expression est de Luther.

Le mot « but » traduit l'allemand « Ziel », comme le propose le dictionnaire de Stoer, qui donne aussi le latin « *scopus* », un terme très marqué dans l'histoire de l'exégèse biblique. « Les hérétiques, écrit Maldonat à propos de la parabole des ouvriers dans *Mathieu*, 20, expliquent de différentes façons vers quoi tend toute la parabole et ce qu'est, comme ils disent, son *scopus*[54]. » Le « *scopus* » est en effet indissociable du critère christologique de l'exégèse luthérienne, une exégèse qui, repliant systématiquement l'Ancien Testament sur le Nouveau Testament, cherche le but du texte vétérotestamentaire dans Jésus-Christ, ou qui, dans telle parabole du Nouveau Testament, cherche à établir en priorité quelle est l'intention du Christ.

La méditation de Friedrich revendique cette recherche du « *scopus* », ce *souci du but* garant de l'accès au sens de l'Écriture, c'est-à-dire à la vérité. Dans l'image de l'emblème, le luth intact aux cordes correctement tendues, les livres accompagnés de bonnes lunettes constituent deux métaphores plastiques de ce bon usage de la Parole, qui permet au plein soleil de la parole divine – autre métaphore prise en charge par l'image – de faire parvenir son pur éclat au travers des nuages : la vérité dans toute sa splendeur.

13. PREN BIEN GARDE À TES PAS DE PEUR QUE TU NE TOMBES.

On peut considérer cet emblème comme une variation sur la parabole de la paille et de la poutre : cet homme qui scrute les lointains ne voit pas ce qui se passe à ses pieds. L'homme, en habit de docteur, est donc un pasteur déficient, et les animaux que l'on distingue dans le tiers inférieur de l'image représentent les chrétiens séduits par de mauvaises doctrines, conformément à la parabole du Christ dans *Matthieu* 7, 15 : « Or soyez en garde contre les faux prophètes qui viennent à vous en habits de brebis, mais qui au-dedans sont des loups ravisseurs. » Le poème de la Déclaration explique que ce théologien est trop occupé à dénoncer les défauts qui ont cours chez ses voisins, pour être vigilant vis-à-vis de ses propres ouailles. L'image, quant à elle, montre, à l'aplomb de la main, doigts tendus dans le geste de celui qui cherche à voir au loin, une paire de lunettes en train de tomber ; au même niveau, à la base de la colonne sur laquelle l'homme est juché, se trouve une chandelle qui à cette place, évidemment, ne saurait pas lui servir davantage que les lunettes bientôt piétinées par les moutons.

Mais l'on a vu dans l'emblème XI que la flamme de la bougie pouvait se prêter à un symbolisme de la lumière très évangélique. Aussi dans une deuxième partie le texte glisse-t-il vers une autre explication : le pasteur déficient en vient à endosser le rôle du fauteur de désordre, et c'est à présent lui qui inculque une fausse doctrine aux chrétiens dont il a la charge, au péril de leurs âmes – et de la sienne : car c'est bien à lui que l'avertissement du titre s'adresse, c'est bien lui qui risque également de « cheoir en la fosse / De l'Enfer ». Voilà qu'il devient lui-même le trompeur, le faux prophète de la parabole : et l'on comprend alors la valeur de la distance, dans la gravure, entre sa main qui tient une bible fermée et la lumière de la bougie à ses pieds. D. v. 10-11

54 › Maldonat, *Commentarii in quatuor evangelistas*, Pont-à-Mousson, 1596-97, col. 465 : « Haeritici [...] variis modis exponant quorsum tota parabola tendat, et quis sit, up ipsi loquuntur, illius scopus ».

Le fondement de la colonne sur laquelle il se tient n'est pas la vérité lumineuse de la Parole, mais un sac d'argent : comme le disent les symboles de la tête de mort et du sablier associés à ce sac, il a troqué la vie pour la mort éternelle. Comme dans le troisième emblème, l'argent, le culte de Mammon, renvoie de façon générale à la transgression du premier Commandement. Car l'argent représenté ici ne vaut pas véritablement pour l'argent, et si le troupeau a froid,
D. v. 16 qu'il a faim, qu'il manque d'eau, il faut comprendre que c'est de son salut qu'il s'agit : le « pasturage » dont il est question au vers 17, c'est l'évangile et sa promesse de vie éternelle, la pâture
Jn. 10, 10 promise par le bon berger de la parabole.

Et puisque la deuxième partie du texte insiste sur le fait que le pasteur de l'image s'érige « sur
D. v. 12 colonne qui n'a fondement que d'argent », on comprend que ce sac se substitue à ce qui devrait être le fondement de sa foi, c'est-à-dire la vraie doctrine dont l'article principal est la justification par la foi seule : ce sac d'argent, ce sont les œuvres. La cible peut aussi bien être les catholiques, que les sacramentaires, voire des luthériens accusés de ne pas respecter leur confession dans son intégrité et que l'on renvoie ainsi au paradigme honni du papisme.

14. DEDANS UN VERRE ESTROIT GRAND BRUIT LE TAVAN MEINE.

Les ouvrages que le jésuite Estienne Moquot cite et traduit dans sa *Guerre ministrale*, publiée à Poitiers en 1619, suffisent à témoigner du fait que le conflit avec les zwingliens et les calvinistes continue après la mort de Luther, et certains polémistes luthériens de la fin du XVIe siècle et du début du XVIIe n'ont pas de mots assez durs contre ceux que l'on continue à appeler les « sacramentaires ». Conrad Schlusselburg leur a consacré plusieurs ouvrages, dont un traité *De secta Sacramentorium qui Cingliani seu Calvinistae vocantur*, qui parut à Francfort chez J. Saurius en 1597. Ce qu'Estienne Moquot relève dans ces ouvrages de polémique, à propos du nom même de « Sacramentaires », n'est pas sans rapport avec les faux prophètes de l'em-
D. v. 18 blème précédent, ces loups ravissants dont le poème explicatif dénonçait la « rage » :

> Luther les appelle en Allemand Sacramentirer [...] item Sacrament Schuuermer[55], par ce que comme saisis de certaine fureur, insensez et hors de leur jugement, ils font des fols et enragés contre le Testament de Jesus-Christ nostre Sauveur. Le nom Schuuermer est pris des Avettes[56], lesquelles en certain temps sortent de leurs ruches non sans un grand bruit. De mesme les Sacramentaires, sortans hors le sentier de la parole de Dieu avec plusieurs menteries, injures et blasphemes, avec leurs bouches mesdisantes, se ruent contre le Testament du Fils de Dieu nostre Sauveur Jesus-Christ, et les fideles defenseurs d'iceluy.[57]

Le sobriquet adopté par Luther fait donc directement référence à l'essaim qui quitte bruyamment la ruche ou le nid : « **Schwarm** / *un jetton d'abeilles ou de mousches à miel* », dit le dictionnaire de Stoer. Mais le terme est riche d'autres implications : si « **schwärmen** » signifie dans Stoer « essaimer » (« *faire un jetton, comme, quand l'essain des jeunes mouches à miel sort de la ruche* »),

55 › Ces deux « u » notent le « w », lisez « Schwermer ».

56 › *Avettes* : « les abeilles ».

57 › Traduit par E. Moquot, *La Guerre Ministrale*, Poitiers, A. Mesnier, I. Main, J. Thoreau, 1619.

il signifie aussi « *faire la débauche* », et d'autres ouvrages lexicographiques retiennent le sens par implication de « bourdonner », mais également celui d'« extravaguer », « divaguer », qui correspond à la première partie de l'explication de Schlusselburg ainsi qu'à cette « folle passion » qui occupe le cerveau de l'hérétique au vers 12 de la Déclaration.

On comprend que cette image d'insecte bourdonnant, venimeux, aux mouvements déréglés (et peu importe que ce soit précisément un taon ou un frelon) pour représenter « l'esprit d'erreur » ou hérésie, avait quelque chose de parfaitement évident pour le lectorat de 1617 qui partageait la culture confessionnelle du concepteur de l'emblème… Quant au lecteur français ou francophone potentiel, qui avait les plus grandes chances d'être calviniste, sans doute passait-il d'autant plus à côté de la cible que la méditation dont cette image est le support ne contient aucune allusion précise à sa propre confession, et qu'il n'avait par conséquent aucune difficulté à verser ce qu'il lisait sur l'hérétique au compte des affreux papistes ! Q. v. 2

La composition de l'image est régie par le principe de l'analogie, et les objets mis en rapport sont distribués selon un partage implicite strictement égal de l'espace de représentation : en bas, une stèle met en évidence un frelon prisonnier à l'intérieur d'une bouteille ; en haut, on voit l'hérétique enfermé dans la sphère du monde, prisonnier de la chair, et coupé de l'esprit par une ceinture de nuages épais. Cette ceinture de nuages est d'ailleurs redoublée à l'intérieur même de la sphère, où des nuages très sombres entourent le livre : ils connotent le côté dissimulé de l'activité de l'hérétique, souligné par l'expression « en secret » au deuxième vers du quatrain (le texte allemand emploie le verbe « **decken** », que Stoer traduit par « couvrir »).

Cette image se distingue encore par l'habileté avec laquelle les motifs de la bible et du personnage en bonnet de théologien sont conjointement traités, réussissant ainsi à condenser deux idées fondamentales sur l'hérésie. L'hérétique en effet est environné de taches noires, à la fois comme des lettres mal formées et comme des frelons qui semblent émaner de lui et se substituent au texte sacré, dans le plus grand désordre, sur la page blanche : c'est là son discours. Comme le dit la Déclaration, « Il tord les mots écrits » et les remplace par le sens qu'il entend imposer, au D. v. 8
mépris du « vray sens ». Pour ce qui est de sa personne, on voit qu'il apparaît sous la forme d'une D. v. 10
image qui occupe une page du livre, belle idée pour signifier son immense orgueil : il se met à la place de Dieu, il substitue son discours qui est erreur et mensonge, et qui finalement ne renvoie qu'à sa propre personne, à la Parole qui est la vérité par excellence. Le dispositif de l'image illustre à merveille les deux conséquences conjointes de la transgression du premier Commandement, affirmation de soi et incroyance, mises en évidence ici par la figure insolite de l'hérétique.

N'en doutons pas, dans l'esprit de Friedrich, ces accusations sont certainement beaucoup plus précises qu'il n'y paraît. Car la pierre de touche, le lieu du plus grand désaccord, ce qui fait « le fondement où ne faut contredire » pour les sacramentaires, c'est de toute évidence leur inter- D. v. 14
prétation de l'institution de l'eucharistie, sur laquelle ils ne transigent pas. « C'est le propre des heretiques de crier les figures à pleine gorge lors qu'ils sont surmontez par la claire lumiere de la verité, comme font les Sacramentaires crians superbement et arrogamment ce que ces paroles *cecy est mon corps* doivent estre entenduës figurativement », s'exclame Schlusselburg dans un gros opus de 1594, imprimé à Francfort, *Theologiae Calvinistrarum libri tres* […][58]. C'est là, ne

58 › Traduction du titre par Moquot : *Trois livres de la Theologie des Calvinistes, esquels comme dans un tableau, il est montré à l'œil par les livres de plus de 223 Sacramentaires, citant les pages, propres mots, et noms des Autheurs, qu'ils ne se sentent bien de presque aucun article de la doctrine Chrestienne* […].

l'oublions pas, le point de vue luthérien, et lorsque Luther lui-même aborde le sujet, ses propos ne sont pas toujours très nuancés. On s'en convaincra par la lecture de ces quelques lignes, choisies à dessein et traduites par le même Estienne Moquot :

> Les Sacramentaires asseurent que le Verbe, *est*, vaut autant que le verbe, *significat*, comme escrit Zvingle : et ces mots, *mon corps*, valent autant que, *le signe de mon corps*, comme l'ecrit Oecolampade [...] En quoy certes ils font le mesme, comme si ayant nié que Dieu eust créé le Ciel et la terre, et souscrit à la sentence d'Aristote, Pline, etc, touchant l'eternité du monde, quelqu'un m'oposast le texte de Moyse, *Dieu au commancement crea le Ciel et la terre*, et que pour les refuter, j'explicasse de la sorte les paroles de Moyse. Dieu, *id est* c'est-à-dire un coqu[59], crea *id est* devora, le Ciel et la terre, *id est* un verdon *currucam* entier avec ses os et plumes, et puis que je moulasse de la sorte le texte de Moyse, *Au commencement un coqu devora un verdon entier, avec ses os et plumes.*[60]

Un peu plus loin Estienne Moquot cite une réflexion de Calvin « au dernier advertissement, à Westphale pag. 1902 : *les Lutheriens nous appelent non seulement figuralistes*[61], *mais mesme tenebristes*[62] ». J'ignore si « ténébriste » fait encore partie du répertoire d'épithètes dévalorisantes des controversistes luthériens au début du XVIIe siècle, mais on conviendra que le terme trouve un bel écho dans la double nuée et les pseudo-caractères en forme d'essaim vrombissant que la figure de ce quatorzième emblème associe au personnage de l'hérétique.

15. TEL EST L'ARBRE DE VICE AVEC SES FRUITS TANT BEAUX.

L'arbre dessiné ici est une version plus élaborée et plus complète de la figure du quatrième emblème, avec la représentation de sept vices dans le feuillage d'un arbre plus imposant dont le tronc porte en outre le diable et la mort. Chaque vice est ici identifié par une inscription.

Les trois vices dénoncés par l'image du quatrième emblème tiennent ici une place centrale, verticalement, l'un au-dessus de l'autre dans le prolongement du tronc : on retrouve au plus bas, au centre même de la vignette, le paon pour l'appétit de savoir qui pousse le savant à l'orgueil (« *Superbia* »), puis le couple représentant le désir sensuel dont le paroxysme est la luxure (« *Luxuria* ») et dont le couple enlacé du diable et de la mort offre une réplique hideuse, et au sommet « *Vis* », la violence, l'appétit de domination.

De part et d'autre de l'orgueil, la curiosité (« *Curiositas* ») prend la forme d'un théologien qui pose la main sur la page d'un livre ouvert, et l'envie ou jalousie (« *Invidia* ») est représentée,

59 › Un « coucou ». Le mot « verdon » peut désigner tout oiseau qui couve l'œuf d'un autre. Selon l'abbé Vincelot (*Le nom des oiseaux*, Paris, 1872) *curruca* s'applique plus volontiers à la fauvette babillarde, parce qu'elle semble « couver, avec plus de facilités encore que ses congénères, l'œuf que le coucou aime à déposer souvent dans son nid ».

60 › Estienne Moquot, *La Guerre ministrale*, Poitiers, A. Mesnier, I. Main, J. Thoreau, 1619, p. 92.

61 › Puisqu'ils interprètent « figurativement », par figure (ce pour quoi on les appelle aussi « tropistes » ; par opposition, les luthériens sont des « réalistes »).

62 › E. Moquot, *La Guerre ministrale*, *op. cit*, p. 98.

comme le veut la tradition depuis le portrait qu'en a fait Ovide dans les *Métamorphoses*, rongeant son propre cœur, et la chevelure hérissée de serpents. Au niveau de la luxure, à droite, un personnage serre contre son ventre un gros sac de pièces et tient un vase : c'est l'avarice ou désir d'argent, « *Philargyria* ». De l'autre côté, un homme en costume d'apparat, insigne au chapeau et épée à la main, est identifié par le mot « *Philipimia* », erreur du graveur pour « *Philotimia* », l'appétit pour les honneurs, que les Latins ont appelé « *Ambitio*[63] » : c'est « l'enflée ambition » du vers 9 de la Déclaration, traduction du terme employé dans le poème allemand conforme au dictionnaire de Stoer : « Ehrgeiß / *desir et convoitise d'honneur, ambition.* Honoris cupido, ambitio ».

On remarquera que si ces vices sont bien au nombre de sept, ils ne correspondent pas à la liste proposée par Thomas d'Aquin. On peut admettre que « *Vis* », la violence dominatrice, a quelque affinité avec la colère ; mais la gourmandise et la paresse n'ont rien à voir avec le désir d'honneurs ni la curiosité. La curiosité en l'occurrence est celle vaine et mauvaise de l'intellectuel, nourrie par son orgueil et par la jalousie qui le pousse à rivaliser de subtilité avec ses confrères, jusqu'à « l'affirmation de soi et à l'incroyance », dit Luther, c'est-à-dire, comme le dit Friedrich (dont le lexique est parfaitement luthérien) jusqu'à vouloir « maistriser mesme la Deité[64] ». D. v. 4

Cette curiosité est donc celle qui s'applique au texte sacré, et que les scolastiques eux-mêmes d'ailleurs ont appelée « *perscrutatio* », non sans en dénoncer les dangers. Les luthériens ne manquent pas de reprocher aux sacramentaires cette « *perscrutatio* » qui les pousse à enquêter dans les textes sacrés par mauvaise curiosité, ingéniosité et subtilité coupables[65], tout particulièrement sur l'institution de l'eucharistie ou encore sur la prédestination, à propos de laquelle Schlusselburg s'exclame : « Ne sondons pas les secrets de Dieu, lesquels nous ne devons pas chercher à connaître, puisque nous n'en sommes pas capables[66]. »

On voit ici comment cette méditation s'articule avec la méditation sur l'hérétique de l'emblème précédent. La réélaboration d'une liste septénaire de péchés capitaux est tout entière subordonnée à cette activité malsaine du mauvais théologien, que mettent en œuvre les trois premiers vices, et qui a sa racine, comme le montre le dessin et comme le dit le vers 5, dans le diable. Entre ces trois mauvais fruits et le couple du diable et de sa complice et corollaire, la mort, s'étend un long phylactère qui porte l'inscription d'un vers (quelque peu corrompu) de Virgile : « *Dic quibus in terris ? nec eris mihi parvus Apollo* » (« Dis-moi en quel endroit de la terre, et tu ne seras pas pour moi un petit Apollon », c'est-à-dire : et je te considérerai comme un grand devin). Dans la troisième églogue de Virgile, où les bergers Ménalque et Damétras rivalisent d'énigmes, il s'agit de savoir en quel endroit de la terre l'espace du ciel n'a pas plus de trois coudées d'étendue. Ce qui, transposé à la réalité d'un moraliste luthérien du tout début

63 › À partir de « ambire », « aller autour », dans le sens de « circonvenir ».

64 › Le verbe correspond littéralement au verbe employé dans la version originale, « meistern ».

65 › « Argutas, curiosas et subtiles disputationes de hoc mysterio non curamus », écrit Schlusselburg à propos de la prédestination (références note suivante).

66 › « Non intremus secreta Dei, quae ut non possumus, ita non debemus scrutari. » Conrad Schlusselburg, *Theologiae calvinistarum Libri Tres, in quibus, ceu in tabella quadam, quasi ad oculum, plusquem ex CCXXIII Sacramentariorum publicis scriptis, pagellis, verbis propriis, et autorum nominibus indicatis, demonstratur, eos de nullo fere doctrinae Christianae Articulo recte sentire : Addita simul verae sententiae assertione, et contrariae opinionis refutatione : Collecti opera et studio M. Conradi Schlusselburgii*, Impressum Francoforti ad Moenum, per Iohanemm Spies, 1594 : liber I, « De praedestinatione ».

du XVIIe siècle, peut revenir à se demander s'il y a place, chez les chrétiens évangéliques de son temps, à une authentique liberté de l'esprit. La question avait été posée par Luther dans son commentaire à l'épître aux Galates (5, 13) : grands comme petits, écrivait-il,

> tous se vantent d'être évangéliques, tous se prévalent de la liberté chrétienne tout en s'abandonnant à leurs cupidités et en se livrant à l'avarice, aux voluptés, à l'orgueil, à l'envie, etc. ; personne ne s'acquitte fidèlement de sa charge, personne ne se fait par charité le serviteur de l'autre.

La courbe du phylactère dans l'image épouse la ligne que font les bonnets de six théologiens assis à l'ombre, six théologiens dont l'attitude est en totale opposition avec les voyageurs du sixième emblème, que l'on voyait agenouillés et priant au pied de ce qui était appelé le « vray arbre ». Leurs mains, loin d'être jointes et de signifier le recueillement, indiquent au contraire qu'ils sont en train de parler, de discuter, d'ergoter : ce sont eux, les théologiens orgueilleux et curieux, eux, les *judiciaires*, ceux dont le quatrième emblème disait que « par finesse et par gloire mondaine » ils pensent « vaincre Satan, sans avoir fort grand peine », et ce sont eux qui se renvoient la question du phylactère, quand, comme le dit le dernier vers du quatrain, ils feraient mieux de se taire. Car si la question s'arrête là et s'il s'agit de savoir vraiment en quel endroit de la terre se trouve un tel arbre des vices, il suffirait, bien sûr, qu'ils se regardent eux-mêmes – autrement dit, qu'ils commencent par ôter la poutre de leur œil…

La référence implicite d'un tel emblème est une parabole du Christ rapportée par Matthieu (7, 16-21) et Luc (6, 43), qui suit la parabole de la poutre et de la paille, et dont les deux premiers vers du quatrain sont une paraphrase : *on reconnaît l'arbre à ses fruits*. Cette parabole a pris une grande importance dans le contexte des controverses religieuses, car elle a été l'objet d'interprétations qui s'efforçaient de la tirer dans le sens d'une défense du libre-arbitre ou dans le sens de la position contraire. Les luthériens qui, à l'époque où Friedrich compose ses emblèmes, et Schlusselburg que j'ai cité plus haut en offre un bon témoignage, se sont écartés de la position très rigide des calvinistes sur la prédestination, mettent l'accent sur le fait qu'il y a des arbres prédestinés à donner de bons fruits, et que le bon arbre qui produit de bons fruits, par un processus naturel qui ne dépend pas de lui, est à l'image de la foi qui produit de bonnes œuvres, sans que ces œuvres, ou plus exactement, sans que la qualité de ces œuvres dépende de la volonté de l'homme. À l'opposé, la parabole signifie pour les catholiques que ce sont les œuvres qui font la bonté de l'homme : c'est en choisissant par l'exercice de sa volonté libre de faire de bonnes œuvres que l'homme participe à son salut.

Un tel contexte polémique ne permet guère de penser que l'adverbe « librement », au vers 20 de la Déclaration, soit dépourvu de toute intention. Le tour antiphrastique du vers 17, juste auparavant, (« Ce sont là les beaux fruicts que ce bel arbre porte ») marque la volonté d'entraîner le lecteur dans un mouvement d'indignation ironique. Puisque les catholiques sont les tenants du libre-arbitre, il faut bien qu'ils admettent alors que les mauvaises œuvres sont elles aussi les produits de leur volonté libre et perverse… et c'est pour encourager cette liberté-là qu'au sommet de la hiérarchie des péchés, la « *Vis* » du Pape menace de torture et d'exécution publique ceux qui ne sont pas d'accord avec lui ! On se rappellera sans doute que pour Luther, le pape Grégoire VII au XIe siècle avait achevé le règne des mille ans évoqué dans l'*Apocalypse* (20, 3) et avait inauguré l'avènement de l'Antéchrist en instaurant une papauté fastueuse et belliqueuse, gouvernant par l'épée comme un prince temporel[67]. Et l'on appréciera peut-être la façon dont « mes commandemens », dans la prosopopée du tyran, se substituent aux commandements de Dieu, lesquels seront explicitement évoqués dans la conclusion de la méditation sur l'emblème qui suit.

16. ESCOUTE EN TOUT AFFAIRE AUSSI L'AUTRE PARTIE.

Le personnage assis à sa table de travail est vêtu d'une pelisse comme ceux de l'emblème précédent, mais sans porter le bonnet du théologien. C'est un homme d'étude, qui lit et qui écrit, un homme de cabinet : papier, canif, plume et encrier sur la table, et trois rayonnages pourvus d'in-folios contre le mur[68]. Le titre, qui évoque le monde des procès en parlant d'*affaire* et de *parties*, autorise à mettre en rapport l'activité intellectuelle ainsi mise en scène avec le domaine du droit : cet homme de cabinet est un homme de loi. Ce titre en effet est un adage fondamental du droit, qui engage le juge à écouter l'autre partie, « *Audi alteram partem* », attendu que l'on peut toujours parler pour l'une comme pour l'autre des parties, « *in utrumque parte* » : l'instruction doit être impartiale.

Trois éléments insolites donnent à cette image qui pourrait être banale un caractère à première vue énigmatique. Le premier est un diable qui actionne un soufflet en direction du juriste : la lecture d'un tel motif, en pays germanique, est assurée par une solide tradition iconographique qui emprunte ce moyen pour représenter le concept d'inspiration diabolique[69]. Le second est la présence d'un grand soleil derrière d'épais nuages juste au-dessus de la fenêtre, mais à l'intérieur même de la pièce. Le troisième est la présence incongrue d'une échelle dont les pieds sont posés sur la tête du personnage et dont le haut, prenant appui sur la nuée, donne accès au soleil. Le quatrain suffit à livrer immédiatement une explication sommaire : le magistrat à l'étude pense avoir accès à la lumière de la vérité, inspiré qu'il est par le diable – on se souvient que l'emblème précédent a mis en évidence le lien entre le diable et ce genre d'orgueil intellectuel, fruit de la *libido sciendi*.

Il faut compléter cette description par la prise en considération d'un double geste que la Déclaration explique en partie : « il ouvre un œil tant seulement » pour ne voir que ce qui D. v. 7-9
l'arrange. Il est difficile en effet de ne pas remarquer le geste de la main droite du personnage, tant l'index recourbé qui pointe sur un passage souligné du livre ouvert devant lui est artificiellement écarté par rapport aux autres doigts repliés, et non seulement repliés mais posés sur l'autre page. Il faut encore mettre ce geste ainsi exhibé en relation avec le visage du personnage, qui présente aussi une mimique singulière : l'œil droit est fermé, et l'homme regarde le passage

67 › Idée développée dans sa *Supputatio annorum mundi*, *cf.* M. Lienhard, *Au cœur de la foi de Luther, Jésus-Christ*, Paris, Desclée, 1991, p. 286, « Le refus du millénarisme ».

68 › Ils sont rangés dos contre le mur et offrent à la vue leurs tranches de gouttière (à la vue et à la poussière, qui glissait sur l'apprêt bleu dont on revêtait les tranches en pays germaniques). Tous sont pourvus de deux fermoirs.

69 › On le trouve par exemple interprété par Dürer pour le bois qui illustre au chapitre 17, dans l'édition bâloise de 1494 de *Das Narrenschiff*, le fou malhonnête qui met la main sur des trésors.

ostensiblement désigné en se servant de son œil gauche seulement, tandis que la position même du livre, décentré par rapport au corps et au visage, conforte l'idée qu'une telle pratique de la lecture ne peut qu'entraîner une redoutable perte d'information. C'est toute la page droite du livre qui se trouve ainsi ignorée délibérément par le personnage, qui d'ailleurs pose dessus la main et le poignet, affichant par là même son intention de ne pas la lire.

Tout est donc fait pour qu'on puisse déduire de cette image l'idée que le magistrat en question néglige délibérément « *alteram partem* », *l'autre partie*... du livre ! Le jeu icono-lexical qui exploite les virtualités sémantiques du mot « partie » pour le lectorat francophone n'est pas différent avec le mot du titre allemand, « Theil ». En même temps, dans un autre geste qui contribue à ce que l'observateur porte son attention sur la mimique faciale, le personnage aplatit de l'autre main sa collerette, comme s'il s'agissait de faciliter l'accès de l'air pulsé par le soufflet du diable à son oreille – le contraire même de ce que recommande la Déclaration :
D. v. 22 « tiens lui l'oreille close ».

En représentant ainsi la malhonnêteté intellectuelle et la suffisance du magistrat, l'image met en scène le point de départ d'une analogie que les premiers vers de la Déclaration s'emploient à construire, en passant rapidement au vers 6 du livre en contexte juridique à « la saincte Escriture ». L'objet de la méditation concerne bien le comportement intellectuel, mais il s'agit en réalité du comportement intellectuel en matière de lecture de la Bible, et non pas en matière d'instruction d'un procès, ce qui implique une autre catégorie de personnage. « Si tu veux estre sage et au fait entendu / De la saincte Escriture, à quoy as pretendu » ... : le destinataire fictif ainsi interpellé est bien un théologien, que sa vocation devrait faire honnir au nom de la pure *doctrine évangélique* toute la tradition des interprétations, considérées comme abusives,
D. v. 15 que les réformateurs ont appelée « doctrine humaine » et dont le Concile de Trente a réaffirmé l'autorité dans sa quatrième session. Gerhard, que j'ai cité sur cette question à propos de l'emblème VII, très conscient de ce que les passages obscurs[70] du texte sacré sont propres à plaquer n'importe quel discours, exige que ces passages soient toujours confrontés aux autres passages de la Bible qui traitent des mêmes matières, d'après le principe très simple qu'il n'y a aucune contradiction dans l'Écriture, puisqu'elle dit toujours la vérité[71]. Cette méthode herméneutique proscrit par implication toute interprétation qui ferait abstraction de ces relations intratextuelles et intertextuelles dans tous les livres qui composent la Bible, le type même d'interprétation qu'illustre précisément le comportement du juriste de l'image.

Nous nous retrouvons donc sur un terrain très similaire à celui de l'emblème XIV, véritable charge contre les hérétiques à propos de laquelle j'ai eu l'occasion de mentionner Schlusselburg. Et à propos d'interprétation tendancieuse de l'Écriture, le même Schlusselburg ne manque pas d'attribuer à l'influence pernicieuse de Satan l'interprétation de l'institution de la Cène par Zwingli : « Le diable inspira en songe l'heresie des Sacramentaires à Cingle, et lui souffla que le verbe *Est* doit estre exposé *Significat*, signifie[72]. » Tordre les mots du texte sacré, ce qui

70 › Gerhard insiste sur le fait que l'Écriture n'est pas obscure en soi : cette obscurité ne vient que de la faiblesse de l'esprit humain. *Cf.* par ex. le § LV du traité *De interpretatione scripturae sacrae* et le § LXI. Ce dernier, qui cite Chrysostome (hom. 3 sur la 2e épître aux Thessaloniciens : Tout ce qui est nécessaire « est clairement exprimé dans les Ecritures ») ajoute que « s'il y a des choses obscures dans les Ecritures, leur connaissance n'est en aucun cas nécessaire au salut ».

71 › *Ibid.*, § LXIV du traité.

72 › Epître dédicatoire et apologétique (Schlusserburg, *Theologiae calvinistarum Libri Tres*, *op. cit.*, traduction de Moquot).

est le propre de l'hérétique, procède de l'inspiration du Malin, qui sait trouver des oreilles complaisantes pour y souffler ses propositions de lectures mensongères :

> Le second nom que le S. Esprit en l'Escriture donne à ce tres cauteleux esprit est *diable* prenant la dénomination du verbe [*diabolein*[73]], ce diable signifie calomniateur, imposteur, detracteur, lequel mechamment et sophistiquement deprave tout ce qui a esté bien dict et faict [...]. Ce malin esprit, respond fort bien à ce nom, falsifiant la parole de Dieu, la changeant, y adjoustant, en retranchant, la detorquant en un sens aliene et contraire.[74]

Avec Aristote, cité au vers 13 de la Déclaration de notre nouvel emblème, c'est tout l'appareil de commentaires de la scolastique qui se trouve rejeté par Friedrich et mis au rang de cette inspiration diabolique qui engendre une lecture partiale, et il n'est pas inutile de rappeler que l'une des thèses affichées en 1517 à Wittenberg était ainsi formulée : « Presque toute l'éthique d'Aristote est la plus détestable ennemie de la grâce. Contre les scolastiques. » Écouter l'autre partie, en l'occurrence, c'est ne pas confondre « texte » et « prétexte », s'interdire de prélever D. v. 9 v. 10
un fragment de l'Écriture en le coupant de son contexte pour mieux le faire servir à ses propres vues. C'est renoncer à son intérêt, à ce que l'on « desire fort[75] », à la concupiscence entretenue D. v. 9
par Satan : renoncer à la chair, et par conséquent choisir l'esprit.

Le juriste de l'image est une métaphore du mauvais théologien, et démontre par sa mimique la malhonnêteté intellectuelle de l'hérétique dans son interprétation de la Bible. Il en démontre aussi la faillite spirituelle. L'échelle orgueilleusement dressée, depuis le cerveau, à l'assaut de la pleine lumière du soleil (soleil de l'équité dans le domaine du droit, soleil de la vérité et de la Justice divine dans celui de la religion[76]), rend évidente par son incongruité même l'inconsistance de la raison de celui qui, encore une fois, compte sur ses propres forces. La seule alternative à cette échelle diabolique et saugrenue est la foi en Jésus-Christ, la seule voie et le seul chemin selon les mots rapportés par Matthieu : « Je suis le chemin, la vérité et la vie. » Ce *Mt.* 4, 4
à quoi fait écho la Déclaration : « Christ est le chemin ». D. v. 23

17. LE MONDE EST GOUVERNÉ D'UNE ESTRANGE FAÇON.

L'image illustre la bizarrerie du « cours de ce monde[77] » en proposant une série d'actions contradictoires, que le quatrain, en opposant « celui qui fait du bien » et « celui qui fait mal », semble nous inviter à interpréter sur l'axe éthique du bien et du mal : ainsi au premier plan l'homme qui cultive sa vigne s'oppose-t-il au Bacchus qui boit à califourchon sur un tonneau, et à l'arrière-plan l'évêque qui répare le mur de l'église à un autre personnage qui s'emploie à

73 › En grec dans le texte.

74 › *Ibid.*

75 › Le discours reprend un thème de la Déclaration de l'emblème XII, qui s'en prenait à celui qui lit la Bible en ne suivant que son « opinion », « Cerchant en des mots clairs plusieurs subtilités, / Pour en avoir le sens à ses cupidités ».

76 › Voyez l'emblème XXXIV.

77 › Selon l'expression utilisée dans le titre complet du recueil d'emblèmes.

la démolir à coups de pioche. Le parcours en zigzag que la logique de l'image entend imposer à l'œil passe, entre ces deux couples, par un personnage nu qui essaie d'échapper à un brasier puis par un autre vaurien en train de s'attaquer à la porte de l'Hôtel de ville, et se termine, en hauteur, sur le religieux en habit d'évêque juché sur son échafaudage[78].

On peut aussi saisir les six personnages selon deux lignes obliques ascendantes qui les associent trois par trois, et dont la plus remarquable, parce que la plus longue et la moins excentrée, est la diagonale qui aboutit dans l'angle supérieur gauche à un soleil rayonnant mais caché, pour tous les acteurs de la scène, par un épais cordon de nuages qui s'arrondit au-dessus de la mitre de l'évêque. Ce soleil caché est un détail d'une importance capitale pour comprendre la valeur des deux derniers vers du quatrain, qui, auprès d'un lectorat sans *a priori* dogmatique, risquent d'être lus dans un sens parfaitement opposé à la compréhension luthérienne des œuvres dans l'économie du salut.

Qu'est-ce à dire, en effet, que « celui qui fait du bien jamais ne s'en repent » ? Voilà un discours bien ambigu pour un luthérien, et si l'on ne se doutait pas que le traducteur cherche une expression qui évite au bon chrétien de *gagner son Paradis* (chez les luthériens, on ne *gagne* pas le Paradis, on le reçoit de Dieu), il pourrait se comprendre avec les Franciscains comme la revendication d'un « mérite *de congruo* » que Dieu reconnaîtrait au chrétien qui s'emploie à faire de bonnes œuvres. Il n'en est évidemment rien, et la Déclaration aide à comprendre les deux vers un peu problématiques de l'emblème selon la logique qui fait de la parabole du Christ selon laquelle un mauvais arbre ne peut pas porter de bons fruits, une expression du dogme de la prédestination.

Le poème explicatif commence par poser que tous les gens qui travaillent ne plaisent pas pour autant à Dieu. Pour être plus précis et afficher plus nettement le contenu luthérien de la proposition, il faudrait la développer en disant que les œuvres de la plupart des hommes ne sont pas agréables à Dieu, quelles qu'elles soient, parce qu'elles ne relèvent pas de sa Justice. On voit alors qu'une telle proposition restreint considérablement la portée du quatrain, et que dans ces conditions « celui qui fait du bien » ne coïncide pas nécessairement avec celui qui fait des œuvres dont il pense qu'elles sont bonnes. Seul celui qui a la foi, et qui croit sans condition à la promesse du Christ, fait la volonté du Christ, laquelle se concrétise dans des œuvres charitables. « Ce qui ne vient pas de la foi est péché », dit Paul, citation souvent alléguée par Luther (en dépit de son contexte étroit de prescriptions alimentaires[79]), et avec lui par Melanchthon dans son Apologie de la Confession d'Augsbourg pour dire que « les meilleures des bonnes œuvres, que nous accomplissons avant d'être régénérés par le Saint-Esprit, sont des œuvres de péché, condamnées devant Dieu, bien qu'aux yeux du monde elles soient belles [...]. Car tous les hypocrites font des œuvres sans la foi. » Le *Grand Catéchisme* dit lui aussi très nettement, dans le commentaire du troisième article du symbole des apôtres, que « se sont exclus et séparés eux-mêmes » de la chrétienté « tous ceux qui entendent chercher et mériter la sainteté, non par l'Evangile et la rémission des péchés, mais par leurs œuvres[80]. »

Rom. 14

78 › Curieusement, A.-É. Spica (« La figure de Babel : un hiéroglyphe humaniste ? », art. cit.) voit dans cette planche « une rue de village dans laquelle on détruit de vieilles maisons et on en construit d'autres ».

79 › *Cf.* Johannes von Döllinger, *La Réforme, son développement intérieur et les résultats qu'elle a produits dans le sein de la société luthérienne*, Paris, Gaume frères, 1850, vol. 3, p. 168.

80 › Luther, *Œuvres*, Labor et Fides, tome VII, p. 98.

Aussi le poème progresse-t-il en renvoyant à leur inanité tous ceux qui font des œuvres, qu'elles paraissent bonnes ou mauvaises, dès lors qu'ils n'ont pas au préalable cette foi dont les Déclarations précédentes ont affirmé qu'elle devait être à la fois simple et ferme : aussi bien le cultivateur que le buveur impénitent, aussi bien l'évêque qui répare l'église que le vaurien qui la détruit, tous sont dans le même panier, celui du « pecheur meschant » qui « ne veut point à Dieu croire » – tous pécheurs *parce que*, précisément, ils n'ont pas ou pas vraiment la foi, selon la définition de l'incrédulité depuis le *Petit Catéchisme* de Luther jusqu'au *Catéchisme de Heildelberg*. Ils incarnent ce « Un chascun » du vers 8, traduction de l'expression « Herr Omnes » que le texte original emprunte à la phraséologie de Luther, ce *tout un chacun* qui estime satisfaire à Dieu en satisfaisant à la Loi comme si par une sorte de contrat qui relèverait purement de « sagesse humaine » – donnant donnant – le chrétien pouvait faire quelque chose qui lui assurerait le salut[81].

D. v. 6

D. v. 4

L'évêque qui joue au maçon est bien représentatif, à cet égard, de ce que Luther dénonce comme « l'apparente sainteté des œuvres arbitraires » :

> Nous devons donc combattre [...] le masque et l'apparente sainteté des œuvres arbitraires, pour apprendre ainsi à magnifier les œuvres que chacun accomplit dans sa vocation, quelque minimes et méprisables qu'elles puissent paraître, pourvu qu'elles puissent se réclamer d'un commandement de Dieu ; pour apprendre, en revanche, à dédaigner les œuvres que la raison choisit, sans commandement de Dieu, quelque belles, importantes, grandes et saintes qu'elles puissent paraître.[82]

L'évêque représente donc cette infraction au premier Commandement qui consiste à se substituer à Dieu par la confiance que l'homme, et tout particulièrement, dit Luther, les religieux, place en lui-même :

> il est aussi un faux culte, et c'est la suprême idolâtrie que nous ayons pratiquée jusqu'ici, qui règne encore dans le monde, et sur laquelle sont fondés aussi tous les états ecclésiastiques. Elle concerne uniquement la conscience de l'homme qui cherche secours, consolation et salut dans ses propres œuvres [...]. Il se fie en ces choses et s'en glorifie, comme s'il ne voulait rien recevoir de Dieu comme un don, mais les acquérir par lui-même ou les mériter surabondamment, exactement comme s'Il devait être à notre service et notre débiteur, et nous, être ses suzerains.[83]

« Un chascun veut estre le maistre », dit Friedrich sur le même registre, et être le maître de Dieu « par effect », en se prévalant de ses actes, que ce soient des actes considérés à tort comme de bonnes œuvres ou des actes de pure provocation. Car sans la vraie foi, l'évêque qui bâtit n'est pas différent du vaurien qui « desfait » : il n'y a là finalement qu'orgueil, idolâtrie, incrédulité foncière et insulte à Dieu. Le sacrifice du Christ aura donc été inutile pour tous ces pécheurs endurcis, la concupiscence triomphe et réactive le péché originel, cette « racine » du mal, encore verte, et qui « bien que couverte » ne demande qu'à fleurir et refleurir[84].

D. v. 8

D. v. 7

D. v. 13

D. v. 14

81 › C'est ainsi que Luther appelle les moines « Seligmacher », ils se fabriquent leur propre salut (*Explication du premier et du deuxième chapitres de Jean*, « Douzième prédication »).

82 › Luther, *Œuvres*, Labor et Fides , tome XVI : *Commentaire de l'épître aux Galates*, 5, 13.

83 › Luther, *Œuvres*, Labor et Fides, tome VII, p. 36.

84 › Métaphore des v. 13-14.

D. v. 20 v. 22

Et la conclusion du poème de Friedrich oppose moins les bons et les méchants, que les « fideles et bons » et les méchants, « puis qu'ils ne veulent croire ». Ce « puisque » donne à la proposition une valeur définitoire : sont méchants ceux qui n'ont pas la foi. *Sola fide*, seule la foi justifie ; il n'y a de bon que le fidèle, celui qui a la vraie foi – et les œuvres n'y font rien. Dans l'image, c'est le soleil dont les rayons sont cachés à tous ces acteurs apparemment contradictoires, mais qui tous cherchent à *maîtriser* Dieu, qui fait éclater le paradoxe des œuvres et de la Loi au regard de la vie éternelle.

18. LA VIE DES HUMAINS DOIT ESTRE AINSI REGLEE.

La méditation se poursuit sur le rapport à la Loi, matériellement présente dans l'image de l'emblème sous la forme du Décalogue[85]. De part et d'autre, deux mains divines (puisqu'elles sortent chacune d'un nuage) pointent l'index sur les deux tables de la Loi, identifiant nettement ce par quoi, selon ce qu'annonce le titre, la vie de l'homme doit être « reglee » ici-bas : la valeur déictique du double geste prend aussi, du fait de son origine divine, une valeur de prescription.

La contradiction apparente avec le propos tenu précédemment est levée par la notion luthérienne de niveau. À un niveau supérieur, la Loi a cette fonction théologique de faire prendre conscience de l'impossibilité pour l'homme d'être sans péché, de plonger le pécheur dans le désespoir de jamais parvenir à satisfaire par ses efforts, et le prépare ainsi à recevoir l'évangile qu'elle rend nécessaire : conscience à laquelle devraient parvenir tous les faiseurs d'œuvres de l'emblème précédent. Mais à un niveau inférieur, la Loi relève d'un usage politique qui consiste à organiser la cité et à maintenir l'ordre de telle façon que les plus faibles soient protégés, tout en terrifiant les méchants pour les dissuader de mal faire :

> Si donc il y a dans la Sainte Ecriture des sentences qui ont l'apparence que l'on doive satisfaire par les œuvres, laisse ces sentences valoir au niveau inférieur, à la maison et dans les affaires temporelles. Confie ces choses aux pères et aux mères et ne les étends pas si loin, qu'elles deviennent devant Dieu un paiement pour tes péchés.[86]

Or comme le montre le sablier qui pend au Décalogue, joliment attaché par une rosette, la perspective est bien ici, au « niveau inférieur », celle des affaires temporelles.

La « loy saincte » de Dieu dont il est question dans le premier vers du quatrain et qui doit inspirer la crainte est comprise dans les dix Commandements. Le deuxième vers correspond au sens général des Commandements de la deuxième table selon le Catéchisme (aimer le prochain) ou bien, dans la perspective de *Rom.* 13, 9 et de *Gal.* 5, 14, de l'ensemble de la Loi, que Paul dit tout entière contenue dans le précepte qui commande d'aimer son prochain comme soi-même[87].

85 › L'édition en français des *Emblèmes* de Friedrich est ici fautive : elle intervertit les images des emblèmes XVIII et XX – nous avons évidemment rectifié cette erreur.

86 › Luther, Douzième prédication sur Jean.

87 › « Paul est un excellent interprète des préceptes de Dieu : il réduit tout Moïse en un résumé sommaire, montrant que, dans toutes ses lois, qui sont pour ainsi dire innombrables, il n'y a rien d'autre, en somme, que cette parole, si brève : *Tu aimeras ton prochain comme toi-même.* » (Luther, *Commentaire de l'épître aux Galates*, 5, 13).

Le troisième vers du quatrain reprend les notions du vers allemand correspondant, en les redistribuant pour les besoins de la rime : dans le mot « feal » il faut reconnaître « fidèle », c'est-à-dire un mot qui concerne la foi, « Glauben » – littéralement, « Sois prudent en ce qui concerne la foi. » La Déclaration nous en dit plus long sur cette prudence en ce qui concerne la « croyance » (selon l'expression du vers 3, et l'allemand dit bien « im Glauben dein », « en ta foi »). La recommandation de « ne pas errer » dans sa foi est une mise en garde contre les erreurs doctrinales, qui montre à quel point le luthéranisme de la période est soucieux de toujours préciser la doctrine qui le fonde, en s'efforçant d'établir cette doctrine à partir du seul texte biblique. D. v. 3

La Déclaration en effet, après avoir recommandé très rapidement dans les deux premiers vers de ne pas verser dans la méchanceté générale (ce contre quoi la Loi sert de garde-fou), insiste sur la conduite à tenir en matière de foi dans des termes qui rappellent ceux du Christ à ses disciples : « Je vous envoie comme des brebis au milieu des loups ; soyez donc prudents comme des serpents, et simples comme des colombes. » La conduite en question consiste ici à se fier à la parole restituée par les textes sacrés, et à elle seule, tout comme l'âne de l'emblème VII, dont la simplicité était signifiée par une colombe posée sur son dos, s'avançait sans s'en écarter sur la voie constituée très concrètement par l'Écriture même qui se substituait au sol : « Laisse-les tous entiers sans adjouster n'en prendre, / Car telle fausseté l'ire de Dieu engendre. » *Mt.* 10, 16 ; D. v. 7-8

Ces deux vers sont assortis d'une référence en marge à un verset du *Deutéronome*[88] généralement allégué en milieu protestant contre la représentation de Dieu par les images : « Et l'Eternel vous parla du milieu du feu ; vous entendiez bien une voix qui parlait, mais vous ne voyiez aucune ressemblance, vous entendiez seulement la voix[89]. » Mais il est évident que Friedrich ne se satisfait pas ici de cette perspective, suivant en cela le propos de Luther dans ses *Enarrationes* au *Deutéronome*[90], où le verset reçoit en marge cette interprétation globale : « *Non nostris cogitationibus sed tantum audiendo verbo cognoscitur Deus* », « Ce n'est pas par nos raisonnements mais uniquement en écoutant la parole que nous connaissons Dieu. » Voici une traduction du commentaire détaillé du verset :

> Ce passage ne fait pas que condamner les images extérieures de Dieu, qu'il voulut voir interdire au peuple grossier et immature, mais condamne bien davantage les images intérieures, qui sont (comme je l'ai dit plus haut) les opinions et les raisonnements sur Dieu que nous forgeons de toutes pièces à partir de nous-mêmes et non pas à partir de la voix de Dieu. Il n'y a certes en la matière que la voix de ses mots à lui qui vaille. Et tout ce qui peut être dit ou pensé à propos de Dieu, qui ne soit pas cette voix faite de ses mots à lui, est absolument impie et condamné. Car ce n'est que par sa seule parole qu'il a voulu nous représenter sa volonté, ses décisions, et non pas par nos conceptions ou nos imaginations. Par conséquent ce qui te semble plaire ou déplaire à Dieu n'est pas ce qui lui plaît ou lui déplaît, quand bien même tu estimerais ta réflexion sainte et pieuse (comme les instigateurs et les promoteurs des fausses croyances et des sectes), mais ce que lui-même par la voix de sa parole détermine lui plaire ou lui déplaire. [...] Aussi

88 › Chapitre IV, verset 12. La référence est également donnée dans le texte en allemand.

89 › Je suis la Bible de Martin.

90 › *Tomus tertius omnium operum reverendi viri, Domini Martini Lutheri, Doctoris Theologiæ, Continens enarrationes Deuteronomii, ultimorum verborum Dauidis, multorum Psalmorum pias, luculentas, et valde utiles*, Witebergae, typis Zachariæ Lehmani, 1583 : « Annotationes caput IIII ».

> est-il impossible aux hommes d'appréhender, de penser, de prêcher ou d'honorer Dieu correctement, sans la vraie parole de Dieu. En voici l'arrêt : Vous entendiez sa voix.[91]

La colombe et le serpent servent donc un discours qui se construit depuis l'emblème XII (avec notamment l'image des loups dans le XIII) par rapport aux faux prophètes et autres hérétiques de tout poil. L'image, qui représente l'homme mortel par la figure d'un globe pourvu de mains, redouble de symbolisme en lui faisant brandir une colombe juchée sur un miroir, autre signe de prudence, tandis que l'autre main tend à la fois un serpent et une croix, illustrant l'association des concepts de prudence et de foi. En même temps, ce serpent et cette croix renvoient implicitement au serpent d'airain de Moïse et à son interprétation christologique : la foi, c'est-à-dire la croyance en la rémission des péchés par le sacrifice du Christ – c'est là, pour Luther, le *scopus* de toute l'Écriture.

Les vers 9 à 14 de la Déclaration développent le thème de la charité envers le prochain en une longue phrase, dont la deuxième partie préconise la réprimande fraternelle, toujours dans la perspective d'une soumission à la Loi : il s'agit de le faire « obeïr ». Car si en Jésus-Christ, dit Luther, il n'y a pas lieu de discuter de lois, cela n'empêche que les lois sont « bonnes et utiles, mais en leur temps ordonné et en leur lieu, c'est-à-dire dans les affaires qui touchent au corps et à la cité, qui ne sauraient être conduites sans lois[92] ». Il est alors tentant d'interpréter l'épée de l'avant-dernier vers, qui conformément à l'allégorie du *Wehrstand* dans le deuxième emblème symbolise le pouvoir civil, comme l'instrument ici, plus particulièrement, de la magistrature, de la loi telle qu'elle s'applique très concrètement, au quotidien, dans la cité. La « droicture » avec
D. v. 19 laquelle elle a été « manié[e] » suppose une conduite honorable qui se signale en tant que telle dans l'image par les deux petites couronnes végétales à l'extrémité de la lame dressée[93].

Dans sa méditation sur le rapport entre la Loi et la foi, l'auteur s'adresse donc aux professionnels de la loi et les exhorte à la faire respecter en toute équité, comme une conséquence de leur foi. La grande couronne de métal, que la Déclaration explique par la certitude qu'un tel
D. v. 18 comportement mérite le salut (c'est une « couronne de gloire »), posée sur le globe comme sur une tête, achève de donner à l'ensemble de la configuration en croix une silhouette vaguement anthropomorphe. L'emblème joue de sa proximité avec l'allégorie, mais, toute représentation directe du corps évacuée, tend résolument vers l'énigme la plus abstraite, et se fait composition hiéroglyphique.

91 › « Hic locus non modo damnat imagines externas Dei, quas populo rudi et puerili prohibitas voluit, sed multo maxime internas, quæ sunt (ut supra diximus) opiniones et cogitationes de Deo ex nobis extra vocem Dei fictæ. Hic certe sola vox verborum eius commendatur. Et quicquid de Deo dicitur aut cogitatur, quod non sit ista vox verborum eius, prorsus impium et damnatum est. Nam solo suo verbo voluit suam voluntatem, sua consilia deformari nobis, non nostris conceptibus aut imaginationibus. Non ergo hoc placet aut displicet Deo, quod tibi videtur ei placere aut displicere, quantumvis sancte et pie videaris tibi cogitare (ut fecerunt relligionum et sectarum autores et professores) sed quod ipse voce sui verbi definit sibi placere aut displicere. [...] Proinde impossibile est, ut homines sine verbo Dei certo, recte de Deo sentiant, cogitent, prædicent, aut colant. Stat sententia, Vocem ejus audistis. »

92 › *Commentaire de l'épître aux Galates*, 6, 15. À partir de 1543 (troisième édition des *Loci communi*) Melanchton clarifie la façon dont il faut entendre le rapport entre la nouvelle alliance et la Loi : la Loi est abrogée pour ce qui est de la malédiction, mais non pas pour ce qui est de l'obéissance.

93 › On les retrouvera dans ce sens dans l'image de l'emblème XXVII.

19. L'AMOUR ET LOYAUTÉ SONT TOUSJOURS PAR ENSEMBLE.

Si dans le titre français la charité (qui devient « l'amour ») vient avant la foi (qui devient la « loyauté »), c'est que le traducteur a inversé l'ordre des deux mots clefs : l'original pose évidemment d'abord la foi, et la charité vient après. De même dans la Déclaration « la Charité, la Foy » puis « l'amour et la fidélité » traduisent à chaque fois « Glaub und Liebe » : il n'y a dans le texte allemand ni variation synonymique, ni fantaisie dans l'ordre des mots, et ce sont sans doute des raisons purement prosodiques qui conduisent ainsi le traducteur à faire entorse à la logique luthérienne de la présentation des deux notions. D. v. 3 D. v. 12

Les deux notions en question sont incarnées par deux petites allégories auréolées, qui tiennent l'une une croix et l'autre un enfant, attributs conventionnels qui les rendent immédiatement lisibles. Elles sont debout à l'extrémité de deux énormes piédestaux allongés dont on ne voit qu'une partie, comme si elles s'étaient déplacées pour unir leurs mains tendues en signe de conjonction, une conjonction qu'une chaîne cadenassée promet d'être indéfectible. La place vide entre elles et entre les deux piédestaux est occupée par un montage symbolique complexe que le texte de la Déclaration explique. À la hauteur des allégories, sous leurs bras tendus l'un vers l'autre, se tient un énorme cœur fait d'une multiplicité de petits cœurs posés les uns sur les autres : le sommet de ce grand cœur est en flammes, et au-dessus du tout vole le Saint-Esprit en forme de colombe.

Comme l'indiquent quelques traits verticaux et serrés à l'aplomb de la queue du volatile symbolique, le Saint-Esprit est en train d'infuser sa grâce. On dirait une illustration du 3e article de la foi du *Grand Catéchisme*, qui explique que le Saint-Esprit opère sa propre fonction, la sanctification, entre autres « par la communauté des saints ou Eglise chrétienne » : le grand cœur formé de petits cœurs assemblés représente cette communauté de vrais chrétiens « appelés et rassemblés par le Saint-Esprit », « dotés d'une même foi, des mêmes sentiments et d'une même pensée, ayant reçu des dons différents mais unis dans l'amour, sans sectes ni divisions[94] ». L'image du grand cœur composé de petits cœurs n'est pas autre chose que la traduction visuelle du concept de « sainte Eglise chrétienne » du symbole des Apôtres, qui n'est pas pour Luther une assemblée temporelle mais l'union des cœurs dans une même foi, la vraie foi. La méditation de Friedrich peut ainsi passer de la description du « grand cœur » à sa célébration en parlant abruptement de « cité » et de « royaume » : « heureuse est la cité telle, heureux tel royaume ». Nous avons affaire en effet avec ce cœur fait de l'union des cœurs à la préfiguration de la Jérusalem céleste dans le sens où l'entendent les luthériens, l'Église invisible, la communauté des vrais chrétiens au sein de laquelle est enseigné le vrai sens de l'Évangile[95]. Un idéal de société, en somme, – notez le futur au vers 11[96] –, où la Loi n'aurait pas raison d'être car tous nécessairement la respecteraient, mus par la volonté du Christ. D. v. 10

Aussi les prières, débarrassées de tout chantage au mérite puisqu'il n'est plus question de se prévaloir d'œuvres accomplies par la Loi, sont-elles là des prières authentiques, « vraye[s] », déterminées par la seule foi, et sont-elles agréables au Christ, qui les exauce de façon purement D. v. 17

94 › Luther, *Grand Catéchisme*, *loc. cit.*

95 › Ce sont « du Seigneur les plus saincts domestiques » du dernier vers de la Déclaration de l'emblème XIV, la « société des saints » qui définit l'Église dans la *Confession d'Augsbourg*.

96 › « Entrer là ne pourra nulle calamité. »

gratuite. Et sans doute faut-il lire dans l'ajout final du traducteur, un ajout peu heureux qui fait rimer « la nue » avec un improbable « renue » qu'il confond je crois avec « remue », cette gratuité absolue. De même la Déclaration de l'emblème XLII évoque la Justice distributive du Christ en précisant, paradoxalement, « sans qu'il soit meu de rien » : un paradoxe qui n'est qu'apparent dès lors que l'on considère que cette Justice supérieure n'a que faire des mérites. Si les bons sont bien récompensés, le critère de leur bonté n'est pas le mérite des œuvres, mais, préalablement, leur seule foi.

Le bas du dessin symbolique n'est pas pris en considération par le commentaire de Friedrich. Sous l'énorme cœur pend une tête couronnée à trois faces, posée sur un petit cœur lui-même relié à une balance par son arbre vertical : il s'agit de la foi dont le premier vers du quatrain dit qu'elle est *plantée* par l'esprit de Dieu. On comprend mieux l'intention du dispositif symétrique de l'image, avec cet espace ostensiblement ménagé entre les deux piédestaux : proposer une métaphore visuelle du sol abritant la graine de la foi, dont le gros cœur est la floraison spectaculaire. La tête tricéphale de cette graine de la foi est bien apte à prendre en charge les termes de la définition donnée par la Formule de Concorde (la foi est le début, le milieu et la fin...) tout en illustrant le concept de prudence[97], et la balance de la justice, ici celle de la Justification, fait des racines tout à fait acceptables !

20. EN HAUT SE VA GUINDANT JUSTICE VENERABLE.

C'est à nouveau la justice temporelle que cet emblème met à l'honneur, en mettant en avant les qualités de courage et de probité qui font qu'elle ne se laisse pas intimider ni dévoyer par les puissants dans sa recherche de la vérité. L'artiste emprunte à l'héraldique le motif le plus important de cette nouvelle image, et que l'on pourrait blasonner ainsi : *une aigle languée essorante de profil, tenant dans sa serre dextre une épée en pal, et accompagnée d'un soleil à dextre*. Indépendamment de la codification dans l'art du blason, l'aigle pourvu d'une épée figure la justice dont le titre précise qu'elle s'élève (« se va guindant ») vers la vérité. Dans cette noble entreprise qui est la sienne, l'aigle ne craint pas de se hisser au niveau du soleil, qui représente ici la puissance des grands de ce monde : telle est la valeur métaphorique de la « force » et de la « clarté » qui, suggère le vers 9 de la Déclaration, pourraient susciter la crainte chez de plus timorés que lui. De même que l'aigle, dit-on, peut soutenir la vue du soleil sans être pour autant aveuglé, le magistrat intègre ne se laisse pas impressionner et exerce « en liberté » sa charge (et le vers 10, « Ains de ses yeux par tout regarde en liberté », permet de comprendre rétrospectivement le motif de la tête aux trois visages de l'emblème précédent). L'ascension de l'aigle métaphorique – et de la justice métonymique – préfigure l'ascension du magistrat
D. v. 15 au ciel, « en vie », pour le salut éternel.

97 › *Cf.* l'étude de Panovsky sur *l'Allégorie de la Prudence* du Titien dans *L'œuvre d'art et ses significations, essais sur les arts visuels*, Paris, Gallimard, 1969 (1re éd. 1955), p. 257 *sq.*

La composition de l'image suggère à la fois l'ascension de l'aigle, et la confrontation avec le soleil. La confrontation : parce que les deux figures, celle d'un soleil anthropomorphe en majesté, nimbé de rayons, et celle d'un aigle menaçant conforme à l'héraldique et à la représentation stéréotypée du pouvoir en pays allemand[98], sont au même niveau. L'ascension : parce que le corps de l'aigle épouse le mouvement abrupt d'un escarpement rocheux qui, placé au-dessous de lui, suffit à créer une dynamique ascensionnelle[99]. Ce rocher, au sommet duquel est érigé un ensemble de bâtiments avec des tours, évoque la notion de refuge telle qu'elle se lie à celle de justice, dans le cantique de Moïse par exemple : « L'œuvre du Rocher est parfaite ; car toutes ses voies sont jugement. Le Dieu fort est vérité, et sans iniquité. Il est juste et droit. » Dans la phraséologie de Luther, le Christ est le rocher et la Justice de Dieu, le Christ est le refuge[100]. *Deut.* 32, 4

Ainsi l'image de l'emblème ne se contente pas de valoriser le magistrat en lui attribuant les propriétés légendaires de l'aigle, seul à être capable de regarder le soleil en face, mais elle met encore en place un certain rapport entre l'aigle et le rocher, homologable à un rapport entre le représentant intègre de la justice civile et le Christ. Le magistrat responsable, expose Luther dans le *Sermon sur la double justice*, celui qui punit et juge les méchants, qui protège et défend les opprimés, est ce faisant au service de Dieu, et Paul dans l'épître aux Romains le légitime dans cette fonction : « Car il ne porte pas le glaive pour rien ». C'est bien là le sens de la relation dans l'image entre cette épée brandie qui se détache sur le plumage sombre, et le rocher escarpé qui se dresse en dessous. *Rom.* 13, 4

21. SOUVENTESFOIS ON VOID LA JUSTICE ENCHAINEE.

Une ligne médiane matérialisée par une barre où coulissent deux anneaux partage l'image en deux parties égales. Seule la partie inférieure est concernée par l'appareil textuel de l'emblème, titre et quatrain, qui établit un rapport d'analogie entre les deux objets enchaînés à la barre : un petit chien, et les symboles de la justice civile. Le chien porte au cou un fort collier de métal qui trouve une correspondance dans un cadenas destiné à lier plus solidement la balance à sa chaîne ; cette balance ainsi que l'épée représentant le pouvoir civil gisent à terre, et l'animal, langue tirée et queue en tire-bouchon, lève une patte avant dans la position du chien à l'arrêt : il est, proprement, immobilisé. Ces deux objets qui renvoient ainsi à une même impossibilité d'agir sont disposés dans l'espace rectangulaire inférieur de part et d'autre d'une diagonale imaginaire que la courbe respective des deux chaînes, dans un effet de symétrie inverse, aide à projeter. La première partie de la Déclaration précise l'analogie ainsi mise en place, en déplorant les difficultés que la justice a généralement à s'exercer.

98 › On voit cette représentation sur le fronton de l'édifice public de l'emblème XVII : bien que l'image soit tronquée par la marge droite, on peut supposer qu'il s'agit d'une aigle bicéphale.

99 › C'est une astuce que Jörg Breu a mise en œuvre dès la publication du tout premier livre d'emblèmes, l'*Emblematum liber* d'Alciat, dans la représentation de l'enlèvement de Ganymède (« In Deo laetando »), avec la contrainte supplémentaire d'un format de rectangle allongé.

100 › Commentaire sur le Psaume 32, à l'occasion de l'expression « déluge des eaux ».

Cependant ce constat laisse rapidement place à une vision plus optimiste basée sur la certitude d'une intervention divine, et la suite de la Déclaration vient ainsi donner une explication à la partie supérieure de l'image de l'emblème. De même que l'astre finit par apparaître (ce n'est pas le soleil, comme l'écrit le traducteur au vers 13, mais bien l'étoile, « **der Stern** », et l'on comprend mieux qu'elle puisse briller ainsi parmi d'autres étoiles !), Dieu finira par permettre à la justice civile de s'exercer en toute liberté pour confondre les méchants, d'une part afin de leur donner l'occasion de reconnaître Dieu, et d'autre part afin que ceux qui le reconnaissent déjà soient raffermis dans leur foi. On retrouve dans le rectangle supérieur de l'image le motif du cœur pour signifier cette foi, comme dans le huitième emblème, et, comme dans le tout premier, un sablier relié par un trait à la représentation métaphorique de la divinité. On peut comprendre alors que cet état de fait – l'incapacité de la justice – correspond comme dans le premier emblème à un ordre transitoire, et procède d'un dessein supérieur de la volonté divine.

L'expression « la Justice saincte » au vers 5 peut être source de confusion. Le contexte permet de comprendre qu'elle ne renvoie pas à la Justice de Dieu, au sens que l'on entend par la Justification ou Justice passive – on se demande comment cette Justice-là pourrait connaître, temporairement, une faillite. Il s'agit bien ici de justice civile, et cette justice civile n'est qualifiée de *sainte* que dans la mesure où elle est au service de Dieu. Mais on comprend bien aussi que la Justice du Christ, celle qu'il exercera au jour du Jugement dernier, serve de point de référence à cette justice civile dont on attend la victoire, comme son paradigme : et l'étoile lumineuse qui apparaît plus brillante que les autres dans le ciel de l'image évoque les mots de Jésus-Christ à la fin de l'Apocalypse de Jean (22, 16), « je suis l'estoile resplendissante et matiniere ». Pour Friedrich, il y a au moins ce point commun entre la justice qui punit les méchants et préserve les bons citoyens et cette justice supérieure qu'est la Justification : c'est Dieu qui
D. v. 14 décide du moment, et lui seul, il intervient quand il estime qu'« il en est droite heure ». « Il est des gens qui entendent prescrire à Dieu le but, le moment, le temps et la mesure », s'indigne Luther dans son commentaire du Psaume 130[101], tandis que David au contraire donne le modèle du chrétien qui dit : « je languis après la grâce de Dieu et j'attends le moment où il plaît à Dieu de me secourir ».

Le mouvement du poème de Friedrich fait de la faillite de la justice un processus équivalent à la faillite du chrétien dans sa volonté de se conformer à la Loi, point capital dans la pensée luthérienne de la foi. Se découvrant toujours pécheur, toujours faillible par rapport aux exigences du Décalogue, le chrétien désespère et ce désespoir est le terrain propice à susciter la foi. De
D. v. 15-16 même dans cette méditation, devant le triomphe des méchants, la foi vacille, « le cœur fidele » est « en grand langueur » : la faillite de la justice participe ainsi de l'économie des croix ou tribulations par lesquelles doit passer le vrai chrétien, jusqu'à ce que par la vertu d'Espérance sa
D. v. 16 foi « soit remis[e] en vigueur ». La certitude du triomphe de la justice (« pour certain », elle
D. v. 8 « viendra ») est en l'occurrence l'expression même de l'Espérance. L'incapacité temporaire de la justice procède bien d'un ordre transitoire qui lui-même participe à un ordre supérieur où le manque se résout en gain de plénitude.

101 › Verset 5 : « j'ai attendu Dieu ».

22. LE PIQUANT HERISSON RESSEMBLE AU DROICT SEVERE.

L'emblème XXII est une mise en garde contre le mésusage du droit : le droit finit toujours par l'emporter sur ceux qui pensaient pouvoir le contraindre. À nouveau une distribution des motifs de l'image en deux zones superposées vaut pour la mise en place des termes d'une analogie : le hérisson use de ses piquants contre le chien qui l'attaque, de la même façon que le droit, figuré par une main à laquelle pend une balance aux plateaux égaux, arrête net de la pointe de son épée l'homme qui s'avançait vers lui, une plume d'oie à la main. Le mouvement du pied en avant suffit pour qu'on verse au compte du personnage toute l'agressivité marquée par l'attitude du chien, et la plume qu'il tient au bout de son bras droit tendu est rabattue comme si c'était une arme d'escrimeur et que son adversaire eût rompu son coup en la rabaissant vers le sol, tandis que la pointe de l'épée, bien horizontale, bien *droite*, vient toucher sa bouche comme pour lui empêcher l'usage du langage.

Cette plume, chose que ni le quatrain ni le titre de l'emblème ne disent, indique que le personnage en question a lui-même partie liée avec le droit : la main gauche, qui sort du pli du manteau comme de la toge d'un orateur romain, a des allures de geste de plaideur, et le regard du lecteur peut saisir l'anneau du jurisconsulte qui en entoure l'index. Ainsi le « superbe » D. v. 9
concerné par le mésusage du droit peut-il être l'avocat ou le magistrat dévoyé, aussi bien que le grand personnage au service de qui il se met. Le regard porté sur la justice est donc sans complaisance : le chien enchaîné de l'emblème précédent nous a appris que l'homme de loi pouvait être empêché de faire justice et subir des pressions ; le chien parfaitement libre de ses mouvements de ce nouvel emblème nous apprend qu'il peut aussi délibérément chercher, par ambition et par orgueil, à faire entorse au bon droit. L'homme de loi animé au contraire d'une foi authentique (« fidèle », dit le vers 15) se consacre à la recherche de la vérité, dans l'exercice de la charité envers son prochain (il « converse » avec lui « en saincte paix », dit le vers suivant, le vrai chrétien sachant étouffer toute inclination à chercher son propre intérêt). C'est à cette catégorie d'hommes de loi agissant en vrais chrétiens que la couronne de gloire, figurée tout en haut de l'image, est promise. L'enjeu du bon ou du mauvais usage du droit est donc capital : la justice étant au service de Dieu, le salut du chrétien qui s'est vu assigner cette *vocation* dépend de la façon dont il l'exerce.

23. CECI EST BIEN CERTAIN QUE TOUT TROP NE VAUT RIEN.

En toute chose, le trop est l'ennemi du bien – en toute chose, et ici, en l'occurrence, en matière de droit. Friedrich poursuit sa méditation sur la justice en partant de la comparaison avec une arme : non plus l'épée, mais l'arme à feu. Correctement utilisée, elle défend son utilisateur contre l'agresseur ; trop chargée, elle explose entre ses mains et le tue. L'image de l'emblème, en apparence simpliste, ne fait, en somme, que décliner sous forme d'objets dessinés et juxtaposés les mots principaux de l'argument : la balance et l'épée brandie, symboles de la justice ; l'arquebuse, dont le mode d'apparition, debout, dressée, invite à l'analogie avec l'épée verticale à droite et l'arbre de la balance à gauche ; et le cercueil, sanction d'une justice sans mesure. Mais ces objets-mots sont-ils vraiment simplement juxtaposés ? À la réflexion, le fait que les deux instruments de la justice soient ainsi séparés, de chaque côté de l'arquebuse, – dans un mode d'apparition que l'art du blason décrirait comme *mouvant de dextre et de senestre* –, répond moins à des raisons d'esthétique de l'encadrement et de la symétrie, qu'à des fins signifiantes. En effet, les deux mains qui les tiennent ne sauraient appartenir au même corps – façon habile de figurer une justice dissociée de sa puissance, une situation dans laquelle la puissance du droit n'est plus au service du droit lui-même.

Car il en est du droit comme du texte sacré, et cet emblème a un lien évident avec l'emblème XII, qui recommandait de ne pas trop tendre les cordes du luth, c'est-à-dire, disait la Déclaration, de ne pas « faire violence ». De même la présente Déclaration s'en prend à celui
D. v. 7-8 qui « fait violence / A la droicte justice », ou plus précisément, selon le vers correspondant dans la version originale, « **mit ihr spielt der blinden Kuh** », « joue à colin-maillard avec elle » – c'est-à-dire, lui met le bandeau sur les yeux et la prive de lumière[102]. Cette expression renforçait le lien avec la réflexion poursuivie à partir de l'emblème XII, qui jouait sur le registre métaphorique de l'aveuglement, depuis le théologien sans lunettes jusqu'à l'homme qui ne lit que d'un œil, en passant par l'hérétique et le taon enfermé dans l'obscurité de sa fiole. Et de
D. v. 9 même que l'hérétique du XIV « tord les mots écrits », le mauvais juriste « tord et corrompt »
D. v. 12 la justice. La punition promise au coupable, « en l'ame et corps », est la damnation éternelle, et la qualification de « faussaire » renvoie tout homme qui dévoie le droit à Satan, parangon des faussaires et des menteurs.

24. TEL EST LE NATUREL DE TOUT HOMME MONDAIN.

Le mondain en question est un élégant qui serre ses bas-de-chausses avec des rubans, porte un chapeau à plumart et tient négligemment ses gants dans sa main gauche, campé sur une jambe et l'autre jambe en avant, pied à l'équerre, dans la posture avantageuse d'une statue de Praxitèle. Mais l'image de l'emblème ne se contente pas de livrer au lecteur ce portrait physique du mondain, caractérisé par sa tenue vestimentaire et par son attitude corporelle, elle en fait un portrait moral, grâce à une collection d'objets symboliques auxquels il est relié par des fils aux doigts de sa main droite et qui sont autant de renseignements sur cet aspect moins visible de sa nature ou, selon le mot du titre, de son « naturel ».

Les objets auxquels le mondain est ainsi lié ne sont pas sur le même plan. À l'arrière-plan, sur quatre stèles, ce sont les symboles de quatre vices que nous avons déjà rencontrés dans l'emblème XV : dans l'ordre du quatrain, que reprend en l'amplifiant la Déclaration, apparaissent, pour le pouce le désir d'honneurs (la *philotimie*, symbolisée par un glaive que le texte qualifie de « corporel » pour le différencier de l'épée de la justice, et dont sa collocation avec un épi courbé

102 › Luther emploie plusieurs fois cette expression, dans cette construction directe du verbe « spielen », et dans le même sens figuré (par exemple dans le *Commentaire de Matthieu*, 5, 2).

marque le caractère transitoire), pour l'index le désir d'argent, pour le majeur l'orgueil en forme de plume de paon, et pour l'annulaire le couple enlacé de la volupté. Au premier plan, un diable pousse une sphère au milieu de laquelle tombe un cœur, à l'aplomb du petit doigt du mondain auquel ce cœur est lui aussi relié ; mais un autre fil part de ce petit doigt, fait une large courbe et s'élève vers le ciel où il se perd dans un épais nuage. Le poème déclaratif en explique l'intention : l'auriculaire devrait atteindre Dieu, mais il est tiré par le cœur « dedans le monde bas ». D. v. 10-11

Ainsi les mauvais penchants, ou selon l'expression du premier vers, « l'affection humaine », dont le cœur est le siège, font bien de l'homme un « mondain » au sens où, séduit par le monde, par la chair et par Satan, il ne cherche nullement à s'élever vers Dieu. Car en réalité, en fait de mondain, il s'agit bien, comme le posent les deux premiers vers, de « l'homme » et de sa concupiscence en général. Autrement dit, ce n'est pas tellement une catégorie d'hommes qui se trouve ici stigmatisée, mais c'est toute la postérité d'Adam, dont la concupiscence qui demeure à la racine même de ses pensées[103] et de ses « affections », et quels que soient les actes, est elle-même le péché.

Cette image, et la méditation qui l'accompagne, semblent entretenir un rapport étroit avec le commentaire au « Notre Père » dans la troisième partie du *Grand Catéchisme*, sixième demande (« Et ne nous induis pas en tentation[104] ») :

> nous habitons dans la chair et nous portons le vieil Adam à notre cou, qui s'agite et nous excite, chaque jour, à l'impudicité, à la paresse, à la gourmandise et à l'ivrognerie, à l'avarice et à la fraude, bref éveille tous mauvais désirs inhérents à notre nature [...]. A cela le diable s'ajoute [...] surtout en ce qui concerne la conscience et les choses spirituelles ; il nous pousse, notamment, à jeter au vent et à mépriser la Parole et les œuvres de Dieu ; il veut nous arracher à la foi [...]. Tels sont donc les lacets et les filets [...] que le diable – et non la chair et le sang – nous lance dans le cœur.

La répartition des objets de l'image en quatre vices pour la concupiscence, plus, au premier plan, ce cœur qui ailleurs symbolise la foi et qui ici tombe dans le monde en entraînant par le petit doigt tout le mouvement de la main et par conséquent, sans doute, toute la personne du mondain, illustre parfaitement ce distinguo entre la chair et le diable. Chair et diable correspondent aux deux éléments dont participent les chrétiens selon *Gal.* 5, 17, le monde et l'Esprit. Quant au rapport entre les lacets et filets de Luther et les simples fils de l'image, il suffira de souligner que Friedrich lui aussi à la fin de la Déclaration identifie clairement les fils qui relient la main de l'homme – mais chair, monde et diable confondus – à des « filés de malice » (« Netz / *Rets, filet* ») : le *Grand Catéchisme* est bien la source très précise de ce vingt-quatrième emblème. D. v. 21

L'identification de cette source a le grand intérêt de permettre de comprendre la cohérence du cheminement de la méditation. C'est avec une humilité toute chrétienne qu'après avoir stigmatisé le mauvais juriste, Friedrich envisage cette idée que nul – et comprenons alors aussi, implicitement, nul juriste, aussi bon soit-il – n'est à l'abri de la tentation, puisque tous les hommes partagent cette tendance aux mauvais penchants contre lesquels il faut sans cesse lutter :

103 › « À la racine même de l'être », dit Marc Lienhard (*Martin Luther : un temps, une vie, un message*, Genève, Labor et Fides, 1999, p. 48).

104 › Luther, *Œuvres*, Labor et Fides, tome VII, p. 119.

> la vie, cependant, est ainsi faite que quelqu'un qui est debout aujourd'hui, demain tombera. Aussi, maintenant que nous sommes justes et que nous avons une bonne conscience envers Dieu, il nous faut, de nouveau, demander qu'Il ne nous laisse pas retomber et céder à la tentation.[105]

Luther reprend un peu plus loin en précisant qu'il faut demander à Dieu de « ne pas nous laisser céder à la lassitude et à la fatigue, et retomber dans les péchés, la honte et l'incrédulité[106] ». C'est sur cette notion d'incrédulité, conséquence du péché, que va rebondir la méditation de l'emblème suivant qui prend pour objet l'homme de loi capable de résister à la tentation, le « droicturier Juriste », lequel, précise la rime, est « non pas Atheiste ».

25. JE REPRESENTE AINSI LE DEVOIR DES JURISTES.

Le motif de la tête aux trois visages que l'on avait rencontré dans l'emblème XIX en petit format, à titre marginal, devient ici le motif central autour duquel sont organisés les autres signes qui entrent en configuration avec lui pour représenter, selon la promesse du titre, le magistrat intègre. Dans l'emblème XIX en effet ce motif illustrait le concept de prudence, que le lecteur pouvait déduire de l'idée de regarder à la fois devant et derrière soi[107]. L'idée est en somme la même que celle qui présidait chez Alciat à l'invention de l'emblème sur les « Prudentes » (dans la traduction de Mignault, « Les prudents et bien-advisez »), symbolisés par un Janus « à double chef » capable de regarder « soit devant ou derriere[108] ».

Par rapport à l'image de l'emblème XIX, la couronne, qui signifie la perfection du juriste exemplaire, est ici compliquée de trois plumes – non pas certes des plumes de paon, dont nous connaissons le symbolisme négatif, mais les trois plumes d'autruche qui, depuis les *Hieroglyphica* d'Horapollon, sont associées au concept de justice, parce que « cest oyseau la entre autres a les plumes de ses aeles egales de tous les costez[109] ». La justice est encore dite par le symbole beaucoup plus conventionnel de la balance, dont l'arbre est prolongé par un trait qui, la reliant au ciel, marque son origine divine. Le « droicturier Juriste » est ainsi par l'image mis directement en relation avec Dieu dans l'exercice de sa fonction, ou selon la phraséologie luthérienne de sa *vocation* (ce que le titre de l'emblème appelle ici son « devoir »).

Des trois visages partent trois flèches, chacune au niveau de la bouche. La mise en relation du quatrain (« prononcer jugement », v. 3) et de la Déclaration (« descocher ta fleche », v. 5)

105 › *Ibid.*, p. 118.

106 › *Ibid.*, p. 119.

107 › Déclaration de l'emblème XIX, v. 4.

108 › Traduction de Claude Mignault, dans l'édition parisienne de 1584.

109 › Hiéroglyphe 118 du deuxième livre : « Comment ilz exprimoient celuy qui faict egalement justice à tout le monde » (*Les sculptures ou graveures sacrees, d'Orus Apollo, Niliaque [...]*, Paris, J. Kerver, 1553 pour cette traduction). Guy de Tervarent relève que dans la Galerie François Ier à Fontainebleau l'éléphant qui symbolise le roi porte au front trois plumes d'autruche ; ou encore qu'un bas-relief du tombeau de Guillaume le Taciturne à Delft fait voisiner des plumes d'autruche et la balance de la justice (*Attributs et symboles dans l'art profane*, Genève, Droz, 1997 (1re éd. 1954) p. 57).

permet de comprendre que ces flèches représentent le jugement arrêté par le magistrat, son verdict : l'action du juriste est envisagée dans sa dimension verbale, d'où le fait que ces flèches aient pour origine, précisément, la bouche. Les trois flèches ne représentent pas trois jugements différents mais, selon ce qu'expose la Déclaration, trois phases successives qui conduisent à prononcer une droite sentence, dans une sorte de décomposition de l'action en plusieurs moments qui implique la durée, et par conséquent l'idée que la sentence est le résultat d'un processus mûrement réfléchi. La flèche à gauche vise l'œil : elle représente la première étape, qui consiste à examiner les faits pour en avoir une connaissance parfaite. La flèche à droite vise le cœur : il s'agit de démêler la vérité et de mettre au jour les malversations de l'accusé. La troisième flèche, devant le visage central de cette tête *trifrons*, est prolongée d'une main et vise un livre ouvert : elle correspond à la phase finale, où il faut convaincre l'accusé de sa culpabilité. Cette décomposition du processus en trois phases accompagne le regard du sage, qui, mieux encore que le Janus d'Alciat, se porte à gauche, à droite et au-devant : figuration du magistrat qui sait « peser » la cause, dit le quatrain, tout en se gardant de toute impulsivité ou « passion » (faite de « Begier » et de « Unvernunfft », de désir et d'absence de raison[110]), et qui notamment, comme le souligne la fin de la Déclaration qui prône l'humilité, s'abstient de la passion d'orgueil : le magistrat parfait n'est évidemment pas de ceux qui entendent maîtriser Dieu en faisant servir leur vocation à leurs propres intérêts. D. v. 8

La deuxième flèche ou deuxième phase du travail du magistrat consiste à mettre à jour la fausseté du coupable, « sans rien craindre », précise la Déclaration. Si cette précision a le mérite de rappeler la signification très précise que l'emblème XX donnait au motif de l'aigle soutenant l'éclat du soleil, elle procède en réalité d'une initiative du traducteur, qui passe à côté de l'idée de Friedrich en la généralisant excessivement pour trouver la rime avec « atteindre ». Le texte original en effet précise non pas « sans rien craindre », mais « ohn Scherß », « sans moquerie » – sans crainte de moquerie, c'est-à-dire sans crainte d'être trompé. Une crainte écartée par la parfaite connaissance des faits, acquise au terme de la phase préalable : cette idée escamotée par la traduction trouvait probablement son origine dans l'épigramme de l'emblème d'Alciat, qui fait apparaître le même enchaînement d'idées. Le dieu Janus en effet y est ainsi interpellé : « Janus aux deux visages, toi qui sais les choses passées comme celles à venir, et qui vois aussi bien les grimaces que l'on fait dans ton dos que celles que l'on fait devant toi [...][111]. » D'ailleurs le traducteur de l'édition parisienne de 1584 des emblèmes d'Alciat, lui aussi en mal de rime, joue sur les possibilités de ces « *sannas* » ou grimaces latines et s'arrête, comme Friedrich, sur le concept de moquerie : D. v. 10

> Qui n'es jamais deceu de quelque piperie,
> Soit devant ou derriere, exempt de moquerie

Après donc avoir décoché sa flèche en toute connaissance de cause et sans se laisser berner pour « percer le cœur qui est faux », il faut encore convaincre le coupable de son erreur en lui montrant la loi. On notera que la main dans le prolongement du fer de la flèche est à nouveau D. v. 10

110 › Ce sont ces deux mots que le traducteur rend par le mot « passion ».

111 › Je traduis ces deux vers d'Alciat : « Iane bifrons, qui iam transacta futuraque calles / Quique retro sannas, sicut et ante, vides ».

un meuble héraldique, une main *renversée* (dirigée vers le bas), *appaumée* (montrant l'intérieur), et *bénissant* (c'est une main qui esquisse en même temps un geste de bénédiction, pouce joint à l'index et à l'annulaire repliés contre la paume pour figurer la trinité, les deux autres doigts tendus étant en général interprétés comme une figuration de la double nature du Christ, humaine et divine) : ce meuble reçoit la dénomination de *main de justice*. Ainsi cette main qui,
D. v. 11 comme le précise le texte, exerce la justice tout en montrant « fidelement », au sens où cette main est la main d'un vrai chrétien qui a la foi, se trouve-t-elle non sans raison dans le prolongement d'une balance, tout en haut, reliée à un Dieu invisible : l'exercice du droit suppose la soumission du magistrat aux préceptes divins, et le bon magistrat, le « droicturier Juriste », est un instrument de la volonté de Dieu. Il exerce sa fonction dans le plus grand respect de la loi écrite, tout comme le sage chrétien respecte strictement la Parole divine, tous deux à la recherche de la vérité[112]. Homme de loi, homme de foi… une homologie dont cette *main bénissante* empruntée au code héraldique, qui vient s'interposer entre la flèche et l'objet concerné par la troisième phase du processus, cherche probablement à renforcer la mise en place.

26. CHOSE PLAISANTE À DIEU C'EST DE TOUSJOURS BIEN FAIRE.

La méditation précédente se poursuit, avec un dessin qui tend vers un symbolisme encore plus abstrait, et un texte qui se fait plus généralisant – en apparence tout au moins, car en réalité, Friedrich n'a pas quitté le domaine des juristes. Le titre français en effet, sélectionne par l'expression « bien faire » l'une des virtualités sémantiques de l'expression allemande du titre original, « Recht thun », dont le premier mot peut aussi bien signifier très précisément « le Droit », et qui par conséquent convenait aussi bien au propos du quatrain sur « l'homme de bien », sans plus de précision, qu'au domaine beaucoup plus restreint évoqué par l'image. Si l'homme de bien est agréable à Dieu en faisant bien les devoirs de sa vocation, l'image démontre que l'auteur pense plus particulièrement à une vocation qui concerne le domaine de la justice.

Le motif central en effet est une réélaboration de la figure aux trois visages de l'emblème précédent : des visages à présent combinés avec les trois côtés d'un triangle équilatéral, l'égalité géométrique étant chargée de signifier le concept moral d'équité. Comme dans l'image de l'emblème XXV, l'attention est portée au niveau des bouches, d'où sortent deux serpents et une balance. Le quatrain précise qu'il s'agit à nouveau de représenter la sentence du magis-
Q. v. 2 trat : « Spricht jedem recht », « à chascun il fait toujours le droit » – la traduction sous-entend (il *fait*) ce que l'allemand précisait (il *dit*), à savoir qu'il s'agit d'un acte discursif. Le serpent, que Friedrich a déjà utilisé en contexte juridique dans l'emblème XVIII, est bien entendu celui
Mt. 10, 16 dont le Christ a fait un symbole de prudence. Par prudence il faut entendre la « *prudentia* » des Latins, mélange de savoir-faire et de sagesse, de compétence et de pertinence. Le serpent vient renforcer ce concept tout en lui associant celui de bonté ; il s'agit en effet du serpent positif
D. v. 5 de la parabole, et non pas du serpent de la Genèse : il est « sans malice ». L'expression « sans

112 > « Qui aime vérité, et fidele l'exerce » disait du juriste intègre la Déclaration de l'emblème XXII.

malice » est redoublée dans la phrase par « sans nulle invention », qui reprend le thème de la *sola scriptura*, que le lecteur est invité à transposer au domaine du droit. Ainsi le parfait magistrat, et plus généralement « le sage », est-il caractérisé par cette bonté ou absence de malice qui D. v. 8
le subordonne à l'Esprit et non pas à la chair, et la façon dont il agit est elle-même caractérisée par une conjonction de « prudence et justice[113] » qui le conduit notamment à se méfier de toute interpolation dans le dossier qu'il traite.

La Déclaration s'emploie d'abord à décrire et à expliquer méthodiquement les symboles de l'image, en insistant sur les détails qui renvoient à la notion même de Droit : la ligne droite du fil à plomb, dans le prolongement duquel est lié l'arbre de la balance, une balance aux plateaux D. v. 3-5
parfaitement équilibrés. Cette première partie du poème se termine dans la version allemande par un vers que le traducteur n'a pas jugé bon de restituer[114], et qui rendait compte de la main divine, en haut de l'image, sortie d'une nébulosité : une main qui depuis le ciel nous montre ces signes en manière d'avertissement. La main en effet n'est pas comme dans l'emblème précédent une main qui bénit, mais une main qui cette fois désigne par son index tendu. Le fait qu'en même temps elle tienne ces deux serpents qui se déploient en ondulant de part et d'autre de l'index à la façon d'un caducée, signifie que ce qu'elle désigne ainsi a l'assentiment de Dieu et procède de sa volonté : le dispositif symbolique prend une allure prescriptive.

La deuxième partie du poème confirme bien que la méditation continue à s'appliquer au magistrat, puisque le « sage » dont il était question devient explicitement celui qui « pro- D. v. 13-14
nonce [...] le jugement ». Le magistrat qui procède en toute équité ne se laisse pas acheter par des « presens » (ce sont les fameuses épices, objet de tant de textes satiriques), ce qui D. v. 15
lui permet de juger en toute conscience sans être trop ou trop peu généreux (sans agir « par faveur » ni « abuser de sa force ») : il est parfaitement équitable et fait tout « au niveau », dit D v. 11 v. 16
la Déclaration en empruntant un registre métaphorique qui exploite le dessin du fil à plomb, au centre même de l'image, qui se détache sur la surface vide du triangle équilatéral. Les quatre derniers vers interpellent le lecteur, juriste ou non : non seulement le bon magistrat ainsi défini semble érigé en parangon du sage et de l'homme de bien, mais dans son action de rendre une justice équitable il se fait encore un parfait représentant de la Justice distributive de Dieu, qui récompensera ceux qui ont rempli chrétiennement les devoirs de leur fonction ou vocation dans l'ordre de la société, et ce, sans se laisser « acheter » par des œuvres.

27. CECI EST LE MIROIR DES CHRESTIENNES VERTUS.

Les vertus chrétiennes en question sont, précise le quatrain, les vertus d'intégrité et de vérité : mais le simple repérage sur l'image des tables de la Loi et de la balance suffit à anticiper sur le fait que, à nouveau, la réflexion générale telle qu'elle se présente dans la part textuelle de l'emblème concernera essentiellement dans la Déclaration le domaine du droit. Les vertus chrétiennes sont donc celles qui doivent commander la conduite du bon magistrat.

113 › Déclaration, v. 6-7 : « la prudence et justice / On conjoinct ».

114 › « Zeigt an von Himmel uns die Hand ».

La Déclaration observe le même mouvement que celle de l'emblème précédent : un parcours explicatif parmi les symboles de l'image, très centré sur l'activité du juriste, auquel succède un élargissement qui propose le bon juriste comme un modèle de comportement chrétien. Entre les deux, Friedrich reprend les qualités qu'il a déjà mises en avant. La pertinence requise (« sois discret », dit-il au vers 2) est un avatar de la « prudence » préconisée dans l'emblème XXVI ; et l'expression « sans aucune malice » à la fin du premier vers était déjà présente dans la
D. v. 5 v. 6 Déclaration précédente : « sans nulle malice ». Il faut « darde[r] » la Loi comme les sagettes
D. v. 6-8 ou flèches de l'emblème XXV, afin que, comme le disait déjà le XXI, la crainte de Dieu conver-
D. v. 9-10 tisse le méchant. Il ne faut pas se laisser impressionner par les puissants, ce que disait déjà la Déclaration de l'emblème XX – et l'on se demande alors si la recommandation de demeu-
D. v. 11 rer « en ferme foy et charité » n'autorise pas à lire rétrospectivement l'emblème XIX, dont la Déclaration tout entière déclinait ce thème, comme une méditation sur la vocation du juriste.

Seule la notion de foi[115] apparaît dans la partie gauche de l'image, sous la forme d'une croix blanche[116] (celle qui signifiait déjà la foi dans l'emblème XX) nettement interprétée dans sa valeur symbolique par un phylactère enroulé à la hampe et qui porte le mot latin « fides », « la foi ». Symétriquement à droite une énorme flèche, associée à la double table du Décalogue, représente la Loi, traduction visuelle de la métaphore textuelle du texte original, « Moyses Pfeil », « la flèche de Moïse ». La croix de la foi et la flèche de la Loi sont élégamment liées à une énorme clef verticale qui constitue l'axe de symétrie autour duquel toute la composition s'ordonne, et dont l'extrémité en forme de petite boule est commune à l'extrémité de l'arbre de la balance qui pend dessous. C'est, selon le vers 2 de la Déclaration, « la clef de justice », étonnante expression qui évoque immanquablement ce que le *Catéchisme* explique sous l'expression « le pouvoir des clefs » : le pouvoir accordé aux ministres de l'Église d'excommunier les pécheurs scandaleux et impénitents, et d'absoudre les pécheurs repentants et croyants. C'est de toute évidence une métaphore qui vient conforter la légitimité de la vocation spécifique du magistrat auprès de Dieu, comme si elle résultait d'une sorte de délégation de pouvoir.

Cette association de la foi et de la charité dans la quête de la vérité en contexte juridique est elle-même exigée par Gerhard en matière d'interprétation de l'Écriture, c'est-à-dire dans la quête de vérité en contexte théologique. Il y a dans le texte sacré, dit-il au paragraphe LXIX du traité sur la légitimité de l'interprétation de la Bible, des lieux parfaitement clairs qui permettent de réunir une « règle de foi », qui est l'essentiel de la doctrine céleste, et qui permet de juger si l'interprétation d'un lieu textuel obscur est recevable ou non : la Bible n'offrant aucune contradiction (Dieu dit toujours la vérité), une interprétation qui contredit la *regula fidei* doit être immédiatement rejetée. Cette « règle de foi », ajoute Gerhard, « comporte deux parties : d'abord ce qui concerne la foi, dont les chapitres les plus importants sont exposés dans le symbole des Apôtres, puis ce qui concerne la charité, dont l'essentiel est détaillé par le Décalogue[117] ». On comprend que la représentation de la vertu théologale de charité par la flèche de Moïse et le Décalogue n'oppose aucune difficulté de lecture au public luthérien contemporain.

115 › Mais l'on sait que la foi agissante implique nécessairement la charité…

116 › On sait depuis l'emblème XI qu'ici le blanc (le non-noir) de la croix vaut pour du rouge.

117 › J. Gerhard, *Loci theologici*, *op. cit.* : « Ex perspicuis illis scripturae locis colligitur *regula fidei*, quae est summa quaedam coelestis doctrinae ex apertissimis scripturae locis collecta. Partes ejus duae sunt : prior de fide, cujus capita praecipua exponuntur in symbolo apostolico : posterior de caritate, cujus summam explicat decalogus ». La définition de la *regula fidei* luthérienne est donnée au chapitre V, § LXXV, par opposition à la pratique pontificale (§ LXXVIII).

Il convient pour finir de s'attarder un peu sur les deux vertus de vérité et d'intégrité, ou du moins sur leur représentation. La représentation textuelle en tout cas appelle un commentaire. Le vers qui dit à propos des têtes ou « chefs » des deux allégories « Qu'ils luisent devant toy ainsi que des flambeaux » est un ajout du traducteur, qui se justifie pleinement si l'allemand « die zwey Gesicht » signifie bien, selon le sens enregistré dans le dictionnaire de Stoer, « les deux visions » : « Gesicht / *une vision, un songe, fantosme.* Visio, somnium ». Le traducteur ne fait alors que déployer le sémantisme du terme allemand en restituant la valeur de cette *visio* dans la rhétorique latine de l'hypotypose. L'hypotypose en effet consiste à *mettre devant les yeux* du lecteur (« ante oculos ponere ») une image qui a les caractéristiques d'une sorte d'hallucination éveillée, dont le modèle chez Quintilien est la vision de type obsessionnelle, dans le rêve du pré-sommeil ou dans le rêve provoqué par les idées obsédantes de la veille qui réapparaissent dans le sommeil – la principale caractéristique étant sans doute le sentiment d'une luminosité particulière qui confère à l'image cette présente insistante que les latins nomment *evidentia* ou *enargeia*. D. v. 16

Les allégories qui sortent d'un nuage comme on n'en voit guère dans les meubles mouvant d'une nuée des blasons, la construction d'un signe symbolique très abstrait et fascinant par son dispositif esthétique élaboré et par son hermétisme relatif, le tout flottant en l'air sur fond de paysage naturel montagneux, ont bien un caractère onirique certain, un caractère de *visio*. Restait au texte à rendre à cette *visio* l'intensité lumineuse qui achève de la caractériser en tant que telle, et que le grand espace blanc sur lequel elle se détache, comme les autres images les plus abstraites du recueil, ne suffit peut-être pas à restituer.

28. PREN LES ARMES AU POING ET DEFEN LA PATRIE.

Une panoplie d'armes diverses arrangées en un faisceau très ouvert fait une roue au centre de la vignette. La méditation a changé de domaine d'activité, de « vocation » comme le dit le quatrain (v. 2). La « flèche de Moïse » en serait-elle responsable ? C'est à se demander dans quelle mesure la métaphore n'a pas convoqué dans l'esprit du scripteur la fin du cantique de Moïse, que j'ai déjà évoqué pour le rocher de l'emblème XX, et qui évoque un Dieu soucieux de *se revenger*[118], le Dieu vengeur de l'Ancien Testament :

> Si j'aiguise la lame de mon épée, et si ma main saisit le jugement, je ferai tourner la vengeance sur mes adversaires [...]. J'enivrerai mes flèches de sang, et mon épée dévorera la chair [...]. Nations, réjouissez-vous avec son peuple ; car il vengera le sang de ses serviteurs, et il fera tourner la vengeance sur ses ennemis, et fera l'expiation de sa terre et de son peuple.[119]

Les armes sont attachées ensemble par un lien, corde tressée ou chaîne, dont l'efficacité est symboliquement garantie par la présence d'un cadenas. Un autre lien de même type est passé lui aussi dans un cadenas, avec la même intention symbolique, et relie deux mains jointes en

118 › C'est le verbe employé au v. 4 de la Déclaration.

119 › *Deutéronome*, 32, 41-43.

signe de concorde et une main bénissante en direction des armes. À ces deux cadenas répondent deux clefs attachées à un tambour. Le dispositif cherche à exprimer avec ses moyens propres ce que dit aussi la part textuelle de l'emblème, la légitimité de la violence armée pour garantir la paix. On sait que Luther défend cette position dans le traité *De l'autorité temporelle* : si l'adversaire « relève d'une autorité étrangère » et qu'il refuse la paix qui lui est offerte, le prince doit se lancer dans la guerre, une guerre légitime dès lors qu'il s'agit de la protection de ses sujets ; et en ce cas, selon Luther, « les sujets sont tenus de suivre leur seigneur et de risquer leur vie et leurs biens ».

Mais n'oublions pas que l'emblème s'adresse d'abord à ceux qui ont embrassé le métier des armes, et le mot « vocation » est repris dans le dernier vers de la Déclaration par le mot « estat » pour rendre l'allemand « Pflicht » (« Pflicht / *Le devoir, office, obligation.* Officium ») – autrement dit, le métier. Un coup d'œil sur l'ensemble permet de repérer les armes caractéristiques des lansquenets, à savoir la pique et la hallebarde, que l'on remarque à côté du drapeau qui porte l'aigle impériale, et, faisant une croix au-dessus du tambour, la flamberge (longue épée que l'on maniait à deux mains et avec laquelle on pouvait s'attaquer aux chevaux) et l'arquebuse.

Ces hommes de guerre appartiennent aussi parfois à de puissantes corporations de mercenaires qui ont la fâcheuse habitude de se mettre au service du plus offrant[120]. C'est à eux que s'adressent les vers 11 et 12 de la Déclaration : « Ne permets point aussi, que pour l'amour d'argent / L'ennemi desloyal devienne ton regent. » Et c'est par rapport à cette pratique que le dessinateur a représenté tout au bas de la gravure six sacs d'argent qui, alignés sur le plan horizontal et ostensiblement disjoints de part et d'autre du cadenas, ne sont pas reliés comme les trois mains, pour la bonne raison qu'ils représentent une motivation illégitime.

29. CEUX QUI MENENT LES DROITS SONT SOUVENT BIEN ESTRANGES.

L'emblème précédent posait le problème des lansquenets, parfois tentés de se mettre au service de l'ennemi pour de l'argent, mais le monde juridique est-il lui-même exempt de pratiques mercenaires ? On se rend compte rétrospectivement que la méditation n'a quitté le domaine de la justice que momentanément, le temps d'évoquer le problème déjà ancien et bien connu de la vénalité des lansquenets, et que le recours à cette expérience ou connaissance partagée était sans doute destiné à permettre au lecteur d'accéder de plain pied à ce nouvel aspect de la réalité du monde juridique que le moraliste entend traiter à présent.

La pensée procède donc aussi d'un emblème à l'autre par rapprochement analogique, et la hallebarde surdimensionnée qui se dresse au milieu de la vignette de ce nouvel emblème est tout entière investie de la mémoire de l'emblème qui précède. Elle vaut, par synecdoque, pour

120 › Un des exemples qui ont marqué l'histoire de France est la défaite de Pavie : d'un côté François Ier à la tête d'une armée essentiellement composée de Suisses et de Lansquenets, de l'autre une armée d'Espagnols et de Lansquenets. Après la bataille, on règle les comptes entre mercenaires allemands, et une cinquantaine de barons déclarés traîtres à leur nation sont exécutés.

la panoplie des armes diverses qui représentaient l'activité guerrière, et la réapparition des sacs d'argent dans le bas de l'image suffit à qualifier cette activité de mercenaire. Comme dans l'emblème XXIII, les attributs de la justice dissociés et tenus par des bras qui ne peuvent pas appartenir au même corps symbolisent une justice dévoyée, et la responsabilité du dysfonctionnement de cette justice vénale est attribuée à la cible représentée par un nouveau signe, immédiatement décodé dès les premiers mots du quatrain : « la plume du plaideur trempee en l'encrier ».

Le fait que l'on voie non pas une, mais deux plumes dans l'encrier, de part et d'autre du manche de la hallebarde, ne fait pas que répondre à des préoccupations esthétiques : ces deux plumes donnent toute sa pertinence à l'analogie avec la hallebarde. Comme la hallebarde sert à frapper de taille et d'estoc avec le tranchant de la hache, ou encore dans un mouvement vers l'avant pour enfoncer son extrémité en forme de lance ou vers l'arrière en utilisant la lame latérale D. v. 3-4
en forme de crochet, la double plume de l'image suggère les utilisations contradictoires du Droit auxquelles se livre l'avocat vénal : et les structures binaires de la syntaxe (v.7-8 : « tantost… si », v. 11 : « tantost… tantost », v. 14 : « aussi bien à… qu'à ») disent la versatilité. Dès lors l'issue du procès ne dépend pas de la vérité, mais de ce que l'on appelait en France les *épices* : ces avocats corrompus « tordent le bon droit » et sont promis à la damnation éternelle. D. v. 15-16

Tordre le droit : l'expression est utilisée dans le commentaire des neuvième et dixième Commandements du *Grand Catéchisme*, dans un passage où, stigmatisant un comportement généralisé chez « les plus honnêtes, ceux qui veulent être loués, passer pour probes et intègres », Luther s'en prend, précisément, aux pratiques juridiques :

> Nous savons nous donner les plus belles apparences et masquer le coquin, chercher [...] d'astucieux stratagèmes [...] comme s'ils étaient tirés du droit [...]. A cela, les juristes et hommes de loi apportent, eux aussi, leur appui, en tordant le droit et en l'étendant pour les besoins de la cause, pressant les mots et en tirant prétextes, sans souci de l'équité et de ce qui est nécessaire au prochain.

L'expression signe l'affinité entre la pratique du mauvais juriste et celle de l'hérétique de l'emblème XIV qui *tord les mots* du texte sacré.

30. LA PROVIDENCE EN TOUT EST TOUSJOURS NECESSAIRE.

Le mot « providence » ne correspond pas ici à la sagesse de Dieu, mais au concept de *prévoyance*. Peut-être le traducteur eût-il été mieux inspiré, pour l'homogénéité de l'ensemble, s'il avait rendu le mot allemand du titre, « Vorsichtigkeit », par « prudence » : dans les emblèmes XVIII et XXVI d'ailleurs, pour rendre compte du même serpent que celui que l'on peut voir ici, Friedrich emploie l'adjectif « Vorsichtig », qui devient à chaque fois dans la traduction française « prudent ». Les *Icones* de Johann Hoffer[121], livre d'images luthérien très

121 › Johann Hoffer, *Icones Catecheseos et virtutum ac vitiorum illustratas numeris*, Vietbergae, 1568 (D v°). Le Catéchisme de Luther réduit en épigrammes et illustré d'après Cranach est suivi, conformément au titre, de productions similaires sur les vices et les vertus.

diffusé à la Renaissance, présentent une allégorie de la Prudence qui, comme dans l'emblème de Friedrich, tient dans sa main gauche un serpent qui s'enroule au bras, et dans la droite un miroir dans lequel elle se regarde. L'exemplaire que je possède porte, sous le titre « *Prudentia* », un mot qu'une main du XVIe siècle a tracé et qui offre la traduction allemande sans doute la plus évidente : *Vorsichtigkeit.* La *prudence* est ce mélange de sagesse et de savoir-faire que le poème déclaratif nomme à l'avant-dernier vers, cette alliance de « Wiß und Kunst »
D. v. 11 que la Déclaration française rend par… « prudence et savoir ». On insiste sur la compétence et la pertinence du prudent en parlant de sa discrétion – et, preuve que le discours tourne bien autour de la notion de prudence, l'expression « weisen Leuten » (« les gens sages ») est rendue
D. v. 8 par « l'homme qui est discret ».

Le choix du mot « providence » pour le titre français répond donc à une intention du traducteur, et il convient ici de remarquer que si l'adjectif « Vorsichtig » est employé dans la
D. v. 4 Déclaration allemande, il n'est pas traduit par « prudent », mais par « pourvoyant ». Avec cette *providence* de celui qui est *pourvoyant*, le traducteur parle toujours de la « prudence » au sens ancien du terme[122], tout en se montrant sensible à une nouvelle dimension introduite par l'image du coq, quelque chose qui est de l'ordre de la gestion du temps – le temps que compte l'horloge (« Zeit ») et le temps qui varie en fonction des changements atmosphériques et qui peut se faire gros temps (« Wetter[123] »). L'équivalent moderne le plus adéquat de « Vorsichtigkeit » est sans doute, dans le contexte de cet emblème, le mot *circonspection.*

Avec cette « Vorsichtigkeit », derrière un propos apparemment très général, Friedrich n'a pas quitté le domaine du Droit, et plus particulièrement l'exercice de la parole réservée à l'avocat, le plaideur de l'emblème précédent. Les deux derniers vers font aboutir les qualités de « prudence et sçavoir » de l'homme dont il est question à son « faire et parler », faisant voisiner en allemand « Kunst » et « Red » – on sait que le substantif composé *Redkunst* désigne précisément la rhétorique, l'art oratoire du plaideur. Après le mauvais avocat de l'emblème précédent, donc, le bon plaideur, ou ce qui fait la qualité du bon plaideur : voilà ce que représente cette nouvelle image symbolique complexe.

Remarquons que la stèle dans cet emblème ne fait pas que présenter le signe : elle est elle-même signifiante, et constitutive du signe. Comme le dit le premier vers du quatrain, elle représente le « bon fondement », la base solide – base solide que constitue la propriété doublement symbolisée par le miroir et le serpent, et que nous avons déjà rencontrée : contentons-nous donc de parler de « prudence » puisque c'est le terme qu'a retenu la tradition, comme le plus évident, pour traduire la parabole du Christ. Les deux objets étant tenus par les bras dont cette stèle est pourvue, le coq sur le sablier évoque immanquablement une tête sur son cou, si bien que l'ensemble a des allures de corps humain : nous avons bien affaire à une composition allégorique, d'une grande abstraction et d'une grande nouveauté à la fois – on a presque envie de dire, d'une grande modernité.

Intéressons-nous à ce coq, qui constitue la part neuve des signes convoqués pour créer cette allégorie nouvelle manière. L'observation de sa posture conquérante sur le sablier permet de lui

122 › *Cf. supra* le commentaire de l'emblème XXVI.

123 › Les deux termes allemands sont dans les deux premiers vers du poème explicatif original.

accorder tout de suite la maîtrise du temps, ainsi que le veut le quatrain : « Le coq prend garde au temps. » Q. v. 4 La tête dressée, le bec ouvert, et surtout le mouvement des ailes en font un coq saisi au moment où il chante, ou bien s'apprête à chanter. La Déclaration précise qu'il s'est frappé trois fois le flanc avant de pousser son cri, comme la circonspection veut que l'on tourne sept fois sa langue dans sa bouche avant de parler : c'est en ceci que le coq symbolise le sage ou le prudent. « Tousjours est diligent, et jamais temeraire » : D. v. 10 comprenez qu'il est diligent sans se précipiter pour autant – *Festina lente,* proclamait une des devises les plus célèbres à la Renaissance, déclinée à l'envi dans les ouvrages emblématiques, à commencer par celui d'Alciat.

La fin de la Déclaration ajoute à cette qualité une qualité propre au discours du bon plaideur : être pertinent et utile. « Il ne babille point » : D. v. 11 ce verbe, généralement réservé au langage de l'enfant, supposé parler sans cesse et pour dire des choses inutiles, voire dépourvues de signification, s'est spécialisé au cours du XVIe siècle pour dénoter le cri de la corneille. C'est bien avec cette valeur-là que le traducteur l'emploie ici, puisqu'il traduit le verbe allemand « **kräen** » (verbe formé sur *Kräe,* « la corneille »). Ce que le verbe français *babiller* perdait nécessairement par rapport au terme de la langue originale, c'était le rapport implicite, évident pour un lecteur humaniste allemand, de ce verbe « **kräen** » avec le jeu de mots latin qui fait dire à l'oiseau « Cras ! cras ! », « Demain ! » : question, encore une fois, de gestion du temps...

Mais opposer le babil de la corneille et le cocorico du coq, c'était bien aussi, dans le texte original, opposer un exercice vain du discours et une parole fondamentalement utile – utile, parce que vraie, ou en quête de la vérité. En effet, là où le traducteur parle de « chanter sa gaillarde chanson », D. v. 7 Friedrich disait « **er seyn Prophecey vorbringt** », « il profère sa prophétie ». « Sa prophétie », parce que, comme il a été dit au début de la méditation, le coq annonce le changement dans l'ordre du temps ; mais « sa prophétie », aussi, avec toute la force que le terme peut avoir dans le domaine de comparaison, celui des humains, parce que c'est une parole de vérité que la parole du bon plaideur – le modèle étant le prophète par la bouche de qui Dieu, Esprit de vérité, s'exprime. C'est bien la raison pour laquelle les deux plumes du mauvais plaideur de l'emblème précédent sont scandaleuses : la vérité ne souffre pas le double discours, et l'on ne saurait trouver deux passages contradictoires dans le texte sacré. La méditation de Friedrich continue ainsi à valoriser le droit en mettant ses acteurs les plus légitimes dans une relation privilégiée avec Dieu.

31. LE DROIT VA DROIT.

Comme pour le titre du troisième emblème, le rythme ample de l'alexandrin est abandonné au profit d'une formule concise dont la force repose sur un jeu de mots. Ce jeu par dérivation[124] veut compenser un autre jeu de mots intraduisible, un jeu par syllepse de sens : le titre allemand, « **Das Recht dringt durch** », dit du Droit qu'il *transperce,* au sens propre, et au sens

124 › Le jeu concerne la morphologie : il consiste à rapprocher deux termes issus du même radical, qui se trouvent en plus être ici de parfaits homonymes, le substantif « Droit » et l'adverbe « droit ».

figuré qu'il *triomphe* ou *l'emporte*[125]. C'est le propre de la pointe acérée de la chausse-trape que de transpercer, et c'est le sens même de cet emblème que de promettre la victoire finale du
D. v. 12 Droit sur ceux que la fin de la Déclaration en français caractérise par une « teste arrogante », comme celui qui dans l'emblème XII cherchait à manipuler le texte biblique était caractérisé par une « teste inflexible ». La chausse-trappe, qui est à nouveau un meuble héraldique, a été utilisée quelques années auparavant à titre de motif principal par Covarrubias dans un des ses emblèmes moraux pour représenter la constance dans la foi en dépit des vicissitudes[126] par le fait que, quelles que soient les circonstances ou le lieu où on la lance, l'une des quatre pointes du piège se dresse toujours vers le ciel.

Il en est du Droit comme de la religion, orgueil et passion du lucre conduisent à vouloir maîtriser ici la justice comme ailleurs l'on cherche à « maistriser la Déité[127] », et il arrive que le juriste malhonnête « torde » les mots de la loi comme l'hérétique de l'emblème XIV « tord les mots escrits » du texte sacré[128]. Dire que « le Droit va droit » n'a donc absolument rien d'un jeu de mots gratuit, et c'est en ces mêmes termes d'ailleurs que Luther, dans un texte très connu puisqu'il s'agit du *Grand Catéchisme*, s'exprime sur le sujet :

> un but est assigné à Messieurs nos juristes : veiller à traiter droitement et sincèrement des causes, à laisser droit ce qui va droit et, inversement, à ne point le tordre ni déguiser ou passer sous silence pour des considérations d'argent, de fortune, d'honneur ou de puissance.[129]

Dans le poème de Friedrich il est question de « tordre le nez » au Droit, en allemand « **dräen Nasen** » – verbe que Stoer traduit de la façon suivante : « **Dräen** / Tourner, ou faire et façonner au tour ». Pourquoi le nez ? – parce que cette idée de traiter un texte de telle sorte qu'on le façonne, qu'on le modèle à sa convenance et qu'on lui fasse porter un sens qui serve ses propres intérêts, est une idée qui trouve à s'exprimer dans une expression récurrente à la Renaissance, aussi bien en français qu'en allemand, l'expression « faire un nez de cire ». C'est d'abord une expression latine, que l'on relève au XIIe siècle chez Alain de Lille, et que Vivès utilise dans le domaine de la philosophie pour critiquer les interprétations abusives du texte d'Aristote[130]. Elle est usuelle à la Renaissance dans le domaine du droit, témoin par exemple Pasquier, dans le *Pourparler du Prince* : « Aussi fait-on de tout temps, en chaque république, un nez de cire à la loi, la tirant chaque législateur à l'avantage de lui et de ses favoris. » Elle est usuelle évidemment dans le domaine de la théologie, chez les catholiques pour alléguer la nécessité de la patristique et de la tradition, ce dont rend compte telle vigoureuse attaque de Jean Valeton contre la prétendue infaillibilité pontificale, contre

> le Pape et les siens, qui ne haïssent rien tant en ce monde, que la claire et entiere teneur de cette parole, de laquelle ils dient une infinité de maux, l'accusant d'imperfection,

125 › Dictionnaire de Mozin. Stoer n'enregistre que le sens propre avec un sémantisme plus faible (« **durchdringen** / *penetrer*. Penetrare ») : il s'agit de percer en pénétrant ; « transpercer », au sens de percer de part en part, est accordé au verbe « **durchstechen** ».

126 › Sebastián de Covarrubias Horozco, *Emblemas morales*, Madrid, Luis Sànchez, 1610 : « Stabit ut cumque cadat », emblème 30 de la première « Centuria ».

127 › Emblème XV, Déclaration, v. 5.

128 › *Cf. supra* le commentaire à l'emblème XXIX.

129 › Luther, *Œuvres*, Labor et Fides, tome VII, p. 70 : commentaire au huitième Commandement.

130 › Guy Bedouelle et Bernard Roussel (dir.), *Le Temps des Réformes et la Bible*, Paris, Éd. Beauchesne, 1989, p. 100.

> d'insuffisance, d'obscurité, d'ambiguité, d'estre un nez de cire, une espee nue entre les mains d'un fol, et choses semblables tres-calomnieuses, pour establir leurs traditions.[131]

Mais l'expression est évidemment utilisée aussi bien par les protestants contre les catholiques, et comme le dit Michel le Faucheur avant Valeton, le rapport des catholiques à l'Écriture est tel qu'ils n'ont de cesse de « la tordre à leur propre perdition » pour « éviter le vrai sens de cette Divine Parole », ce qui explique parfaitement que pour eux « c'est un nez de cire qu'on tourne du côté qu'on veut[132] ». Et bien avant eux, l'expression est familière à Luther, par exemple dans ce commentaire au verset 9 du Psaume 8 : « il importe que la parole de l'Ecriture et celle de Dieu soient un sens unique, simple et constant, afin, comme on dit, que nous ne fassions pas un nez de cire aux Saintes Lettres ».

On ne s'étonnera donc guère de voir sur l'image de l'emblème l'épée de la justice, une épée anthropomorphe, affublée d'un nez ostensiblement allongé, un nez que visiblement l'on a cherché à tirer. Mais un nez qui a su rester droit, effilé et pointu comme l'épée elle-même, et non pas un nez qui serait tourné d'un côté ou de l'autre. Que l'on ait soin alors de mettre ce nez en rapport avec la position de l'épée brandie, dans un geste de menace, et avec le fait que la main qui la tient est disjointe de ce qui pourrait constituer un corps. Car l'ensemble des signes disposés dans le cadre rectangulaire de la vignette dessine, à nouveau, une silhouette vaguement humaine : outre les mains qui tiennent les attributs allégoriques conventionnels, deux des pointes de la chausse-trape, posées sur le sol, font des pieds tout à fait acceptables, et la bougie allumée surmontée de lunettes esquisse un corps prolongé par une tête qui par sa disproportion évoque assez bien la notion d'orgueil ou d'arrogance. On identifie aisément dans la flamme de la bougie, par opposition au soleil, la raison humaine dans toute sa faiblesse. Les lunettes sont celles qui servent à étudier les lois avec l'acharnement de ceux qui n'ont de cesse que de détourner la lettre du Droit pour le mettre à mal, sur le modèle de la *perscrutatio*.

Mais il fallait que cette allégorie d'une justice pervertie, associée aux dés et aux cartes qui apparaissent dans le registre sombre du bas de l'image – les jeux où l'on triche –, fasse place à la « vraye justice » qui finalement doit se rétablir et triompher : aussi la bougie, prise au piège D. v. 5
de la pointe dressée de la chausse-trape, est-elle menacée par l'épée d'une justice qui refuse de se laisser tourner le nez et dont le « vol », comme le promet la Déclaration, va décapiter la D. v. 12
mèche et souffler la flamme. Ainsi, dans l'image, la disjonction des mains par rapport au corps de cette curieuse allégorie n'est-elle pas seulement justifiée par la difficulté pour le dessinateur de faire sortir de la pointe de la chausse-trape une paire de bras, comme il l'a fait dans l'emblème précédent pour la stèle : dans un parti pris d'extrême abstraction, il s'agissait aussi de donner la possibilité de comprendre cette idée complexe d'une justice qui se retourne contre qui entendait en mésuser, une justice qui, quel que soit le traitement qu'on lui fait subir, finit toujours par faire triompher le droit, comme la chausse-trappe après avoir roulé se stabilise toujours en présentant une pointe qui se dresse en l'air.

131 › Jean Valeton, *Le Resveille-matin des apostats, sur la revolte de Jaques Illaire, ou Refutation des Escrits publiez au nom d'icelui, sous le faux et fantastique titre de Conversion des Huguenots à la foy Catholique.* 1608 : « Censure du discours de Jaques Illaire contenant une Declaration sur la Remonstrance au Roi pour la reunion des Religions ».

132 › Sermon sur *Esaïe*, 8, 20 (cité dans Alexandre Rodolphe Vinet, *Histoire de la prédication parmi les réformés de France au dix-septième siècle*, Paris, rue de Rivoli, 1860, p. 76).

32. CONSTANTE PATIENCE EN FIN SURMONTE TOUT.

D. v. 14 La défaite des têtes inflexibles et arrogantes (« Ainsi les arrogants viennent à se corrompre »)
reste au cœur de la nouvelle méditation ; mais cette défaite est différée après la mort de leurs
D. v. 10 victimes, dont le « trespas est desja à la porte » . Entre l'image très synthétique de l'emblème
précédent, qu'accompagnait une méditation au présent de vérité générale, et cette nouvelle
variation sur le triomphe inéluctable de la « vraye justice[133] », s'ajoute la dimension du temps
comme dans l'emblème XXI ; et comme dans cet emblème où apparaissait pour symboliser
cette vraie justice l'étoile matineuse et resplendissante, il se pourrait bien que ce triomphe
soit remis dans un avenir qui coïncide avec le Jugement dernier. En conséquence, le chrétien
victime des méchants est exhorté à la patience : et tout spécialement lorsque les méchants sont
D. v. 17 servis par une justice dévoyée et inféodée, « leur droit desraisonnable ». Comme le rappelle
le vers 8, supporter les afflictions (*porter sa croix*) est matière de foi, et le verbe « croire » est
employé à dessein : c'est supporter la volonté de Dieu, ce qui nécessite une « force et magna-
D. v. 3-4 nimité » que le chrétien tire de sa confiance en « la parole », qui lui donne l'espérance d'être
D. v. 8 sauvé. Et si la victime « croid qu'elle a merité cela tres justement », c'est que sa foi la conduit
à accepter cette épreuve au nom d'une justice supérieure.

D. v. 1 La vertu de « saincte Patience » est symbolisée par un agneau auréolé et tenant une croix, comme on représente l'agneau de Dieu, le Christ rédempteur qui porte les péchés du monde. Cet agneau qui porte une couronne est lui-même posé sur un grand livre que la Déclaration identifie au vers 3 à « la parole », la Bible. Cette identification par l'image entre le chrétien qui souffre l'injustice et l'agneau de Dieu vaut pour le discours qui consiste à proposer l'exemple du Christ, comme le fait Luther dans le commentaire d'une épître de Pierre : « Si tu veux suivre le Christ, tu ne dois pas beaucoup discuter et te plaindre quand on te fait du tort, mais supporter cela et l'accepter comme un bien, du fait que Christ a tout souffert sans être coupable : Il n'a pas non plus invoqué le droit quand il était devant le juge[134]. »

L'allégorie de la justice qui est représentée au-dessus de l'agneau, reconnaissable par sa balance et son épée, est donc une allégorie d'une justice dévoyée, mauvaise, perverse, et qui repose sur une violence illégitime[135] : ce n'est pas là la « vraye justice » que célébrait la Déclaration de l'emblème précédent. Son corps est le monde, sa tête une tête de mort soutenue par un sablier en guise de cou, et son caractère vain et transitoire est encore dénoncé à la fois par des fétus terminés en épis inclinés vers le sol et par un récipient dont sortent d'épaisses volutes de fumée qui viennent s'étirer contre la marge supérieure de la vignette. Les vers qui commentent ce motif des épis en les rapportant aux arrogants semblent extraits du Psaume 2. Que l'on compare le vers 14 du poème : « C'est pour un peu de temps, il n'en faut avoir soin », avec le verset 10 du Psaume: « Encore donc un peu de temps, et le méchant ne sera plus » ; puis le vers 15 : « Quant et quant ils seront fauchés comme le foin », avec les versets 1 et 2 : « Ne te dépite point à cause des méchants, ne sois point jaloux de ceux qui s'adonnent à la perversité. Car ils seront soudainement retranchés comme le foin ».

133 › Emblème XXXI, Déclaration v. 5.

134 › Luther, *Commentaire de la première épître de Pierre*, 2, 21-25 (cité par M. Lienhard, *Au cœur de la foi…*, *op. cit.*, p. 254).

135 › L'expression « droit desraisonnable » correspond à l'allemand « gwaltsamen Recht » (Stoer : « Gewaltsam / *Par force et violence* »).

Patience, donc : « Demeure tranquille te confiant en l'Eternel, et l'attends », dit le verset 7 du Psaume… Et peut-être l'idée, dans l'emblème précédent, d'une justice qui se retourne contre celui qui la dévoie, provient-elle elle-même de ce Psaume, à moins qu'elle n'en ait appelé le souvenir :

> Les méchants ont tiré leur épée, et ont bandé leur arc, pour abattre l'affligé, et le pauvre, et pour massacrer ceux qui marchent dans la droiture. Mais leur épée entrera dans leur cœur, et leurs arcs seront rompus.[136]

33. FAIRE SEDICION CE N'EST PAS GRAND SCIENCE.

Hibou ou chat-huant, cet oiseau au chant lugubre suscite une aversion et une crainte généralement partagées, aussi bien chez les contemporains de Friedrich que dans l'Antiquité, témoins Ovide, chez qui Ascalaphus, changé en hibou, se fait le messager des malheurs imminents, ou Julius Obsequens, qui enregistre au titre des prodiges qu'il collecte l'épouvante collective et les purifications qui suivent la découverte d'un tel oiseau dans un lieu sacré ou simplement public. Il s'agit bien aussi, dans le contexte de notre emblème, d'associer l'oiseau et des événements funestes. Le texte et l'image mettent en relation le hibou et les acteurs d'une révolte : le quatrain exploite une analogie qui repose sur la laideur de ce que tous deux expriment (ululement pour l'un, et pour les autres expression agressive de ce qu'on appellera, pour être le plus général possible, une idéologie), sur le rapport à l'obscurité (vie nocturne pour l'un, clandestinité pour les autres – mais aussi horreur de la lumière, lumière du soleil pour le hibou et lumière métaphorique de la vérité pour les séditieux), et sur le sentiment dysphorique qu'ils provoquent (peur irrationnelle d'un côté, de l'autre côté peur fondée sur les désordres provoqués par les mouvements de contestation).

Les premiers vers de la Déclaration renforcent le lien entre les deux objets comparés en faisant du cri du hibou une annonce des troubles politiques de toute nature. Selon les principes d'un dispositif auquel les premiers emblèmes du recueil ont habitué le lecteur, l'image installe les deux membres de l'analogie en les répartissant dans deux zones superposées, le hibou dans la zone supérieure et l'armée des révoltés dans la zone inférieure qu'elle matérialise au niveau du tiers de la vignette par la ligne horizontale que dessinent au loin les têtes des séditieux.

Mais ce dispositif se complique d'une deuxième analogie qui, elle, n'est pas du tout prise en charge par l'appareil textuel de l'emblème. En effet, de même que le hibou est centré et juché sur une souche, on voit, un peu plus bas, posé sur une autre souche parfaitement similaire mais moins haute, un encrier qui contient deux plumes comme dans l'emblème XXIX, où ce signe symbolisait la justice versatile et vénale de l'avocat pernicieux. Or ce signe, visiblement, n'a pas changé de domaine d'application, si l'on en croit la balance fixée au tronc de la même souche par un clou. Il faut donc avoir à l'esprit qu'en prenant pour objet la sédition, la pensée de Friedrich n'a pas cessé de prendre en considération le monde de la justice. « Mais

136 › Versets 14-15.

enfin toutesfois se remet la balance », dit la fin de la Déclaration en manière de renversement optimiste, autrement dit : le Droit réapparaît, la justice a de nouveau lieu. Il faut donc penser de cette balance de l'emblème, qu'elle n'est que momentanément accrochée au clou. Faut-il alors comprendre que la dizaine de vers qui précèdent cette fin optimiste, sous couleur de développer le thème de la sédition, parlent de la justice ?

La Déclaration effectivement tient un double discours, un discours sur les motivations pernicieuses des troubles politiques et sur les désordres qu'ils provoquent chez les gens de bien acquis à la mauvaise cause, qui se laisse entendre au fil du texte comme la métaphore de troubles intérieurs provoqués par l'esprit malin. Peut-être est-ce plus net dans le texte original, qui ne parle pas de « l'apostate bande » mais de la subtilité du diable[137] : encore que le lectorat contemporain de la version française, et *a fortiori* le lectorat calviniste, avait eu l'occasion de lire et d'apprécier l'expression « l'apostate bande » dans la *Sepmaine* de Du Bartas[138], pour désigner précisément l'armée des anges révoltés. Chacun était à même de comprendre que c'est l'esprit malin qui s'instille dans le cœur de l'homme de bien en exploitant la haine mêlée de rancune, cette composante de la concupiscence que le commentaire de Luther aux Commandements identifie à la colère, et en l'exploitant insidieusement, « **mit Federlesen**[139] », avec des manières d'enjôleur.

D. v. 5 Dans l'image, la présence de l'encrier aux deux plumes, associé au hibou, en lieu et place du « garnement » de la Déclaration invite à identifier le vaurien en question au mauvais avocat, celui qui flatte les bas instincts pour pousser au procès, contre le précepte fondamental d'aimer son prochain, voire contre le huitième Commandement qui interdit de porter de faux témoignage contre lui, puisque, lorsque revient la justice, dit le vers 14, « l'honneur et verité » sont rétablis. Plume du flatteur insidieux, et plume de l'orgueilleux ? Dieu donne l'esprit méchant aux vaniteux, dit Luther dans son commentaire au Psaume 143[140], « c'est l'esprit de colère et de mécontentement par lequel ils défendent leur droit et leur vérité et persécutent les bons ». Quoi qu'il en soit, la grande plume, au premier plan, est flanquée symétriquement d'un épi de céréale : signe de leur défaite prochaine. Ce en quoi, d'ailleurs, le traducteur qui parle de l'« apostate bande » reste bien en accord avec la méditation de Friedrich, l'apostasie généralisée étant un des signes avant-coureurs de la fin des temps. Et il est bien évident que le discours second dont les désordres extérieurs sont la métaphore met en place une isotopie spirituelle qui donne à la restauration finale de la justice une portée eschatologique. C'est alors de la Justice de Dieu qu'il s'agit, celle qui « fait revivre gens de bien » comme il est dit au vers 15, ce qu'il convient de prendre non pas au sens figuré mais au sens propre : elle les fait revivre en les ressuscitant pour leur donner le salut éternel.

137 › V. 6 : « **Teuffels List** » (Stoer : **List** / *Ruse, finesse, tromperie, subtilité*).

138 › « Premier jour », v. 667.

139 › L'expression dans une telle tournure positive semble un décalque d'une expression grecque que Casaubon dans son commentaire aux *Caractères* de Théophraste glose par « floccos legere », (enlever les petites plumes, le duvet), geste qui renvoie, dit-il en citant Plutarque et Ovide, à une espèce habituelle de basse flatterie (« solenne adulationis genus »).

140 › Verset 13 : « Que ton esprit me conduise dans le juste chemin ».

34. HEUREUX CELUI QUI FAIT LE DEVOIR DE SA CHARGE.

Cet emblème est un point culminant dans la série des méditations sur la justice, dans la mesure où la Déclaration donne la clef de cet intérêt manifeste pour cette vocation. Il semble bien en effet que Friedrich s'y présente comme juriste en intervenant à la première personne : « Quant à moy je feray à chascun assistance / De fait et de conseil », déclare-t-il, comme le fait « tout D. v. 7
bon Juriconsulte ». Le pronom de première personne est d'ailleurs employé dès le premier D. v. 8
vers dans le poème en allemand, « **Zu Gott hab ich mein Eyd gethan** » (j'ai fait mon serment à Dieu). Certes, ce n'est pas la première fois que la première personne est utilisée, et à des titres divers : on ne peut pas donner le même statut au « je » qui conclut la Déclaration du troisième emblème (« C'est à toy, ô Dieu, que ma priere / J'addresse ») et au « je » qui déclare à la fin de la Déclaration du quinzième : « Qui ne veut obeïr à mes commandemens, / Je luy feray souffrir et angoisse et tourmens. » Le premier relève de la marque auctoriale, le second est une prosopopée qui donne la parole à l'une des instances représentées par le moyen de symboles dans l'image support de la méditation. Mais dans le cas présent, il ne fait pas de doute que le soleil anthropomorphe au centre de la vignette représente le modèle du bon jurisconsulte, l'archétype auquel le « je » entend se conformer : il est par conséquent exclu que nous ayons simplement affaire à une prosopopée.

Cette figure solaire, dont le centre rond doit être imaginé de couleur or, d'après les points serrés qui dans le langage de l'héraldique codent cet email, est une figure bien singulière : réduite à une face humaine combinée à un soleil rayonnant, elle est pourvue de quatre bras tendus dans les quatre directions cardinales, deux à l'horizontale pour tenir les attributs de la justice, et deux à la verticale pour désigner d'une main bénissante en haut le soleil, et en bas le globe terrestre. Le magistrat qui veille au respect de la justice civile, celui qui a « juste et bon poids » Q. v. 2
pour tous indifféremment et, selon la formule de Paul, ne porte pas le glaive pour rien, doit être *Rom.* 13, 4
ainsi perçu comme un intermédiaire autorisé entre le Christ et le monde, entre l'évangile et la Loi. Le rapport entre le magistrat et le Christ est exprimé dans la Déclaration par l'expression biblique « le soleil d'équité », formule employée par le prophète Malachie et interprétée dès le *Mal.* 4, 2
début du IIIe siècle comme une désignation du Christ qui viendra pour juger à la fin des temps. Dire comme dans le dernier vers du quatrain que « le Soleil n'a égard à personne », c'est, dans le domaine de la Loi, dire que la justice doit être la même pour tous, sans complaisance ni favoritisme, et quel que soit l'intérêt du juge, comme le réclame le commentaire de Luther au huitième Commandement :

> C'est une calamité générale dans le monde qu'au tribunal siègent rarement d'honnêtes gens. En effet, pour faire un juge, il faut être, avant tout, un homme honnête, et non seulement honnête, mais encore un homme sage, avisé, et même hardi et vif [...]. Car celui qui doit juger toutes les causes avec droiture et trancher net par son jugement irritera souvent de bons amis, des familles alliées, des voisins, des riches et des puissants qui peuvent lui être très utiles ou lui nuire beaucoup.[141]

141 › Luther, *Œuvres*, Labor et Fides, tome VII, p. 74.

Appliquée au Christ, la formule se comprend davantage de façon positive, comme un équivalent de l'expression « le soleil luit pour tout le monde », et renvoie à la doctrine d'une prédestination non pas absolue, mais conditionnelle, selon la formule de Concorde : Dieu veut sauver tous les pécheurs, et ce n'est que dans la mesure où ils résistent à l'action de la grâce qu'ils se rendent coupables de leur propre condamnation. Sans toutefois assimiler le magistrat qui accomplit sa vocation en maintenant la Loi, tout en étant lui-même selon les termes du quatrain le premier à respecter les Commandements du Décalogue[142] et ce faisant est agréable à Dieu, au Soleil de Justice, qui selon les termes de Malachie *porte le salut dans ses rayons*, il est clair que l'image, par le choix du motif solaire, par la position centrale qu'elle lui attribue, par le geste de bénédiction qu'elle lui associe, impose à la représentation de la justice temporelle un traitement qui ne contribue pas peu à en valoriser les acteurs intègres.

35. A SA FIN VIENDRA TOUT CE QUI EST TRANSITOIRE.

Une caravelle conduite par le diable transporte le globe terrestre sur une mer très agitée. Pour représenter le monde tel qu'il est ou qu'il va, le « cours de ce monde » pour reprendre les termes du titre du recueil, le globe terrestre lui-même supporte un énorme sac d'argent dans lequel est fichée une colonne étroite, à peine plus grosse que le mât dont elle prend la place, et au sommet de laquelle, au lieu de hune, on voit une de ces girouettes en forme de coq que l'on met aux clochers des églises. Les symboles de la foi et de la justice, la croix et l'épée, identifiés par des phylactères qui portent leur nom latin, prennent eux-mêmes appui sur les pièces de monnaie et flanquent de part et d'autre la colonne centrale, de telle sorte que l'on comprend que la girouette les concerne et qu'elle est chargée de marquer leur manque de fermeté. Ce nouvel emblème renoue avec la quatrième méditation, qui en contenait déjà les principaux points : on y voyait la justice et la foi, que l'image représentait sous la forme d'allégories, asservies à la toute-puissance de « l'inique Mammon » et de « l'honneur qui s'envole[143] ». Les
D. v. 2 deux emblèmes déplorent donc le fait que « l'argent et l'honneur du monde miserable » sont devenus ce qui régit les activités des hommes et ce vers quoi se tournent toutes leurs pensées, et l'emploi du mot « maistres » au troisième vers de la Déclaration renvoie à une idée forte du *Grand Catéchisme* : qui laisse les biens que Dieu accorde à l'homme devenir son maître ou son idole, contrevient de la façon la plus grave au premier Commandement.

Ce que cet emblème ajoute de nouveau par rapport au quatrième, c'est qu'il explicite le rapport privilégié que semblaient entretenir les allégories de la Foi et de la Justice, en récupérant un thème présent dans la série des méditations sur ou autour du Droit, celui du rapport à la vérité. Accueil et respect de la Parole dans son intégrité pour la foi, quête et établissement de la vérité dans la perspective de la loi pour la justice des hommes : mais rien de cela n'a
D. v. 5 lieu, puisqu'il faut bien constater qu'« On ne regarde plus à Verité sincere ». La girouette qui

142 › Aimer Dieu et aimer le prochain, les deux principes qui régissent respectivement les deux tables de la Loi (*cf.* le v. 1).
143 › Expressions de la Déclaration de l'emblème IV.

tourne « à tout vent » dénonce le règne de l'opinion, des raisons particulières qui se substituent à la vérité dans le domaine de la religion aussi bien que dans celui du droit – c'est la victoire ce que Luther appelle la *raison charnelle*. D. v. 6

Le bateau dépourvu de voiles et ballotté au gré des vents et des courants sur cette mer très agitée court à sa perte, conduit par le diable qui manœuvre à la rame, les yeux fixés sur un sablier posé sur le gaillard d'avant à la place de la figure de proue. De l'autre côté – à l'ouest – le soleil tombe : non pas un simple coucher de soleil, insiste le texte, mais un « indice », c'est-à-dire un signe : et un signe apocalyptique. Le mot « indice » est un ajout du traducteur qui compense par anticipation ce que le beau vers sur lequel il achève la Déclaration en français (« Que le flambeau des cieux panche vers l'Occident ») perd par rapport à l'original : « **Die Sonn der Untergang uns zeigt** », le soleil nous indique l'Occident c'est-à-dire encore le déclin, et au sens figuré la perte, la chute, la fin du monde. La toute-puissance de l'argent doit être considérée comme un autre signe de la fin des temps, comme l'enchaînement des vers du quatrain le laisse entendre, et comme l'expose de façon parfaitement explicite la fin de la Déclaration. Le naufrage, y dit Friedrich, est imminent (les vents vont « abysmer » le bateau), annoncé par deux signes avant-coureurs, la recrudescence des péchés et la disparition du soleil.

Cette dimension apocalyptique prêtée à ce que l'on pourrait percevoir dans l'image comme un simple coucher de soleil peut surprendre : mais comme Bernard Vogler a pu en faire la démonstration en étudiant les pratiques religieuses privées de l'époque[144], le thème de l'amoindrissement des phénomènes lumineux, à défaut de la chute des astres, est un thème très attesté des prières qui se diffusent alors pour dire l'imminence du Jugement dernier. Cet emblème est bien représentatif par là de la piété luthérienne et des préoccupations eschatologiques que continue à partager cette communauté confessionnelle entre 1600 et 1620, tout en portant la marque d'une méditation très personnelle : le soleil qui « panche vers l'Occident » et ferme la Déclaration conserve la mémoire du « Soleil d'equité » de l'emblème précédent.

36. NE VOIS TU PAS COMMENT L'ORGUEIL TOUSJOURS TOUT GASTE ?

L'emblème IV, centré sur l'appétit d'argent, se trouvait prolongé et approfondi par le XV qui reprenait le motif de l'arbre du vice, en mettant l'accent sur le péché d'orgueil, figuré par l'image d'un paon au centre de la vignette. C'est un rapport assez semblable que le présent emblème entretient avec le précédent, et sur l'image le sac d'argent a disparu, tandis que rayonne dans la moitié supérieure une roue de plumes majestueuse, attribut majeur d'une allégorie de l'Orgueil. Une femme en buste tient lieu de paon, et l'aigrette sur la tête est remplacée par trois plumes volumineuses et bouffantes dressées sur des cheveux eux-mêmes tirés sur une structure qui les gonfle pour leur donner une forme de cœur. Elle tient dans sa main droite une crosse épiscopale à laquelle est attachée une étole, symboles du pouvoir religieux, et dans sa

144 › Bernard Vogler, « La piété luthérienne d'après les recueils de prières (1500-1770), dans *Histoire, Économie et Société*, VII, 1988, p. 79-91.

main gauche à la fois un bâton de commandement et une épée, symboles du pouvoir civil. La crosse est maintenue appuyée sur une bible ouverte, ainsi que le bâton de commandement. Aux deux mains sont accrochés au niveau du poignet des symboles du temps et de la mort qui viennent encadrer la représentation du troisième État ou plus exactement de ceux qui, dans la répartition luthérienne des rôles sociaux, sont le plus défavorisés : une malheureuse dont l'aspect physique et vestimentaire contraste fortement avec le support féminin de l'allégorie de l'Orgueil. Les cheveux défaits, les vêtements déchirés, elle lève les mains jointes au-dessus de sa tête en signe d'extrême affliction et de supplication. La bipartition de l'espace en deux zones superposées induit cette fois un rapport non pas d'analogie, mais d'opposition.

La Déclaration commence par poser les trois catégories sociales impliquées dans d'emblème,
D. v. 2 v. 4 « l'Eglise », « la police » (le pouvoir civil, « weltlich Regiment ») et « le pauvre » qui fait les frais d'une administration corrompue par l'orgueil ; puis le discours procède à une reprise qui a le mérite d'expliquer le fait que le symbole du *Wehrstand* (et la traduction passe de « la police » à « la force seculiere ») prenne appui sur la Bible. L'intention est de dénoncer un échange pervers entre les deux pouvoirs : le pouvoir civil s'empare des « saints Escrits » et pervertit la Parole en lui substituant la sagesse mondaine, tandis que le pouvoir religieux n'a de cesse que de rechercher les honneurs et le profit attachés à toute puissance temporelle. L'orgueil du premier le conduit donc à vouloir maîtriser Dieu, l'orgueil du second à lui substituer les biens matériels, et le tout au détriment des plus démunis du troisième Etat. Les six derniers vers consistent comme dans les Déclarations des emblèmes sur la faillite apparente de la justice en l'expression de la récompense à venir pour les victimes, que la mort « met à repos », tandis que les responsables de leurs maux sont promis aux flammes éternelles (« l'abysme profonde » pour la version française, les plumes qui vont rougir et griller en enfer pour la version allemande).

D. v. 5-7 Mais le texte de la Déclaration est aussi en léger porte-à-faux par rapport à l'image : apparemment, Friedrich avait prévu une représentation allégorique des pouvoirs civil et religieux dans une configuration un peu différente. Le *Wehrstand* devait être assis « à main droite » par rapport au récepteur, au-dessus des autres allégories, et il devait tenir la bible puisqu'il en avait « l'authorité en main ». L'artiste auquel la réalisation finale du dessin a été confiée a préféré simplifier l'ensemble en privilégiant la figure de l'Orgueil et en ramenant la représentation des deux autres allégories à leurs seuls attributs. Ce faisant, il a préservé l'impact visuel de cette roue de plumes comme un soleil au milieu du ciel : l'image entretient alors un rapport d'opposition implicite avec la représentation du magistrat intègre dans l'emblème XXXIV. Et peut-être les bras pliés de l'allégorie de l'Orgueil, les mains aux doigts serrés sur les objets qu'elle maintient, doivent-ils réactiver la mémoire chez le lecteur de la figure solaire aux bras tendus du magistrat intègre. Ce rapport entre justice et orgueil est corroboré par les trois plumes qui surmontent la coiffure de l'allégorie, et qui ne sont autres que les trois plumes d'autruche destinées à aider l'identification de la figure du « droicturier juriste » de l'emblème XXV.

37. AU CHARIOT D'ORGUEIL VEUT TIRER TOUT LE MONDE.

L'image se présente comme une de ces images dans le goût de l'iconographie des Triomphes de Pétrarque adoptées par l'emblématique dès les premières productions d'Alciat et de La Perrière. Les chars allégoriques présentent souvent une partie avant qui se termine en volute, comme ici, mais sont régulièrement tirés non pas par des humains mais par des animaux. Tervarent cependant cite l'image d'une femme sur un char tiré par quatre hommes, une allégorie de la Noblesse due à Enea Vico[145]. La protagoniste principale de notre emblème a d'ailleurs bien l'allure d'un personnage appartenant à la noblesse, avec sa haute coiffure piquée de perles et son chien de compagnie assis à ses côtés. Le paon qui déploie la roue de sa queue, juché sur le haut du dossier qui fait l'arrière arrondi du char, suffit à faire de cette grande dame une allégorie de l'Orgueil.

L'Orgueil tient haut dans sa main gauche sept rênes. Ils sont sept en effet à tirer le char[146], avec à leur tête un homme revêtu de l'habit traditionnel du fou ; parmi les autres on voit distinctement un docteur et un mondain. Tout le monde tire d'un même élan en exécutant le même pas, une sorte de pas de danse ou de patineur qui cherche à connoter autant la difficulté du halage que le consensus et l'accord parfait dans l'exercice du vice. Chacun tire la bride à deux mains sur l'épaule droite et l'effort fait pencher la tête de l'autre côté, mais les visages sont souriants : la Déclaration parle de « désir » et de « plaisir ». Ces gens-là n'agissent pas sous la contrainte, D. v. 13 v. 14
témoin le petit chien, à la place du cocher, qui agite une longue pièce de tissu souple en guise de fouet : non pas la morsure de la lanière de cuir, mais la caresse de la soie.

Le fou mène la danse, c'est le cas de le dire, et pour tous les États de la société : à l'arrière, un paysan épouse le mouvement en poussant le véhicule. La Déclaration suggère que tout le monde pourrait avoir la place d'honneur sur le char, tant chacun a une bonne opinion de soi-même : sur le modèle de la roue de la Fortune, celui qui occupe la position la plus haute est susceptible à tout moment de se retrouver dans la position la plus basse, à sa grande confusion. Il faut donc penser ce char comme un véhicule instable, susceptible de renverser à tout moment son occupant – et c'est bien ainsi que l'a compris le traducteur, qui ajoute au char une caractérisation de son cru et en fait au vers 12 un « chariot qui tremble », pour trouver la rime avec « ensemble ».

Au grand jeu social de l'orgueil, chacun a donc ses chances de se trouver au sommet, puisque l'excellente opinion que l'on a de soi-même y est plus importante que le mérite ou la condition : si le villageois comme le mondain peuvent prendre la place de la noble dame, il y a dans le char d'Orgueil un principe qui contredit à l'ordre social autorisé par Dieu. Mais il y a plus grave. L'orgueilleux « ensuit sa teste » comme l'incrédule du premier emblème « veut Q. v. 6
ensuivre sa raison » et se pense « Seigneur de vie[147] ». La fin de la Déclaration suggère que c'est l'appétit des biens qui entraîne l'orgueil : le second vice succède au premier – après le ventre, la tête. La « folle opinion » consiste alors, après avoir honoré Mammon en lieu et place de Dieu, de faire de sa propre personne une autre idole. Cette contradiction majeure au premier Commandement, dont Luther dans le *Grand Catéchisme* ne cesse de souligner la

145 › Guy de Tervarent, *Attributs et symboles dans l'art profane, op. cit.*

146 › À rapprocher des sept animaux représentant les sept péchés capitaux qui tirent le char de l'emblème 84 dans la gueule d'une bête infernale (« Perniciosissimum homini peccatum ») du *Veridicus Christianus* de J. David (1602).

147 › Ces deux dernières citations proviennent de l'Emblème I, Déclaration, v. 14 puis 18.

gravité, explique le fait que l'image montre des hommes subordonnés à un petit chien : soumis aux appétits les plus vils, leur raison reste une raison charnelle, et cette faillite de ce qui devrait faire leur dignité par rapport aux autres êtres de la création, les ravale au rang des bêtes mues par leur seul appétit sensitif.

38. LE CONSEIL EST CONTENT AINSI QUE LE ROY VEUT.

L'image de l'emblème offre un arrière-plan saturé par cinq personnages, et qu'on pourrait percevoir comme un arrière-plan un peu confus. Il est en réalité soigneusement organisé par une progression de gauche à droite, qui guide l'œil depuis un homme en bonnet de docteur assis plus bas que les autres, jusqu'à un ange qui apparaît dans l'encadrement d'une fenêtre. La lisibilité de cette image complexe est en outre assurée par le repérage immédiat d'un personnage principal installé sous un dais, un personnage portant sceptre et couronne qui correspond au « Roy » du titre, devant lequel un objet pour le moins insolite occupe à lui seul le premier plan, une sorte d'immense éventail parfaitement improbable centré dans la moitié inférieure de l'espace de représentation. L'appareil textuel de l'emblème permet de comprendre que ce papier plié en éventail et tenu à bout de bras par le roi figure sa toute-puissance en matière de justice, grâce à un Conseil restreint qui fait ses volontés.

Ce papier est en effet censé évoquer un acte officiel comme une pièce d'un procès, le rôle
D. v. 3 d'une « cause », et ses dimensions exagérées permettent d'y faire apparaître, au moyen de termes latins redoublés par des symboles, tout ce qui est en jeu dans cette mainmise royale sur la justice. Au centre, l'épée, comme le confirme le latin « *Vis* », dénote la puissance inhérente à l'exercice violent du pouvoir. À sa droite, le mot « *Philargyria* » accompagne un sac pour signifier le désir de biens matériels, puis trois épis, sur le dernier pli, doivent être interprétés comme le désir de prestige, selon le mot « *Philotimia* » qui apparaît, contrairement à l'inscription de l'image du XV, avec une translittération correcte du grec. Ces trois éléments du document tenu par le roi sont nommés dans les deux derniers vers du quatrain : « puissance », « argent », et « honneur ». Il est par conséquent logique de chercher à faire correspondre les deux éléments qui figurent sur les deux autres plis, à gauche, à ces premiers mots du quatrain : « Vous avez tous deux droict ». En effet, la mention « *Jus civile* », c'est-à-dire le droit de la nation applicable à tous les citoyens, tel qu'on peut l'imaginer consigné dans le livre dessiné en dessous, côtoie les mots « *Prudentia politica* », un concept juridique qui recouvre celui de Droit naturel dès lors que, prise en bonne part[148], ladite « prudence politique » consiste dans la recherche du bien commun. On peut admettre que la figure du rond ou de la sphère dessinée sur l'éventail représente cette notion de bien commun, sur le modèle d'un des prétendus hiéroglyphes de l'*Hypnerotomachia Poliphili* chargé de traduire l'idée

148 › La *prudentia politica* peut être l'apanage du chef de l'État ; on la lui reproche lorsque, dévoyée, faite de ruse et de violence, elle conduit au machiavélisme.

d'harmonie[149]. Les « deux » en question, qui s'entendent dire que leur droit est reconnu aussi bien à l'un qu'à l'autre, sont donc les deux hommes assis sous la fenêtre, à une table où ils ont à leur disposition livre, écritoire, plume et canif.

La Déclaration les identifie bien comme des hommes de loi : un juriste querelleur[150] qui proteste que la loi écrite prévoit tous les aléas de la vie en société, et un tenant du droit naturel qui « trouve en son cerveau de nature le droit », puisque contrairement au droit positif ce droit-là ne procède pas de conventions particulières propres à la nation et dûment consignées, mais d'une norme supposée coïncider avec la nature humaine et l'ordre naturel du monde, et établie par l'exercice de la raison, comme le dit Cicéron : D. v. 11

> Mais il y a une Loi, qui est la droite Raison, qui est conforme à la nature humaine, et qui est répandue dans tous les hommes. Elle est constante et éternelle ; elle appelle les hommes à leur devoir, en leur commandant, et elle les détourne du mal, en leur défendant [...]. Ni le Sénat, ni le Peuple ne nous peut dispenser de cette Loi. On n'a que faire d'en chercher d'interprete, que soi-même ; car cette Loi n'est pas differente à Athenes et à Rome ; elle n'est pas une autre aujourd'hui, et une autre ci-après.[151]

Le premier juriste, tel qu'il est présenté par Friedrich, n'est rien sans ses livres qui contiennent toute sa science. Le second, qui se targue au contraire d'avoir toute la sienne dans sa cervelle, a tellement « la grosse tête », comme nous dirions maintenant, qu'il mériterait que l'on dise de lui que c'est sa tête ou « son cerveau [...] qui proprement le porte[152] ».

Le mouvement du texte poétique suggère qu'il y a débat entre les deux juristes, aussi suffisants l'un que l'autre. Dans une conception de l'État comme institution destinée à servir l'intérêt général, qui est celle de Thomas d'Aquin et de la scolastique, on pense le droit positif comme un ensemble de règles qui doivent être au service du bien commun – autrement dit, il doit être conforme au droit naturel, et Thomas d'Aquin reconnaissait que les lois humaines peuvent être défectueuses : d'où à la fin de la Renaissance dans les pays germaniques les prémices d'une mutation juridique qui passe par une normalisation du droit positif sur les principes du droit naturel. Mais il n'est pas encore question à l'époque de Friedrich d'une laïcisation de la notion de droit naturel[153], et nos deux juristes sont renvoyés dos à dos dans leurs prétentions à la prééminence de leur spécialité respective par l'intervention du théologien de service, qui va l'emporter. En effet, un dernier intervenant à partir du quatorzième vers prononce une décision dont le caractère officiel est marqué par une cloche dont le texte dit qu'elle « gronde » : D. v. 11-12 D. v. 14

149 > *Cf.* le dernier hiéroglyphe de la seconde frise décryptée par le héros. Dans les notes de leur édition critique, Marco Ariani et Mino Gabriele (Colonna, *Hypnerotomachia Poliphili*, riproduzione dell'edizione aldina, Adelphi, Milan, 1998) relèvent par exemple deux occurrences chez Cicéron de cette signification attribuée au cercle en général.

150 > Déclaration, v. 5 : « un estriveur juriste ».

151 > *République* III, cité par Lactance, traduction de Jean Le Clerc dans sa *Bibliothèque ancienne et moderne* tome XVI pour l'année 1721, première partie, Amsterdam, chez les Frères Westein, 1721, à propos des *De Verborum, quae ad Jus pertinent, significatione, libri XIX* de Barnabé Brisson. Pascal fera le même reproche à la loi positive : vérité en deçà des Pyrénées, erreur au-delà...

152 > Voyez la note sur la construction du v. 12. C'est par un renversement hyperbolique tout à fait semblable que le poète de *L'amour la poésie*, évoquant une querelle d'amoureux, dit de Gala, à qui il reproche de croire le faux, de se raconter des histoires, – de *se monter la tête* – : « Toi c'est ta tête qui t'enlève » (Éluard, *L'amour la poésie* : « Premièrement », VI : « Toi la seule », vient de dire le poète, et cette protestation d'amour – je n'aime que toi – déclenche un rire sarcastique – « et j'entends les herbes de ton rire »).

153 > La notion de droit naturel, conçu comme l'expression de la volonté de Dieu, finira par être laïcisée.

moins la cloche de l'image, qu'il fallait bien ramener aux proportions d'une scène d'intérieur, que la cloche de sentence qui en pays nordique invitait les bourgeois à venir entendre l'arrêt des magistrats, ou la cloche de justice qui autrefois accompagnait l'exécution d'une sentence. Qu'elle soit ou non encore attachée au souvenir de Charlemagne[154], cette cloche accompagne bel et bien l'allégorie de la Justice dans la série des Vertus et des Vices proposée par Hoffer à la suite de ses *Icones Catecheses*[155], livret qui contribua à assurer la diffusion dans la deuxième moitié du XVIe siècle du Catéchisme de Luther.

L'homme qui agite la cloche contre la marge gauche de l'image, assis à la droite du roi, fait aussi partie de son Conseil[156], et il n'est pas mieux traité par le scripteur de la Déclaration que
D. v. 15 les deux autres : il occupe une place importante dans l'état ecclésiastique (« ou Evesque, ou Prelat[157] »), mais sa grandeur, dit le vers 17, repose sur la faveur d'autrui (« soit qu'on l'aye fait tel ») ou sur sa malhonnêteté (« ou qu'il soit creu lui mesme »). Ce personnage impor-
D. v. 15 tant à la droite du roi est le théologien (« un Prestre ») docteur en droit canon au service du monarque : Friedrich prend dans sa ligne de mire critique une situation que l'on ne connaît pas en pays luthérien, et attaque un système de gouvernement, avec le système juridique qui lui est attaché, qui n'est pas le sien[158]. Droit positif divin fondé selon Thomas d'Aquin sur l'Évangile et sur les préceptes du Décalogue[159], le droit canon en pays catholique est de la compétence de la seule autorité ecclésiastique, qui a le pouvoir de censure sur les autres formes du Droit. De sa main libre, l'homme pointe le doigt en direction des deux autres membres du Conseil, lesquels font tous deux un geste vers leur propre poitrine, un geste qui confirme qu'ils sont interpellés : c'est bien ce théologien qui leur adresse le discours tenu par le quatrain de l'emblème, dont le « nous » englobe dans la même autorité lui-même et le souverain. Au roi et au théologien, donc, le prestige et les biens mal acquis, qu'ils échangent contre un peu de pouvoir accordé aux juristes – mais un pouvoir terrible en vérité, car si le quatrain en allemand dit bien qu'ils ont tous deux gain de cause, il ajoute qu'ils ont le pouvoir non pas de faire appliquer la justice mais de faire le mal, selon leur bon plaisir[160].

On a donc affaire à une critique sans ménagement d'une certaine forme de pouvoir, la critique d'une justice manipulée, et finalement inféodée à la volonté d'un prince qui renvoie dos à dos les points de vue sans trancher, pourvu que les décisions qu'il laisse exécuter servent ses propres intérêts, avec la complicité du docteur en droit canon, c'est-à-dire de la hiérarchie ecclésiastique, sous couvert de laquelle le théologien interprète l'Écriture à sa guise[161]. Dès

154 › Robert Folz, *Le souvenir et la légende de Charlemagne dans l'Empire germanique moderne. Etude sur le culte liturgique*, Genève, Slatkine Reprint, 1950, p. 326 : « Charlemagne fait suspendre à la porte de son palais une cloche que devaient sonner tous ceux qui avaient des causes à lui soumettre. »

155 › Johann Hoffer, *Icones Catecheseos et virtutum ac vitiorum illustratae numeris*, Vitebergae, 1568.

156 › Puisque ce Conseil est « à ses deux costés » (Déclaration, v. 4).

157 › « Prestre » ne fait pas partie de l'alternative, comme le démontre la leçon allemande correspondant à ce v. 15.

158 › Ce qui n'empêche nullement le dessinateur de représenter un roi et un théologien à sa botte avec son propre système de références : le théologien en question ne se différencie pas des autres docteurs du corpus. De même, le mauvais théologien de l'emblème XIV (« l'heretique avec sa doctine impure ») est représenté comme le théologien lambda (celui du LXVIII par exemple), et le juriste n'a d'ailleurs pas une silhouette différente, comme dans l'emblème XLII : le « serviteur de Dieu » comme le magistrat portent le bonnet de docteur.

159 › *Summa*, Ia IIa, question 98 *sq.*

160 › Quatrain, v. 2 : « Wies euch gutdünckt, so macht es schlecht ».

161 › Déclaration, v. 18 : « Si a il rapporté l'Ecriture à son theme ».

lors que le Conseil, selon le titre de l'emblème, fait selon la volonté du roi, la forme que prend le gouvernement n'est pas éloignée de la tyrannie. Le prince, dit Luther dans la troisième partie du traité *De l'autorité temporelle*, doit « agir avec crainte et ne pas s'appuyer sur des livres morts ni sur des têtes vivantes, mais s'en tenir uniquement à Dieu », et obtenir par la prière « une intelligence supérieure à tous les livres et à tous les maîtres pour gouverner sagement ses sujets ». On peut reconnaître dans les deux premiers juristes, vu l'insistance de l'un sur son livre de droit et de l'autre sur sa tête, une application ou illustration des livres morts et des têtes vivantes de l'argumentation de Luther, et reconnaître du même coup dans l'attitude du chef d'état évoqué par Friedrich le contre-pied du bon gouvernement, celui qui, sur le modèle du Christ, précise Luther, ne se sert pas de ses sujets « pour acquérir puissance, biens et honneurs » mais cherche au contraire leur intérêt. D. v. 6 v. 9-11

– Et l'ange, dans tout cela ? Messager du ciel (le texte allemand précise que c'est l'ange Gabriel), il annonce, il avertit, et s'appuie pour ce faire sur les prophéties d'Esaïe pour déclarer que de tels gouverneurs sont « aveugles ». Sans doute Friedrich a-t-il en tête le chapitre 56, versets 9 et 10 (« Toutes ses sentinelles sont aveugles ; elles ne savent rien ; ce sont tous des chiens muets qui ne peuvent aboyer, dormant et demeurant couchés, et aimant à sommeiller. Ce sont des chiens goulus, que ne savent ce que c'est que d'être rassasiés [...] »), un chapitre qui d'ailleurs commence par évoquer la justice : « observez la justice, et faites ce qui est juste ; car mon salut est prêt à venir, et ma justice à être révélée ». Ce que Luther interprète en distinguant deux justices, la justice des hommes et la justification : « Isaïe [...] exhorte le peuple à cette justice civile, afin qu'il soit préparé au règne futur de Christ par le moyen de la Loi, qui joue le rôle d'un enseignant[162]. » Les sentinelles aveugles du verset 9, commente-t-il à la suite, sont « ceux-là mêmes qui dirigent le peuple et les docteurs, auxquels il appartenait de les enseigner, [et qui] ne remplissent pas leur devoir[163] » ; en chiens qu'ils sont – des chiens muets –, ils ne pensent qu'à repaître leurs ventres[164]. Puis Luther enfourche un de ses chevaux de bataille, et fait de ces mauvaises sentinelles les « pseudoprophètes » ignorants et cupides, piliers de la papauté : un rôle que remplit assez bien notre docteur en droit canon qui, à la façon des catholiques, manipule le texte de la Bible pour lui faire dire ce qu'il veut, pour le « rapporte[r] », dit le vers 18, « à son thème », en étayant son argumentation à coups de citations décontextualisées. La réflexion qui dénonce la grandeur apparente de cet homme aux propos « graves » comme une grandeur dépourvue de réel fondement, ne peut au reste que viser le clergé catholique dans ses prétentions hiérarchiques et le pouvoir arbitraire du pape en la matière. D. v. 21-22

162 › *Tomus quartus omnium operum Reverendi Domini Martini Lutheri, Doctoris Theologiae, Continens Enarrationes in Ecclesiasten, Cantica Canticorum, Esaiam, Ezechielem, Danielem, et in Porphetas minores*, Witebergae, Johannes Lufft, 1574, p. 227 r° (« In Esaiam scholia ») : « [...] Esaias [...] exhortatur populum ad iusticiam illam legalem, ut per Legem ceu per paedagogum paretur ad futurum Christi regnum ».

163 › *Ibid.* : « Ipsi principes populi et doctores, inquit, quorum erat alios docere, suum officium non faciunt. »

164 › *Ibid.* : « pascunt ventres suos, praeterea nihil agunt ».

39. LES FLATTEURS AUJOURD'HUY SONT LES PLUS ESTIMÉS.

L'image de l'emblème ne fait qu'exploiter le mot du titre allemand, pour désigner les flatteurs : « **Fuchsschwäntzer** », littéralement « queues de renards ». Queues de renard en guise de fraise ou de collerette, queues de renard cousues bout à bout et pendant depuis le haut de la cape, et queue de renard à la main pour caresser la victime dans le sens du poil, les deux flatteurs ont plus d'un point commun avec le « Parasitus » du 61e des *Emblematum secularium* de J. Th. de Bry[165]. À l'arrière-plan de la vignette de De Bry, un flagorneur se sert de sa queue de renard pour caresser le dos d'un grand personnage. On y voit aussi le flatteur, en gros plan, porter haut le feu d'une torche à la main gauche tandis que de la main droite il dissimule un seau d'eau derrière son dos, conformément à la lettre d'un proverbe allemand[166], puisque les hypocrites disent une chose et font le contraire, et qu'on peut difficilement se fier à leurs belles promesses ainsi que le
D. v. 6 dit Friedrich dans sa Déclaration : « Et puis apres autrement font souvent ».

Bien que le dessin de De Bry soit postérieur, la comparaison rend évidentes les intentions de l'artiste qui a travaillé pour le recueil de Friedrich : ici et là les flatteurs sont représentés dans une posture servile, le genou légèrement fléchi, le dos courbé, le corps en avant. Ces traits, franchement exagérés dans l'image des *Emblematum secularium*, sont plus modérés dans le présent emblème, pour la bonne raison sans doute que l'artiste a pu miser sur le contraste avec la posture du roi, parfaitement droit, voire le corps légèrement redressé en arrière, comme le marque la courbe ombrée de son manteau. Détail qui donne quelque importance aux deux minuscules silhouettes noires qui s'éloignent dans la zone claire d'une plaine à l'arrière-plan, elles aussi bien droites : bâton sur l'épaule, ce sont les gens sincères qui paient de leur éviction de la cour
Q. v. 4 D. v. 9-13 leur intégrité, comme le disent le quatrain puis le poème explicatif. Les deux flatteurs portent la main à leur bouche, dans un geste parfaitement identique, que l'injonction initiale du quatrain permet de décoder : « Doucement, doucement » ... La main en effet, doigts allongés et bien à plat, est moins destinée à clore la bouche qu'à étouffer le bruit des propos qui vont en sortir. C'est d'ailleurs le roi qui, pointant le doigt dans leur direction, les invite à parler[167]. Comme le précise le début de la Déclaration, les torts sont partagés : volonté délibérée de tromper chez les hypocrites, mais aussi complaisance, dans une certaine mesure, chez celui que l'on flatte[168].

Le rapprochement que j'ai suggéré, dans le commentaire de l'emblème précédent, avec le traité *De l'autorité temporelle* permet de risquer une hypothèse à propos de l'allusion au roi David, au vers 14 de la Déclaration. Il se trouve en effet que la suite du passage allégué consiste
1 *Sam.* 17 en une paraphrase du récit de la révolte d'Absalon, conseillé par Achitophel. Le rapport avec le thème de l'emblème n'est *a priori* pas évident, car si flatterie il y a, elle s'exerce en réalité à l'égard non pas de David mais de son fils Absalon, au service de qui Achitophel traîtreusement s'est mis. Mais voyez comment Luther passe de la situation du roi David à des considérations sur les flatteurs de cour :

165 › Jean Théodore de Bry, *Proscenium vitae humanae sive Emblematum secularium*, Francfort, 1627.

166 › Proverbe cité par Christian Wilhelm Kritzinger, *Nouveau dictionnaire des Proverbes François-Allemand : Oder neues französisch-deutsches Sprich-Wörter-Buch*, Richter, 1743.

167 › Même geste dans l'emblème de G. de Montenay ayant pour motto « *Cane* » : le roi invite son conseiller à trompeter, préférant s'en remettre à sa flatteuse chanson plutôt que de chercher à savoir ce qu'il en est réellement de son royaume.

168 › *Cf.* Déclaration, v. 4, « finesse » d'un côté » et « tolerance » de l'autre.

Que nul prince ne se figure qu'il fera mieux que David qui eſt l'exemple de tous les princes. Celui-ci avait un conseiller nommé Achitophel, lequel était tellement sage que le texte dit : Ce que conseillait Achitophel avait autant de valeur que si on avait consulté Dieu lui-même[169]. Or, il tomba si bas qu'il voulait trahir David, son propre maître, l'égorger et le faire disparaître. David dut alors se rendre compte qu'il ne faut se fier à personne. Pourquoi, penses-tu, Dieu a-t-il permis qu'un aussi horrible exemple se produise et soit rapporté, sinon pour mettre en garde les princes devant le plus redoutable de tous les malheurs qui puissent leur arriver et afin aussi qu'ils ne mettent leur confiance en personne ? Car c'eſt là une chose bien déplorable quand les flatteurs gouvernent les cours, ou que le prince se repose sur d'autres et eſt leur prisonnier, qu'il laisse faire chacun selon son bon plaisir.

Chose bien déplorable en effet, « chose peſtifere », dit la Déclaration, pour le gouverneur D. v. 19
comme pour les sujets, mais c'eſt aussi tout un chacun dans sa vie quotidienne, en dehors de ces considérations hautement politiques, qui peut, ajoute Friedrich, en porter « la folle D. v. 20
enchere », c'eſt-à-dire être victime de son imprudence et en supporter les conséquences – Friedrich écrit « **Entgelten** », porter la peine.

Si la locution française *porter la folle enchère* convient parfaitement au verbe allemand correspondant, pourquoi le traducteur dit-il des flatteurs d'aujourd'hui qu'ils « sont à l'entour des Rois faisant les chate-mites », quand l'allemand dit qu'ils sont leurs « **Credenßer** » ? Le *Thesaurus practicus* de Chriſtoph Besold[170] explique que les princes cherchent à se protéger, entre autres, en recourant à des gens qui goûtent les plats qui leur sont deſtinés pour prévenir les risques d'empoisonnement. Au siècle suivant, le lexicographe Johann Friedrich Nolte[171], cherchant un équivalent au latin « Praeguſtator », retrouve le mot « Credenzer ». Les flatteurs sont donc pour Andreas Friedrich les nouveaux écuyers tranchants, qui ont la confiance du roi et jouissent d'une proximité particulière. Ce qui *a priori* n'a pas grand-chose à voir avec l'expression *faire les chattemites*, à laquelle on attribue généralement le sens que lui reconnaît Ménage, dans une remarque au *Dépit amoureux*, où Molière par la bouche de Mascarille maudit les filles qui veulent tâter de l'amour et puis « font les chattemites » : « ce mot signifie l'affectation d'une contenance humble, douce et flatteuse, pour tromper quelqu'un, ou pour attraper quelque chose. C'eſt un composé de *cata*, chat, et *mitis*, doux. Rien ne pouvait mieux exprimer une mine douce et flatteuse que ces deux mots joints ensemble. » Ces chattemites dans la Déclaration de notre emblème ne feraient donc que caractériser à nouveau les flatteurs, en insiſtant sur leur contenance ? Cependant le *Dictionnaire biographique universel* de Michaud offre une explication plus tendancieuse, basée sur un argument étymologique hardi, qui fait de « Catamite » un autre nom de Ganymède. C'eſt en tout cas un fait avéré que l'emploi du terme « chattemite » à la Renaissance peut renvoyer autant à des manières efféminées qu'à

169 › Citation du verset 16, 23.

170 › Chriſtoph Besold, *Thesaurus practicus continens explicationem terminorum atque clausularum in aulis et dicaſteriis*, (Tübingen, 1629), rééd. Nüremberg, 1663, p. 205, lettre C, 65 : « Credenzer » (*additio*) : « Principes summi sibi caventes, varia sibi solent parare remedia, ut se ab illis tutos reddant. Inter alios autem modos, quibus nunc adhuc utuntur, recensetur etiam usus *Credentiariorum*, *Credenzer* vulgo vocantur […]. »

171 › Johann Friedrich Nolte, *Joh. Frid. Noltenii Lexicon Latinae linguae antibarbarum quadripartitum*, Lipsiae et Helmſtadii, Ch. F. Weygand, 1744 : quatrième partie, col. 1110.

l'attitude de l'hypocrite. Au Moyen Âge, l'*Historia ecclesiastica* d'Orderic Vital[172] fait apparaître le terme latin *catamitae* en collocation avec *effeminati*, « efféminés », en contexte de perversions sexuelles, en l'occurrence la sodomie. Voilà qui donne au choix de notre traducteur une réelle pertinence : c'est bien à Ganymède que les nouveaux écuyers tranchants le font penser, Ganymède enlevé par l'aigle de Jupiter pour servir d'échanson au roi des dieux sur l'Olympe, figure paradigmatique du favori, sur fond d'amours homosexuelles. Laissons à part le parfum de scandale des amitiés équivoques, et bornons-nous à reconnaître dans ces flatteurs « faisant les chate-mites » la figure historique des *mignons* du roi.

40. D'AVARES GOUVERNEURS TELLE EST LA TYRANNIE.

Le commentaire du *Grand Catéchisme* sur le quatrième commandement, « Tu honoreras ton père et ta mère », envisage diverses « sortes de pères », dont « ceux qui le sont dans le pays » et qui ont à charge de gouverner leurs sujets. Luther complète les considérations sur les devoirs des gouvernés par des considérations sur les devoirs des gouvernants, qui sans être expressément envisagés dans le Décalogue, peuvent être inférés d'autres passages de la Bible : Dieu, ajoute-t-il, « n'entend pas commettre des coquins ni des tyrans à cette fonction et à ce gouvernement ; il ne leur confère pas non plus l'honneur, autrement dit le pouvoir et le droit de gouverner afin qu'ils se fassent adorer, mais afin qu'ils songent qu'ils doivent obéissance à Dieu, et, avant tout, qu'ils se chargent, de tout leur cœur et fidèlement, de leur fonction[173] ». Cette fonction est, entre autres, de nourrir leurs sujets, à l'opposé du gouverneur qui ne cherche que
D. V. 4 « son particulier gain ».

Le gouverneur avide d'argent dont il est question ici est un acteur du pouvoir civil de première importance, sans être le prince pour autant. Par l'intermédiaire des flatteurs de l'emblème précédent, la méditation est passée du prince manipulateur du XXXVIII au prince manipulé, mal conseillé par son entourage le plus proche dans l'exercice du gouvernement, et nous avons affaire à présent, par un mouvement de dégradation progressive, au prince carrément desservi par le gouverneur insatiable à qui il a eu l'imprudence de confier le pouvoir exécutif. La continuité de pensée est attestée par la même référence très évasive au roi David.

L'image est organisée autour de la représentation de la terre, qui en occupe le centre. Au-dessus flottent dans l'espace les symboles de l'oppression exercée sur les sujets : les verges, l'épée et une de ces « estrilles mordantes » également attribuées au gouverneur par le quatrain[174]. En dessous, le personnage du mauvais gouverneur serre contre son ventre le résultat du pressurage, un énorme sac de pièces. La terre est pourvue à droite et à gauche de deux anneaux grâce

172 › Texte du XIIe siècle, extraits cités par Pierre Dufour, *Histoire de la prostitution chez tous les peuples du monde*, Paris, 1852, vol. 3, p. 353.

173 › Luther, *Œuvres*, Labor et Fides, tome VII, p. 74.

174 › Le quatrain en français tout au moins : rien de tel dans l'original, sinon dans la Déclaration le verbe « schrappen » (« racler »), que le traducteur déplace et restitue ainsi.

auxquels elle est attachée à une chaîne, en manière de collier : une chaîne « du plus fin or[175] », précise la Déclaration. Sans doute y a-t-il pour le lecteur allemand quelque chose d'évident qui lie les instruments de la tyrannie, cette représentation de la terre, et le gouverneur lui-même : si le verbe **hencken**, selon Stoer, signifie « *Pendre quelque chose, faire qu'elle pende* », il a aussi le sens de « *Pendre au gibbet* », d'où « **Hencker** / *Un bourreau* ». D. v. 7

On objectera peut-être qu'elle ne pend pas vraiment, cette terre, placée qu'elle est sur la tête de l'homme, et que c'est la chaîne qui pend… Mais si, pour porter la terre en sautoir, l'artiste avait passé la chaîne autour du cou du gouverneur, le récepteur aurait-il eu quelque chance de la remarquer seulement ? Sans compter que la place sur le ventre était prise par le sac d'or, lequel prend toute sa signification avec le geste de ces mains qui sont supposées le maintenir. Supposées, car il est bien évident qu'à cette hauteur-là elles ne maintiennent rien du tout : ce qui veut dire que le geste est moins fonctionnel, ou réaliste, que symbolique. Nous savons déjà que deux mains qui vont à la rencontre l'une de l'autre signifient la loyauté, la concorde, la confiance – à la différence près qu'ici, ce sont les mains du même personnage ! De sorte que le geste renvoie, de façon simple et efficace à la fois, à cette idée très luthérienne que l'avarice est le péché infâme par excellence, une contravention manifeste au tout premier Commandement, qui consiste à placer sa confiance non pas dans le seul Dieu mais dans les biens matériels et dans sa propre personne à la fois.

41. LES HOMMES MONDAINS SONT ADDONNÉS À VANTANCE.

La « vantance » du titre qui traduit le mot « **Ruhmredigkeit** » (substantif tiré de « **Ruhmredig** / *glorieux, orgueilleux, arrogant, plein de vanité* ») équivaut à notre moderne gloriole. À première vue, la démonstration de forfanterie promise dans le titre de l'emblème est illustrée par un homme, représenté de face, dont les deux bras levés soutiennent en l'air, l'un un globe, et l'autre un cordon de nuages derrière lesquels brille le soleil. Le cordon de nuages est fait d'une succession de masses à peu près rondes mises bout à bout, si bien que la main la plus haute semble aussi bien soutenir, du moins principalement, une de ces masses rondes, un peu plus basse que les autres et d'une taille semblable à celle du globe, de l'autre côté ; et le fait que les deux mains tenant en l'air ces deux objets homologues ne soient pas à la même hauteur, donne à notre homme des allures de jongleur ou de bateleur de foire. Il faudra se souvenir de cette première impression visuelle pour évaluer dans la Déclaration l'autosatisfaction du personnage, la conscience cynique du pouvoir immodéré que lui confère sur les autres la maîtrise de son « art louänger[176] », art de la rhétorique et de la poudre aux yeux : le bonimenteur n'est pas loin. D. v. 3

Notre jongleur n'est certes pas habillé en saltimbanque, ni en fort des halles. Ce chapeau était porté par exemple dans les années 1570 par le comte Nicodème Freschlin, comme le montre son

175 › Pour l'allemand « **gülden Ketten** », expression que Stoer enregistre et à laquelle il donne l'équivalent français « *une chaine d'or* » et le latin « Torques aurea », c'est-à-dire un collier en or.

176 › L'art louangeur est l'art de la rhétorique, évoqué également au v. 6, où le mot « faconde » rend l'allemand « **Mein Kunst** ».

portrait à l'âge de 31 ans, à la fin de sa *Comoedia nova*[177], et on le retrouve pour la même époque sur la tête d'un gentilhomme allemand dans une gravure citée dans *Le Costume occidental* de John Peacock[178], un chapeau constitué d'une calotte haute, foncée, à bord étroit : une gravure où, comme dans l'image de notre emblème, le manteau à col et bordure de fourrure et la fraise sont de rigueur. Ce personnage qui selon le titre représente la catégorie des « hommes mondains » est donc un personnage de riche mondain. Mais ce n'est pas non plus le mondain de l'emblème XXIV[179], le jeune homme à la mode tenté par les plaisirs faciles, un « Weltkind ». Le terme que le traducteur rend ici par « mondain » est « Weltweisen » – que le dictionnaire de Stoer traduit par « *Philosophe* » –, et il faut alors avoir soin de rendre au mot « mondain » son sens spirituel. Car s'il est ici question de philosophie, c'est en tant qu'elle s'oppose à la métaphysique ; c'est cette sagesse de la chair que Paul dans la première épître aux Corinthiens oppose à la sagesse de Dieu, cette sagesse du monde qui est « la sagesse du rhéteur[180] ». Et c'est précisément cette valeur-là que le dictionnaire de Stoer assigne au substantif abstrait correspondant : « Weltweitsheit / *la philosophie ou sagesse du monde,* Sapientia mundi ».

La Déclaration allemande fait appliquer au mondain en personne la métaphore que Jésus réserve à ses apôtres, ou à lui-même[181] : « *Lux Mundi* ». L'expression, qui n'apparaît ni en latin, ni en français dans la traduction, permettait au lecteur luthérien contemporain d'apprécier pleinement la force satirique de l'image : le glorieux fait donc davantage que des prouesses d'haltérophile, il masque d'une main le soleil en interposant un cordon de nuages, ce qui lui permet de proposer le monde qu'il tient dans l'autre main à la place de la vraie lumière. Prétendre être « *Lux Mundi* », « la Lumière du monde », c'est s'approprier de façon blasphématoire la suite des propos que le Christ tient aux Pharisiens : « celui qui me suit ne marchera point dans les ténèbres, mais il aura la lumière de la vie ». D'où le renard, dont la queue ostensiblement passe entre les jambes du mondain, pour dénoncer sa fourberie. D'où le diable, juché sur le globe, qui lui inspire – au pied de la lettre, selon la tradition iconographique germanique[182] – les propos hérétiques qu'il tient. D'où la mort qui lui plante son dard dans le cœur, d'où le convoi funèbre conduit par Satan qui lui est destiné et l'emporte déjà en enfer.

Luther convoque conjointement la métaphore christique de la lumière du monde et la sagesse de chair de la première épître aux Corinthiens, pour commenter le verset 3 du Psaume 18, « Le jour au jour en profère la parole, et la nuit à la nuit en révèle la connaissance » : c'est la foi qui est en jeu, et qui manque aux « philosophes », dit Luther, pour appréhender la gloire et les œuvres de Dieu. Le Psalmiste en effet « veut qu'une telle gloire et de telles œuvres de Dieu soient comprises de telle manière que si on ne les comprend pas par la Parole et par la foi, elles ne le soient pas du tout ». Les apôtres sont la lumière du monde, ils sont les cieux eux-mêmes, poursuit Luther en citant Paul,

Phil. 2, 15

> *Parmi lesquels vous brillez comme les luminaires du monde, en retenant la Parole de vie.* Ce jour, produit par le nouveau soleil qu'est le Christ, profère à l'autre jour, c'est-à-dire au

177 › Nicodème Freschlin, *Comoedia nova : de admiranda fortuna Hildegardis*, Tübingen, G. Gruppenbach, 1579.

178 › John Peacok, *Le Costume occidental : de l'Antiquité à la fin du XXe siècle*, Paris, Le Chêne, 1999, p. 92.

179 › Rappelons que cet emblème entendait nous présenter « le naturel de tout homme mondain ».

180 › 1 *Cor.* 1, 17 (et 2, 1 pour la récusation du prestige de l'éloquence et de la sagesse).

181 › Respectivement *Mt.* 5, 14-15 et *Jn.* 8, 12.

182 › *Cf.* l'emblème XVI.

monde ou aux hommes du monde tout resplendissants de la lumière de leur sagesse, la Parole. [...] La sagesse de l'Esprit prêche à la sagesse de la chair pour la séduire par la Parole, et la rend sotte ! Car la sagesse de l'Esprit est jour devant Dieu, et la sagesse de la chair l'est devant le monde.

L'emblème met en image un personnage qui prend le contre-pied d'un tel discours, un glorieux qui persiste avec un aplomb coupable dans sa sagesse charnelle, sa « sage finesse ». Son D. v. 13
attitude intellectuelle le conduit à des exactions semblables à celles du gouverneur de l'emblème précédent : comme lui, il bafoue l'autorité du Prince, exploite et gruge les sujets qui D. v. 12
tombent sous sa coupe. Et comme le signifiait le gros sac que tenait le personnage du gouverneur sur l'image, la Déclaration fait dire au glorieux qu'il n'a qu'une idée, remplir son ventre. D. v. 8
La différence est que l'un se met au-dessus des autres par l'exercice de la force publique, l'autre par la rhétorique (« art louänger » et « faconde ») et l'étalage d'un savoir illusoire. Pire, sans D. v. 3 v. 6
doute : le gouverneur cupide pressurait ses sujets et les dépouillait par le glaive, le rhéteur ou baratineur entraîne les siens dans des conflits meurtriers et des entreprises où ils mettent non seulement leur corps, mais leur âme en danger. Le résultat est le même pour le mondain D. v. 4
comme pour le mauvais gouverneur : une confiance excessive et exclusive dans leur propre personne, et à terme la damnation éternelle, pour le même chef d'accusation : la transgression du premier Commandement. Et cette fois, le lien entre le mépris de Dieu et la glorification de soi, implicite dans l'emblème XL, est clairement exprimé dans l'enchaînement des vers 7 et 8 : « Je n'ay soin nullement / De Dieu, ains je rempli mon ventre seulement ».

Le poème s'achève sur la perspective de la mort du glorieux, de sa damnation éternelle et de son cadavre mangé par les vers, une perspective dont ses victimes sont appelées à se réjouir : « Chascun lors s'esjouït qui m'à veu si pervers ». Recommandation peu chrétienne ? – Non pas, car, selon une précision que seul donne le texte allemand, elle est conforme à Salomon : « Wie Salamon uns zeiget an[183] ». Parmi les livres attribués à l'époque à la sagesse du fils de David, c'est dans l'*Ecclésiaste* (8, 14-15) que l'on peut lire cette recommandation de se réjouir en dépit – ou en raison – des succès paradoxaux des méchants :

Il y a une vanité qui arrive sur la terre, c'est qu'il y a des justes, à qui il arrive selon l'œuvre des méchants ; et il y a aussi des méchants, à qui il arrive selon l'œuvre des justes ; j'ai dit que cela aussi est une vanité. C'est pourquoi j'ai prisé la joie, parce qu'il n'y a rien sous le soleil de meilleur à l'homme, que de manger et de boire, et de se réjouir ; c'est aussi ce qui lui demeurera de son travail durant les jours de sa vie, que Dieu lui donne sous le soleil.

Le monde est ingrat, dit Luther dans un commentaire à ce passage précisément, c'est toujours ailleurs qu'il tend et il méprise les choses présentes, quelque bonnes qu'elles soient :

Il te laisse peiner et t'exténuer, te méprise et tourmente : raison pour laquelle toi aussi, moque-toi du monde, comme il se moque de toi, fais ce que tu dois faire en oubliant les soucis et préoccupations, et sois gai et tranquille d'esprit, sachant que le monde est ainsi, et que les bons ne se voient pas récompensés en retour.[184]

183 › Dernier vers de la Déclaration allemande.

184 › « Mundus est ingratus, semper spectat alio, praesentia fastidit, utcunque bona sint. Sinit te laborare, fatigari, et contemnit ac persequitur. Ideo et tu lude mundum, sicut te lusit, fac quod debes, et omitte curas et solicitudines, et sis animo hilari et tranquillo, sciens sic esse mundum, non reddi bonis premia. » (*Tomus quartus omnium operum*

42. IL FAUT DILIGEMMENT PRENDRE GARDE À SES FAITS.

Nous retrouvons manifestement dans ce personnage en bonnet de docteur, avec cet appareil de symboles au-dessus de sa tête qui reprennent le discours iconographique de l'emblème XXXIV (« Heureux celui qui fait le devoir de sa charge »), un personnage de juriste : et d'après la fin de la Déclaration, qui lui attribue le pouvoir de *donner sentence*, c'est un juge. L'organisation des éléments de l'image se fait selon une bipartition qui nous est maintenant familière, et qui nous invite à découvrir un rapport de similitude entre les motifs qui occupent respectivement les zones supérieure et inférieure. Le rapport est d'autant plus évident que le regard du soleil anthropomorphe et le regard du juge sont orientés dans la même direction, le noir de la prunelle se trouvant pour l'un comme pour l'autre, par rapport au lecteur, le plus à gauche possible dans le blanc de l'œil. Et comme la dimension minuscule du visage du juge requiert un peu plus d'attention pour remarquer ce détail, l'artiste a eu soin d'accompagner ce mouvement de l'œil d'un mouvement de la tête, qu'il a dessinée légèrement tournée vers la marge gauche par rapport au corps, représenté de face, auquel la jambe droite un peu en avant imprime une légère torsion dans le sens contraire. La Déclaration commence par exposer l'analogie induite par la composition de l'image : de même que le soleil voit tout, le juge doit tout voir, tout examiner, tout peser, – on est tenté d'ajouter : en son âme et conscience. Car tel est le problème sous-jacent, que laisse lire le dernier vers du quatrain avec la notion de « conscience ronde », le problème qui se pose à la justice humaine : comment être sûr de l'équité du jugement rendu, qu'est-ce qui
D. v. 18 garantit au juge de ne pas « craindre repentance » après avoir prononcé sa sentence ?

La réponse réside dans ce soleil luisant surmonté par le Décalogue, de telle sorte que la double table prend en partie la place des rayons qui environnent l'astre, et luisant *parce qu'*il est ainsi étroitement associé au Décalogue. Le montage complexe de la figure abstraite repose en effet sur l'idée que le thème est celui de la justice temporelle, et que cette justice en même temps doit être tributaire de Dieu par l'intermédiaire de la Loi qu'il a dictée aux hommes. La Loi, dit Luther, est « ce que le monde possède de meilleur sur terre », cette Loi « qui comme un soleil, est venue s'ajouter à la lumière terrestre, à ce flambeau des hommes, toutefois débile, qu'est la raison, afin de l'éclairer et de la diriger[185] » : par la Loi, il faut entendre le Décalogue, dont l'évangile reprend l'essentiel en deux grands principes, aimer Dieu et aimer son prochain. Justice des hommes, le soleil doté de l'épée et de la balance tient aussi une main qui bénit et qui signale l'assentiment de Dieu. Mais cette main est accompagnée d'une tige de céréale, marque de ce qui est transitoire, et la splendeur de la justice temporelle, splendeur qui lui vient du Décalogue, ne l'empêche pas d'être frappée de la caducité des choses terrestres. Car si le Droit, pour être équitable, doit « se
D. v. 4 reigler [...] selon la loy divine », cette justice-là n'est pas pour autant la Justice du Christ, dont Luther ne cesse d'affirmer qu'elle est au-dessus et au-delà de la Loi.

Mais il appartient au juge, instrument du « glaive temporel », de préserver l'ordre et l'harmonie contre les méchants au sein de la cité, ce pour quoi il dispose de l'arsenal du droit dit

Reverendi Domini Martini Lutheri, Doctoris Theologiae, Continens Enarrationes in Ecclesiasten, Cantica Canticorum, Esaiam, Ezechielem, Danielem, et in Prophetas minores, Witebergae, Johannes Lufft, 1574, p. 35 r°).

185 › Commentaire à *Gal.* 2, v. 21.

positif[186]. Or pour Luther les lois écrites ne suffisent pas, ou peuvent s'avérer inadaptées – et c'est en cela que peut être mise en péril la « conscience ronde » du magistrat. En ce sens, l'opposition qu'établit le texte de la Déclaration entre « la raison charnelle » et « la vraye D. v. 8
raison », celle de « la loy de Dieu », est une opposition capitale, qui renvoie de façon générale D. v. 11
à l'opposition paulinienne entre sagesse de chair et sagesse de l'esprit, mais qui renvoie aussi plus particulièrement, en matière de Droit, à la fin du traité *De l'autorité temporelle*, où Luther réfléchit sur la question juridique de la restitution d'un bien injustement acquis[187]. La loi la plus appropriée et la plus sûre en la matière, dit-il, est celle de l'amour : le « droit de l'amour », directement issu de Dieu, et « le droit naturel » s'opposent à la « justice humaine » et à sa sévérité trop rigoureuse. Cette justice humaine, qui ne sait s'appuyer que sur le droit positif, y est appelée « la raison », par opposition à une « libre raison » qui, elle, sait se libérer du carcan du droit écrit, ce que Luther illustre par l'exemple de Charles le Téméraire qui sut, dit-il, donner un jugement « jailli de la libre raison, par-dessus le droit de tous les livres ». Et lorsque Luther ajoute : « il faut maintenir toutes les lois écrites sous la domination de la raison, car elles ont jailli d'elle comme de la source du droit », il est bien entendu que la raison ici ne saurait être cette « raison charnelle » dénoncée par le poème déclaratif de notre emblème. C'est bien la « vraye raison » du vers 11, celle qui « monstre parfaictement en tout temps et saison » la D. v. 12
« loy de Dieu », cette loi d'amour dictée dans les dix Commandements et réaffirmée dans ses principes fondamentaux par le Christ. Au juge chrétien, donc, d'apprécier la pertinence du droit positif à la lumière de cette loi divine :

> si tu juges selon l'amour, tu règleras et aplaniras facilement toutes les affaires, sans avoir besoin de livres de droit. Mais si tu perds de vue l'amour et le droit naturel, tu ne trouveras jamais la décision qui plaira à Dieu, même si tu avais avalé tous les manuels de droit de tous les juristes. Plus tu méditeras leurs doctrines et plus ils t'égareront. Un jugement juste et bon ne doit pas et ne peut pas être tiré des livres ; il faut le puiser dans une pensée libre, comme s'il n'existait pas de livre. Or ce jugement libre provient de l'amour et du droit naturel qui animent la raison tout entière.[188]

Voilà qui permet de comprendre dans toutes ses implications le double geste du juge de l'image : car si le geste de la main droite se déduit de l'analogie expliquée dès le début du poème, celui de la main gauche ne s'explique vraiment que par cet intertexte luthérien. L'index de la main droite en effet est porté au niveau de la bouche, et l'on pense immédiatement à l'emblème d'Alciat intitulé « *Silentium* », où le geste est destiné à recommander l'économie de mots, en signe de sagesse. Mais il ne s'agit pas de cela, car l'index de notre personnage ne vient pas barrer les lèvres : il vient se poser en dessous de la lèvre inférieure, au milieu du pli mentolabial. C'est le geste de la réflexion. Il n'interdit pas la parole, il la suspend. Il marque le temps que le juge doit prendre avant de prononcer la sentence : le mot le plus approprié est

186 › « Estote, inquit, in illa Legis paedagogia boni et iusti, donec veniat Christus. Tangit autem duas partes iusticiae, et seruare innocentem, et nocentem damnare. » (*Tomus quartus omnium operum Reverendi Domini Martini Lutheri* [...]. Witebergae, Johannes Lufft, 1574, p. 227 r°, commentaire à *Isaïe*, 56, 1 : « Custode iusticia » (« Soyez, dit-il, bons et justes dans cette pédagogie de la Loi, jusqu'à ce que vienne Christ. Elle envisage les deux aspects de cette justice, préserver l'innocent, et châtier le méchant. »)

187 › Luther, *Œuvres*, Labor et Fides, tome IV, p. 48 à 50 (*De l'autorité temporelle*).

188 › *Ibid.*

sans doute celui de *circonspection*. Ce qui convient, évidemment, avec le mouvement de la tête et des yeux, sur le modèle du soleil qui voit tout.

Quant à l'autre main, elle se porte au niveau de l'oreille : on voit nettement à la loupe le pavillon dessiné par l'ourlet de l'hélix, et l'index ne peut que venir au niveau de l'orifice du conduit auditif. C'est le geste de qui ne veut pas entendre. Peut-être le juge refuse-t-il de prêter l'oreille aux sollicitations et se garde-t-il de se laisser influencer – sur le modèle du Christ, qui
D. v. 4 exerce sa Justice « sans qu'il soit meu de rien », selon un ajout du traducteur. Assurément, en tout cas, le juge s'isole pour préserver la sérénité de sa réflexion, et ferme l'oreille au discours du Droit positif et de la « raison charnelle » pour écouter l'assentiment de son cœur. Car c'est bien là la conclusion qu'il faut tirer de l'anecdote de Charles le Téméraire : « Eh bien, pareil jugement, aucun pape, aucun juriste ni aucun livre n'aurait pu le lui inspirer. [...] Dans chaque cœur, il est écrit que ce jugement est juste[189]. »

43. LA FOLIE NE PEUT TOUSJOURS ESTRE CACHEE.

On sait que les notions de folie et de sottise sont recouvertes en latin par le même mot de *stultitia*, et l'image de l'emblème restitue ce double sémantisme en associant au personnage un âne à gauche, et à droite des têtes de fous. Le personnage de l'image est donc une figure parfaitement antithétique à celle de la sagesse, sans qu'il faille invoquer ici les renversements de valeurs imposés par la première épître aux Corinthiens entre la sagesse et la folie : notre homme, précise la Déclaration, est bel et bien un sot, qui prétend avoir le pouvoir temporel sans que son
D. v. 9 autorité soit légitimée par la maîtrise d'un savoir, car c'est « sans science » qu'il entend « faire
D. v. 2 du maistre ». À la fois sottise et folie, ce comportement de *stultus* est stigmatisé par les oreilles d'âne dont l'artiste a irrévérencieusement affublé ce nouveau personnage de gouverneur.

De façon plus originale, la « folie » que ce gouverneur sans qualité ne peut empêcher de se manifester aux yeux de tous est représentée par des têtes de fous qui apparaissent, comme des fruits insolites, au bout de branches issues de la bille de bois qui lui tient lieu de cœur. Sans doute y a-t-il là l'intention de proposer une antithèse visuelle à une métaphore végétale plus convenue qui rendrait compte des sages paroles censées sortir de la bouche du sage. En tout cas, une telle métaphore de l'arbre de la sagesse, textuelle et iconique à la fois, existe dans la *Morosophie* de La Perrière[190], où elle fait l'objet de l'emblème 97. L'image montre un sage, la main sur un livre ouvert ; une grande ouverture au niveau de sa poitrine laisse voir son cœur, d'où s'élance le tronc d'un arbre qui y a pris racine. Les branches de l'arbre, pourvues de feuilles, sortent de la bouche de l'homme et s'étendent vers la droite et vers la gauche, symétriquement, dans un mouvement harmonieux. Le quatrain en latin explique que la langue divulgue ce que le cœur conçoit, et le quatrain en français complète ainsi le propos :

189 › *Ibid.*

190 › Guillaume de La Perrière, *Morosophie*, Lyon, Macé Bonhomme, 1551. Ce sont des emblèmes dépourvus de titre ; l'image est accompagnée de deux épigrammes, un « tetrastichon » en latin et un quatrain en français.

Regarde et voy, que l'arbre de sagesse
(Duquel convient que l'homme soit instruit)
Prent sa racine au cœur, et tant se dresse,
Que par la bouche il fait sortir le fruit.

Quant à l'arbre de la folie, on trouve dans la *Sciographia cosmica* de Daniel Meissner[191], recueil postérieur à celui de Friedrich, une image emblématique qui procède du même imaginaire. Cette image, destinée à illustrer la ville hongroise qui porte actuellement le nom de Nagykálló, montre un jeune homme endormi. De son cœur s'élance un immense arbre dont le feuillage porte une énorme bourse bien pleine, une jeune fille, un palais… on comprend qu'il est en train de rêver. Mais la Mort est là, qui entreprend de couper l'arbre avec sa faux : la Jeunesse propose, dit le *motto*, et la Mort dispose. Ce qui est intéressant, dans cette image, c'est que l'arbre qui surgit du cœur, sans passer par la bouche comme il le fait chez La Perriere, porte des fruits qui sont autant d'objets de concupiscence. De même, dans l'image exécutée pour l'emblème satirique de Friedrich, les branches, qui n'ont ni le prestige d'un feuillage imposant, ni celui d'un mouvement harmonieux, proviennent directement de ce qui tient lieu de cœur, un morceau de bois, une souche. Et ces branches, qui apparaissent comme un rejet malingre, portent en guise de fruits aussi laids qu'incongrus des têtes de fous, comme pour illustrer cette dénonciation du Christ où la série des vices est parachevée par la folie, en un point culminant et synthétique à la fois : « du cœur des hommes, sortent les mauvaises pensées, les adultères, les fornications, *Mc.* 7, 21-22 les meurtres, les larcins, les mauvaises pratiques pour avoir le bien d'autrui, les méchancetés, la fraude, l'impudicité, le regard malin, les discours outrageux, la fierté, la folie ».

La folie, en l'occurrence, consiste pour notre gouverneur à exercer un pouvoir qui ne repose que sur le prestige attaché à la fonction (« l'honneur temporel » du vers 3) et sur l'autorité et la force (le « glaive corporel » du vers 4), sans la légitimité que lui accorderaient le savoir et la compétence dont ils devraient procéder. Aussi tient-il une longue tige de céréale en signe de la vanité de ce pouvoir qu'il s'arroge, tandis que l'épée du pouvoir n'est pas maniée (si l'on peut encore employer le terme !) par la main droite mais par la bouche, entre les dents. Pour compléter le tableau, les dents tiennent l'épée, ainsi que le précise la Déclaration, de façon oblique – et en choisissant l'expression « sans droiture », une expression parfaitement apte D. v. 8 à recouvrir le champ moral, le traducteur a trouvé une solution habile pour restituer un jeu de mots auquel Friedrich, comme dans l'emblème « Le Droit va droit », se livre à partir du mot « Recht[192] ». Pour dire les choses sans prendre de gants – et l'emploi du mot « Maul » dans le texte allemand nous y invite –, avoir l'épée à la bouche, c'est *avoir une grande gueule*, et *n'avoir que la gueule* : ce personnage est un vantard, un « rodomont[193] », un fier-à-bras dont le texte dénonce le « leger poids », comme nous disons familièrement de quelqu'un qu'il est D. v. 2 léger ou *qu'il ne fait pas le poids.* D. v. 11

191 › Daniel Meissner, *Sciographia cosmica*, Nüremberg, 1637 : « Kalo in Ung. » (H80).

192 › « Das Schwerdt ohn Recht führet im Maul » : il manie l'épée dans sa bouche sans qu'elle soit droite / sans qu'il en ait le droit.

193 › Le personnage de Rodomont n'est pas cité dans l'original. Il se peut que l'on puisse déduire de l'absence de majuscule que le traducteur ne songe pas vraiment au personnage du *Roland furieux*, et que *marcher comme un rodomont* soit perçu comme une expression figée au contenu sémantique à peu près équivalent à l'expression allemande « Pracht treiben », que Stoer traduit par « *faire ou trancher du brave* »…

Signe de son illégitimité, il n'est pas équitable[194], ajoute la Déclaration, ce qui provoque l'hostilité de ses administrés. Le dessin représente ce défaut d'équité, et de sagesse en même temps, de façon magistrale : en accrochant à l'épée la cloche de justice (celle-là même que nous avons déjà rencontrée dans l'image de l'emblème XXXVIII), et en faisant dépendre les mouvements de l'épée, qui agitent cette cloche, des mouvements de l'âne qui hoche le chef, comme le montre le pied en l'air qui accompagne le mouvement de tête ! Les oreilles et la taille de l'animal en font en effet un âne, bien loin du noble cheval sur lequel le fier-à-bras voudrait s'élever, au sens propre comme au sens figuré – tout juste un « Müllergaul[195] », lit-on dans la méditation en allemand, un cheval de meunier : c'est le mauvais cheval, le roussin, la rosse[196], ou bien encore le vieux cheval poussif[197] qui n'est plus bon qu'à faire la tâche peu honorable de l'âne du minotier condamné à tourner sans cesse, bien loin de la prestance du fier destrier… Ce en quoi, pour
D. v. 8 reprendre l'expression du texte, son affaire va bien à rebours, à ce gouverneur illégitime, lui qui voulait paraître ce qu'il n'est pas, et que son comportement inadapté dénonce en révélant cette incapacité foncière qui fait de lui un tyran, provoquant dans l'immédiat le mécontentement général et, à terme, le châtiment divin. Il « recevra son salaire de Dieu », promettent les derniers vers de la Déclaration, en voyant son front « rougir en temps et lieu » : le rouge de la honte et de la confusion, et à la fin des temps la rougeur d'un corps grillé par les flammes de l'enfer.

44. CHASQUE OUAILLE CERCHE SA PAREILLE.

Qui se ressemble s'assemble, dit le titre allemand, « **Gleich und gleich zusammen** » : ce qui met
D. v. 2 v. 3 d'emblée le « grand Seigneur » au rang de « ses beaux serviteurs ». Il faut voir dans cet adjectif « beaux » un trait d'ironie au sens rhétorique du terme, et la représentation des laquais en question en lapins habillés en courtisans en dit long sur la valeur qu'il faut reconnaître au personnage central. Dans une société où le sommet hiérarchique du *Wehrstand* est occupé par une noblesse qui cherche encore à se reconnaître à travers les valeurs d'une chevalerie de plus en plus idéalisée, dont en temps de paix la chasse peut apparaître comme une dernière survivance, c'est le chien qui pourrait être choisi pour représenter le serviteur, mais certainement pas le lapin, animal couard par excellence. Tout dans ces lapins sert à dévaloriser le grand seigneur que le dessin leur associe, jusqu'à l'assimiler à eux par la vertu du texte d'accompagnement : attitude servile (chapeau ou hallebarde à la main), petite taille, et oreilles d'âne – ce sont des imbéciles, des minus, faciles à subjuguer par les fanfaronnades et les largesses représentées respectivement par la plume de paon et la pièce de monnaie que leur maître tient dans l'une et l'autre main. De « jolies bestes », conclut ironiquement le quatrain, et le grand seigneur est à la même enseigne ; en « vray compagnon », il ne vaut pas mieux qu'eux.

194 › Déclaration, v. 13 : « à plusieurs fait outrage ».

195 › « **O weh dem armen Müllergaul** » (« Las ! le pauvre cheval de meunier » ; le traducteur remplace l'exclamation par « Helas tout à rebours / Tout son affaire va »).

196 › Le dictionnaire de Grimm donne les équivalents latin « rocinus » et allemand « Rotz ».

197 › « Keuchen wie ein Müllergaul » : être poussif, haleter.

Comme le gouverneur de l'emblème précédent, ce grand seigneur est un vaniteux – l'immense plume de paon qu'il tient le démontre assez – un personnage qui, à nouveau, a *la grosse tête*, une tête enflée d'un prétendu savoir dont il s'enorgueillit : « Car il est tout rempli de science tres-belle », précise la Déclaration en recourant pour la deuxième fois à l'antiphrase par l'emploi du même adjectif, et il « s'esmerveille » lui-même de sa propre subtilité. L'image s'emploie à proposer une variation sur cette notion de la « grosse tête » en installant dans le prolongement du crâne du personnage une haute cheminée de brique, flanquée d'un échafaudage qui semble prendre appui sur les épaules. Cet échafaudage permet d'installer vers le sommet de la cheminée une planche où se tiennent deux personnages dont la taille minuscule veut suggérer, en dépit du cadre imposé par la taille de la vignette, la hauteur démesurée de l'ouvrage : c'est là semble-t-il le seul intérêt de ce détail.

D. v. 5

D. v. 11

Cette interprétation plastique de « la grosse tête » est en même temps une métaphore qui cherche à rendre compte, sur le mode satirique, de l'activité cérébrale du personnage. Une telle image est moins déconcertante pour le lectorat contemporain de Friedrich que pour nous. En effet, le savoir médical de l'époque subordonne les relations entre l'âme et le corps au mécanisme de ce que les médecins appellent les *esprits*, qui n'ont rien à voir avec des fantômes, mais sont une vapeur subtile fabriquée par le corps à partir du sang. Au niveau du cœur, le sang qui est censé y bouillir se mélange à de l'air pour former cette vapeur, comme dans un alambic. De même, au niveau du cerveau, une deuxième coction produit une vapeur encore plus fine, des esprits plus raffinés, spécialisés dans les activités psychocognitives les plus subtiles, et qu'on appelle les *esprits animaux* : une substance réputée lumineuse qui permet à l'âme de percevoir des objets, d'en conserver les images dans la mémoire, où elle puise pour produire les pensées.

Jean Théodore de Bry, une dizaine d'années après Friedrich, a mis en image cette production d'idées en dessinant un personnage dont la tête est prisonnière d'un alambic de verre terminé par une cornue ; on voit au-dessus de l'alambic s'élever pêle-mêle dans un nuage de vapeur non pas des diablotins, mais tout un amoncellement d'objets divers, cheval, cartes, femme, chien, jeu de tric-trac, bourse, chauve-souris, autant de désirs et obsessions du personnage qui en recueille la quintessence par le bout de la cornue[198]. L'image mise au point pour l'emblème de Friedrich n'est pas foncièrement différente dans le principe de son invention, mis à part le fait que la construction qui prolonge la tête et en exhibe le dysfonctionnement est davantage en rapport avec l'athanor, le four de l'alchimiste, généralement en briques mastiquées de glaise, ou encore avec la cheminée d'une fournaise, puisqu'il s'en échappe une épaisse fumée noirâtre. Cette fumée noire, d'ailleurs, est elle-même conforme à l'imaginaire médical du dysfonctionnement du cerveau : la faute en est, disent les médecins, à l'humeur mélancolique dont le corps brûle les résidus épais qui, lorsqu'ils sont en excès dans le sang, provoquent une fumée dense qui obscurcit le cerveau et rendent ses opérations confuses. La cheminée de fournaise ne fait donc pas autre chose que de permettre au lecteur contemporain de visualiser, de façon plausible pour lui, cette idée que nous avons affaire à un insensé (mélancolique par constitution), ou à un intellectuel (mélancolique de par son activité) que son orgueil a mené à la folie. Et puisque les serviteurs sont béats d'admiration devant lui, ils sont bons, dit la fin de la Déclaration, à en porter la « cappe », ils sont bons à coiffer eux-mêmes le bonnet de fou. Inversement, celui qui

198 › J. Th. de Bry, *Proscenium vitae humanae sive emblematum secularium [...] decades septem*. Francfort, 1627 : emblème LXV (« Stultorum medicus »).

estime tout savoir et qui produit de telles divagations est finalement aussi stupide que les sots à têtes de lapins qui l'entourent : tous dans le même sac… qui se ressemble s'assemble.

D. v. 12 Chaleur intense (« esprit ardant ») et production de fumée, dans laquelle s'agitent de noires créatures diaboliques : voilà le fonctionnement et la production d'un tel cerveau, le cerveau de Q. v. 2 quelqu'un qui « s'estime tout sçavoir » – à nouveau, l'emblème taxe les vices d'orgueil et de présomption, d'où les silhouettes de diables. Mais pourquoi le quatrain évoque-t-il ces diables en les comparant à des oiseaux ? Apparemment le traducteur a quelque difficulté à rendre compte de l'expression allemande employée par Friedrich, basée sur le mot « **Grillen** » : au sens propre, ce sont les cigales, ou des insectes proches par leur morphologie et le bruit qu'ils émettent, comme les sauterelles. Mais il se trouve que dans le langage courant de l'époque, l'Allemand *a des cigales dans la tête* lorsque son cerveau déréglé produit des idées farfelues et autres chimères. L'expression figurée est même très précisément liée à la pathologie du mélancolique que j'évoquais plus haut, et que la médecine ancienne nomme par les termes de *mania* (la folie dépressive, la manie obsessionnelle) et d'*atrabilis* (l'humeur noire, proprement appelée « mélancolie »)[199]. Il fallait que le traducteur restitue à la fois les notions de bruit strident, d'envol, et de bizarrerie – drôles d'oiseaux, donc, que ces pensées produites par un cerveau malade : l'expression n'est pas si mal trouvée…

45. TELS DE MACHIAVEL SONT LES CŒURS DES DISCIPLES.

Puisque le titre nous convie à découvrir la vraie nature du cœur des disciples de Machiavel, interrogeons d'abord ce cœur, que sa place et ses proportions mettent en évidence dans l'image de ce nouvel emblème. Sa première caractéristique est d'être nimbé de rayons, et ces rayons, qui en épousent le contour, forment une ligne elle-même redoublée en haut par le bord d'un large chapeau et sur les côtés par les extrémités d'une épée et d'un bâton de commandement disposés en croix, une croix dont l'intersection est à l'aplomb de la pointe même du cœur. On a ainsi l'impression que ce cœur doublement inscrit dans un espace triangulaire est comme contenu dans un récipient évasé fermé par un couvercle en forme de chapeau, et que, par un artifice comparable à celui d'une vue en coupe, le dessinateur nous révèle ce qui était destiné à rester caché.

Les rayons qui environnent le cœur ne peuvent que renvoyer à la gloire mondaine que confère l'autorité temporelle représentée par l'épée et le bâton de commandement, autour desquels s'enroulent deux serpents, coupant court à toute confusion avec le cœur ardent de la Charité : ces serpents ne sauraient être ici ceux de la parabole du Christ que nous avons déjà rencontrés, D. v. 3 et comme le précise la Déclaration, le moteur de ce cœur-là est la haine, l'antithèse même de l'amour du prochain. En dessous de ce cœur et derrière les symboles de l'autorité temporelle, passe un renard, qui achève de dénoncer le faux-semblant, la dissimulation et l'hypocrisie. C'est un renard qui fuit, la queue à l'horizontale, mais tout en renversant la tête en arrière, oreilles rabattues et babines rétractées : tout en fuyant, il ne laisse pas de vouloir mordre. Son

199 › Dictionnaire de Grimm, « Grillen » (5), avec une référence à Luther.

attitude se laisse d'autant mieux lire qu'elle contraste fortement avec celle de l'animal héraldique dans le quart inférieur de l'image : un loup rampant, ou ravissant, avec une tête stylisée tout à fait semblable mais qu'on imagine dressée contre la proie ou l'ennemi, dans une position non pas de fuite mais d'attaque. C'est ce double comportement qui définit la rouerie du disciple de Machiavel : il peut feindre d'être accommodant[200] quand il se sent en position de faiblesse, et passe ouvertement à la violence impitoyable du loup dans le cas contraire. Tel est donc ce que cache ce grand chapeau frappé des symboles récurrents de la caducité, les épis et le sablier, et que le blason révèle, sur le mode de la revendication affichée.

Aurions-nous affaire, avec ce grand chapeau, à une autre variation sur la « grosse tête » ? Si « grosse tête » il y a, en tout cas, ce n'est pas ici une histoire de prétention intellectuelle. Ce grand couvre-chef a des allures de chapeau de cardinal en paille recouverte de soie rouge – mais sans cordons ni houppes –, et peut-être répond-il à l'intention d'ajouter le pouvoir ecclésiastique aux deux autres symboles d'autorité. À moins qu'il ne s'agisse d'évoquer les jésuites, qui au début du XVIIe siècle portent des chapeaux noirs à larges bords, et dont l'opportunisme politico-religieux suscite à l'époque l'accusation, précisément, de machiavélisme. Peut-être est-ce l'association de ce grand chapeau et de ce cœur rayonnant qui fait penser aux jésuites : on a le sentiment qu'il ne manque plus que le monogramme IHS… Et puisque la « figure », autrement dit l'image de l'emblème, comporte des « armoiries », on pourra noter que le Q. v. 3-4
blason est strié par des lignes horizontales, ce qui dans le code de l'héraldique correspond à l'émail de couleur bleue : de sorte que le loup doit apparaître *sur champ d'azur*, tout comme le monogramme des jésuites. Substituer un loup au nom du Christ n'est pas sans rapport avec la parabole des loups déguisés en brebis, ceux que Luther appelle les pseudo-prophètes, et il se peut qu'il y ait là une allusion à l'actualité politique : on sait notamment l'influence très réelle des jésuites à la cour de Bavière, et dans toute la principauté, où leurs collèges, à Ingolstadt, à Augsbourg, à Munich, se voient confier l'éducation des futures élites. Maximilien Ier, lui-même élevé par les jésuites et qui continue à les favoriser à sa cour, se fait le champion de la Contre-Réforme et fonde en 1609 la Sainte Ligue Catholique.

Mais un chapeau de jésuite n'est pas décoré de galon, et il se pourrait bien que le chapeau de notre image, de par sa taille, ait une autre raison d'être, une raison qui a à voir avec la fonction principale qu'on a pu lui reconnaître, celle de dissimuler et de garantir en même temps, de *mettre à couvert*. L'accent est mis en effet dans la Déclaration sur le côté pragmatique d'un comportement social qui consiste à jouer de duplicité pour servir ses propres intérêts – le point de départ est « l'avarice », cette avarice au sens très large du terme qui fait que le mau- D. v. 3
vais chrétien finit par avoir d'autres objets d'adoration que Dieu et désobéit par là au premier Commandement. Ce comportement social mise sur le prestige et les commodités que confère l'autorité temporelle, et le texte français comme le texte allemand met en rapport la taille du chapeau avec la « grand' estime et charge » de son propriétaire, les deux substantifs D. v. 11
rendant compte des virtualités sémantiques du mot « Ansehen[201] ». Toutefois, la Déclaration allemande dit un peu plus que cela : le prestige et l'autorité font non pas tellement que le cha-

200 › C'est ainsi que la version allemande développe ce comportement de renard : « **Kanst schlichten** » (Stoer : « **Schlichten** / *Accorder, accommoder, appointer les parties* ».

201 › « **Ansehen** / *Mine, authorité, dignité, estime, reputation* » (Stoer).

peau « est large », mais qu'il *devient* large, qu'il s'agrandit (« **sich dein Hut außbreitet weit**[202] »). Il faut donc qu'on soit parti d'un chapeau aux bords plus étroits, voire d'un petit chapeau : et pour être complet et tenir compte du contexte, ce que Friedrich dit, c'est que le disciple de Machiavel a troqué son petit chapeau pour un grand chapeau à mesure que ses manières dissimulées de renard ont fait place à la violence ouverte du loup. Il y a là, me semble-t-il, un jeu *in absentia* avec une expression allemande qui consiste à dire, littéralement, *jouer sous le petit chapeau* pour signifier la dissimulation, la fourberie, – en somme, pour dire ce que nous appelons *un coup par en dessous*. Luther emploie cette expression, allusion, précise Pierre Jundt dans une note à sa traduction, aux tours de passe-passe des prestidigitateurs, dans son commentaire aux 9e et 10e Commandements :

> [...] Dieu s'oppose à ce que tu ravisses à ton prochain ce qui lui appartient, de telle manière qu'il en soit privé, et que tu satisfasses ta cupidité, quand bien même tu pourrais le conserver avec honneur aux yeux du monde. Car c'est une fourberie secrète et perfide et, comme l'on dit, c'est jouer sous le petit chapeau de telle manière qu'on ne le remarque pas. En effet, quand bien même tu passerais pour n'avoir fait tort à personne, tu n'en as pas moins lésé ton prochain.[203]

Ce passage pourrait fort bien concerner le même type d'individu que le puissant disciple de Machiavel de cet emblème, lui dont « on ne peut pas bien veoir », dit la Déclaration, la
D. v. 6 « malice », jusqu'à ce que la position de force que lui confère son statut social lui permette de jouer à jeu découvert, et que son comportement de loup vienne révéler au grand jour cette méchanceté foncière envers autrui qui fait de lui le contraire même du chrétien charitable. Plus besoin, alors, du petit chapeau de l'expression figurée, que le moraliste peut manipuler et transformer en grand chapeau, aussi bien pour la cohérence du texte explicatif que pour l'esthétique de la « figure » de son emblème.

46. IL SE TROUVE AUJOURD'HUY DE TROIS SORTES DE CHASSE.

L'image, qui semble à première vue inapte à représenter les trois différentes sortes de chasse annoncées par le titre, propose une scène de chasse pour le moins étrange. Ce caractère d'étrangeté tient évidemment à la présence au premier plan d'un squelette et du diable. Mais en fait, l'activité cynégétique elle-même a quelque chose d'irréel, avec ce chasseur qui tire devant lui et non pas sur le sanglier qu'il poursuit, sans s'apercevoir qu'un cerf, que l'on voit apparaître derrière le premier arbre à droite, court derrière lui et pratiquement dans sa direction, tandis que ses chiens pour leur part poursuivent un lièvre : et l'on ne peut s'empêcher de se dire que cela fait beaucoup de gibier dans un espace aussi restreint. La cohérence de l'image, et sa lisibilité, tiennent tout entières à la présence d'une petite main tout en haut, vers le milieu, dans le creux

202 › « Ton chapeau devient large ».

203 › Luther, *Œuvres*, Labor et Fides, tome VII : *Le Grand Catéchisme*, p. 83. La remarque linguistique du traducteur est en note 1.

des nuages, pointée vers le bas. Sa modalité d'apparition en fait de toute évidence une main divine. Elle est suffisamment décentrée pour que l'on puisse constater que son index pointé est exactement à l'aplomb du chasseur en train de tirer depuis son cheval. Ce n'est pas une main qui bénit. Ce pourrait être une main qui désigne, ou qui menace, n'était ce pouce qui, au lieu d'être replié comme les trois autres doigts, se tend lui-même pour s'appuyer contre l'index pointé, comme pour en conforter la rigidité en exerçant une pression : c'est là le doigt de Dieu tel qu'on peut l'imaginer écrivant les mots du Décalogue sur la table de Moïse, et le geste invite à interpréter l'image de l'emblème comme la mise en scène d'une prescription, sinon d'origine divine, tout au moins conforme à la Loi de Dieu – ce qui correspond, pour Luther, au droit naturel[204].

C'est en ceci que l'image entretient avec le titre et le quatrain un rapport qui fait d'elle une image moins déceptive qu'elle ne pouvait le paraître au premier abord. Le quatrain en effet insiste sur le fait qu'il y a une chasse, parmi les trois annoncées par le titre, à laquelle il est « legitime » de s'adonner, et la Déclaration s'emploie à préciser ce en quoi la chasse peut être licite ou illicite. Est illicite la chasse qui procède de la tyrannie, et dont la figure paradigmatique, nommée dans le premier vers du quatrain allemand et curieusement abandonnée par la traduction, est Nemrod : « Nemrod ein Jäger war der Leut », Nemrod était chasseur de gens. Le dixième livre de la Genèse raconte brièvement l'histoire de ce « puissant chasseur devant le Seigneur » selon l'expression consacrée et, d'après Luther, « Moïse a voulu dans ce tableau, tracer une légende pour tous les tyrans qui jusque dans les derniers temps voudraient gouverner le monde et l'Église par la violence[205]. » Cette glose rejoint une tradition hébraïque, celle du Targum de Jérusalem, qui fait de Nemrod le prototype de celui qui passe de la chasse des animaux à la chasse des hommes, et c'est ainsi que son activité de chasseur est comparée dans le commentaire de Luther à Habacuc à celle des Chaldéens consommés dans l'art de la pêche : Q. v. 3

> il attribue ici au roi de Babylonie aussi la qualité d'être un puissant, un adroit pêcheur qui par un pouvoir varié les tire tous à lui, les capture et les recueille. Ces hameçons, filets, rets, ne sont rien d'autre que sa grande et puissante armée avec laquelle il a conquis tous les pays et les gens et a tiré à lui, à Babylone, les biens, bijoux, argent et or [...].[206]

De même les vers 2 à 5 de la Déclaration nomment cette chasse-là du nom de « tyrannie », et dénoncent le « pillage » auquel est soumise la population, en évoquant moins la confiscation des richesses superflues que de ce qui est nécessaire pour vivre : lorsqu'il est dit que les chasseurs « consum[ent] », c'est-à-dire s'approprient et dissipent « la sueur » du visage des pauvres, il faut comprendre qu'il s'agit de *la sueur de leur front*, métaphore biblique de la nourriture que l'on acquiert par son travail.

Mais il est une deuxième sorte de chasse qui dessert elle aussi le pauvre, sans toutefois s'attaquer directement à lui : lorsque l'activité de loisir à laquelle le chasseur s'adonne empiète sur son temps de travail, jusqu'à se substituer à l'exercice de « sa charge ». Le magistrat qui se divertit ainsi au lieu de « donner audience au pauvre » contrevient aux principes élémentaires D. v. 9-10

204 › Je renvoie le lecteur à la citation du traité *De l'autorité temporelle* dans mon commentaire à l'emblème XLII.

205 › Citation traduite par le pasteur C. Bastie, *Le premier livre de Moïse. Commentaire traduit et abrégé de l'allemand de F.-J.-W. Schroeder*, Paris, librairie de Marc Ducloux, 1850, première partie, chapitres I-XI, p. 283.

206 › Luther, *Œuvres*, Labor et Fides, tome XIV : *Commentaire à Habacuc*, I, 15, p. 130.

de la charité exercée dans le cadre de son rôle social, selon la conception luthérienne du « Beruff » – et c'est bien le terme employé dans la Déclaration en allemand. Cette chasse-là est donc également illicite.

Qu'est-ce qui fait alors de la chasse une activité licite ? Les quatre vers suivants suffisent à la
D. v. 11 définir en ce sens. La chasse est autorisée lorsqu'elle se pratique d'abord « pour récréation »,
c'est une activité de loisir qui n'a rien à voir avec l'exploitation destructrice des richesses naturelles[207] ni avec la manifestation d'une violence malsaine, qui sont toutes deux à la racine de la
D. v. 12 tyrannie. Puis elle se justifie dans la mesure où l'amateur la pratique « en temps », c'est-à-dire
D. v. 12 sans concurrencer le temps réservé aux devoirs de sa fonction sociale, et dans sa « dition »,
autrement dit sur un territoire qui relève de sa propre autorité, sans préjudice des biens d'autrui.
D. v. 13-14 Enfin cette activité acquiert une plus grande légitimité « Quand on chasse sur tout aux bestes dommageables / Aux champs », c'est-à-dire lorsqu'elle contribue à éliminer les animaux sauvages qui ravagent les récoltes, ce pour quoi l'image représente aussi bien la grande vénerie avec le cerf et le sanglier que la petite vénerie avec le lièvre : et l'on comprend que c'est par là que la chasse, contrairement aux deux exemples de chasse illicite, peut venir en aide aux plus pauvres. Sa légitimité vient donc essentiellement d'une mise en œuvre de la vertu de charité.

La scène de chasse représentée en dessous du doigt de Dieu veut correspondre aux critères qui en font une activité légitime. Le chasseur possède un cheval, une arme à feu, et a les moyens de se faire accompagner d'un autre veneur, que l'on voit en train de rabattre le sanglier vers les filets où il sera acculé et *servi* : c'est un noble, qui possède un équipage, et l'on peut supposer que la forêt de haute futaie en lisière de laquelle la scène se déroule lui appartient, qu'elle relève de sa « dition ». Le sanglier poursuivi va *tomber dans le panneau*, au sens propre de l'expression, c'est-à-dire qu'il va se précipiter dans ces filets tendus qui l'empêcheront de s'enfuir, la meute à ses trousses, au travers des champs cultivés : la technique de la chasse aux panels ou filets permet de donner l'hallali tout en préservant les récoltes. Et si l'artiste nous donne à voir à la fois un sanglier, un cerf et un lièvre, c'est que ces animaux, susceptibles de provoquer de graves dégâts dans les cultures, sont considérés comme des nuisibles : non seulement le chasseur prend soin de respecter le travail du paysan, mais il lui rend service.

On comprend alors que le diable qui s'avance à droite au premier plan, armé d'une pique comme le rabatteur et soufflant dans un cor, représente la menace du châtiment que doit frapper la transgression de cet ensemble de caractéristiques de la chasse licite, qui font de l'image une image prescriptive : gare au contrevenant, que la mort éternelle viendra saisir, en punition de son défaut de charité. Pour l'heure, le squelette tout à gauche esquisse un pas vers le lièvre, qu'il fait mine d'arrêter en lui opposant ce qui devrait correspondre à la paume de la main, signifiant son arrêt de mort : sa petite taille fait que cette représentation de la mort appartient bien au tableau de la chasse légitime, et que cela ne concerne par conséquent que les animaux traqués par le « bon » chasseur[208]. La menace du diable se situe à un autre niveau, qu'il revient à l'emblème suivant d'expliciter.

207 › On retrouvera ce thème dans l'emblème LXXII.

208 › « [...] jagen, häßen, / Ist wol erlaubt, sich zu ergeßen. » : le quatrain allemand met en rapport « jagen » et « häßen », « chasser » et « haïr », pour en dire le caractère licite (« wol erlaubt », « parfaitement autorisé ») dans la mesure où la chasse correspond à une activité de loisir (« sich zu ergeßen ») (Stoer : « Ergeßen / *S'ebatre, s'esioüer, delecter* »). Le critère de charité s'applique aux humains, et non pas aux animaux, encore moins aux animaux nuisibles.

47. PAR TROP CHASSER ON PEUT BIEN DEVENIR SAUVAGE.

La singularité de l'image tient d'abord aux bois de cerf qui parent la tête d'un chasseur posant avec superbe, et que le titre dans la version allemande se contentait de mettre en rapport avec le désir immodéré pour la vénerie[209]. Le titre en français élaboré par le traducteur récupère l'idée d'une sanction, que Friedrich exploitait dans le quatrain en allemand, et révèle la signification de cette ramure : le risque que le chasseur ne devienne complètement sauvage, qu'il ne *s'ensauvage* (« Verwildt sich selbst »). On peut difficilement accéder à la pleine signification de cet emblème sans retrouver les implications et résonances de ce concept d'*ensauvagement* dans l'arrière-plan culturel de la fin de la Renaissance.

Le verbe préfixé « s'ensauvager » est assez bien représenté, en français tout au moins, à une époque où les récits de voyages aux Indes dites Occidentales font découvrir à l'Europe fascinée, avec les Indiens d'Amérique du Sud, que l'*homo silvester* ou le *selvaticus*, prototype du Sauvage des récits traditionnels, existe à l'échelle de nations tout entières. Dans les cinq degrés que Pierre d'Avity[210] distingue dans ce qu'il appelle la « brutalité », c'est-à-dire ce qui apparente le sauvage à la bête, le plus important consiste en ce que le sauvage ne se sert pas de sa raison – et c'est en ceci que le désir immodéré relevé par le titre allemand a toute son importance –, de telle sorte que c'est la passion qui commande son comportement en toute circonstance. L'ensauvagé est d'abord stigmatisé pour sa propension à se livrer sans retenue à la débauche. C'est ainsi que Jean de Léry, dont le récit de voyage (1578) est diffusé dès 1592 à Francfort conjointement avec la relation du Hessois Hans Staden[211], envisage la vie déréglée de marins naufragés recueillis par les indigènes, et qui « paillardoyent avec les femmes et filles[212] ». C'est aussi le cas de ces enfants des côtes normandes que l'on a arrachés à leur famille et à leur terroir pour les confier aux Indiens Tupinambas dans le but de s'en servir plus tard de « truchements », c'est-à-dire d'interprètes, pour faciliter l'exploitation économique de la contrée :

> quelques Truchemens de Normandie, qui avoyent demeuré huict ou neuf ans en ce pays-là, pour s'accommoder à eux, menans une vie d'Atheistes, ne se polluoyent pas seulement en toutes sortes de paillardises et vilenies parmi les femmes et les filles [...] mais aussi, surpassant les sauvages en inhumanité, j'en ay ouy dire qui se vantoyent d'avoir tué et mangé des prisonniers.[213]

Si la cruauté propre au *selvaticus*, avant l'invention du « bon sauvage », culmine dans le cannibalisme, ce paroxysme de l'inhumanité fait du sauvage l'antithèse même du chrétien, un être assoiffé de vengeance dont la relation au prochain est commandée non pas par l'amour, mais par la haine. Ce en quoi l'on retrouve le Nemrod chasseur d'hommes évoqué à propos

209 › « Ubermässiger Lust zur Jägerey ».

210 › Pierre d'Avity, *Les Estats, Empires et Principautez du monde*, Paris, P. Chevalier, 1619 (il existe une édition de 1614 à Saint-Omer).

211 › Les deux récits, couvrant la même zone géographique, sont publiés en latin conjointement, pourvus d'une riche iconographie, par Théodore de Bry pour constituer la troisième partie de ses Grands Voyages, l'*Americae tertia pars*. Le récit de Léry y est très abrégé. L'année suivant, T. de Bry fait paraître une édition en allemand du même ouvrage.

212 › Jean de Léry, *Histoire d'un voyage faict en la terre du Bresil*, Genève, A. Chuppin, 1580 (première édition prétendument La Rochelle, 1578), chapitre VI.

213 › *Ibid.*, chapitre XV.

de l'emblème précédent : et si l'on a la curiosité d'ouvrir le commentaire du jésuite Cornelius a Lapide au chapitre X de la Genèse, on peut y lire que Nemrod n'est

> pas tant chasseur de bêtes que d'hommes, car il s'emparait des hommes par la force et par la ruse et les opprimait, en les spoliant ou en les tuant, ou bien en les réduisant en servitude, tout comme les Brésiliens et autres Indiens d'aujourd'hui chassent les hommes.[214]

Davantage, au cœur de la sauvagerie, et au-delà de toute compromission des truchements plus ou moins paillards avec les autochtones, il y a cette notion capitale d'athéisme, qui fait que l'ensauvagé, dit encore Léry, vit « sans crainte de Dieu[215] ». Là est la conséquence la plus grave de la faillite de la raison : la méconnaissance de Dieu, et la méconnaissance de soi-même en tant qu'être capable d'appréhender Dieu. La Déclaration du présent emblème ne dit pas autre D. v. 9-10 chose du mauvais chasseur : « il n'a la cognoissance / Que sauvage est ». Dans le poème en allemand, la Mort signifie au chasseur sa fin en lui montrant l'horloge, « **Weil er wild ist, und sich nicht kent** » (puisqu'il est sauvage et qu'il ne se connaît pas). L'ensauvagé n'a pas conscience de son état, il ne sait plus qu'il est un homme ni ce qui fait sa suprématie par rapport aux autres êtres animés de la création, la possibilité qui lui a été donnée de connaître Dieu par l'exercice de son âme intellective ; le texte en allemand est en l'occurrence plus explicite, en reprochant à l'ensauvagé au vers 2 non pas d'oublier « son estat », mais de ne pas prendre en considération ce qui est attaché à cet état, à sa condition d'homme : sa dignité (« **sein Dignität** »).

Mais la méconnaissance de Dieu peut aussi être une méconnaissance active, une ignorance délibérée : on parle alors d'orgueil et de révolte, à commencer par la révolte de Lucifer, l'ange déchu. Nous retrouvons là encore le personnage de Nemrod, avec cette locution qui lui est attachée et qu'une tradition exégétique largement partagée invite à lire comme l'expression même de sa rébellion[216] : moins « puissant chasseur *devant* le Seigneur » que « *contre* le Seigneur ». Ainsi, selon Rachi (dont l'exégèse biblique influença Luther par l'intermédiaire du travail de Nicolas de Lyre), le texte hébreu signifie « provoquer Dieu à la colère en face (au grand jour, ouvertement)[217] ». Le lien entre Nemrod et le diable qui se révolte contre Dieu est *Cant.* 3, 14 établi depuis le commentaire d'Origène sur le *Cantique des cantiques*, et Luther n'a pas manqué de faire du pape l'antitype de ce premier tyran et roi de Babylone. Or cet orgueil démesuré, ce sont les cornes qui dans l'image de l'emblème sont chargées de le dire, au même titre que la posture du personnage.

Les ouvrages emblématiques, celui d'Alciat le premier, ne se sont pas privés de faire pousser des cornes sur des têtes de chasseurs dans de très belles variations sur la fable d'Actéon, et l'épigramme de l'emblème d'Alciat évoque cette excroissance par l'expression latine « *cornua sumere* ». Chez Ovide, c'est au sens figuré que l'expression est utilisée, et elle s'applique au présomptueux, celui qui s'enorgueillit et fait trop confiance à ses propres forces : littéralement,

214 › « *Venator* – non tam ferarum, [...] quam hominum : quia vi et insidiis homines captabat et opprimebat, vel necando, vel in servitutem abducendo : quomodo Brasilii aliique Indi etiam nunc homines venantur » (*In Genesin*, cap. X, p. 117). Le commentaire de Cornelius a Lapide sur le Pentateuque paraît à Paris en 1617, à Anvers en 1618.

215 › *Ibid.*, chapitre VI.

216 › Révolte inscrite dans le nom même Nemrod, qui signifie « rebelle ». C'est un géant selon la Septante, et selon saint Augustin qui fait de ce gigantisme à la fois le signe de sa force physique, de sa témérité, de son orgueil et de sa cruauté.

217 › Cité par Christopher Cartwright, *Mellificium Hebraicum* (*Critici sacri*, Amsterdam, 1698) : « R. Salom. [...] *Dominum in faciem (palam, aperte) ad iram provocare* ».

prendre les cornes, se pourvoir de cornes comme on s'arme d'audace (« *audaciam sumere* »). Les exégèses du Psaume 75 rencontrent immanquablement cette valeur quand il s'agit de gloser le verset 5, « *Nolite exaltare cornu* ». On voit comment ce personnage de mauvais chasseur rejoint, avec les personnages d'hérétiques des premiers emblèmes, tous ceux que leur orgueil conduit à enfreindre le premier Commandement.

Si notre personnage est un Actéon, il est dans la position du cerf qui fait tête et selon l'expression spécialisée « fait les abois », debout, face aux chiens, tandis que les cors sonnent l'hallali. Le mouvement des animaux qui bondissent vers lui, le diable qui souffle dans un cor sont cohérents avec cette dernière manifestation de présomption d'un animal qui a pourtant épuisé toutes ses ruses et va être mis à mort. Ce qui rend cette image plus originale encore parmi les nombreuses représentations d'Actéon qui la précèdent dans le champ de la littérature emblématique, c'est le fait que notre chasseur soit assailli par des animaux divers, son chien, son cheval, plus quelques bêtes sauvages, un renard, un cerf et un lièvre, et que ces deux derniers animaux, non plus que sa monture, ne sont en aucune façon des prédateurs. À vrai dire, cette configuration d'animaux divers qui, bien que faits pour se pourchasser et se fuir, viennent faire le cercle autour d'un personnage central, tient au moins autant de la représentation stéréotypée d'Orphée que de celle d'Actéon.

Rappelons pour saisir la cohérence de ce double paradigme l'interprétation à laquelle aboutit à la Renaissance la lecture moralisée du mythe d'Orphée : une représentation allégorique du pouvoir de l'âme raisonnable sur les sens et les passions. Et si nous avons bien affaire à un Orphée contre qui se retournent brutalement les animaux qu'il subjuguait, un Orphée en Actéon, convenons alors que l'image rejoint parfaitement le propos sur l'ensauvagé et la défaite de la raison. Aussi la Mort, qui dans l'emblème précédent s'adressait au lièvre pourchassé par les chiens, menace-t-elle à présent de son dard le chasseur, en bête sauvage et nuisible qu'il est lui-même devenu, « en lui faisant tomber / Ses cornes » : sa présomption et son orgueil ne lui servent et ne lui serviront plus désormais de rien. Sans doute l'expression employée par le traducteur vise-t-elle à évoquer la privation des cornes et l'orgueil défait, tout en mettant en place une métaphore de la chasse à courre qui impose en même temps l'image des cornes renversées, une image propre à connoter le passage de l'orgueil à l'humiliation : il est d'usage après l'hallali, avant de dépouiller le cerf et de le livrer à la curée, de l'étendre sur le dos et, dans un violent mouvement de bascule en arrière et vers le bas, de ficher ses bois en terre. D. V. 11-12

Le diable qui dans le quatrain « corne le tran-tran » est une autre métaphore sur la même isotopie, et on le voit dans la gravure sonner l'hallali. Ces métaphores se substituent à la métaphore dans le texte allemand du chien de l'Enfer, « **der Höllisch Hund** », par lequel Friedrich fait ronger les os et déchirer la chair de celui qui par sa révolte contre Dieu mérite, davantage que la seule mort du corps, les tourments éternels, comme une effroyable curée qui ne prendrait jamais fin.

48. CAPITAINE RENAULD SE SERT DE STRATAGEMES.

Cet emblème inaugure une suite de six emblèmes, dont l'articulation avec les précédents est parfaitement évidente, puisqu'il va y être à nouveau question de la haine dans ses manifestations les plus violentes, la guerre et le meurtre. Le problème de la guerre pour la conscience chrétienne a déjà été évoqué dans l'emblème XXVIII, « Pren les armes au poing et defen la patrie », où la légitimité de la guerre défensive est nettement posée. Il s'agit dans ce nouvel emblème d'envisager la façon de conduire la guerre dite juste. On y voit essentiellement un animal en armure, que le texte identifie comme un renard, chevaucher un cheval au galop, accompagnant le mouvement d'une armée en formation de fer de lance qui avance à l'arrière-plan. L'ensemble communique le sentiment de la détermination, une détermination que le cavalier, qui tient un bâton de commandement, paraît impulser.

La Renaissance retient de l'Antiquité deux façons de conduire la guerre, deux modes longtemps jugés antagonistes et dont elle prône en général l'alliance, d'une part le mode de l'attaque frontale et de la force ouverte, et d'autre part celui de la surprise et de l'offensive couverte, respectivement emblématisés par le recours aux figures du lion et du renard. L'emblème XXII du *Theatre des bons engins* de La Perriere montre ainsi un roi tenant en laisse l'un et l'autre de ces animaux :

> Le Lyon est de cœur, et de stature,
> Fort et puissant, noble, vaillant et preux.
> Le Regnard est, de sa propre nature,
> En tous endroictz, subtil, et cauteleux.
> Le prince doibt ressembler à tous deux,
> Se triumpher veut [...]

L'image d'un « Capitaine Renauld » ou Renard est donc sans surprise à l'époque de Friedrich ; le fait qu'il soit seul, sans son compagnon le lion, est beaucoup plus surprenant, car le propos pourrait être immédiatement suspecté d'un parti pris de machiavélisme. Il n'en est évidemment rien, et le détail de l'image comme son contexte s'ingénient à établir la frontière entre la tromperie blâmable et la tromperie licite. Sur la croupe du cheval se tient une grue retenant dans une patte levée un énorme caillou rond : ce symbole de la vigilance a traversé le Moyen Âge dans les bestiaires puis les blasons pour trouver une place naturelle dans le matériel de la littérature emblématique. L'insistance sur la vigilance et la diligence cherche à prévenir cette idée romaine qu'une victoire obtenue par les moyens de l'astuce et de l'adresse, plus que par ceux de la force, est une victoire mal acquise et mal sûre, parce qu'il y entre de l'artifice et du hasard. Aussi le poème déclaratif a-t-il soin d'attacher à l'homme de guerre rusé
D. v. 5 un travail de tous les instants (« Il met l'oisiveté à toute heure en arrière »), des qualités d'ob-
D. v. 6-7 servation et d'analyse (il est « attentif », repère le terrain et « prend bien garde » aux positions
D. v. 7 de l'ennemi), la recherche de l'efficacité (il « ne se jouë » pas avec l'ennemi, et ne cherche pas à retarder stérilement la confrontation[218]).

218 › L'allemand ajoute au verbe correspondant le verbe « lavieren » (« biaiser », « louvoyer »).

Mais pour légitimer la ruse dans la conduite de la guerre, il faut encore la débarrasser de ce qui donne au renard une image négative, et les vers 9 et 10 rejettent les flatteurs et ceux qui trahissent la foi donnée. Capitaine Renauld peut ainsi apparaître comme un sage dont la ruse ne relève pas de l'improvisation mais de la clairvoyance, la clairvoyance du renard, bien entendu, animal nyctalope, et davantage encore celle du lynx qui depuis le Moyen Âge, selon une confusion que la proximité des mots entretenait avec Lyncée, l'un des Argonautes, se voyait attribuer cette propriété extraordinaire du personnage en question, qui consistait en une vue si perçante qu'elle était capable de traverser la terre… ce à quoi, probablement, fait allusion la périphrase « animal de la terre », pour rendre le mot « Luchs » (le lynx) du texte original.

Ces précautions visant à orienter la notion de tromperie dans un sens positif sont encadrées par deux notations, en début et en fin de Déclaration, qui explicitent la croix plantée dans le panache qui orne la tête du destrier : au vers 3, le Capitaine invoque Dieu du fond du cœur (*de cœur et de bouche*, locution que Marot adopta pour en faire sa devise, signifie la sincérité, contre les hypocrites qui ne parlent que *de bouche*), et au vers 15 son entreprise guerrière est mise « Sous l'enseigne de Christ ». C'est bien au nom de la charité chrétienne que les apologistes modernes de la ruse de guerre mettent en avant des exemples de places fortes investies par tromperie et sans que le sang soit versé.

La pratique du *stratagème*, selon le mot du titre français de l'emblème, a un cadre juridique, et le problème de la tromperie dans la guerre est pris en charge par le Droit romain. L'un des plus importants traités en la matière, le *De juro belli* d'Alberico Gentili, représente le point de vue contemporain de Friedrich en postulant que tous les princes souverains doivent être gouvernés dans les différends qui les opposent par le Droit romain. Le travail d'Alberico Gentili a été éclipsé par celui qui quelques décennies après l'époque de Friedrich sera la grande référence en matière de Droit de la guerre, Grotius, qui d'ailleurs reconnaît volontiers la dette qu'il a envers son prédécesseur. Gentili et Grotius rappellent en renvoyant au *Digeste*[219] que les jurisconsultes romains – bien que les anciens Romains aient exprimé beaucoup de réticences par rapport à cette façon de mener la guerre, jusqu'à recommander d'annoncer à l'adversaire le lieu et l'heure du combat – qualifient la tromperie contre l'ennemi de « tromperie innocente ». Le Droit des gens rejoint la scolastique et le Droit canon en s'appuyant principalement sur l'autorité de saint Augustin, qui sans ambiguïté aucune déclare que « lorsqu'une guerre est juste, que l'on combatte à force ouverte ou en usant d'embûches, cela n'intéresse en rien la justice[220] », autrement dit, que cela ne contrarie pas la justice. Mais qu'est-ce qu'une guerre juste ? On répond par Cicéron, selon qui le fondement de la justice, c'est la foi : la question de la légitimité de la ruse dans la conduite de la guerre, telle qu'elle est traitée par les juristes comme Gentili, fait du respect de la loyauté exigible entre ennemis la règle à laquelle on mesure le degré de tromperie dans les paroles ou dans les actes. Gentili par exemple proscrit les paroles trompeuses par lesquelles on profite d'une mauvaise maîtrise de la langue par l'adversaire pour jouer sur les mots, comme la ruse qui consiste à honorer le traité qui stipule qu'on rend les ennemis prisonniers, en rendant des cadavres… Les ruses licites ou stratagèmes, en matière de discours, rejettent absolument

219 › L. I, § 3, Dig., *De Dolo* (Grotius, *Le Droit de la guerre et de la paix*, traduction par M. P. Pradier-Fodéré, Paris, Guillaumin et Cie, 1867 : livre III, chapitre 1).

220 › *Quaest. X, super Josue*, cité par Grotius, et avant lui par Gentili : « *Quum justum bellum susceperis, utrum aperta pugna, utrum insidiis vincas, nihil ad justitiam interest.* De quo interpretes sic tradunt juris, licere per cavillationes, et fraudes hostem decipere » (*Alberici Gentilis Opera omnia in plures tomos distributa*, Naples, J. Gravier, 1770, tome I, p. 122).

les interprétations tendancieuses et les querelles sur des vétilles de droit, autrement dit, sur des subtilités ; et elles doivent s'écarter de toute intention maligne[221].

On voit que la distinction entre le stratagème et la tromperie perfide[222] repose sur des arguments qui ne sont pas étrangers aux objets des méditations auxquelles Friedrich s'est livré jusqu'ici :
D. v. 10 dans ce domaine aussi on peut avoir affaire à des « faussaires et menteurs » qui tordent les mots, des « traistres » parjures et sans loyauté, et si Capitaine Renauld « fait mourir » ces faussaires, ces menteurs et ces traîtres, il ne s'agit pas des ennemis, mais de ceux qui dans son propre camp sont prêts à user de toutes les ruses de guerre y compris des plus déloyales.

Puisque le *Jus Gentium* exige que la ruse de guerre respecte la vérité et les devoirs communs de l'humanité, on comprend qu'un juriste pieux ne pouvait qu'acquiescer au pragmatisme éclairé d'un Capitaine Renauld et avoir le sentiment qu'une victoire acquise dans ces conditions pût être obtenue, comme le dit le vers 15, « sous l'Enseigne de Christ ».

49. CAPITAINE LEVRAUT COURAGEUX EN LA FUITE.

Capitaine Levraut entretient évidemment un rapport d'opposition avec Capitaine Renauld, comme dans l'ordre de la nature le lièvre avec le renard, et dans l'ordre du symbole le couard avec le stratège prudent et rusé, et cet emblème doit se lire comme le contre-pied du précédent. Son cheval d'ailleurs court en sens inverse par rapport à celui du renard, et en sens inverse également par rapport à l'armée à l'arrière-plan qui laisse quelques cadavres sur son chemin et devant laquelle fuient trois lièvres sur lesquels tirent les soldats en première ligne. De nouveaux symboles apparaissent derrière le personnage, sur la croupe de sa monture : deux oiseaux bec contre bec, qui sont les colombes de Vénus, et un grand récipient destiné à recevoir du vin. Aux vices de paillardise et d'ivrognerie, un corbeau au premier plan en train de manger à même un sac de céréales ajoute le larcin, qui renvoie plus largement à la cupidité ou à l'avarice, la soif de biens matériels. Le panache portant croix, on s'en serait douté, a disparu de la tête du destrier.

Mais la simple opposition entre couardise et ruse ne parvient pas à rendre compte du cheminement de la Déclaration, et par conséquent de l'intention de l'emblème. Comme pour l'emblème précédent, c'est par rapport à la stratégie militaire de l'attaque frontale qu'il faut évaluer le comportement évoqué : l'important est moins ce que le lièvre est par rapport au renard, que le rapport antinomique qu'il entretient avec le lion. Autrement dit, cet emblème poursuit le discours de l'emblème XLVIII en précisant comment la ruse peut prendre une autre forme, et en affirmant qu'une telle forme de ruse est mauvaise et ne saurait constituer, comme le faisait la précédente, une alternative valable à la force. Le but est donc toujours de renverser l'ennemi ;
D. v. 2 il s'agit de le « faire tomber par terre », ce pour quoi on attendrait davantage le lion. Mais cette fois, la stratégie illustrée par Capitaine Levraut consiste à esquiver la confrontation, à

221 › Gentili, *ibid.*, p. 123 : « valde respuunt scrupulosa interpretationes, disputationesque de apicibus juris, id est, de subtilitatibus : et ab omni malitia longe esse debent ».

222 › *Ibid.* : « Stratagema igitur probamus : at aliud stratagema est, alius perfidia ».

temporiser, à ce que Friedrich dans l'emblème précédent appelait « se jouer » avec l'ennemi, un comportement qu'il rejetait fermement. D'où l'assimilation avec le lièvre, qui ne se fait réellement qu'au vers 10 : car une telle stratégie relève moins du renard que d'un animal réputé pour son aptitude à la fuite, pour la rapidité de sa course et de ses esquives. Un animal qui, de surcroît, n'a rien d'un prédateur : autant dire qu'une telle conduite de la guerre est vouée à l'échec. La fin de la Déclaration achève d'exploiter la comparaison : si à la couardise s'ajoutent la boisson, la luxure, le vol, il reste à souhaiter qu'un tel homme de guerre fasse décidément comme le lièvre. Qu'il détale, vite et loin, et qu'on se passe de lui.

50. PECHÉS FONT QUE DU CIEL EN FIN DESCEND LA VERGE.

Le dessin de la ou des verges qui descendent du ciel, comme le dit la lettre du titre, suggère une bipartition de l'image selon une ligne médiane qui prolongerait leur mouvement vertical. Les deux zones ainsi implicitement définies entretiennent un rapport d'opposition avec, à gauche, un couple vêtu à l'européenne en train de s'embrasser à l'abri d'une tente, et à droite, un Turc enturbanné occupé à aiguiser le fil de son cimeterre. Cette tente qui porte une bannière et un blason est une tente de campement militaire, et l'arrière-plan est occupé par une impressionnante armée en formation serrée, au-dessus de laquelle flottent quatre bannières. On remarque que ces bannières et celle qui identifie la tente sont diversement orientées : contradiction qui suggère que cette armée à l'allure compacte, organisée, déterminée, est du côté du Turc et non pas du débauché qui, le corps déjeté contre sa partenaire, n'a rien d'une attitude réglée.

Le contexte militaire de l'image permet de reconnaître dans l'homme occupé à lutiner sa camarade de jeu le mauvais soldat dont il était question dans l'emblème précédent et dans les derniers vers de la Déclaration correspondante. Les vices que l'image donne à voir sont d'ailleurs les mêmes : la luxure, représentée par la femme qui se laisse embrasser et que le poème qualifie sans ambages de « putain » ; la boisson, par un pot tenu au frais dans une bassine remplie D. v. 15
d'eau ; et la cupidité, par quatre sacs fermés et pansus. La Déclaration se contente de gloser ce dernier appétit, dont nous savons que pour Luther il est à la racine des autres maux[223]. L'argent y est dit « soulfre des cœurs » parce qu'il brûle le cœur – c'est le rôle reconnu au soufre dans D. v. 15
les opérations alchimiques – et que le cœur s'y consume. Le cœur s'entend ici comme le siège du courage, celui des preux chevaliers comme le veut le texte original de Friedrich qui, sans recourir à cette métaphore du soufre, précise plus loin qu'il cause des dommages aux héros, qu'il les gâte (« **Verderbet** [...] **manchen Heldt** »).

On peut penser que ces vices continuent comme dans l'emblème précédent à être attachés à la couardise, qui en apparaît ici comme une conséquence : Dieu sanctionne la « faitardise », Q. v. 4
c'est-à-dire la paresse, et chacun sait que l'oisiveté est mère de tous les vices... Cette paresse en effet est à la fois absence d'action de bravoure et mollesse due au relâchement des mœurs.

223 › *Cf.* en particulier les emblèmes III et IV.

Mettre toute catastrophe passée, présente ou à venir sur le compte d'un avertissement ou d'un châtiment divins vis-à-vis d'une nation aux mœurs dissolues est un système de pensée assez largement partagé, y compris par Luther. « C'est au point, écrit-il en 1541, qu'il ne serait pas surprenant que Dieu fasse ou que, depuis longtemps, il ait fait se répandre sur l'Allemagne non seulement le Turc, mais le diable en personne[224] ! »

Alors que les symboles du vice s'accumulent à gauche de la gravure dans l'espace occupé par le chrétien, la zone réservée au Turc est parfaitement vide de tout objet de la sorte : il est « sobre », selon le terme employé pour le caractériser dès le premier vers de l'épigramme. La méditation de Friedrich élargit la réflexion, et par le truchement de ce chrétien c'est l'ensemble des Allemands qui se trouvent menacés par le Turc, dont Dieu pourrait bien se servir pour punir leurs divisions intestines : « **O Teutchland, wo ist nun dein Muht** ! » (« Ô Allemagne, où est à présent ton courage ! »). Rappelons qu'au-delà du caractère topique de ce type de déploration, elle correspond à une actualité faite de tensions aggravées à grande échelle : en 1608 la formation de l'Union évangélique, conduite par l'électeur du Palatinat, Frédéric V, a suscité la réaction du camp catholique, qui confie au duc de Bavière la direction d'une Sainte Ligue catholique, et la parution du recueil de Friedrich précède de très peu le début de la guerre de Trente Ans... En France aussi l'appel à la réunion des chrétiens reste d'actualité, comme en pays wallon et en pays flamand, et le traducteur, qui a pour mission de viser le lectorat francophone, peut tout à fait transformer l'invocation aux Allemands par une invocation à
D. v. 8-9 la Chrétienté, sans plus de précision (« ô Chrestiens, où est donc vostre franc / Courage de jadis[225] ? »), sans pour autant trahir l'esprit du texte original, dont le début concerne effectivement les luttes fratricides des chrétiens les uns contre les autres.

51. L'EFFUSION DE SANG C'EST LE FRUICT DE LA NOISE.

Le dessin représente en perspective une rue qui s'ouvre au premier plan sur un large espace, théâtre de nombreuses scènes de rixes et de meurtres, avec un sens de la surcharge qui correspond parfaitement à la rhétorique de l'accumulation dont use le poète dans la Déclaration. Une grande baie à l'étage de la première maison à droite offre le spectacle de ce qui ressemble à une scène de ménage, et par la porte de la même demeure sort précipitamment une femme qu'un homme à l'épée brandie poursuit et saisit par les cheveux, tandis que devant eux un enfant lève les mains au ciel. Au premier plan à droite, un homme armé d'une épée se fend et dans une gerbe de sang enfonce son arme dans la poitrine de son adversaire. De l'autre côté, symétriquement à l'assassin, court un chien, qui semble se précipiter vers la victime avec la même ardeur que l'agresseur a employée à la tuer : il réapparaîtra dans l'emblème LXV pour symboliser le désir de vengeance.

224 › *Exhortation à la prière contre le Turc.*

225 › Les trois vers et demi qui suivent sont un pur ajout du traducteur.

Mais peut-être ce chien en veut-il en réalité à un autre animal que l'on n'identifie pas très bien, et qui apparaît juste derrière la tête de l'assassin, dans l'ombre portée par la façade de la haute maison : c'est une volaille, de la taille d'une oie, et l'on peut dire qu'à la différence des hommes, l'animosité qui pousse l'un des animaux contre l'autre est fondée sur les lois de la nature. Mais l'assassin en tuant un autre homme s'en prend dit Friedrich à « l'image de Dieu », qu'il traite D. v. 15
comme « un pourceau » que l'on saigne. Pires que les chiens, donc, les humains s'entretuent, D. v. 12
à la grande satisfaction de la Mort qui danse d'aise au milieu de la rue.

Il n'est pas toujours aisé de déterminer la valeur précise du mot « noise », choisi ici pour traduire, dans le titre comme dans le premier vers de la Déclaration, le mot « **Unfried** ». L'équivalent moderne le plus adapté à cet emblème est sans doute le mot *discorde*, étant donné que tout est fait pour nous présenter un tableau parfaitement antithétique à la concorde, c'est-à-dire à cette « paix » recommandée au Chrétien dans le quatrain. L'idée maîtresse de l'em- Q. v. 3
blème est qu'entre la simple querelle et le meurtre, il n'y a qu'une différence d'intensité, mais que le second présuppose la première, et que la première conduit au second. Le sermon *Des bonnes œuvres* déplore cet état de discorde parmi les chrétiens :

> mais rien ne règne plus sur eux avec pleins pouvoirs si ce n'est la discorde, la guerre, la querelle, la colère, la haine, l'envie, la médisance, les imprécations, les blasphèmes, les torts, la vengeance et toutes œuvres et paroles de colère.[226]

Il faut souligner, dans la litanie des comportements subordonnés à l'esprit de vengeance – le contraire de la charité prônée par le Christ –, les paroles blessantes, auxquelles la méditation de la Déclaration accorde l'importance la plus grande. Ces « paroles de colère » sont d'ailleurs considérées comme de véritables meurtres dans le commentaire que Luther donne au cinquième Commandement, en se référant au cinquième chapitre de l'évangile selon Matthieu, « où le Christ lui-même l'explique et le résume : à savoir qu'on ne doit tuer ni par main, cœur, bouche, signe, geste [...]. C'est pourquoi il est défendu à chacun de se mettre en colère[227]. » Les recommandations du *Grand Catéchisme* commencent donc par là : « Premièrement, que l'on ne fasse de mal à personne tout d'abord par la main ou par acte ; puis qu'on ne laisse pas user de la langue pour pousser à cela par paroles ou conseils ; en outre, que l'on n'emploie ni n'approuve moyen ou manière d'aucune sorte par quoi quelqu'un puisse être offensé[228]. »

52. LA GUERRE NE VIENT PAS SANS PORTER GRAND DOMMAGE.

L'image se borne à chercher le contraste entre une ville à feu et à sang à l'arrière-plan et, au premier plan, occupant le quart inférieur droit de l'espace, un capitaine et un simple soldat dans une attitude détachée, presque décontractée, comme saisis dans le cours d'une conversation. Le supérieur se tient de profil, le visage tourné en direction du subordonné, et tenant bien droit une pique dont le fer impressionnant dressé en l'air suffit à l'identifier comme un homme de

226 › Luther, *Œuvres*, Labor et Fides, tome I, p. 283.
227 › Luther, *Œuvres*, Labor et Fides, tome VII, p. 61.
228 › *Ibid.*

guerre. Le lansquenet, qui nous tourne le dos et nous offre le spectacle du casque qui couvre son crâne, le corps légèrement en avant, vient de saisir son fusil comme s'il s'apprêtait à aller participer aux meurtres que l'on voit se commettre dans les rues de la ville en flammes. Le premier entend rester à l'écart, et commande ; le deuxième obéit, et va participer à la curée. La petite scène suffit à désigner un responsable et à en faire le prototype du tyran : un pousse-au-crime, en contradiction flagrante avec le cinquième Commandement tel que le comprend Luther.

Et puisque Friedrich évoque un comportement proprement tyrannique, le traducteur essaie de donner un peu de profondeur à l'emblème en ajoutant quatre vers de son cru pour décrire le comportement paradoxal, inhumain, de celui qui se réjouit du malheur des autres – en allemand, « Hans Schadenfro », expression que Friedrich emploie. Cette attitude est très explicitement proscrite par le Proverbe XVII, 5, que la Bible luthérienne de D. Martin traduit ainsi : « celui qui se réjouit de la calamité ne demeurera point impuni[229] ». Derrière ce personnage
D. v. 11 qui, dans l'invention du traducteur, « rit », « chante » et « saute », c'est-à-dire danse, ne nous convie-t-on pas à reconnaître la figure de Néron et son scandaleux comportement d'allégresse devant le grand incendie de Rome tel que le rapporte Suétone, et après lui Tacite et Dion Cassius ? Le doute n'est plus permis avec, trois vers plus loin, la référence à un personnage
D. v. 13-14 cynique qui se pique de théâtre, et qui « se vante » d'avoir « fort bien joué sa farce violente ».

Par la mention de cette vantardise, le traducteur revient au texte de Friedrich, qui met l'accent sur le fait que ces démonstrations d'allégresse se mêlent à un parfait manque de recul, une absence totale de prise de conscience du mal, manifeste par le fait que le tyran ne cherche pas à dissimuler son méfait, mais qu'au contraire il cherche à en tirer gloire auprès d'autrui. Il y avait là une réelle épaisseur pour un lectorat allemand et luthérien, qui était à même d'y reconnaître un démenti scandaleux au commentaire du deuxième Commandement dans le *Grand Catéchisme* : « tous nous avons, par nature, cette belle vertu, selon laquelle quiconque a commis une friponnerie est désireux de la cacher et de la parer afin que personne ne la voie [...] et nul n'est audacieux au point de se vanter devant quelqu'un de la mauvaise action qu'il a commise[230] ».

53. SI LA GUERRE EST SUR MER LE DANGER EN EST DOUBLE.

Le titre suffit à démontrer que Friedrich entend terminer cette courte série par un emblème qui doit apparaître comme l'expression d'un comble. L'évocation des voyages maritimes entraîne celle de ce que l'on appelle encore les *fortunes de mer* : ce sont « les ondes, / Qui s'eslevent bien haut » au-dessus des abysses et les grains et autres tempêtes à grand renfort de « Tonnerres et esclairs » des vers 9-11 de la Déclaration. Il y a donc d'emblée, lorsque l'on évoque les activités sur mer, ce sentiment très partagé, que l'on trouve exprimé dès Juvénal,

229 › Et non pas, par exemple, le calviniste Michel Cop (*Sur les Proverbes de Salomon exposition familiere en forme de brieves homilies*, 2e éd., Genève, Conrad Bade, 1559), qui veut donner une cohérence à l'énoncé par rapport à la première moitié du verset et traduit par « qui se réjouit de la destruction », sous-entendu *des pauvres* : « Il appelle Destruction, l'ennuy et fascherie, le dommage et detriment, la ruine et desolation qu'endurent les povres qui sont desnuez d'aide humaine, et qu'on tormente et moleste, en ne leur secourant pas comme l'on doit, mais au contraire pillant si peu qu'ils peuvent avoir. »

230 › Luther, *Œuvres*, Labor et Fides, tome VII, p. 41.

d'être en permanence à deux doigts de la mort – deux, trois ou quatre doigts, tout dépend de l'épaisseur estimée de la planche qui fait la coque –, et le comble tient à ce que cette situation précaire est encore menacée d'un risque supplémentaire de naufrage dans le cas d'un affrontement armé entre bâtiments.

Visuellement, la surenchère s'exprime dans l'image de l'emblème par la multiplication des bateaux qui s'assaillent, tandis que l'on aperçoit au-devant, dans le creux des vagues d'une mer agitée, minuscules et d'autant plus pathétiques, cinq hommes à la mer. Le dessinateur a privilégié la notion de confrontation, qu'il impose au lecteur par le rapport d'antagonisme que génère au premier plan l'effet de symétrie des deux bateaux dont les deux éperons se touchent, comme si l'un renvoyait l'image inverse de l'autre. Et ce, au mépris de la vraisemblance : les voiles du bateau de droite se gonflent dans le mauvais sens, si l'on en juge par l'orientation de toutes les autres voiles, pour la seule beauté de l'effet miroir… l'image est bien encore essentiellement de l'ordre du symbole.

Mais l'expression du comble réside sans doute également dans la convocation implicite d'un intertexte qu'on peut supposer présent à l'esprit de l'auteur d'une méditation sur un tel sujet : le Psaume 107, dit *des merveilles de la création*, si important pour les communautés réformées qui y lisent volontiers le récit anticipé de leurs tribulations et la certitude de leur exhaustion.

> Ceux qui descendent sur la mer dans des navires, faisant commerce parmi les grandes eaux,
> Qui voient les œuvres de l'Eternel, et ses merveilles dans les lieux profonds
> (Car il commande, et fait comparaître le vent de tempête, qui élève les vagues de la mer).
> Ils montent aux cieux, ils descendent aux abîmes ; leur âme se fond d'angoisse.
> Ils branlent, et chancellent comme un homme ivre, et toute leur sagesse leur manque.
> Alors ils crient vers l'Eternel dans leur détresse, et il les tire hors de leurs angoisses.
> Il arrête la tourmente, la changeant en calme, et les ondes sont calmes.[231]

Ces versets directement en rapport avec l'emblème commencent par évoquer les traversées maritimes comme des activités de négoce : et la méditation de Friedrich dénonce à nouveau l'« avarice », à la racine du mal. On se rappelle que c'était l'avarice qui dès le troisième emblème faisait revêtir le bonnet de fou (l'image montrait le globe terrestre coiffé de la cappe de sotie), et c'est encore la « maudite avarice[232] » qui génère ici la folie d'un monde « rage-en-teste[233] ». Le désir de posséder joint à la *libido dominandi* fait passer la peur des tempêtes et du naufrage au second plan (« on met tout cela maintenant en arriere »), les intérêts financiers motivent les affrontements maritimes et font prendre des risques que l'on n'est pas prêt à courir pour défendre sa foi.

D. v. 14

D. v. 6

D. v. 13

Or c'est bien sur le plan spirituel que la perte est la plus lourde, pour ces hommes qui ne savent plus reconnaître Dieu dans la tempête qui soulève le bateau, qui mènent guerre au lieu de prier et qui ne savent même plus, selon les termes du Psaume, crier vers l'Éternel, puisqu'ils n'ont même pas conscience de leur infinie précarité et de leur détresse, détournés qu'il sont, dit le texte allemand de Friedrich, de la parole de Dieu et du respect qui lui est dû[234]. Luther rappelle

D. v. 2

231 › Psaume 107, verset 23 *sq.*, dans la traduction de D. Martin.

232 › *Ibid.*

233 › « **toll** / *fol ou fou, qui est hors de son bon sens, insensé, troublé en son cerveau, troublé en son esprit.* »

234 › « **Gottes Wort und sein Ehr** » (fin du quatrain), « **Gottes Wort und Ehr** » (fin de la Déclaration).

le Psaume 107 dans une paraphrase du Notre Père, et élargit ainsi singulièrement la portée du thème des fortunes de mer :

> La parole de Dieu n'est pas en notre puissance, et [...] nous ne devons faire aucun fond quelconque sur notre sagesse et notre science ; car il faut que Dieu nous donne sa parole chaque fois que dans nos épreuves nous avons besoin d'être fortifiés et consolés. Quand nous saurions toute l'Ecriture par cœur, quand nous l'aurions assez approfondie pour devenir en temps de paix les docteurs de tout le genre humain, si, lorsque éclate la tempête, Dieu ne nous parle, soit par lui-même, soit par quelque homme, notre science nous abandonnera et notre barque fera naufrage ; comme il est dit au Psaume 107 : Leur ame se fond d'angoisse, ils branlent et chancellent comme un homme ivre, et toute leur sagesse leur manque.
>
> Puis donc qu'ici-bas nous sommes environnés de mille dangers et sans cesse exposés à toutes sortes de souffrances, puisque nous marchons dans la vallée des ombres de la mort et que l'enfer nous menace de son gouffre, il convient que nous vivions toujours dans la crainte et que nous suppliions Dieu de ne pas nous faire attendre sa parole [...] de nous manifester Christ dès aujourd'hui et de le faire habiter dans nos cœurs par la foi (*Eph.* 3, 17).[235]

Sans prétendre bien entendu que Friedrich ait eu en tête ce commentaire de Luther à l'adverbe « aujourd'hui » dans les *Explications de l'Oraison dominicale*, on peut penser que l'esprit d'une telle lecture, qui fait du Psaume 107 une allégorie de la vie du Chrétien et de son rapport à la Parole, fournit la clef de la place même de cet emblème LIII, un emblème charnière entre une série de méditations sur les manifestations extrêmes de la colère et, nous allons le voir, deux emblèmes centrés sur la Parole et les modalités de son appréhension.

54. LE FONDEMENT DE FOY C'EST LE SEIGNEUR JESUS.

L'image présente une composition architecturale dont il faut dire tout de suite le caractère parfaitement factice, un bâtiment dont le corps principal est une sorte de galerie à trois compartiments ; celui du milieu est surmonté d'un dôme qui supporte une pièce trapézoïdale aux bords retournés à la manière des dessins qui imitent les pièces de métal où sont censées être serties les devises de la littérature emblématique. Toute la partie médiane de la vignette est mise en valeur par un système de traits dessinant des rayons et par des espaces blancs, les uns et les autres étant chargés de signifier la lumière, par opposition aux zones latérales dont les hachures imposent l'idée d'obscurité. Le compartiment central ainsi illuminé abrite un Christ surmonté d'un cœur ardent, un cœur qui manifeste l'amour du Rédempteur pour le monde qu'il tient dans une main et qu'il bénit de l'autre. Le double motif du Christ et du cœur ardent, tous deux environnés des mêmes rayons lumineux, apparaît en outre entre deux colonnes veinées dont l'aspect évoque le marbre : il s'agit de rendre un équivalent visuel de

235 › Luther, *Explications de l'Oraison dominicale*, traduction posthume de L.-F. Rauscher, 2ᵉ éd., Neufchâtel, 1844, p. 74 (commentaire à « aujourd'hui »).

ce que proclame le titre, comme une glose luthérienne au troisième chapitre de l'épître aux Corinthiens, le Christ est le fondement de la foi[236].

Conformément à la lettre de la Déclaration, les caractéristiques de cette foi sont déclinées par les détails du registre supérieur. Sur le chapiteau des colonnes, en effet, sont juchés deux enfants (et non pas deux *putti*) qui tiennent un livre ouvert, un livre dont la tranche de tête est suffisamment arrondie pour évoquer la forme stéréotypée des Tables de la Loi. Cependant, s'il porte bien l'inscription « *Lex* », « la Loi », cette mention est accompagnée sur la page ou table en regard par « *Evangelium* » : il s'agit de la Loi de Moïse telle qu'elle préfigure les préceptes enseignés par le Christ et que rapportent les Évangiles en respectant sa « pure parole ». Cette D. v. 4
parole pure et simple ne demande en retour qu'une foi elle-même pure et simple[237], celle des « petits enfans » – et la méditation de Friedrich emprunte les termes mêmes du Christ : D. v. 11
« laissez venir à moi les petits enfants [...] car le Royaume de Dieu appartient à ceux qui leur ressemblent ». *Mc.* 10, 14
La simplicité, symbolisée dans la vignette par les enfants, est répétée par le motif de deux colombes au-dessus de leurs têtes, comme dans l'emblème VII qui traitait déjà de la simplicité de la foi. Friedrich n'a nul besoin de rappeler dans le cours de sa méditation le point essentiel et très simple de cette foi : tout ce que le Christ demande, c'est de croire qu'il est venu pour racheter les péchés.

Les compartiments ou niches sombres, par contraste, expriment le rejet de deux attitudes contraires à cette simple foi, et contradictoires l'une par rapport à l'autre, deux attitudes qui se définissent par l'excès. Au-devant de chaque niche on voit un théologien plongé dans la lecture. Ce personnage de théologien en rajoute, et se perd dans les gloses vaines, démonstrations d'orgueil : il se fie par trop à la sagesse humaine, la sagesse de la chair. Il ne veut pas ouïr, précise la Déclaration, la prédication de l'Évangile. Derrière, des silhouettes sombres s'agitent : D. v. 19
ceux-là, par un excès inverse, refusent de lire la parole. Selon ce que déclare Friedrich dans sa méditation, on en voit un à gauche qui tâtonne à l'aveuglette, et un autre à droite qui essaie de saisir de la fumée. Cette fumée s'élève en nuages épais au-dessus du bâtiment, sans atteindre tout en haut la bougie[238] dont la flamme environnée de rayons fait écho à la lumière qui nimbe le corps du Christ. On en lit la signification aux vers 14-15 : c'est la parole vraie qui éclaire le croyant et lui ouvre la voie vers le salut. Il suffit d'avoir la foi, et d'obéir aux prescriptions que Dieu a clairement recommandées dans le Décalogue et dans les Évangiles.

55. LA LOY DE DIEU COMPRINSE EN DEUX COMMANDEMENS.

Le dessin fait réapparaître tout en haut la main de Dieu sortant verticalement d'une nuée, et dont l'index pointé dans l'emblème XLVI disait la valeur comminatoire. Pas d'index pointé ici, mais des doigts qui se referment sur une corde qui laisse pendre, sur l'axe vertical médian, trois objets attachés les uns aux autres : soit successivement, de haut en bas, un miroir, puis les tables

236 › Le verset 11 dit que le Christ est « le fondement ».

237 › Le texte allemand emploie à nouveau l'adjectif « schlecht », comme dans l'emblème VII.

238 › Cette bougie apparaît dans l'image de l'emblème XI avec la même signification, mais aussi dans celle du XXXI, où elle désigne le droit : d'où peut-être, dans le quatrain, la traduction « Croy bien, aime le droit » pour « Glaub recht, lieb recht ».

de la Loi, et pour finir un sablier. Ce dispositif qui prolonge la main divine est un équivalent d'autant plus net de l'index prescriptif, que l'objet principal et immédiatement identifiable, en rapport avec le titre, est celui du milieu et qu'il s'agit, précisément, de la Loi de Dieu.

Le miroir au-dessus des tables de la Loi et le sablier en dessous viennent apporter des informations complémentaires : on pourrait dire que, dans la syntaxe de l'image, ce sont des signes chargés de caractériser le signe « noyau » du syntagme que constitue un groupe de trois motifs dont le lien, rendu visible par une élégante rosette, assure la solidarité en même temps qu'il rapporte l'ensemble à Dieu. La première de ces caractérisations est aussi prise en charge par la Déclaration, dès les deux premiers vers : la Loi de Moïse est un miroir qui fait apparaître les péchés, elle est donc utile dans la perspective d'une connaissance de soi. La seconde n'a pas d'équivalent textuel : seul le sablier exprime ou marque le caractère caduque de la Loi.

Conformément au titre, qui veut que la Loi soit « comprinse en deux commandemens », les tables de Moïse sont placées entre deux colonnes où se trouve inscrite la double prescription en question. Sur la colonne de gauche, surmontée d'un Christ en croix, on peut lire : « *Dilige Dominum Deum tuum ex toto corde tuo* » (« Aime le Seigneur ton Dieu de tout ton cœur ») ; la phrase se poursuit sur la colonne de droite, qui supporte une allégorie de la Charité : « *Et proximum tuum sicut temet ipsum* » (« et ton prochain comme toi-même »)[239].

Curieusement, les colonnes sont dessinées comme des objets plats, sans qu'aucun artifice ne soit mis à contribution pour inviter le lecteur à imaginer des objets ronds : même les stries parallèles tout le long du bord des fûts sont rigoureusement droites. En revanche, le Christ est représenté de trois-quarts, et le bras de la croix amorce une ligne oblique qui suggère une profondeur, de même que, symétriquement inverse, la ligne suggérée par la différence de proportion entre le visage de la Charité et celui de l'enfant qui s'accroche à son cou. Cette amorce de perspective, qui va dans le sens du symbolisme du sablier, invite à imaginer un plan reculé et à chercher du regard un espace qui ne peut que se trouver *derrière* le miroir, ou au-delà : la Loi doit être *dépassée*, aux deux sens du terme.

Sur le miroir sont inscrits trois prédicats attributifs qui caractérisent la Loi : « *Lex frenum / Lex est speculum / Lex regula vitae*[240] ». Ces prédicats rendent compte à eux trois de la conception luthérienne de la Loi telle que la définit la Formule de Concorde : la Loi est d'abord un « frein » dans la mesure où elle offre l'intérêt immédiat de permettre la vie en société et de réprimer les méchants, ce que disaient les deux premiers vers de la Déclaration de l'emblème XVIII, déjà consacré au Décalogue. C'est là le premier usage de la Loi, un usage normatif. Mais cette justice terrestre ou « justice active » doit être soigneusement distinguée de la justice proprement chrétienne ou « justice passive », comme le fait le « Sommaire » préalable au *Commentaire de l'épître aux Galates* : c'est là le rôle de « miroir » de la Loi, et c'est cette justice passive que développent longuement les considérations de la Déclaration. La Loi a alors un usage pédagogique : le chrétien prend conscience de son incapacité à satisfaire à la Loi et, désespéré, accepte la promesse du Christ comme la seule solution qui s'offre à lui. Mais même le chrétien réconcilié avec Dieu par la foi, régénéré par le Saint-Esprit, le « Spirituel » de l'emblème III, n'est

239 › La distribution des Commandements sur les deux tables en 4 + 6 n'est pas luthérienne, mais calviniste (*Cf. supra* l'introduction).

240 › On ne déchiffre vraiment que les deux premières lettres du dernier mot.

pas à l'abri des assauts du diable, et la Loi lui est encore prescrite dans son usage didactique : il lui faut continuer à faire de la Loi une règle de vie. C'est dans la perspective de ce troisième usage de la Loi, qui devient un point fort de la doctrine luthérienne renouvelée à partir de 1580, que les quatorze premiers vers de la Déclaration proposent une variation sur cette affirmation luthérienne fondamentale que le chrétien est à la fois *juste* et pécheur.

Pécheur, parce que, quand bien même le chrétien serait dépourvu de « malice caute », le D. v. 8
poids du péché originel et la concupiscence de l'homme, qui sont son « infirmité », font que D. v. 8
nul n'est si parfait qu'il puisse se targuer de respecter absolument les Commandements, sans avoir jamais « transgressé » la Loi « de fait, de bouche, ou bien par pensement », fût-ce un D. v. 7 v. 6
moment. C'est hypocrisie que de prétendre à une telle perfection, et l'on sait bien que c'est le grief que Luther fait aux moines, qui passent leur vie à observer strictement des règles souvent très sévères qu'ils ont eux-mêmes instituées. Ce faisant, ils substituent leurs propres lois à la Loi divine, comme si l'obéissance aux premières garantissait leur perfection par rapport à la seconde, et, par l'apparente surenchère dans la difficulté, les en dispensait. Voilà pourquoi le parangon de l'hypocrisie en la matière est le moine et la moinerie, la « feintise de cloistre », D. v. 4
selon une expression qu'il faut mettre au compte du seul traducteur mais qui est tout à fait dans l'esprit de ce point important de la pensée luthérienne, et qui nous vaut quelques belles diatribes sur les règles et la clôture monastiques, par exemple ces lignes du *Grand Catéchisme*[241] : « perversion diabolique, par laquelle ils foulent aux pieds le Commandement de l'Eternel et se martyrisent inutilement par des œuvres inventées par eux-mêmes », « ruse du diable, qui veut nous séduire par les apparences d'une sainteté factice et nous faire croire au mérite de nos propres œuvres » ...

Pécheur, et juste à la fois, parce que lorsque le chrétien, au miroir de la Loi, se connaît soi-même, dès lors qu'il est suffisamment « terrifié par le péché et assoiffé de consolation », c'est le moment pour lui de se fier à la promesse de Dieu, d'accepter la justice passive et de mettre dehors Moïse[242] – et Luther cite Paul : « Vous n'êtes plus sous la loi mais sous la grâce .» C'est *Rom.* 6, 14
bien à ce moment-là, où le chrétien prend la mesure de son infirmité, que renvoie l'expression du vers 15 : « celui qui est foible ». Le chrétien est alors à même de se défaire de toute justice active, c'est-à-dire une justice qui, sous prétexte d'accomplir la Loi, serait de son fait ; désormais il « embrasse simplement la justice passive qui est celle de la grâce, de la miséricorde, de la rémission des péchés [...], cette justice de Christ et de l'Esprit saint » que Dieu donne[243] « sans notre œuvre et sans mérite de notre part[244] ». Autrement dit, si la Loi permet de faire de bonnes œuvres, elles ne valent rien tant qu'elles restent produites dans le cadre de la seule justice légale, et le chrétien n'accomplit véritablement la Loi que s'il est au préalable justifié, d'une justice que « nous ne [...] faisons pas mais [que nous] saisissons par la foi » – un chrétien « juste par § 46
la foy », dit la Déclaration au vers 22, qui peut alors respecter le précepte christique de charité envers le prochain dans le simple exercice de sa vocation, « en son œuvre ordinaire ». La foi D. v. 20
est première, la Loi vient après : la double mention « Lex » et « Evangelium » sur l'image de l'emblème précédent n'a de sens que par rapport à une lecture christologique du Décalogue.

241 › Commentaire au 4e Commandement.

242 › Luther, *Commentaire de l'épître aux Galates*, § 45.

243 › Le chrétien la reçoit, ou plus exactement la subit : d'où la qualification de « passive ».

244 › Luther, *Commentaire de l'épître aux Galates*, § 43.

Si je fais l'hypothèse que l'intertexte de cette Déclaration peut être le commentaire à l'épître aux Galates, commentaire important pour ce qui est de la doctrine luthérienne de la justification mais qui n'est certes pas le seul écrit de Luther sur le rapport entre le chrétien et la Loi, c'est qu'il me semble que le traducteur lui-même y songe, et que dans son esprit cet intertexte en appelle naturellement un autre, qui lui fait ajouter au poème de Friedrich ce conseil au
D. v. 12 lecteur : « De ne te point fier sur ce qui n'est que fueille ». En effet, la référence principale de Luther dans les passages que j'ai cités – leur propre intertexte – est le chapitre 7 de l'épître aux Romains. Or dans toute la deuxième moitié de ce chapitre, Paul recourt à une métaphore filée végétale pour opposer ceux qui sont esclaves de la Loi et du péché[245], et ceux qui sont esclaves de la justice de Dieu et de la grâce : la métaphore des fruits. D'un côté, des fruits dont on peut avoir honte, des fruits de mort, portés par ceux qui sont esclaves de la Loi et du péché ; de l'autre, des fruits qui donnent la vie éternelle, et que portent ceux qui se sont faits esclaves de Dieu et de la justice céleste. C'est dans la logique de cette opposition paulinienne entre mauvais fruits et bons fruits que saint Jérôme interprète le verset 3 du psaume 1, en opposant non plus fruits mortifères et fruits salvifiques, mais les feuilles et les fruits du même arbre. L'arbre, dit-il, porte deux choses : des fruits et des feuilles. Les fruits sont le sens des écritures, et si l'on s'arrête aux mots, on n'a que les feuilles[246]. Telle est la lecture des Juifs, qui, comme le figuier maudit par Jésus, portent des feuilles et sont dépourvus de fruits :

> quiconque lit les saintes Ecritures, s'il les lit comme les Juifs, il ne saisit que des feuilles ; si au contraire il saisit le texte selon l'esprit, il récolte les fruits.[247]

Gerhard commence le quatrième chapitre de son traité sur la vraie interprétation de l'Écriture en citant lui aussi saint Jérôme, dont le commentaire sur le premier verset de l'épître aux Galates utilise déjà les feuilles dans la même veine antithétique :

> N'allons pas croire que l'évangile réside dans les mots des Ecritures, mais dans leur sens ; non pas dans ce qui est à la surface, mais dans la moëlle ; non pas dans les feuilles du discours, mais dans la racine de la pensée.[248]

Dire qu'il faut se garder de se fier à ce qui « n'est que fueille », c'est bien une façon pour le traducteur, tout en cherchant la rime, de rendre à la méditation de Friedrich toute la richesse de ses présupposés théologiques.

Justifié par la foi qu'il a dans la promesse de Dieu, le chrétien commence à être sanctifié : « La parole de Dieu justifie l'âme, la sanctifie, la conduit dans la vérité [...]. » Luther insiste sur le fait que cette sanctification cependant ne sera vraiment accomplie qu'après la mort – juste *et* pécheur –, et le personnage ailé qui tient ou embrasse les deux colonnes de l'amour du Christ et de l'amour pour le prochain, figure cet état de transition qui exige du chrétien régénéré qu'il continue à obéir à la Loi en en faisant sa règle de vie, « *regula vitae* ». On peut se demander

245 › « Par la loi, le péché atteint plus éminemment sa réalité de péché » dit Luther au § 42, restituant *Rom.* 7.

246 › « Lignum hoc duo habet : habet et fructus, habet et folia. Fructus habet sensum in scripturis ; folia verba simplicia. »

247 › « Quicumque igitur scripturas sanctas legit, si secundum judaeos legit, tantum folia intellegit ; si vero spiritualiter intellegit, fructus capit. »

248 › J. Gerhard, *Loci theologici*, *op. cit.*, deuxième « lieu », chapitre IV (« Vera scriptura interpretatio petenda est ex solo verbo Dei »), § XLVI : « an non verissime ab Hieronymo dictum super Gal. I. *Ne putemus in verbis scripturarum esse evangelium, sed in sensu ; non in superficie, sed in medulla ; non in sermonum foliis, sed in radice rationis.* »

pourquoi ce chrétien est représenté sous les traits d'une femme. Peut-être est-ce une réponse originale à un problème technique : comment montrer le chrétien à la fois juste et pécheur, comment figurer la sanctification comme un processus en cours de réalisation ? D'où ce corps, dont les formes féminines – seins, hanches larges et ventre rond – lisibles sous le vêtement humble interdisent d'assimiler le personnage à l'apparition d'un ange, et ce malgré les ailes chargées de marquer l'opération du Saint-Esprit, des ailes qui suffisent à dire la sanctification d'une âme que la Parole transforme, « tel le fer chauffé au feu », dit Luther, dans le sens de la pureté et de la luminosité. Restent les seins, le ventre rond et les hanches pleines : juste, et toutefois encore pécheur – saint, et tout à fait humain. Le choix d'une telle représentation n'a rien à voir avec les variations jésuites sur les personnifications de l'âme, sous les traits d'un personnage féminin coiffé d'un chignon et en robe longue, et de l'amour divin, personnage masculin pourvu d'ailes, nimbé d'une auréole et vêtu d'une robe courte. Ce code commence d'ailleurs tout juste à se mettre en place à Anvers, avec la publication en 1615 des *Amoris divini emblemata* d'Otto van Veen, et la systématisation du procédé dans le lexique iconographique jésuite ne se fait guère avant la première édition des emblèmes de Hermann Hugo en 1624. Le choix du dessin pour cet emblème LV est en revanche parfaitement cohérent avec l'iconographie luthérienne d'un J. Hoffer, par exemple, qui offre avec ses représentations allégoriques des Vertus théologales et morales un modèle évident pour la représentation du chrétien régénéré et vertueux.

56. NE FAUT LEGEREMENT ROMPRE L'AMITIÉ SAINCTE.

L'image se présente d'abord comme une composition cardinale dessinant *grosso modo* une croix. Pour faire les bras, le dessinateur a réutilisé le motif de l'emblème XI, dont l'image offrait d'ailleurs une structure identique, deux bras bien horizontaux sortant chacun d'un système de nuages, les mains venant se serrer au centre de l'image. Les deux épis de blés qui jaillissent de leur étreinte, symboles récurrents des choses caduques, interdisent de faire de ces mains jointes le symbole de la foi que l'on était amené à reconnaître dans le onzième emblème : il s'agit ici d'amitié, mais d'une amitié dont il faut souligner cependant le caractère divin puisqu'elle est un cas d'espèce du principe de charité, une amitié « sainte ». Cet emblème en ce sens est une suite logique aux deux emblèmes sur les prescriptions de Dieu, et offre une méditation sur la prescription d'aimer son prochain, opposant ainsi un modèle de la *caritas* enseignée par le Christ aux démonstrations de l'esprit de vengeance – ou *anticaritas* – avec les comportements contrevenant au cinquième Commandement longuement stigmatisés dans les emblèmes qui précédaient le diptyque des LIV et LV.

Au centre de la potence de cette croix que dessine l'assemblage des divers motifs de l'image, se trouve donc illustré le concept d'amitié, noyau d'un syntagme qui se complète de part et d'autre sur l'axe vertical, par le moyen d'autres symboles, comme autant d'expansions caractérisantes ou de prédicats attributifs à déchiffrer, avec l'aide de la Déclaration. Deux forts bracelets de métal, qui enserrent les poignets, sont reliés par une chaîne qui pend en dessous des mains jointes ; ce symbole de fermeté est encore renforcé par la présence d'un cadenas enfilé dans la chaîne – un tel cadenas n'a donc rien de fonctionnel, et joue purement le rôle d'un

adverbe superlatif. Entre le cadenas et les mains jointes pend une clef : la Déclaration précise qu'il dépend de la volonté des intéressés de s'en servir ou non, et de maintenir l'alliance ou bien,
D. v. 15 cédant trop vite aux propos malintentionnés de quelque « flatteur » et détracteur, de la défaire. Dans le registre supérieur, un sablier surmonté d'une pendule réaffirme le caractère transitoire de l'alliance, puisque la perspective est celle de la vie de l'homme sur terre. Mais la fermeté de l'amitié, c'est-à-dire sa permanence dans le cadre fini de l'existence terrestre, entretient avec les prescriptions fondamentales du Christ un rapport qui en fait quelque chose de parfait, perfection que démontre l'étoile. La Déclaration allemande rattache une telle amitié aux préoccupations du « Biederman », l'« homme de bien » selon le dictionnaire de Stoer ; encore une fois le traducteur explicite les intentions de Friedrich en substituant à cette référence l'expression
D. v. 6 « sans s'esloigner de la divine crainte », l'homme de bien ne pouvant être que l'homme pieux.

Au centre de la potence, donc, l'amitié, comme le degré trivial de la foi : mains qui se joignent et épis. Aux extrémités de l'axe vertical, deux qualités superlatives opposées : la plus grande fermeté dans la plus grande précarité, et la permanence dans la finitude. Chacun de ces concepts entretient un rapport avec un autre symbole lui-même au contact des mains : audessus, dans cette précarité superlative, l'étoile s'associe à la splendeur divine (de même, dans l'emblème XXI, l'étoile représentait une justice qui devait reluire « par la vertu divine[249] ») : en dessous, la clef représente cette possibilité, que la Déclaration évoque, d'ouvrir le cadenas et de rompre l'amitié. Ces deux nouveaux symboles entretiennent eux-mêmes entre eux un autre type de rapport, qui est davantage de l'ordre de la condition, ou de la restriction : l'étoile dit la splendeur d'une telle amitié, tandis que la clef la fait dépendre de l'entière volonté des deux partenaires. Ou bien encore, selon l'ordre dans lequel on lit la séquence, un rapport de cause à conséquence : l'amitié dépend de la volonté de l'homme, c'est aussi là sa splendeur.

57. QUAND TU VOIDS L'ENNEMI, PREN GARDE À TES TRENCHÉES.

Au niveau du premier tiers inférieur de l'image, une ligne très légèrement bombée dessine les contours du relief naturel, entre ville et labours, tout en délimitant dans l'espace de représentation deux zones qui permettent à l'artiste de mettre en place les équivalents visuels des termes d'un système analogique. L'œil est ainsi à même de percevoir d'abord un rapport de forme entre un soleil anthropomorphe et des ruches. Le soleil en effet, sous lequel s'ouvre un livret de format italien qui porte quelques lignes écrites, est doublement nimbé de rayons, de telle sorte qu'il se trouve entouré de deux zones blanches concentriques ; mais la zone blanche la plus éloignée de la face solaire doit englober harmonieusement l'espace occupé par le livret, qui l'oblige ainsi à dessiner non pas un rond, mais un ovale.

Les ruches sur leur socle offrent une triple réplique plus petite de cet ovale coupé par le bord inférieur du livret ouvert. Ce rapport de forme supporte un rapport de sens, et l'appareil textuel aide à comprendre que le soleil en majesté doté d'un livre représente la Parole de Dieu, que

249 › Emblème XXI, Déclaration, v. 9.

vient métaphoriser moins ces ruches environnées de fleurs, que le miel qu'elles contiennent. Il ne reste plus qu'à faire correspondre les insectes qui s'activent sur le socle au pied des ruches avec, sous le soleil, la ville, métonymie des humains qui y vivent. L'image invite alors à établir un rapport analogique entre, d'une part, la relation entre les hommes et le soleil, et d'autre part, la relation entre les abeilles et leur ruche. L'homme donc, le chrétien, devrait avoir pour la Parole dont il est le dépositaire les mêmes préventions que l'abeille pour le miel qu'elle récolte.

Les chrétiens en effet se laissent déposséder de la Parole et priver de la lumière divine : « La lumière luit dans les ténèbres, mais tous ne la voient pas », lit-on sur le livret ouvert de l'image[250]. Le thème des faux prophètes est proche, à la différence près qu'ils ne sont pas désignés, non plus que dans la Déclaration qui se contente du pronom indéfini « on » : l'accent est mis dans cette méditation sur la responsabilité des victimes elles-mêmes. Mais les abeilles, elles, offrent l'exemple d'une communauté qui ne se laisse pas indûment priver de ce qui est son bien par excellence, le miel, et elles proposent en la matière, comme dans tous les aspects de leur vie collective, un modèle d'organisation ou de « police » que le texte ne manque pas de relever, faisant écho aux remarques éthologiques des naturalistes contemporains nourris des écrits de l'Antiquité. Je me contenterai de citer ce passage d'Élien sur « le faux-bourdon qui naît au milieu des abeilles », et qui

> la nuit venue, après s'être assuré que les abeilles sont endormies, s'introduit dans leurs chantiers et saccage leurs provisions. Instruites par l'expérience, les abeilles, tandis que la plupart dort terrassée par la fatigue, laissent une poignée d'entre elles en embuscade.[251]

L'intrus, ajoute Élien, est dans un premier temps frappé et expulsé sans méchanceté – mais s'il récidive, les abeilles le tuent. Si le texte français de la Déclaration de notre emblème semble s'arrêter à la première phase de la sanction (les abeilles « le mordant, le picquant, le chasse[nt] de son giste »), l'original allemand est plus ferme dans sa concision (« **Fallen sie an mit gantzer Gwalt** », « elles l'assaillent avec la plus grande violence »). Quoi qu'il en soit, le raisonnement analogique invite donc le chrétien à la plus grande fermeté vis-à-vis des faux prophètes de toute espèce qui cherchent à confisquer la parole et la lumière divines.

Les « trenchées » du titre renvoient aux fortifications qui entourent et protègent la grande ville qui s'étend à l'arrière-plan : somme toute, le titre ne fait que réactiver une métaphore plus ou moins figée par laquelle le destinataire fictif de l'injonction est sommé de *fortifier* sa foi. Car il y a foi et foi, selon les termes mêmes du *Grand Catéchisme*, au tout début du commentaire sur le premier Commandement : pour n'honorer qu'un seul Dieu, « encore faut-il que notre foi soit la vraie foi, notre confiance la vraie confiance. Autrement, nous n'aurons pas l'Éternel pour Dieu, mais notre Dieu sera une idole. » Rien d'étonnant si, aux vers 14-15 de la Déclaration, l'ennemi remplace « l'Éternel leur Dieu » par « l'idole ». Notons toutefois que cette exploitation de l'image parfaitement adéquate à la logique luthérienne appartient au traducteur... Friedrich, lui, avait fait remplacer le son aimable (**den lieblichn Schall**) de la Parole par le fiel amer (**die bitter Gall**), dans une autre logique qui est celle de l'image du venin et de l'empoisonnement du sang, qu'il exploite par la suite et avec laquelle par conséquent le

250 › La première proposition vient du commentaire de saint Augustin sur Jean (Tractatus 35) : « Lux lucet in tenebris, et tenebrae eam non comprehenderunt ».

251 › Élien, *Personnalité des animaux*. Traduit et commenté par Arnaud Zucker, Paris, Les Belles Lettres, 2004 : I, 9.

traducteur est bien obligé de renouer. D'où, au vers 18, ce « poison » qui « mortifie » non seulement le corps, mais aussi l'âme : un poison qui génère une infection du corps par dyscrasie bilieuse, et qui prive l'âme de la vie éternelle.

Et pour rester sur le terrain de la logique de l'image, à quoi peut bien correspondre pour la communauté des chrétiens ce « maistre » au profit duquel les abeilles amassent le miel, traduction de l'allemand « Pfleger », qui apparaît au deuxième vers du quatrain ? Ce ne peut pas être Dieu : quelle que soit l'activité que l'on puisse imaginer autour de sa Parole, on ne peut guère la penser comme une activité au profit de Dieu. Le dictionnaire de Stoer donne « Pfleger / *Curateur*, Curator », et pour le verbe correspondant : « Pflegen / *Traitter, Entretenir, avoir soin d'aucun*, Alicuius curam habere ». Dès lors que l'on passe de la sphère des abeilles à la sphère des humains, et des chrétiens, ce « curateur » ne peut être que l'autorité spirituelle qui prend soin de la communauté. L'intertexte implicite de cette nouvelle méditation est alors probablement le commentaire au premier et, dit Luther[252], au plus grand des sept Commandements qui se rapportent plus particulièrement à notre prochain, le quatrième : « Honore ton père et ta mère. » Le *Grand Catéchisme* recense toutes les autorités qui procèdent de l'autorité paternelle, et qui sont concernées par ce commandement : les parents, les maîtres et les autorités supérieures, et pour finir les « pères spirituels », auxquels il faut témoigner respect et vénération. Luther se penche plus particulièrement sur ce dernier avatar de l'autorité paternelle et s'insurge contre ceux qui ont des réticences à entretenir le prédicateur : « en agissant ainsi, ne méritons-nous pas que Dieu nous prive de sa Parole et de ses bénédictions, et qu'il nous livre de nouveau à de faux docteurs qui nous conduisent à Satan et qui, de plus, s'emparent de ce que nous avons acquis à la sueur de notre front[253] ? ». C'est toute la fin de la Déclaration de l'emblème qui actualise cette menace, ou plus exactement la présente comme un état de fait, dont par conséquent le remède, implicitement, est à trouver dans le respect scrupuleux du quatrième Commandement dans toutes ses implications.

58. LA MISERE DE L'HOMME EST GRANDE EN CESTE VIE.

La misère de la condition humaine est représentée par un motif iconologique bien attesté à l'époque de Friedrich, identifiable à la nudité d'un corps percé de flèches, dans une posture doloriste qui permet de mettre en valeur les formes masculines : nous avons affaire à un saint Sébastien. Il est dessiné de trois-quarts face, quelque peu décalé vers la droite par rapport à l'axe médian, ce qui permet de suggérer que les trois personnages dans le bas de l'image l'assaillent en l'encerclant. Il y a par rapport au type iconologique certaine surenchère, qui tient au nombre de flèches : on en compte sept, fichées dans le corps, plus trois autres qui vont l'atteindre au niveau du nombril, de l'entrejambe et du genou. Les mains sont levées, mais au lieu d'être attachées

252 › Luther, *Œuvres*, Labor et Fides, tome VII, p. 50.

253 › *Ibid.*, p. 59.

par derrière, en l'absence d'arbre ou de poteau, l'homme les joint au-dessus de sa tête dans une mimique d'affliction extrême à laquelle l'artiste a déjà eu recours pour l'emblème XXXVI.

Cet avatar de saint Sébastien s'éloigne encore davantage des représentations conventionnelles par le fait qu'il se trouve juché sur un globe terrestre jonché de croix blanches – que selon la codification mise en place dans l'emblème XI il faut sans doute interpréter comme des croix rouges – et qui rappellent l'expression « passer parmi les croix » de l'emblème X. Ce sont à nouveau les tribulations du chrétien qui sont en jeu dans ce nouvel emblème, et la Déclaration, qui commence par affirmer que « La vie humaine n'est rien que croix et souffrance », aboutit en fin de poème à cette autre affirmation que le vrai chrétien pourvu de la vraie foi « passe tout à travers / De toute affliction ».

Les tribulations, croix ou afflictions sont incarnées par les trois assaillants qui menacent leur victime de leurs armes : un squelette sur le point de décocher une flèche, un diable qui fait un grand pas en avant et, bras droit en arrière, s'apprête à donner l'élan qui lui permettra de pousser la lance qu'il tient à deux mains, et une allégorie composée d'un globe terrestre pourvu d'une tête et de membres humains et qui, munie d'un mousquet, tient sa cible en joue. Le quatrain nomme ces trois opposants bien terrestres, qui s'avancent sur le sol : ce sont la Mort, Satan et le Monde. Tout en haut, dans le ciel, apparaissent ce que le quatrième vers du quatrain présente comme des auxiliaires avec le verbe « aider », trois autres figures qui forment un autre cercle au-dessus des mains jointes de l'affligé : le Saint-Esprit, sous la forme conventionnelle de la colombe nimbée de rayons, flanqué de deux têtes ailées qui figurent deux anges[254]. Le quatrain français s'achève sur une expression qui renvoie de façon synthétique, en quelque sorte, à ce détail : « l'Esprit bon ». Ce sont effectivement autant de manifestations de la fonction de sanctification, et l'image, que le geste des mains levées invite à lire dans un sens ascendant, laisse aisément prévoir, dans cette lutte dont le chrétien est le terrain et l'enjeu, l'issue heureuse par la communication de la foi.

J'avoue que cette image, au premier abord, m'a semblé avoir quelque chose de maladroit. Est-ce à cause de cette représentation des anges ? – mais il faut rendre justice au fait que l'artiste se conforme à une représentation parfaitement luthérienne, Luther ayant admis que les anges n'ont pas de corps, sauf, occasionnellement, lorsqu'ils doivent intervenir dans des affaires terrestres. Est-ce à cause de la présence de deux globes terrestres ? – mais cette confrontation de deux globes terrestres est en réalité une idée remarquable. Celui qui fait le torse de l'allégorie du Monde donne corps à l'image de l'emplâtre au vers 9 de la Déclaration, et la rotondité suggère que cet emplâtre est gorgé de pus et d'infection. C'est un emplâtre qui fonctionne de façon inverse à la normale, explique la Déclaration, puisqu'il tire le péché de l'extérieur pour le communiquer à l'homme en l'insufflant dans son âme. Le saint Sébastien, lui, malgré le fait qu'il soit par nature « à tout mal enclin », est en train de surmonter ce monde de péché, au sens propre D. V. 13
et au sens figuré, puisqu'il se trouve non pas environné et pressé par le globe, mais juché sur lui.

Ces deux détails de l'image réévalués, la gêne demeurait : en fait, c'est la présence même de l'homme en saint Sébastien qui me donnait une impression de maladresse, comme s'il y eût là l'insertion d'un motif hétérogène, un collage un peu artificiel. Mais à la réflexion, le sentiment

254 › Luther dit bien que s'ils peuvent à l'occasion, pour intervenir dans les affaires terrestres, prendre forme humaine, les anges n'ont pas de corps.

d'une hétérogénéité maladroite tient moins à l'utilisation d'un type pictural, qu'au divorce entre les flèches plantées dans le corps du supplicié et les armes des trois bourreaux. Rien de logique dans l'affaire : sont exclus le Diable avec sa lance et le Monde avec son arme à feu, et si la Mort peut être concernée, on voit bien que la flèche de son arc est deux fois trop longue par rapport à celles qui sont plantées dans le corps de la victime martyrisée, puisque trois flèches lancées par on ne sait qui et sur le point d'atteindre leur cible nous permettent de nous faire une idée précise de leur taille. Sans doute la bonne méthode consistait-elle à poser que ce sentiment d'une maladresse ne venait que de ma propre insuffisance, de la faiblesse de ma lecture immédiate, et que ce divorce est assumé et signifiant : quelle est donc l'origine des flèches qui se plantent dans le corps de ce saint Sébastien ?

La réponse à cette question réside dans le rôle de Dieu dans l'économie de la pensée luthérienne de la justification et de la foi. Il faut que l'homme soit désespéré, qu'il se sente complètement abandonné et perdu, qu'il descende dans la fosse avec Daniel ou dans les entrailles de la baleine avec Jonas, pour éprouver sincèrement le besoin de Dieu et croire à sa promesse. Le réconfort de Dieu, explique Luther dans son commentaire au Psaume 6, n'est accordé au chrétien que s'il l'implore « des tréfonds de son cœur », et « nul n'implore du fond du cœur, qui n'a été encore foncièrement effrayé et abandonné » : ce qui n'arrive que dans « la souffrance, matériellement ressentie, de la conscience, qui a lieu quand Dieu, c'est-à-dire la vérité, la justice, la sagesse, etc., renonce, et qu'il ne reste rien que péché, ténèbres, plaintes, lamentations ; et ceci, c'est une goutte ou un avant-goût de la damnation éternelle ; c'est pourquoi cette souffrance met à l'épreuve tous les os, force, suc, moelle, et tout ce qui est en l'homme[255] ». Ces derniers mots, qui reprennent le verset 3 du Psaume (« Car mes os sont tremblants »), ne sont évidemment pas sans rapport avec les premiers vers de la Déclaration de notre emblème : « La vie humaine n'est rien que croix et souffrance / Qui la moele et les os et le cœur à outrance / Afflige ». La souffrance extrême du chrétien est encore accrue par la hantise de la damnation qu'entretiennent les menaces de l'Écriture – des menaces qui sont autant de flèches, selon le Psaume 38 (« Car tes flèches sont plantées en moi »), tout au moins dans la paraphrase de Luther : « Les paroles de Dieu, par quoi il reprend et menace dans l'Écriture, ce sont des flèches [...]. Cependant nul ne les sent, si ce n'est celui dans le cœur de qui elles sont plantées.» Et il ajoute :

> C'est-à-dire : les hommes au cœur tendre, dans le cœur de qui Dieu les décoche. Mais sur ceux qui sont sans crainte, qui sont endurcis, elles sont sans prise, comme sur un roc dur, et ceci a lieu aussi longtemps que ces paroles sont l'objet d'une prédication humaine sans que Dieu coopère et s'implante intérieurement.[256]

Ainsi les flèches de notre image, trop courtes pour être celles de la Mort, manifestent-elles une remarquable continuité de pensée entre cette méditation et la méditation précédente, organisée autour de la nécessité pour le chrétien de se défendre en fortifiant sa foi. Cette continuité se lit aussi dans la reprise de la métaphore militaire : il est question du « stratagème[257] » du Diable, et
D. v. 21 des Anges qui autour du fidèle « plantent leur camp, / Quoy voyant l'ennemi s'en va tout sur le
D. v. 19-20 champ ». Ce nouvel emblème creuse donc le sujet de la vraie foi en essayant de rendre compte

255 › Luther, *Œuvres, op. cit.*, Labor et Fides, tome 1 : *Les cinq autres Psaumes dits de penitence* (trad. Pierre Jundt) : « Le Troisième Psaume de pénitence ».

256 › Luther, *ibid.*

257 › Le terme dans ce contexte n'a plus du tout le sens positif qu'il avait dans l'emblème XLVIII.

du processus de son acquisition : l'homme désemparé devant un apparent abandon prend conscience de la fragilité de sa nature et appelle le renfort de Dieu, communiqué par le Saint-Esprit avec « la foy qui aime » et qui transforme les œuvres en œuvres de vraie charité. Le chrétien prend alors pleinement conscience de sa nature mauvaise, de sa concupiscence, et reconnaît que le Christ est mort pour expier les péchés, vaincre la mort et lui donner, gratuitement, la vie éternelle. On peut estimer que les mains jointes et levées, tout en assurant la reconnaissance de saint Sébastien, participe de par l'absence d'entraves d'un traitement luthérien positif.

D. v. 22

59. SOIS TOUSJOURS DISPOSÉ DE PARTIR DE CE MONDE.

Ce nouvel emblème invite le chrétien à ne pas différer la conversion sincère qui vient d'être évoquée dans le précédent. Il ne s'agit pas de lui adresser un simple *memento mori*, mais de lui rappeler qu'il ne saurait connaître l'heure de son terme et qu'il peut mourir n'importe quand, et « en un moment », c'est-à-dire en un instant – en un clin d'œil, dit l'allemand[258]. Cette idée d'une imminence de la fin est doublement exprimée par l'image, qui combine sur le plan vertical deux symboles de la mort, une flèche et un sablier : un sablier dont le compartiment inférieur est rempli d'un monticule de sable qui projette une ombre redoublée sur le sol, et une flèche qui retombe, parfaitement verticale, pourvue d'une énorme pointe en fer assez disproportionnée.

D. v. 4

L'artiste a misé sur la reconnaissance d'un dispositif auquel il a eu plusieurs fois recours, celui d'un partage en deux zones, pour donner un équivalent visuel de l'analogie posée dans les premiers vers de la Déclaration (« Comme… ainsi ») : la vie de l'homme arrive à son terme aussi rapidement qu'une flèche. Sans doute le rapport analogique est-il renforcé par le rapport de forme entre le compartiment supérieur du sablier (celui qui est appelé à se vider) et le fer à barbe triangulaire de la flèche, auquel de surcroît un traitement hyperbolique donne la même taille. Mais l'espace dévolu aux deux zones en question est pour le moins restreint, et transgressé par la double masse des cygnes, si bien que la perception de ce dispositif est compliqué et quelque peu occulté par le jeu de symétrie, plus immédiatement perceptible, instauré de part et d'autre de cet axe médian que viennent actualiser la flèche et le sablier.

Le jeu esthétique de la symétrie vient donc doublement opposer le motif du cygne à l'expression elle-même réitérée de la mort. Très esthétique également, le mouvement du cou des oiseaux souligne et prolonge celui de la partie courbe de la barbule de la flèche, comme si les cygnes s'offraient à la mort, et comme s'ils épousaient la mort par la partie même de leur corps où s'origine le chant, tandis que de leur bec ouvert semble s'élever un nuage qui croît en volume à mesure qu'il s'étend vers les cieux. On voit comment toute une dynamique ascendante, comme en réponse à la verticalité brutale de la flèche, invite le lecteur à envisager la mort avec la sérénité du vrai chrétien. Luther lui-même ne méconnaît pas la légende ornithologique, rapportée par Aristote (et réfutée par Pline), qui veut que le cygne pressente le moment de sa mort et entonne un chant pur et beau, et les *Propos de table* la rapprochent du fait que la communauté se réunit, à la mort d'un des siens, pour invoquer le Christ par des chants pieux.

258 › Erklärung, v. 4 « in eim Augenblick ».

Mais l'emblème va plus loin, et entend transposer au chrétien ce que l'on peut lire sur le cygne chez les naturalistes, lorsqu'ils se font l'écho de ce passage de la *Personnalité des animaux* d'Élien : « Le cygne surpasse l'homme dans les plus graves occasions. Il sait en effet quand sa vie arrive à son terme et, qui plus est, il a reçu de la nature le plus beau des cadeaux : celui de supporter avec sérénité l'approche de la mort. Car il est convaincu qu'il n'y a rien dans la mort de douloureux ou de pénible, alors que les hommes, eux, sont effrayés [...]. Et sa sérénité est si complète qu'à l'instant même où sa vie s'achève le cygne entonne et se met à chanter une sorte d'aria funèbre pour lui-même[259]. » Apprendre la chanson du cygne, c'est, dans l'esprit de l'emblème, se donner les moyens de cette sérénité en se faisant bon chrétien sans en remettre l'occasion à plus tard – c'est-à-dire trop tard. Et comme le rappelle un détail minuscule de l'image, la petite silhouette noire à gauche de la pointe de la flèche qui s'éloigne dans le paysage, bâton sur l'épaule, c'est avoir toujours présent à l'esprit que la vie sur terre n'est qu'un passage.

60. LA FIN DU MONDE EST PRES, BIEN QU'ON NE S'EN SOUCIE.

Friedrich a déjà invoqué la fin du monde dans l'emblème XXXV, avec une image dont le motif central offre bien des points communs avec celle du présent emblème : on y voyait en effet un bateau transporter un globe terrestre surmonté d'un sac ouvert rempli de pièces de monnaie dans lesquelles étaient fichées une croix et une épée pour symboliser les dépravations de la Foi et de la Justice, le tout sur fond de soleil déclinant. Le globe à présent est supporté par la foule, les symboles dans le sac d'argent sont ceux du pouvoir civil et du pouvoir religieux, et au lieu du soleil, derrière un cordon de nuages, resplendit tout en haut un œil ouvert environné de rayons, que le début du quatrain identifie comme « l'œil de Dieu ».

Cette équivalence entre le dessin d'un œil ouvert et le concept de Dieu n'est pas une nouveauté pour le lecteur et amateur d'emblèmes de l'époque, et elle s'appuie sur une solide tradition bien connue des humanistes : attestée par Plutarque dans son *Isis et Osiris*, ou encore par l'autorité de Cyrille d'Alexandrie[260], elle est reprise à la Renaissance italienne par Alberti[261] et utilisée par Colonna dans la toute première frise hiéroglyphique de son *Hypnerotomachia Poliphili*. La popularité du motif de l'œil de Dieu est assurée à partir de la première édition illustrée des *Hieroglyphica* d'Horapollon[262], où il apparaît en fin de volume dans une courte section d'« hieroglyphes ajoutés », qui proviennent d'ailleurs pour la plupart de Colonna. Il est par la suite largement diffusé par la somme encyclopédique de Valeriano[263], assorti d'un commentaire qui justifie son caractère solaire par des textes empruntés à l'Antiquité, en par-

259 › Élien, *Personnalité des animaux, op. cit.*, V, 34.

260 › Cyrille d'Alexandrie, *Contre Julien*, IX (*cf.* Patrologie de Migne 76, p. 960).

261 › Alberti, *Ars aedificatoris*, livre VIII, chapitre 4 : « Aegyptii signis utebantur hunc in modum. Nam oculo deum. »

262 › Horapollon, *De la signification des notes Hieroglyphiques des Aegyptiens, cest a dire des figures par lesquelles ils escripvoient leurs mysteres secretz, et les choses sainctes et divines*, Paris, Jacques Kerver, 1543.

263 › Valeriano, *Hieroglyphica, seu de sacris aegyptiorum aliarumque gentium literis commentarii...*, Lyon, 1590, p. 74-75. Traduit par Montlyart, *Les Hieroglyphiques de Jan-Pierre Valerian vulgairement nommé Pierius. Autrement, Commentaires des lettres et figures sacrées des Aegyptiens et autres Nations*, Lyon, 1615, p. 91.

ticulier à Homère chez qui le soleil, qui « voit tout », se trouve doté de la propriété d'omniscience du Dieu de la Bible. On remarquera ici le soin avec lequel l'artiste a distingué des rayons proprement solaires, dont le point de départ dessine un cercle blanc concentrique autour de leur foyer, et des rayons dirigés vers le bas, dont l'origine est l'œil lui-même, sans solution de continuité. Ce dessin vient matérialiser les rayons visuels selon la théorie qui fait de la vision un processus d'extramission d'esprits animaux chargés de rapporter au niveau du nerf optique, puis du cerveau, les « espèces » visuelles des objets perçus. Pareille distinction revient à mettre en évidence, en même temps, une propriété commune au soleil et à l'œil, et constitue une belle façon d'expliciter le fonctionnement d'une métaphore qu'on appellera, en bonne rhétorique aristotélicienne, métaphore de proportion, et d'en justifier ainsi visuellement la pertinence.

Compte tenu de la distribution des motifs dans l'espace situé en dessous du cordon de nuages, ce que l'œil de Dieu voit, avant de voir le monde, c'est la crosse et l'épée posées sur le sac d'argent : le pouvoir ecclésiastique et le pouvoir civil *reposent*, comme le dit la Déclaration avec le verbe *recliner*, sur l'argent – leur seul moteur, leur seule valeur, leur seule préoccupation. D. v. 3
L'affirmation selon laquelle « le sac plein d'argent » est devenu « l'idole » du monde trouve D. v. 4
une expression visuelle dans le simple montage iconographique qui consiste à interposer cet énorme sac entre le globe terrestre et l'œil divin.

En même temps, le poids du sac s'ajoute au poids du monde qui écrase le peuple « surchargé » et « pressé », et ce d'autant plus que les ailes qui pendent lamentablement de chaque côté, au lieu d'alléger la charge, ne servent de rien. Autrement dit, ni le pouvoir civil ni le pouvoir religieux ne remplissent leur vocation, leur fonction sociale qui, comme l'a rappelé la Déclaration de l'emblème XLVI sur la chasse, est d'aider les petites gens. Au lieu de les secourir, ils les desservent, ils les écrasent. Ils sont dans la situation de celui à qui Luther adresse ces mots dans son commentaire au septième Commandement, en parlant précisément des pauvres :

> si tu les rabroues [...] si tu les pressures et les racles jusqu'à l'os, de plus si tu les éconduis avec morgue et insolence, eux auxquels tu devrais faire des dons et des présents, ils s'en retourneront, misérables et affligés, et, ne pouvant se plaindre à personne, ils feront monter leurs cris et leurs appels vers le ciel.[264]

Et l'on voit sur l'image de notre emblème la foule en détresse qui tout en supportant la masse ronde lève des bras en direction du ciel ; de même les ancres, non pas plantées dans le sol mais dirigées en l'air, montrent qu'ils mettent toute leur espérance en Dieu.

« Ces gémissements et ces appels », ajoute Luther immédiatement après le passage précédemment cité, « auront un contrecoup que vous ne pourrez supporter, toi et le monde entier » : ce qui signifie très clairement que ces appels doivent provoquer la fin du monde évoquée dans le titre même de l'emblème. La Déclaration s'achève sur ce thème en appelant de ses vœux la « force justiciere » de Dieu et la parousie du Christ, attendu avec « tresgrand desir », dans D. v. 14-15
une disposition d'esprit très luthérienne : la perspective de la fin des temps n'est aucunement source d'angoisse, mais source de joie. Marc Lienhard cite à ce propos ce texte d'une prédication de Luther sur Mathieu 24 : « Les cœurs pieux ne disent pas seulement, le Christ viendra, *Matt.*

264 › Luther, *Œuvres*, Labor et Fides, tome VII, p. 72.

ils désirent qu'il soit derrière la porte maintenant, qu'il soit déjà là ». Attitude, souligne Luther, parfaitement à l'opposé de la frayeur qui habitait les chrétiens sous la papauté :

> Chacun souhaitait que le dernier jour n'arrive jamais. Maintenant, c'est le contraire. De nombreux cœurs pieux s'expriment et disent ainsi leur désir, viens, cher Seigneur Jésus-Christ.[265]

C'est ainsi que s'exprime aussi l'auteur de cette soixantième méditation : « O Herr komm du »,
D. v. 14-15 « Seigneur [...] Vien ».

61. LE PAUVRE EST CONSUMÉ PAR LA FORCE DU RICHE.

Friedrich renchérit sur le thème de l'oppression des pauvres en en élargissant la responsabilité qu'il a commencé à dénoncer à la catégorie des riches, une catégorie qui traverse les trois États de la société : aux représentants du pouvoir civil et du pouvoir religieux se joignent à présent les membres les plus favorisés du *Nährstand*, gros négociants, banquiers et commerçants, tout ce qui constitue la classe montante de la bourgeoisie, au sens moderne du terme. Mais comment représenter le riche, et plus précisément le mauvais riche ? L'image propose deux modes d'identification, ou une identification en deux temps, par le moyen des deux personnages de part et d'autre du pauvre, que l'on reconnaît immédiatement, au centre, à son accoutrement et à sa besace sur le dos. Le riche est d'abord l'antithèse du pauvre, et si le personnage tout à fait à gauche semble ne montrer que sa robe, chacun est à même de constater que cette robe aux plis lourds offre un contraste évident avec le pantalon du pauvre, rapiécé, élimé et déchiré au niveau des genoux.

Mais le riche apparaît aussi comme l'homologue du Juif, reconnaissable dans le personnage de droite au double cercle qui fait un anneau sur son vêtement et dont le premier vers du quatrain précise qu'il est jaune. C'est la rouelle d'étoffe jaune qui symbolise les trente deniers de Judas et que les juifs sont tenus d'arborer par décision du Concile de Latran en 1215, décision qu'à la Renaissance Charles V a fait appliquer dans tout l'Empire. Ce serait un contresens que de penser que l'emblème de Friedrich manifeste quelque sentiment positif que ce soit pour les juifs : lorsque la Déclaration, qui poursuit le reproche que l'emblème précédent adressait à toute une partie de la société de ne rien faire pour les plus défavorisés, apostrophe à présent les riches en leur enjoignant : « Aidés et soustenés vos pauvres citoyens », il n'est évidemment pas question de cette partie-là de la population. Les juifs de Francfort vivent dans un ghetto en marge de la ville. Le plan de la ville publié par Merian en 1623 montre l'espace qui leur est dévolu, une rue d'environ 300 mètres contre le mur extérieur de l'enceinte de la ville, fermée par trois portes que l'on condamne la nuit ; à l'époque de la publication du livre de Friedrich, tout juif qui sort des limites du ghetto de Francfort, par exemple pour pratiquer l'usure, puisqu'elle est prohibée aux chrétiens, doit porter la rouelle. Le couronnement de Mathias en 1612 a donné

265 › Marc Lienhard, *Luther et la Réforme*, *op. cit.*, « Le Christ et la foi chrétienne selon Luther », p. 111.

aux corporations de la ville l'occasion de se plaindre de leur endettement auprès des juifs, avec des intérêts à hauteur de 12% qu'ils demandent de réduire de 4%. Le refus de faire aboutir cette requête exacerbe les rancœurs, et deux ans plus tard le maître de corporation Vincenz Fettmilch à la tête d'une bande violemment hostile met à sac le ghetto et le livre au pillage, provoquant le départ de plus de la moitié de la population juive. Friedrich partage les préventions de sa communauté à l'égard des juifs, et le rapport d'homologie entre le riche Chrétien et le Juif méprisé et honni, entre le gros commerçant et l'usurier, veut être une injure adressée au mauvais chrétien et destinée à provoquer chez lui un sursaut de réaction.

Le Juif de notre image ne sert pas seulement à la satire du riche Chrétien, il a aussi un rôle fonctionnel dans l'acquisition du sens de l'image par le lecteur : il assure la lisibilité du motif assez complexe et, il faut le dire, assez confus qui occupe toute la moitié gauche, et dont la taille fait le motif principal. Ce motif en effet présente une réelle difficulté de lecture : il n'est pas très aisé de démêler au premier regard s'il y a un, ou deux riches, dans cette construction pyramidale de têtes superposées et de corps enchevêtrés. Comptons d'abord les têtes : au dessus de celle du pauvre, apparaît une seconde tête, laquelle apparaît elle-même dans la gueule grande ouverte d'un monstre diabolique. Puis examinons les membres : on voit un bras qui pend le long du tronc du pauvre et qui auparavant devait l'enserrer, tandis que le pauvre, lui, ne tient rien : sa main tendue ostensiblement ouverte le met dans la posture de celui qui demande qu'on veuille bien lui faire l'aumône. Ce qui rend ici la lecture difficile, c'est le rapport entre têtes et membres : le bras droit du riche, ce bras qui pend contre le corps du pauvre, est attaché à une épaule bien ronde qui ne peut faire système qu'avec la tête engloutie par le diable, et certainement pas avec le corps du riche, à gauche de l'image, sur lequel s'est posée la patte du diable. La distance entre le corps et la tête suffit d'ailleurs à indiquer qu'il ne saurait y avoir continuité entre les deux… C'est là que l'examen du personnage du Juif facilite la compréhension des choses. Car l'autre patte monstrueuse a saisi son crâne, et si ses bras ne pendent pas mollement comme ceux du riche et que ses mains sont encore presque en contact avec le corps du pauvre, on comprend qu'il vient juste de lâcher prise : nul doute qu'il ne subisse le même sort que le riche et que sa tête à son tour ne soit engouffrée par le monstre infernal, après avoir été tout bonnement arrachée par des griffes acérées… La posture du Juif permet ainsi de comprendre l'enchaînement des faits et par conséquent la cohérence de la composition : le lecteur réalise que le corps tout à fait à gauche et la tête dans la gueule du diable appartenaient bien au même personnage, avant qu'il ne soit disloqué et rompu d'un effroyable coup de patte.

On pourrait dire, en faisant abstraction de l'application régulière de l'expression à des situations comiques, qu'il y a dans cette image un côté arroseur arrosé – ou disons, pour reprendre les termes du quatrain et de la Déclaration, un côté *fourrageur fourragé*, c'est-à-dire voleur volé. Q. v. 4 D. v. 16
La façon en effet dont la tête du riche apparaît, le bas du visage caché par le crâne de sa victime, dont la rotondité souligne juste ce qu'il faut de pilosité nasale pour évoquer les longues moustaches du monstre, lui donne l'air de chercher à engloutir le pauvre tout comme le diable l'engloutit. Plus exactement, pour restituer l'ordre des faits, le diable engloutit le riche quand ce dernier pensait engloutir le pauvre – et tel est pris qui croyait prendre[266].

266 › C'est le sens du dernier vers du quatrain allemand : le jeu se retournera contre les oppresseurs du pauvre (« Das Spiel wirt sich einst herumb wenden »).

La Déclaration compare le riche à l'araignée qui suce le sang de ses victimes, puis brosse un
D. v. 10 tableau du pauvre en écorché (« on lui tire la peau par force et par fallace ») dans une allusion
Mich. 3, 10 assez convenue à un verset de Michée (« Et ce qu'ils mangent c'est la chair de mon peuple, et
ils ont écorché leur peau de dessus eux, et ont cassé leurs os »), s'employant à réactiver la méta-
D. v. 13 phore figée – le « proverbe commun » – qui fait du riche un anthropophage qui mange le sang des pauvres. C'est là un lieu commun qui entretient à la Renaissance un lien fort avec l'antisémitisme : témoin *Le Marchand de Venise,* où le juif Shylock exige une livre de chair au plus près du cœur pour compenser la créance que l'emprunteur ne peut honorer. À la pratique de l'usure, comble des malversations des riches, Luther oppose ce que le Christ dit en *Luc,* 6, 34 : « Vous devez prêter de manière à ne rien recevoir en retour. » Le traité *Du commerce et de l'usure,* qui dénonce des pratiques financières toujours actuelles à l'époque de Friedrich, s'appuie sur la première épître de Paul à Timothée pour affirmer que « ceux qui veulent devenir riches tombent dans les pièges du diable », et rares sont, ajoute Luther, ceux qui peuvent être « délivrés du gouffre et de la gueule de la cupidité » : mots qu'évoque directement le monstre à la bouche démesurée de notre emblème, à la fois diable et représentation symbolique de l'avarice.

62. PREN GARDE AU TEMPS PRESENT AUSSI BIEN QU'À TOY MESME.

Le sujet de cette nouvelle méditation n'est guère différent de celui de l'emblème LIX : puisque, comme il est dit dans le livre de l'Ecclésiaste, « l'homme même ne connaît point son temps[267] », il est urgent de se convertir. Cette urgence est prise en charge par la figure
Q. v. 1 d'« Occasion », c'est-à-dire la déesse Fortune, qui vient incarner la notion de « kairos » : comme je l'ai déjà signalé dans l'introduction, le titre allemand de cet emblème reprend dans sa première partie la traduction de Luther pour la Bible allemande du verset de l'épître aux Éphésiens cité sur le frontispice des *Emblemata nova.* Conformément à une tradition iconographique très attestée dans l'art de l'emblème, Fortune présente un crâne rasé, à l'exception d'une longue mèche de cheveux, sur le devant, qui ne demandent qu'à être saisis, – geste que la déesse prévient en se munissant également d'un rasoir prêt à trancher au cas où l'on serait sur le point, selon l'expression consacrée, de *saisir l'occasion par les cheveux* (et plus anciennement de la saisir *au poil*) et de se voir offrir la chose agréable qu'elle est censée représenter. Cette représentation reprend pour l'essentiel l'image commentée de Fortune telle qu'elle apparaît dans les diverses éditions d'Alciat, qui s'inspire d'une épigramme ekphrastique de l'Anthologie grecque. À partir des indications de cette épigramme, nombreuses sont les variations offertes par les livres d'emblèmes ; ici, l'Occasion est en outre pourvue d'une paire d'ailes qui dénote la rapidité avec laquelle elle se présente et disparaît. Ajoutons que la morphologie particulière de cette Fortune un peu trop callipyge et pourvue d'un ventre vraiment proéminent évoque parfaitement l'emblème « *Nulli praestat velox Fortuna fidem* » de Boissard[268], dont le recueil d'emblèmes parut à Francfort en 1593.

267 › Tout le chapitre 9 semble ici très présent.

268 › Jean Jacques Boissard, *Emblematum Liber,* Franfort, Theodore de Bry, 1593 : emblème XLVI.

L'allégorie est aussi en partie renouvelée pour être mise au service de la méditation chrétienne, et la chose agréable en question est ici très particulière : la flèche de la mort dans la main et le pied sur un sablier, Fortune restreint, si l'on peut dire, son domaine de compétence à la détermination de la fin de l'existence de chacun. C'est la prérogative qu'elle entend donc conserver par devers elle et que, rasoir à la main, elle refuse d'abandonner à quiconque : car, disent les vers 9 et 10 de la Déclaration, il nous faut mourir, « Bien que nous n'en sachions ni le temps ni le lieu ». Autre modification lourde de conséquence, la sphère sur laquelle elle est traditionnellement juchée, et qui marque son extrême instabilité, est ici remplacée par le globe terrestre – puisque la mort est une conséquence du péché instillé par le diable et le monde.

« Ne differe long temps de ta vie amender » : il est donc prudent de se faire vrai chrétien le plus rapidement possible, et de renoncer aux vices d'avarice (« tes biens »), de présomption (« ton orgueil ») ainsi que de cette *vis dominandi* (« ta force redoutable ») que l'arbre de l'emblème XV arborait au plus haut de sa frondaison. Les quatre derniers vers de la Déclaration, qui recommandent au pécheur de demander à Dieu qu'il lui « face part » de sa grâce et que de son côté (« et toy ») il pardonne ceux qui lui ont « fait outrage », ont l'allure d'une paraphrase du *Notre Père*, tout à fait dans le goût et dans les termes de celle que l'on peut lire dans le *Petit Catéchisme* :

D. v. 13
D. v. 14
D. v. 15

> Dans cette prière, nous demandons au Père Céleste de bien vouloir ne pas tenir compte de nos péchés [...]. Qu'il veuille, par contre, nous accorder tout cela par grâce, puisque nous péchons tous les jours et ne méritons que des châtiments. De notre côté nous voulons, en vérité, pardonner de tout notre cœur et faire du bien à ceux qui pèchent contre nous.[269]

63. LA PAROLE DE DIEU À TOUT JAMAIS DEMEURE.

Le titre de l'emblème n'est autre que la traduction des quatre mots inscrits sur le livre ouvert en haut de l'image : « *Verbum Dei æternum manet* ». Le dessinateur a omis la préposition « *in* » devant « *æternum* », ce qui est d'autant plus curieux que les lettres « V.D.M.I.Æ. », qui sont les initiales des cinq mots de la phrase correcte dans un ordre légèrement différent, forment une devise très connue en pays germanique[270], véritable slogan dès les débuts de la Réforme, et que la Hesse adopta au plus haut niveau. Ces mots proviennent des prophéties d'Isaïe (40, 8), où l'on lit « *exsiccatum est fœnum, et cecidit flos ; verbum autem Domini nostri manet in æternum* » : « L'herbe est séchée et la fleur est tombée ; mais la parole de notre Dieu demeure éternellement. » Le passage est repris dans la première épître de Pierre, qui ajoute : « et c'est cette parole qui vous a été évangélisée ».

L'effet de répétition entre le titre de l'emblème et les mots que le dessinateur a portés sur l'image est encore accru par le double motif circulaire de rayons lumineux concentriques, au-dessus et en dessous du livret ouvert. Le cercle le plus haut, autour du soleil en majesté, est fait de longs

269 › Luther, *Œuvres*, Labor et Fides, tome VII.
270 › Le titre allemand offre un décalque du latin en cinq mots, préposition comprise : « Gottes Wort bleibet in Ewigkeit ».

rayons serrés. Les rayons du deuxième cercle plus petit s'organisent autour d'une lanterne vitrée qui abrite une bougie allumée, et de place en place quelques uns de ces rayons sont renforcés d'un trait plus épais, comme s'il se mêlait de l'ombre à la luminosité qu'ils suggèrent : ce qui correspond parfaitement à l'objet représenté, puisqu'on l'utilise la nuit. Ainsi la permanence de la lumière, « tant de jour que de nuict » dit le tout début de la Déclaration, se trouve-t-elle objectivée par la conjonction de ces deux phénomènes lumineux, aptes à métaphoriser dans leur co-présence même l'évidente vérité aussi bien que la permanence de la parole de Dieu.

Or cette splendeur de la parole de Dieu, le personnage lui tourne le dos. Il ne la voit pas, il la méconnaît, ce qui fait de lui un chrétien déficient. C'est un chrétien aveugle, « *lumine carens* », selon les termes du motto que Georgette Montenay[271] a choisi pour un emblème très proche, et que l'on pouvait connaître à partir de 1584[272] dans les communauté réformées de toute l'Europe grâce à la diffusion de la version latine de son recueil depuis Zurich, puis en 1602 à Heidelberg, avant même la grande édition polyglotte de 1619. L'emblème « *Lumine carens*[273] » est beaucoup plus simple que celui de Friedrich, et son image se compose principalement d'un homme en habit de docteur et en bonnet carré, un théologien catholique tenant dans sa main gauche un soleil noir, tandis que de la main droite il fait disparaître sous sa robe un livre que le texte permet d'identifier à la Bible : « Verité cache, et n'y a apparence, / Qu'en son soleil ait rien qu'obscurité ». Mais s'il est un emblème de Georgette de Montenay auquel l'image de Friedrich doit quelque chose de précis, c'est le trente-sixième des *Emblesmes ou devises chrestiennes*, avec le motto *Res omnes cæcis sunt tenebræ* (« Tout est ténèbres pour les aveugles ») : à gauche se tient un aveugle pourvu d'une torche, le visage baissé, brandissant un livre ouvert qu'il offre à notre lecture mais que lui-même ne fait même pas mine de regarder, tandis qu'à droite brille de tous ses longs rayons un énorme soleil anthropomorphe. L'image du recueil de Friedrich se sert également de cette idée d'une torche inutile (motif qu'il redouble par une paire de lunettes), et d'un soleil dont par conséquent l'on comprend aussi l'inutilité pour un personnage qui par sa position par rapport à lui marque son manque d'intérêt.

Friedrich explique méthodiquement les détails du dessin : malgré la perfection de son sens de la vue, et malgré les auxiliaires qu'il peut trouver dans les lunettes et la chandelle, son chrétien
D. v. 4 déficient reste « *lumine carens* » et n'est pas sensible (le texte emploie le verbe « recevoir ») à la lumière de la vérité. Malgré la perfection de son ouïe, que marquent ses longues oreilles dressées, il n'entend pas cette parole de vérité. Le même paradoxe se joue dans le domaine olfactif, où la compétence du personnage est indiquée par un très long nez, et le domaine gustatif, que suggèrent le grand pot à boire et la volaille troussée sur la table dans l'angle inférieur droit. Quant au cinquième et dernier sens, le sens tactile, le texte l'évoque bien en regrettant que l'exercice de cette faculté ne se fasse pas dans la culpabilité et ne permette pas à son utilisateur
D. v. 11-12 de ressentir le péché : « A quoy nous sert de tous les membres sentiment[274], / Si nous ne sen-

271 › Le recueil des *Emblesmes ou devises chrestiennes* est publié en 1571 chez Jean Marcorelle (mais on sait que son éditeur Philippe de Castellas en a procuré une première édition en 1567 : il n'en reste qu'un exemplaire connu dans les bibliothèques publiques).

272 › C'est une édition bilingue français-latin : *Emblematum christianorum centuria. Cent emblemes chrestiennes*, Tiguri, Christoph. Froschover, 1584.

273 › Emblème LV.

274 › Le terme de la Déclaration en allemand est « fühlen », et le dictionnaire de Stoer donne bien : « Fühlen / *le sentiment, ou attouchement* ».

tons pas le peché tristement ? ». Mais pour ce qui est de l'image, on peut se demander lequel des deux détails dont il reste à rendre compte, l'oiseau dans la main droite, ou le sac dans la gauche, représente le sens tactile… Ni l'un, ni l'autre ! – le dessinateur ne pouvait guère représenter cette notion sans risquer de voir immédiatement actualiser par le lecteur ses virtualités négatives ; quant aux deux détails en question, ils sont chargés de dire autre chose. Tout se joue dans le regard, dans le fait d'être *carens*, ou au contraire *expers* en la matière. Car l'oiseau ne regarde pas plus l'homme que l'homme la lumière. La position de la main, et la position de l'oiseau sur la main, permettent de reconnaître un rapace, de même que le sac que l'homme tient dans sa main gauche, la gibecière qui renferme les morceaux de viande avec lesquels le fauconnier récompense l'oiseau qu'il dresse. C'est un de ces rapaces de petite taille que l'on utilise à l'époque, un faucon crécerelle, ou mieux, un faucon émerillon, dont le plumage sur le dos présente cet aspect de rayures identifiables sur l'image de l'emblème. La scène que l'on nous montre correspond sans doute à une phase de début de l'apprentissage, ce qui explique que l'homme puisse tenir l'oiseau à main nue : si le rapace baisse la tête, c'est pour que l'on comprenne qu'il est *cillé*. Le procédé consiste à coudre les paupières, ou à faire passer un fil au travers des paupières inférieures et à le nouer au-dessus de la tête pour les maintenir levées, afin que le faucon, au début du dressage, soit privé de la vue. Cette phase permet en particulier au fauconnier de familiariser l'oiseau avec sa main. Or le personnage, qui a la tête légèrement tournée vers la gauche de l'image, a le regard braqué sur le petit rapace : contrairement à l'oiseau, dont le graveur a fait en sorte en creusant l'emplacement de l'œil, que cet emplacement soit caviardé sur la feuille imprimée par une masse noire aux contours irréguliers, on distingue très nettement dans le visage de l'homme la tache noire qui fait l'iris et la prunelle, non pas au milieu de l'œil, mais dans l'angle. Son regard est ostensiblement dirigé vers l'oiseau, lequel baisse la tête et ne le voit pas. Le faucon aveugle qui baisse la tête a donc, par rapport au personnage qui le regarde, le même comportement que le personnage par rapport à la source de lumière et de vérité, à laquelle lui-même tourne le dos.

La critique du chrétien déficient ne réside donc pas immédiatement – pardonnez les anachronismes – dans son nez de Pinocchio ni ses oreilles de Gremlin, du moins dans la mesure où ces aberrations formelles ne relèvent pas du tout d'un projet caricatural : elles sont au contraire destinées à mettre en évidence la perfection de la machine du corps. Encore faut-il s'en servir à bon escient, et la critique réside tout entière dans cet oiseau qui, renvoyant à l'incapacité du mauvais chrétien, est une invitation à *déciller ses yeux*, selon une métaphore qui à cette époque ne présentait sans doute pas le caractère figé que de nos jours elle a.

La réussite de l'emblème – et le plaisir du lecteur – tiennent au travail de l'image sur cette métaphore implicite, mais tiennent aussi à l'organisation des motifs dans l'espace rectangulaire ainsi qu'à l'économie de moyens que constitue le personnage à l'oiseau. La première astuce en effet consiste en cette composition en cône qui superpose au milieu de l'image le motif circulaire du soleil rayonnant, puis celui, plus petit, de la lanterne, pour aboutir à cette autre forme ronde encore plus petite qu'est la tête du personnage et enfin, tout en bas, à la masse vaguement arrondie en forme de sac. Cette belle composition en cône induit donc une hiérarchie, qui engage deux lectures.

La première reconnaît dans les deux modes d'apparition de la lumière, diurne et nocturne, une métaphore des deux Alliances, et la position supérieure du plein soleil, ainsi que la dimension plus importante du rayonnement, recouvrent l'idée que le Nouveau Testament représente

un point de perfection et d'accomplissement par rapport à l'Ancien. La place, entre soleil et lanterne, que le dessinateur a donnée à la citation biblique, elle qui apparaît à la fois dans l'Ancien et dans le Nouveau Testament, dans les prophéties d'Isaïe et dans l'épître de Pierre, corrobore une telle lecture. Les rayons mêlés d'obscurité qui entourent la lanterne métaphorisent le caractère obscur des passages de l'Ancien Testament qui ne prennent leur éclatante signification que lorsque le travail d'interprétation les a éclairés par le rapport qu'ils entretiennent avec les leçons du Nouveau Testament. La métaphore de la nourriture (« A quoy sert-il
D. v. 13 d'avoir et bonne et saine viande ») par laquelle Friedrich, scrupuleusement suivi par le traducteur, évoque le sens gustatif, est une métaphore biblique à laquelle Gerhard a recours lorsqu'il explique que la compréhension des passages obscurs de l'Écriture requiert l'illumination du Saint Esprit : les mystères de la foi sont parfois dits avec brièveté et simplicité, et sans entrer dans les détails, et parfois c'est le contraire. Le premier mode correspond à la métaphore du
I Cor 3, 2 et Heb 5, 12-13 lait et la deuxième à celle de la nourriture consistante[275].

La seconde lecture fait du passage de la pleine lumière divine à la poche serrée par la main du personnage, de motif circulaire en motif circulaire de plus en plus petit, comme dans une sorte d'entonnoir, l'expression d'une dégradation. C'est d'abord la tête qui manque de cette « illumination du Saint Esprit » réclamée par Gerhard, l'illumination intérieure qui permettrait au personnage d'avoir pleinement accès à la Parole de Dieu et ferait de lui un bon chrétien. Gerhard emprunte cette notion à Luther, dont il cite longuement un passage du *Traité du serf arbitre*[276]. La dégradation est évidemment complète avec, pour finir, un objet vaguement arrondi, comme un avatar dérisoire et imparfait de la forme initiale, un sac destiné à renfermer, à serrer, un objet tout à fait trivial apte à figurer l'obscurité et l'aveuglement au même titre que le soleil noir de l'emblème de Georgette de Montenay, sur un mode beaucoup plus dégradé.

Pour ce qui est de l'économie de moyens, elle consiste à faire endosser deux rôles au personnage à l'oiseau, dans une de ces condensations dont le caractère plaisant doit sans doute beaucoup au concept freudien d'épargne psychique. Dans sa relation à la lumière, le personnage a le rôle du chrétien qui mésuse de ses sens et se ferme à l'illumination intérieure, dès lors qu'il suit les interprétations chimériques des glossateurs tendancieux[277], tout comme il se prive
D. v. 5 du soleil de justice. Mais dans sa relation à l'oiseau, il a le rôle de « Satan et peché, conjoints avec le monde » qui trompent et aveuglent le pécheur. Le personnage vient alors réactiver la vieille métaphore du diable pipeur, cette métaphore de Satan en oiseleur qui se développe dans la littérature de la Renaissance à partir de l'exégèse du Psaume 91 : « Certes il [l'Éternel] te délivrera du filet du chasseur (*auceps*) et de la mortalité malheureuse »... l'*auceps* étant particularisé dans l'emblème, – et l'originalité mérite d'en être soulignée –, en fauconnier.

275 › J. Gerhard, *Loci theologici*, *op. cit.*, deuxième « lieu », § LXVI (« alibi catechetice, id est, breviter, simpliciter et generaliter [qui docendi modus appellatur *lac* (...)] alibi copiose, luculenter et specialiter [qui docendi modus appellatur *cibus solidus*] »).

276 › *Ibid.*, § XLIX.

277 › Selon la fin de l'épigramme de l'emblème.

64. L'UN LE CHEVRON ET L'AUTRE A LE FESTU EN L'ŒIL.

La méditation creuse le thème de l'aveuglement, que l'emblème précédent vient d'exploiter de façon magistrale, en prenant pour objet la parabole évangélique de la paille et de la poutre que l'image illustre à la lettre, dans sa partie supérieure tout au moins. L'artiste en outre a différencié les deux protagonistes par des détails vestimentaires qui ajoutent à la différence de taille des objets qu'ils ont respectivement dans l'œil, une différence de statut social : la large fraise et le collier à triple rang du personnage au « chevron » en font quelqu'un de plus important que le personnage moins fautif, dont l'œil n'est encombré que par un brin de paille[278]. C'est, probablement, inviter par l'image à mettre en connexion cette parabole avec la parabole du jeune homme riche. Mais le plus curieux, dans cette restitution iconique de la parabole de la paille et de la poutre, est que le dessin des protagonistes représentés à mi-corps est combiné, à gauche comme à droite, avec un étrange piédestal très maniériste en forme de composition florale, qui ne se trouve absolument pas pris en compte par le texte. Une tige, faite de la réunion tête-bêche sur un axe vertical, de part et d'autre d'une baie qui pourrait être une mûre ou une framboise, de deux éléments végétaux en forme de pédoncules ou plus exactement de boutons très allongés, supporte un calice sur lequel s'épanouissent des pétales ouverts, les uns en éventail, les autres en une structure pyramidale. Mais si chacune de ces deux silhouettes dessine la forme d'une fleur, il n'en est pas moins évident que les pétales en question sont en réalité des plumes : grandes plumes de paon pour le personnage au chevron, toutes petites plumes pour le personnage au fétu. Cette dissymétrie est soulignée par une inégalité de volume dans le traitement de ces deux compositions, dans la logique de l'inégalité sociale suggérée par les habits des deux hommes, mais aussi dans la logique de l'importance que chacun accorde à sa propre personne : l'hypocrisie du repreneur, et son aveuglement, sont à la mesure de son orgueil.

Or si la Déclaration de Friedrich ne rend pas compte de cette opposition entre grandes et petites plumes à laquelle il a demandé, par le dessin, de redoubler l'opposition entre poutre et paille, c'est probablement qu'elle relève d'une association usuelle dans le milieu luthérien. Témoin de ce type de collocation le titre d'un ouvrage de controverse dû à un dénommé Hunnius et publié à Francfort en 1598, cité par le jésuite Estienne Moquot dans cette *Guerre ministrale* de 1619 que j'ai présentée à l'occasion de l'emblème XIV : « *Papismi Calviniorum 25 dogmatici, et 20 pragmatici ; sive disputationes duae De reliquiis, trabibus, et plumulis sanctae matris Ecclesiae Romanae, quas Calviniani supra annos jam 70 retinent et adhuc venerantur, ab Ægidio Hunnio S. Theologiae doctore et professore, examini publico exhibitis Witembergae.* » Selon la traduction de Moquot : « Vingt et cinq Papismes Calviniens concernans la doctrine, et 20 practiques, ou deux disputes des reliques, poutres et petites plumes de la Saincte Mere Eglise Romaine que les Calvinistes retiennent encores, et reverent il y a desja plus de 70 ans, proposées au public examen de l'Université de Witemberg par Gilles Hunnius Docteur et Professeur de la Saincte Theologie[279].» La collocation des deux termes clefs de la parabole et du mot « plume » apparaît encore dans le corps même du texte du luthérien que Moquot cite et traduit :

278 › De même, la gravure que l'on a demandé à Woeiriot de refaire pour le dix-huitième des *Emblèmes chrétiens* de Georgette de Montenay met en présence « un personnage en habit de docteur, les gants à la main, et un homme au costume moins solennel » (Paulette Choné, *Emblèmes et pensée symbolique en Lorraine, 1525-1633*, Paris, Klincksieck, 1991, p. 272).

279 › Titre cité et traduit p. 4 v° du « catalogue » de la *Guerre ministrale* d'E. Moquot (*op. cit.*).

voicy ce qu'escrit Hunnius au lieu que dessus n. 8. *Calviniani nostras Ecclesias accusant et publicis in scriptis traducunt, quasi nos artolariam pontificiam, impium dogma operis operati, imaginum idololatricum cultum, et innumeras alias è Pontificatu reliquas stipulas, ac quisquilias, nondum expurgassemus, sed retineremus et defenderemus.* Les Calvinistes accusent nos Eglises, et les infament par leurs livres imprimez, comme si nous retenions et defendions la Papistique adoration du pain, le dogme impie de l'œuvre operé, le culte idolatre des Images, et n'avions pas encore repurgé un tas infini de festus et bagatelles de la Papauté, *Et Papismis Calvinianorum practicis these, ou nombre 2 Calviniani et Sacramentarii in fingendis Papisticis festucis, et per inanem calumniam corradendis glumis, nec non plumis, stipulis, reliquiis quas de nostrarum Ecclesiarum oculis extrahere cupiunt, nulli parcunt labori et defatigatione. In considerandis autem suis, quas circunferunt amplissimis et decempedalibus Papisticae idolomaniae ac hypocriseos trabibus, sublicis, longuriis, lignis ac perticis, quibus Sacramentaria porticus suffulta est, omni cura, omnique attentione supersedent.* Les Calvinistes et Sacramentaires n'espargnent aucun travail et fatigue, à controuver et ramasser par vaine calomnie, des festus de la Papauté, des petites pailles, plumes, festus, et reliquas qu'ils veulent tirer des ieux de nos Eglises. Et ce pendant ils n'empoyent aucune diligence à considerer les tres amples et longues poutres de l'idolatrie et hypocrisie Papistique qu'ils portent par tout, les pilotis, longues perches, bois et gaules, dont leur porche sacramentaire est appuyé.[280]

Cette association entre brins de paille et plumes, qu'il faut considérer comme une association topique chez les luthériens contemporains de Friedrich, justifie donc amplement la présence des bouquets de plumes dans l'image de l'emblème, comme si l'on proposait au lecteur un synonyme ou plus exactement un équivalent visuel, au titre d'un redoublement d'expression. Mais la présence d'un tel motif a aussi pour fonction de faciliter l'adjonction au centre de la gravure d'un autre motif, naturellement lié aux plumes, sur lequel s'articule d'abord le discours moral de l'épigramme. Entre les deux protagonistes qui illustrent la parabole, en effet, prend place une autre scène paradigmatique : un oiseau de proie nocturne sur une haute souche est assailli par trois autres oiseaux qui, bec en avant, se précipitent sur lui.

La présence de ce haut tronc coupé sur lequel est posé l'oiseau, chouette ou hibou, que l'épi-
Q. V. 1 gramme française appelle « chevesche », sert à hisser la scène en question à la hauteur de la représentation iconique de la parabole de la paille et de la poutre, ou tout au moins à la hauteur des deux bouquets de plumes. Plumes de paon à gauche et petites plumes à droite, oiseau nocturne en bas et oiseaux diurnes en haut, la cohérence thématique n'échappe à personne. Mais ce tronc, que ses dimensions soulignent, a également ceci d'intéressant, qu'il cherche sans doute à signifier la solitude de la chouette, et par là même le rapport d'hostilité qu'elle et les autres oiseaux entretiennent. C'est en ce sens en tout cas que Jacques Typoets[281] commente la devise d'un membre de la famille della Rovere, la famille des ducs d'Urbino, qui représente une chouette sur un tronc[282] : « elle ne peut supporter la lumière du jour, non plus que la

280 › *Ibid.*

281 › Dans le troisième volume de sa collection de devises : *Symbola varia diversorum principum*, Prague, 1603, p. 89.

282 › Otto Antonius Rovereus, devise « Ea sola voluptas », p. 87. D'autres auteurs comme Samuel Bochart (*Hierozoicon*, 2e partie, p. 285 *sq.* : « Animalibus S. Scripturae », in *Opera omnia*, Leyde, 1692 pour la 3e éd.) ne mentionnent que l'attrait qu'exerce la chouette sur les autres oiseaux en raison de son aspect inhabituel et monstrueux (« rem novam et insolitam »), comme une sorte de fascination (qui trouve une justification dans un raisonnement étymologique qui fait du nom hébreu de la chouette, « thinsemeth », un équivalent du latin « stupenda ») et évoquent alors son utilisation par les oiseleurs. Cette technique de chasse, que le *Lexicon universale* de Johann Jakob Hofmann (Leyde, 1698, article « Noctua » p. 228, col. 2) identifie à l'emploi du verbe français « piper », est par exemple illustré par Rollenhagen dans

compagnie des autres oiseaux, qu'elle fuit et qu'elle déteste, n'aimant que la solitude. Aussi se tient-elle dans cette gravure hiéroglyphique sur un tronc, propre à signifier la solitude[283]. » Le commentaire de Typoets fait donc dépendre la solitude de la chouette de sa propre haine pour les autres oiseaux. Haine qu'ils lui rendent bien, comme le démontre l'emblème de Friedrich, et selon un topos généralement expliqué par la laideur de la chouette, comme on peut le lire encore au XIXe siècle dans tel manuel d'ornithologie à la rubrique des oiseaux de proie nocturnes, indifféremment rattachés au genre « *strix* » : « leur physionomie est hideuse, et déplaît à tous les petits volatiles au point qu'il suffit de placer un hibou ou une chouette en plein jour sur des pièges pour les y attirer. Tous s'excitent mutuellement pour fondre et se venger des strix, qu'ils haïssent[284]. » Friedrich dans sa déclaration ne donne pas d'autre explication à l'hostilité des oiseaux à l'égard de la chouette, en se plaçant dans la position de l'arbitre des élégances : ils « picquent la chevesche eux n'estant pas plus beaux ». D. v. 12

Cependant, si la haine est au fond partagée, s'il y a bien inimitié de part et d'autre, il se trouve que les uns sont dans une position d'agresseurs et l'autre non : la chouette sur son tronc se présente comme une victime, de même que, malgré ses torts, le « frère supportable » au brin D. v. 2
de paille. Car la laideur physique commune à tous les oiseaux renvoie, évidemment, au fait que les hommes, pour le luthérien, sont *tous pécheurs*. Aussi le repreneur est-il condamnable à plusieurs titres : orgueil dès lors qu'il n'a même pas conscience, en s'arrogeant ainsi le droit de juger autrui, de pécher contre le premier commandement ; perversité d'une mauvaise curiosité dès lors qu'il se complaît à sonder si avant son prochain[285] (« si loing », dit la Déclaration) ; hypocrisie puisqu'il préfère accabler son frère chrétien plutôt que de le réprimander fraternellement après s'être lui-même soumis au préalable à un examen de conscience.

Si ce type de condamnation morale est tout à fait conforme à la réaction du Christ, qui emploie le terme très dur d'hypocrite, la punition évoquée par la Déclaration versifiée est pure extrapolation par rapport au texte évangélique. Et pour être tout à fait précis, il convient d'ajouter que c'est pure extrapolation aussi par rapport à la version allemande du texte ! On a affaire ici à une intervention caractérisée du traducteur qui, une fois n'est pas coutume, s'écarte notablement de la lettre mais aussi de l'esprit du texte original : « tu as merité d'estre premier batu ! » On D. v. 4
ne trouvera pas non plus l'expression d'une telle idée chez Luther, que ce soit dans la longue présentation qu'il fait de la parabole et de son thème ou dans la paraphrase même du verset concerné, elle-même longuement développée. En fait, c'est dans l'épigramme en français de Georgette de Montenay pour le 18e de ses *Emblèmes chrétiens* que le traducteur a trouvé la matière et le lexique de cet ajout :

le 51e emblème de son *Nucleus emblematum selectissimorum* (Cologne, 1611) ou encore, plus tard, par Meissner dans un emblème de son *Thesaurus philo-politicus* pour la ville de « Hull in Engellande » (actuellement Kingston-upon-Hull).

283 › « Aridas arbores, et exesos truncos amat, in quibus haerere et latere die solet : nam lucem meridianam ferre non potest, aut aliarum avium societatem, quam fugit, et odit, solam amans solitudinem. Trunco igitur insidet in hoc Hieroglypto, ut solitudinem designet. »

284 › René Primeverre Lesson, *Manuel d'ornithologie*, Paris, Roret, 1828.

285 › Voir par exemple la compilation de Robert Estienne, *In Evangelium secundum Matthaeum, arcum et Lucam commentarii ex ecclesiasticis scriptoris collecti*, Oliva Roberti Stephani, 1553.

Cest ignorant ne cognoissant son mal,
Vouloit tirer de tous yeux le festu,
Ne voyant pas en soy le principal :
Mais par ce bois Dieu luy dit. Que fais tu ?
Qui de tout vice et mal es abatu,
Et neantmoins veux autruy corriger ?
Corrige toy : sinon seras batu.
Qui n'a vertu, ne peut autruy renger.

Où Georgette de Montenay a-t-elle trouvé cette idée ? Il semble bien qu'aucune paraphrase, depuis les exégètes les plus traditionnels jusqu'à ceux qui ont nourri la pensée réformée et qui ont été réunis au XVIIe siècle dans la publication amstellodamoise des *Critici sacri*[286], ne puisse être alléguée comme source, et que ce châtiment corporel soit de son invention. Tout au plus peut-on émettre l'hypothèse que l'idée a pu lui venir du début du 25e chapitre du *Deutéronome*, qui traite d'un différend entre deux hommes : « que s'ils trouvent que celui qui a fait la faute mérite d'être battu […] ». On sait en tout cas que cette dimension d'une punition physique lui paraissait assez importante pour exiger de Woeiriot qu'il corrigeât sa première gravure, laquelle se contentait de confronter deux hommes qui ne se différenciaient que par le fétu et la bûchette : une bûchette qui n'avait probablement pas les dimensions du chevron de l'emblème de Friedrich, puisque le graveur avait cru pouvoir se contenter dans un premier temps de reboucher la plaque et de caviarder les yeux et les objets parasites en masquant les deux visages d'un bandeau noir, privilégiant ainsi le thème de l'aveuglement. La solution de toute évidence ne satisfaisait pas Georgette de Montenay, et l'on peut facilement imaginer que la raison en était que le dessin n'était toujours pas en rapport avec son propre texte, qui mettait l'accent précisément sur la conséquence de l'aveuglement, c'est-à-dire le châtiment : la plaque finalement refaite par Woeiriot d'après un nouveau dessin considérablement remanié fait apparaître une poutre de belle dimension brandie par une main divine, et disposée dans l'espace de telle façon que, barrant complètement le visage de l'hypocrite, elle puisse être interprétée aussi bien comme la poutre dans l'œil de la parabole christique que comme un objet servant à assener un terrible coup, par manière de punition, et conformément à la lettre de l'épigramme de Georgette de Montenay.

La conclusion qui s'impose est que le traducteur de Friedrich connaît le recueil de Georgette de Montenay, qu'il connaît cet emblème dans ce qui fait sa particularité et l'apprécie suffisamment pour se livrer à une telle interpolation. Peut-être n'est-il pas inutile de rappeler ici que la version polyglotte du recueil de Montenay, le *Livre d'Armoiries en signe de fraternité, contenant cent comparaisons de vertus et emblème chrétiens,* paraît en 1619, à Francfort.

286 › *Critici sacri, op. cit.*

65. LE DESIR DE VENGEANCE EST TOUSJOURS DOMMAGEABLE.

Ce nouvel emblème prend très logiquement la suite du précédent. Le « desir de vengeance », selon l'expression du titre[287], se présente comme l'antithèse même de la charité : et c'est bien parce qu'ils sont dépourvus de charité que l'hypocrite reprend son prochain au lieu de le réprimander fraternellement et que les oiseaux diurnes manifestent de la haine à l'égard de la chouette. Ce « desir de vengeance » est représentée par une allégorie, largement diffusée dans le monde des images dites savantes, élaborée à partir du matériel de la description ovidienne de l'Envie ou Jalousie, *Invidia*[288]. L'image de l'emblème ne montre pas un corps décharné, comme le décrit Ovide, mais l'artiste lui a bien attribué des seins pendants ; l'Envie ronge son propre cœur (puisque « en déchirant les autres, elle se déchire elle-même[289] ») et les serpents dont elle se nourrit dans le texte des *Métamorphoses* viennent remplacer sa chevelure. Mais cette allégorie se complète ici d'un attribut inédit, une épée brandie à l'extrémité de laquelle est fichée une tête. C'est que, comme l'explique la Déclaration, « Souvent regne par force, Envie et Injustice » : on notera l'accord du singulier, qui fait de l'alliance de l'envie et de l'injustice l'expression d'une seule et même entité complexe, pour laquelle Friedrich au vers de même rang du poème allemand emploie le seul mot « Neyd », à la fois l'envie et la haine. D. V. 2

Au niveau du piédestal, à droite, un diable maniant le soufflet en direction de l'allégorie démontre l'inspiration satanique du désir de vengeance, conformément à l'enchaînement du commentaire du *Catéchisme allemand* au cinquième Commandement :

> Nous sommes contraints de vivre parmi nombre de gens qui nous font du mal [...]. Si ton voisin voit que tu as maison et train meilleurs que les siens, que de Dieu tu reçois plus de biens et de bonheur que lui, cela le contrarie, il t'envie et ne dit rien de bon de toi. Ainsi, par l'instigation du diable, tu as beaucoup d'ennemis qui ne te veulent aucun bien, ni corporellement ni spirituellement. Donc quand on voit de telles gens, notre cœur, à l'inverse, est prêt à entrer en fureur, à verser le sang et à se venger.[290]

Ainsi, à partir d'une situation qui évoque la jalousie de Caïn à l'égard d'Abel, préféré par Dieu, Luther décrit-il le mécanisme d'un principe d'esprit de vengeance réciproque qui se substitue, par la malice du diable, au principe de charité universelle. Quant au motif, à gauche du piédestal, des chiens qui se battent, l'épigramme et les premiers vers de la Déclaration invitent le lecteur à l'interpréter comme une apologie de la soumission et du renoncement à l'esprit de vengeance. C'est, implicitement, en appeler à tendre l'autre joue et à pardonner à ses ennemis, dans l'esprit encore une fois du commentaire de Luther, qui poursuit ainsi, liant comme le fait Friedrich le concept d'envie à celui d'injustice :

> Le sens de ce commandement est donc qu'on ne doit jamais faire de mal à personne, pour aucun méfait quelconque, même s'il le mérite au plus haut point [...]. Puisque pareille chose est inhérente à chacun par nature, et qu'il est d'usage commun que nul ne

287 › Le dictionnaire de Stoer ne traduit pas autrement l'allemand « Rachgirigkeit » choisi par Friedrich.

288 › Ovide, *Métamorphoses*, livre II.

289 › *Ibid.*

290 › Luther, *Œuvres*, Labor et Fides, tome VII, p. 61.

veut rien endurer d'autrui, Dieu entend faire disparaître la racine et l'origine par quoi le cœur est aigri contre le prochain [...] et que l'injustice dont nous souffrons, nous la lui remettions avec toute la confiance de notre cœur [...]. Qu'un homme apprenne donc à apaiser sa colère et à avoir un cœur doux et patient, en particulier envers ceux qui lui donnent motif de s'irriter, c'est-à-dire envers les ennemis ! [291]

66. LES EPICURIENS SONT PLUSTOST POURCEAUX QU'HOMMES.

L'image de l'emblème propose une vision de l'épicurisme caricaturale à l'extrême, telle qu'on la trouve un peu partout au XVIe siècle et tout particulièrement dans le discours religieux, toutes sensibilités confondues. La Renaissance veut retenir d'Épicure l'idée que le bonheur réside dans la satisfaction du ventre. Les épicuriens sont donc des goinfres et des ivrognes, comme le montre cette scène d'intérieur où la table et la barrique occupent des places de choix : nous avons affaire, selon l'expression commune dont se souvient le titre, aux *pourceaux d'Épicure*. On voit d'ailleurs au premier plan un porc, qui s'apprête à manger le vomi d'un de ces débauchés qui, sans même quitter la table, est en train de rejeter à grands jets le contenu de son estomac derrière le banc sur lequel il est assis.

La scène illustre les deux premiers vers du quatrain allemand : « Schweinhardus », écrit Friedrich, aime l'ivrognerie, parce qu'il y trouve son aliment[292]. Schweinhardus est un saint de fantaisie dont on rencontre le nom par exemple dans l'adaptation de *Gargantua* de Fischart[293]. Les humanistes allemands l'ont inventé au tout début de la Renaissance pour en faire le patron des goinfres et des malotrus, comme le Grobianus de Sébastien Brant que Thomas Murner métamorphose en porc dans sa *Confrérie des goujats* de 1512, et que le pasteur Dedekind, disciple de Melanchton, popularise dans un long poème éponyme à partir de 1549[294]. Le substantif macaronique *Schweinhardus* peut aussi bien désigner l'homme aux appétits grossiers lui-même.

Le traducteur, qui ne trouve pas d'équivalent dans notre patrimoine culturel, a préféré ignorer saint Schweinhardus et conserver le terme d'« Epicuriens » qui apparaissait dans le titre. Ce faisant, il ampute le texte du rapport direct qu'il entretenait avec l'image par le choix d'un nom propre qui comportait la racine « Schwein », le porc : l'image était bien conçue pour imposer d'abord une lecture littérale de l'assertion, au deuxième vers du quatrain, selon laquelle le *pourceau d'Épicure* trouve son aliment dans la débauche. Mais il est bien évident que cette lecture littérale demande à être dépassée, et que l'aliment est, métaphoriquement, ce qui entretient ou fournit de la matière à la philosophie d'Épicure. C'est cette valeur métaphorique que le traducteur entend restituer en proposant pour le second vers cette adaptation

291 › *Ibid.*, p. 62. Et plus loin, *ibid.* : « que le cœur ne soit ennemi de personne ni ne veuille le mal par colère ou par haine ; de telle sorte que corps et âme soient innocents à l'égard de tout un chacun, mais surtout de celui qui te souhaite ou te fait du mal ».

292 › « Schweinhardus liebt die Füllerey / Dann er findt sein Nahrung dabey ».

293 › Le *Geschichtklitterung* de Johann Fischart est publié en 1575. « S. Scweinhardo » apparaît au chapitre 4.

294 › Poème en deux livres dans la première édition, *Grobianus* compte trois livres en 1552.

libre : « Car en elle pour eux il y a du hazard ». L'ivrognerie doit donc être considérée comme une pièce à part entière d'un système philosophique dans lequel la notion de hasard vient remplacer celle de nécessité et par conséquent, dans la vision très caricaturale de l'épicurisme à la Renaissance, évacue l'idée même de Dieu et de Providence : le *pourceau d'Épicure* est considéré comme un affreux matérialiste au sens philosophique du terme, un athée.

Mais comment, à partir de l'excès des plaisirs de la table, peut-on donc en arriver au concept de hasard ? La réponse peut s'articuler de la façon suivante : qui dit goinfrerie et ivrognerie dit débauche sexuelle, laquelle commence par la danse. Ne nous fions pas à l'allure rigide de la femme qui danse : le genou exagérément levé de son partenaire invite à reconnaître une « Nachtanz », une de ces danses que l'on appelle à cette époque « hautes danses » où les sauts finissent par soulever les jupons, au grand dam des réformateurs[295]. Et, pour le traducteur tout du moins, la danse figurée au premier plan pourrait bien représenter le fondement même de l'épicurisme, le grand tourbillon général où à la faveur du clinamen les atomes s'accrochent les uns aux autres, selon une vision du monde qui explique la création – mais aussi le désir – par une rencontre fortuite.

Quoi qu'il en soit, on peut poser que le couple de danseurs synthétise toute la chaîne de désordres ou méfaits qui rebondissent précisément, dans le texte allemand de la Déclaration, sur les jeux de hasard… Dans la Déclaration en français en effet, après la danse vient la « paillardise », elle-même suivie par d'« infâmes mestiers », c'est-à-dire des entreprises déshonnêtes, sans plus de précisions. Mais si le lecteur francophone doit se contenter de cette expression très vague, l'allemand est plus précis, et fait se succéder, dans l'ordre, le fait d'engloutir (« **Fressen** ») et de s'enivrer (« **Sauffen** »), le brin de cour (« **Löffeley** »), les danses (« **Täntzen** »), et enfin les dés et cartes à jouer (« **Würffel und Kart** »).

Cet enchaînement subordonne les jeux à l'épicurisme, moins sans doute à cause de la part de hasard qu'ils supposent que pour leur rapport avec les désordres sociaux évoqués dans tout le début de la Déclaration : l'une des raisons pour lesquelles la Renaissance a cherché à proscrire le jeu consistait à prévenir les pertes intempestives des jeunes joueurs, la déstabilisation des familles et jusqu'à la ruine des lignées fortunées. L'intertexte qui permet de comprendre pourquoi le commentaire de cet emblème contre les épicuriens commence par des considérations sur les héritiers prodigues, n'est autre que le commentaire de Luther au quatrième Commandement, *Tu honoreras ton père et ta mère*. Au lieu de manifester, dit Luther, une « noble » obéissance aux parents (« obéissance que Dieu a placée et commandée immédiatement après celle qui est de à sa propre Majesté[296] »), le méchant n'a de cesse que de dilapider les biens qu'ils lui ont transmis.

295 › V. Hubert Guicharousse, *Les Musiques de Luther*, Genève, Labor et Fides, 1995, p. 102.
296 › Puisque c'est l'objet du Commandement précédent.

67. JAMAIS BIEN N'APPORTA TROP GRANDE BEUVERIE.

Nous avons déjà vu dans l'emblème XVII cette représentation de Bacchus en enfant grassouillet, buvant à larges rasades, à cheval sur un tonneau. Ce nouvel emblème en fait le motif central de l'image, dans un espace qu'il partage avec trois autres personnages. La coprésence de Bacchus et de Vénus correspond trop au discours moral contemporain sur l'alcool, qui fait de la débauche et du stupre une suite presque inévitable de l'ivrognerie, pour étonner en cette fin de Renaissance quelque lecteur que ce soit. L'un des tout premiers recueils d'emblèmes, le *Theatre des bons engins* de Guillaume de La Perrière, avait choisi de représenter la chasse conjointe de Bacchus et de Vénus, prenant Minerve dans leur filet : « Par cest Embleme, est facile d'entendre / Que vin et femme attrapent les plus sages[297] ». Une vingtaine d'années plus tard, le 52e des emblèmes de Junius montrait un Sardanapale vautré dans un lit, une femme à ses côtés, et se disposant à saisir une coupe très évasée sur une desserte bien garnie disposée à proximité dans la ruelle[298]. « *Venter, pluma, Venus laudem fugienda sequenti* », dit le titre de l'emblème, ce que Grévin traduit : « Qui suit la louange doibt fuir le ventre, la plume et Venus[299]. » Junius dénonce des vices pour ainsi dire confondus, gourmandise, paresse et luxure, sans les hiérarchiser.

L'emblème de Friedrich s'inscrit dans une autre tradition, qui associe les allégories mythologiques pour centrer le discours moral sur Vénus. L'association la plus fréquente est celle qui conjoint Vénus, Bacchus et Cérès, et dont le point de départ est le vers fameux de Térence selon lequel sans ces deux compagnons, « Vénus est froide ». L'ardeur de Vénus n'est pas du tout chose souhaitable pour Luther, lui qui prône, à propos du sixième Commandement (*Tu ne commettras point d'adultère*) : « Dans ce commandement une bonne œuvre est aussi présente, qui renferme bien des choses et bannit bien des vices ; elle se nomme pureté et chasteté ». Ce commentaire au sixième Commandement, que l'on peut lire dans le *Sermon des bonnes œuvres*, est complété par cette remarque qui correspond parfaitement à l'intention de notre emblème :

> faire ripaille et boire démesurément, dormir beaucoup, flâner et vivre dans le désœuvrement, sont les armes dont l'impudicité se sert pour triompher de la chasteté.

Comme le font de nombreuses variations sur le vers de Térence, Friedrich focalise son discours sur les implications sexuelles des plaisirs de la table, à la différence près que ce qu'il appelle dans la Déclaration précédente « la pance » se réduit ici au vice d'ébriété, à l'exclusion donc de la gourmandise. Mais l'absence de Cérès est compensée par la présence de la Mort et de Satan : à gauche un squelette agenouillé qui tire du vin pour Bacchus, et derrière ce dernier, à droite, un diable qui lui fait les cornes de ses deux mains haut levées. Le comportement de l'ivrogne lui réserve la damnation et la mort éternelle en retour d'un plaisir éphémère (on aura remarqué le sablier posé sur le tonneau), et Satan se moque de lui sans même qu'il s'en rende compte. Ainsi le discours moral topique devient-il dans l'emblème de Friedrich discours spirituel. La Déclaration, après avoir envisagé les conséquences sociales,

297 › Guillaume de La Perrière, *Le Theatre des bons engins*, Paris, D. Janot, 1540 : emblème II, v. 9-10.

298 › *Hadriani Junii medici Emblemata [...]*, Anvers, C. Plantin, 1565. C'est dans la section des commentaires, p. 153, que l'on peut lire cette recommandation de représenter un Sardanapale.

299 › Jacques Grévin, *Les Emblesmes du S. Hadrian Le Jeune medecin et historien des estats de Hollande*. Anvers, C. Plantin, 1567.

éthiques et physiologiques du comportement dénoncé, s'achève en en évoquant les implications eschatologiques, qui sont celles sur lesquelles insiste aussi l'image avec ces deux allégories inédites en ce type de configuration.

Cette focalisation sur l'ivrognerie dans la succession des emblèmes LXVI et LXVII peut correspondre à une sensibilité particulière à un problème ressenti comme un problème typiquement allemand. « Hutten déjà, dans un dialogue intitulé *Inspicientes*, affirmait que l'ivrognerie était le fléau national spécifiquement germanique incitant les étrangers à brocarder la barbarie des Allemands. Les ouvrages sur la boisson répandus au seizième siècle, ainsi que les sources historiques attestant les efforts des autorités pour endiguer et combattre ce vice, semblent leur donner raison » écrit Barbara Könneker dans son introduction au *Grobianus* de Friedrich Dedekind[300]. Dans la préface de son propre livre d'emblèmes, dont la deuxième édition est de 1602, Nicolas Taurellus oppose aux Allemands les Italiens qui, eux, ne passent pas leur temps à chasser et à boire[301]. L'ivrognerie des Allemands, généralement considérée comme un vice national, est moquée par les étrangers qui en font des locutions proverbiales : qui boit excessivement en France boit « à la Tudesque », et Montaigne dit des Allemands que leur but est d'avaler le vin plus que de l'apprécier[302]. On peut comprendre dans ces conditions que Cérès puisse être évacuée du tableau pour mieux insister sur la relation privilégiée entre Vénus et le seul Bacchus.

Mais observons-la d'un peu plus près, cette Vénus. Nue, sa longue chevelure défaite, elle tient dans sa main gauche la flèche de l'allégorie de la Mort, qui a besoin des deux mains pour tirer le vin. Outre cette raison tout à fait pratique, la présence du dard de la Mort dans la main de Vénus établit la complicité des deux allégories, et interdit de voir en Vénus autre chose qu'un principe délétère. Quant à son autre main, elle se livre à un geste bien singulier : de l'index de la main gauche, en effet, elle pousse le bras de Bacchus, qui est en train de porter son grand verre à la bouche, et l'oblige, c'est le cas de le dire, à lever le coude... Autrement dit, l'ivrogne trouve Vénus[303], et les plaisirs de la chair encouragent l'ivrognerie : c'est ce que l'on appelle un cercle vicieux.

68. LES MOQUEURS DESORMAIS NE SONT RIEN DE NOUVEAU.

Autrement dit, les moqueurs sont aujourd'hui légion... Mais comment représenter par la gravure la moquerie comme un comportement banal et commun, voire en expansion, comme un phénomène qui se généralise ? L'artiste a répondu au défi d'une manière à la fois très simple

300 › Traduction de Brigitte Hébert dans son article « De l'art de mal se tenir à table », dans *Le boire et le manger au XVIe siècle : actes du XIe colloque du Puy-en-Velay*, par Marie Viallon-Schoneveld, Publications de l'Université de Saint-Étienne, 2004.

301 › Nicolas Taurellus, *Emblemata physico-ethica*, Nüremberg, C. Lochner, 1602 : « Italiam excipio : cujus nobilitati philosophia potissimum curae est : loco venationis, et compotationum : more, et consuetudine vere nobili. Nostris autem in regionibus nescio quid ipsâ possit esse despectius. »

302 › Montaigne, *Essais*, II, 2.

303 › C'est le sens du v. 6 de la Déclaration allemande : « **Fraw Venus sindt sich auch zum Wein** » (Dame Vénus aussi est assise en compagnie du vin), dont la traduction est quelque peu éloignée.

et très efficace. L'image est occupée par quatre personnages qui se font face deux à deux, un couple à droite, un couple à gauche.

Le regard du spectateur est d'abord attiré par la scène à deux personnages à droite de l'image, pour la bonne raison qu'elle occupe plus de place que l'autre et que les protagonistes y sont représentés de profil et de façon beaucoup plus détaillée, donc plus lisible. Contre la marge droite, un théologien en habit de docteur, le pied gauche légèrement de côté et en avant assurant la stabilité d'un corps bien campé, fait un geste du bras gauche, coude contre le corps et index pointé, en signe d'avertissement mesuré, tandis que la main droite largement ouverte s'écarte dans un mouvement ample en direction du ciel, comme s'il le prenait à témoin. Son interlocuteur répond à ce geste par un geste symétrique, à la différence près que sa main ouverte fait mine de repousser le ciel au lieu de le prendre à témoin, tandis que sa main droite, en réponse à l'admonestation du théologien, lui *fait la nique*, annulaire et majeur repliés, et auriculaire et index pointés en manière de cornes. Si l'on ajoute à ces gestes moqueurs le pied gauche levé en avant comme s'il esquissait un pas de danse, on comprend qu'il provoque le théologien tout en singeant son attitude corporelle. Les deux personnages à gauche sont beaucoup moins individualisés : l'un tourne le dos et ne montre que sa cape et son chapeau, et si l'autre est représenté de face, son visage et son corps sont ombrés par des hachures verticales. Mais l'on comprend tout de suite qu'ils renchérissent sur la moquerie en proposant une réplique caricaturale de la scène qui se joue à côté d'eux. L'homme représenté de dos joue le rôle du théologien ; ses pieds exagérément écartés donnent à son corps une assise grotesque, et il imite le geste en direction du ciel, mais il le transforme en même temps et fait mine de repousser le ciel, de façon encore plus théâtrale que le premier moqueur ; son comparse en face lui répond en faisant les cornes dans la direction du ciel. La composition dans son ensemble isole à droite le théologien, digne et droit, par opposition aux trois moqueurs aux corps désarticulés et aux gestes excessifs. La lecture de l'image se fait selon un parcours en deux étapes qui vient à doubler le nombre de moqueurs, – d'abord un, puis deux –, une multiplication certes limitée mais parfaitement suffisante pour imposer l'idée d'une généralisation du comportement scandaleux.

Scandaleuse, la moquerie par l'imitation caricaturale de la posture et de la gestuelle met en scène toute la problématique du vrai et du faux exposée par la Déclaration, et qui revient à la distinction, dans le commentaire du *Grand Catéchisme*, entre le seul vrai Dieu et les idoles. Ces moqueurs qui sont la proie d'une « rage insensée » (l'allemand dit qu'ils sont « enragés et furieux », « **rasend und toll** ») sont donc en réalité les mêmes que les épicuriens dénoncés dans les deux emblèmes précédents. Le théologien et ministre de Dieu est le véhicule de la parole de Dieu, de la vérité par excellence : honorer Dieu, comme l'exige le premier Commandement, c'est par conséquent aussi honorer les prêtres. Et à l'inverse offenser les prêtres, c'est offenser Dieu. Comme le dit la pointe de l'épigramme, le déshonneur rejaillit sur Dieu, puisque c'est lui qui *donne* les prêtres, selon ce que Paul dit du Christ dans l'épître aux Éphésiens : « lui-même a donné les uns pour être Apôtres, les autres pour être Prophètes, les autres pour être Evangélistes, les autres pour être Pasteurs et Docteurs ». Et puisque saint Paul se donne le titre de père en disant aux Corinthiens : « Je vous ai engendrés en Christ par l'Evangile », le respect

D. v. 2

Éph. 4, 10

1 *Cor.* 4, 13

du quatrième Commandement (*Tu honoreras tes père et mère*) implique selon Luther que l'on doit honorer cette sorte de pères qu'il appelle les *pères spirituels*[304] :

> Il leur faut être (comme dit Paul) *les balayures du monde et le rebut de chacun*[305]. Pourtant, il est nécessaire d'inculquer aussi au peuple que ceux qui veulent être appelés chrétiens ont le devoir, devant Dieu, d'*estimer dignes d'un double honneur ceux qui veillent sur leur âme.*[306]

Dignes d'un double honneur, mais objets d'une moquerie redoublée. Car « le monde les honore de telle façon qu'on les chasse du pays », ajoute Luther : « Oste, oste le de là » ! s'entendent dire les ministres fidèles de la Déclaration. D. v. 8

Sans doute la place de cet emblème dans cette deuxième partie du recueil autorise-t-elle à penser en priorité à la transgression du huitième Commandement, selon le « sens général[307] » que Luther dégage en fin de commentaire, dénonçant les « bouches venimeuses » qui s'ingénient à retourner les paroles du prochain contre lui, et à fausser le sens « ainsi qu'il arrive aujourd'hui principalement à la Parole de Dieu et à ceux qui la prèchent ». Il faut aussi compter avec le souvenir du commentaire de Luther au premier Commandement, toujours à propos de ceux qu'il taxe d'idolâtrie et qui sont depuis l'emblème LXVI la cible de Friedrich : « C'est à cause de ces têtes dures [...] que Dieu est obligé de frapper et de punir[308]. » Et la Déclaration évoque la colère de Dieu et sa sanction, non sans sobriété : « Dieu punit ». Friedrich se contente de dire D. v. 11
que sa punition prend des formes très diverses (« en tant de sortes »), et ajoute qu'il n'y a plus
de foi nulle part dans le pays. Cette suite suggère un lien entre le châtiment divin et la dispari- D. v. 12
tion de la foi, lien parfaitement explicite dans l'intertexte majeur de cette méditation, au paragraphe qui suit le passage du commentaire au quatrième Commandement : « nous méritons aussi que Dieu nous prive de sa Parole et de sa bénédiction et qu'il suscite, de nouveau, des prédicateurs de mensonges qui nous conduisent au diable[309] ». Mais ce diable nous ramène aussi à la mémoire immédiate du texte, qui invite à accorder toute son importance à ce jeu de mains en direction du ciel. La place de cet emblème dans le corpus, immédiatement après celui où l'on voit le diable faire la nique, fait que le geste, chargé de cette mémoire contextuelle, a une portée beaucoup plus grave qu'une simple moquerie, et renvoie à un thème fondamental dans la théologie de Luther, celui de la lutte permanente entre Dieu et Satan qui cherche à détruire la Création. Le traducteur, qui rend « Spötter » au premier vers par l'expression « rebelles moqueurs », est sensible à cette mémoire-là : Satan, ange rebelle et singe de Dieu, est bien derrière ces cornes, qui ne sont rien moins qu'anodines.

304 › Luther, *Œuvres*, Labor et Fides, tome VII, p. 58. Luther s'appuie sur le passage de la première épître aux Corinthiens cité plus haut.

305 › 1 *Cor.* 4, 13. La citation qui suit provient de 1 *Tim.* 5, 17.

306 › Luther, *Œuvres*, Labor et Fides, tome VII, p. 58.

307 › Expression de Luther, *ibid.*, p. 78 ; p. 79 pour la citation qui suit.

308 › *Ibid.*, p. 38.

309 › *Ibid.*, p. 59. La sanction envisagée là suit cet autre témoignage de mépris qui consiste à refuser d'entretenir et de nourrir les « pères spirituels ».

69. DE TOUS HOMMES MONDAINS GRANDE EST LA NONCHALANCE.

« Hommes mondains » : l'expression du titre permet de comprendre dans la Déclaration le passage de « l'homme » au « monde » comme une variation synonymique. On se gardera donc d'interpréter ce monde qui occupe le haut de l'image comme un fardeau qui pèserait sur les épaules de l'homme, comme c'était le cas dans l'emblème LX. L'homme ne lève pas les bras pour en soutenir le poids comme un opprimé, ou comme un Atlas, son visage ne se penche pas en avant et son corps parfaitement droit ne ploie pas : la contiguïté de l'homme et du monde veut tout simplement poser l'équivalence entre les deux, de même que sont équivalents les objets qui en bas symbolisent les appétits du mondain – « force, orgueil, argent » – et la fumée qui s'étend contre la marge supérieure et qui en dénonce la vanité. À ces volutes de fumée répond finalement le linceul sombre, tout au bas de l'image – seul objet que le mondain, en tout en pour tout, emportera dans la tombe.

D. v. 8 v. 9

Q. v. 3

« Force, orgueil, argent » : la force est représentée à droite par l'épée et le bâton de commandement posés sur une petite table rudimentaire, l'orgueil par un paon à gauche, et l'argent est figuré par trois sacs dodus. Deux d'entre eux sont liés aux poignets de l'homme, et le troisième à son cœur : ainsi l'homme « se tient tout attaché à l'argent transitoire ». Ce triple lien est une variation sur le début du commentaire de Luther au premier Commandement :

D. v. 1

> Maint homme pense qu'il a Dieu et toutes choses en suffisance quand il a de l'argent et des biens ; il se fie à cela et s'en targue avec une telle raideur et un tel orgueil, qu'il ne fait aucun cas de personne. Vois, cet homme a aussi un dieu ; il s'appelle Mammon, c'est-à-dire l'argent et les biens. Il met tout son cœur en cela, ce qui est aussi, sur terre, l'idole la plus commune. […] Cela reste attaché et est inhérent à la nature, jusque dans la tombe.[310]

Et Luther, qui explique qu'« avoir un dieu, c'est avoir quelque chose en quoi le cœur se confie entièrement[311] », s'emploie à rendre plus concrète cette confiance exclusive par l'image du lien, après avoir repoussé l'image d'une boîte (puisque Dieu n'est pas quelque chose qu'on peut circonscrire et enfermer) : on saisit Dieu « quand le cœur s'empare de lui et est attaché à lui. Or, être attaché à lui par le cœur, ce n'est pas autre chose que se confier entièrement en lui[312]. » D'où l'importance capitale du lien qui dans l'image de l'emblème relie le sac d'argent au cœur dessiné sur la poitrine de l'homme. En guise d'autel, l'homme de l'emblème a disposé un coussin sous « le Mammon malheureux », geste parfaitement idolâtre, et l'idolâtrie « ne réside pas seulement en ce qu'on élève et qu'on adore des statues, mais bien, et avant tout, dans le cœur qui […] ne se soucie pas de Dieu[313] »: ce cœur se trompe d'objet, c'est le cœur d'un incrédule, d'un idolâtre. À nouveau l'image, jusque dans le détail de ce sac à la fois sur un coussin et attaché au cœur visible de l'homme, est la parfaite illustration d'une pensée luthérienne nourrie par la pratique assidue du *Grand Catéchisme*.

D. v. 11

310 › *Ibid.*, p. 34 .
311 › *Ibid.*, p. 34.
312 › *Ibid.*, p. 34.
313 › *Ibid.*, p. 35.

La confiance exclusive dans les biens de ce monde au détriment du vrai Dieu est la question centrale du commentaire du Décalogue, et dans le traité *Des bonnes œuvres* Luther s'appuie sur saint Paul pour lui donner la prééminence sur les autres objets de la concupiscence du mondain :

> l'Apôtre n'appelle idolâtrie aucun autre péché, si ce n'est l'avarice, laquelle démontre, de la façon la plus flagrante, qu'elle n'a aucunement confiance en Dieu, qu'elle attend plus de bienfaits de son argent que de Lui.[314]

Dans l'image de l'emblème, les deux autres sacs d'argent auxquels l'homme est lié par les poignets, comme s'il s'agissait de traduire des actes qui sont la conséquence de son attachement exclusif à l'argent, sont associés l'un aux symboles habituels du pouvoir civil, l'autre à un paon. Ce sont respectivement, d'une part la « force » et la « violence », et d'autre part l'orgueil, D. v. 7 plutôt que l'« honneur » comme le dit le texte français de la Déclaration (le terme employé par Friedrich est « Hoffahrt[315] »). À moins, évidemment, qu'on n'entende cet « honneur » en mauvaise part, ce que fait Luther quand son commentaire sur les faux objets de dévotion pris pour des dieux passe de Mammon à d'autres objets : « De même aussi, celui qui se fie au fait qu'il possède une grande érudition, sagesse, puissance, faveur, parenté et considération, et qui en est fier[316]. » Autre conséquence de la toute-puissance de l'argent et des méfaits qu'elle entraîne, la Déclaration met l'accent sur la violence exercée par le riche à l'encontre du pauvre : « l'argent est maintenant par-dessus la justice » et « l'argent fait le marché ». D. v. 13 v. 15 L'expression trouve une explication dans le commentaire du *Grand Catéchisme* au septième Commandement, où Luther s'en prend à

> tous ceux qui font du marché public et libre un clos d'équarrissage et un repaire de brigands où l'on exploite journellement les pauvres, où l'on impose de nouvelles charges et fait augmenter les prix, chacun se servant du marché selon son malin plaisir, prétendant, avec un air de défi et d'arrogance, avoir le droit de vendre ses marchandises aussi cher qu'il lui plaît, sans que personne ait le droit d'intervenir.[317]

« Le péché avait pris possession de moi » écrit Luther dans le cantique *Nun freut euch, lieben Christen g'mein*. Les liens par lesquels le mondain est « tout attaché à l'argent », et que les bras tendus de l'homme de l'image exhibent, font de cet attachement exclusif une possession, et même, puisque les mains « sont prises », une « prison ». Et une prison telle, poursuit le texte, D. v. 4 v. 5 que le mondain aurait beau fuir, il ne pourrait jamais s'en échapper. Cette prison métaphorique est l'exacte antithèse de la liberté du chrétien telle que Luther la conçoit. Incrédulité, défaut de confiance et d'amour pour Dieu, voilà en dernier ressort ce qui caractérise l'idolâtre de Mammon, prisonnier du péché et de la mort tant que son âme ne s'est pas attachée à la Parole par laquelle recevoir le Christ.

314 › Luther, *Œuvres*,Labor et Fides, tome I, p. 290 (référence à *Col.* 3,5).

315 › « Hoffahrt / *Orgueil, insolence, vaine gloire.* » : c'est bien la notion qui correspond au paon.

316 › Luther, *Œuvres*, Labor et Fides, tome VII, p. 34 .

317 › *Ibid.*, p. 71.

70. DU CALOMNIATEUR GRANDE EST LA TROMPERIE.

Cette notion de confiance en Dieu, notion capitale dans la théologie luthérienne, est ici approfondie. Il suffit de lire l'épigramme de l'emblème pour s'en convaincre : il est à présent question non plus de celui qui substitue une idole au vrai et seul Dieu, mais de celui qui d'emblée, sans
Q. v. 3 autre intermédiaire, « croid au mauvais » – le mauvais étant le « calomniateur » du titre, c'est-à-dire, conformément à l'étymologie du terme, le Diable. Ce dernier apparaît sur l'image : rênes en mains, il conduit une écrevisse à la surface d'un plan d'eau comme on conduit un cheval, assis à califourchon sur le dos de l'animal, mais loin de la tête, du côté de la queue. La place est donc libre pour que cette écrevisse de grande dimension supporte encore une femme à la longue chevelure, debout sur sa carapace. Elle est nue, mis à part une étoffe, nouée au-dessus de la hanche gauche, qui retombe en s'enroulant autour de son bassin et cache son pubis. Une main en haut et l'autre en bas, elle tient une voile un peu comme si sur cette embarcation insolite elle faisait office de mât, à la réserve près qu'au lieu d'être bien droit son corps est cambré pour résister au vent qui gonfle la voile et agite l'eau en vagues nombreuses.

La situation et la posture sont celles d'une Fortune, allégorie avec laquelle toutefois le personnage féminin présente une différence notable : loin d'avoir l'arrière du crâne rasé et une longue mèche de cheveux flottant devant elle, comme dans l'image de l'emblème LXII, elle est pourvue d'une abondante chevelure qui l'apparente davantage à cet égard à la Vénus de l'emblème LXVII. Cependant il suffit d'ouvrir quelques livres d'emblèmes pour corriger cette première impression, à commencer par l'édition bilingue latin-allemand du recueil d'Alciat chez Feyerabend, à Francfort[318]. L'emblème « *In Occasionem* » y porte le numéro 187[319], et l'image, conformément au texte d'Alciat scrupuleusement reproduit, et conformément par conséquent à la source grecque, présente une femme nue, debout sur une roue qui flotte à plat sur l'eau. Elle tient d'une main une étoffe qui ondule autour de son corps et suggère ainsi à la fois le vent et la vitesse du déplacement, et de l'autre brandit un rasoir. Mais elle a perdu les ailes dont ses pieds sont censés être pourvus, et pour ce qui est des cheveux, le conflit entre texte et image est encore plus net, car on ne peut plus parler d'omission mais de choix délibéré : là où le texte dit mèche sur le front (« *coma* ») et arrière du crâne rasé (« *pars calva est posterior capitis* »), l'image montre une chevelure fournie complètement ramenée en avant par le vent qui souffle dans le dos du personnage allégorique. Chez Jean Jacques Boissard, auteur qui publie lui aussi à Francfort en 1593[320], l'emblème « *Expers Fortunae est Sapientia* » montre Fortune qui passe dans un bateau chargé de richesses, nue et debout ; elle tient en hauteur l'extrémité d'une voile attachée en bas à l'embarcation, ce qui laisse l'autre main libre pour offrir un vase précieux. Elle ne présente en aucune façon elle non plus la particularité capillaire rappelée par le texte d'Alciat, et ses cheveux font une masse ronde et bouclée tout à fait ordinaire. Dans un autre emblème de ce même recueil, le XLVI[321], Fortune a déposé sur un quai les attributs qui marquent son instabilité, sa roue et sa boule, et elle remet en main propre à un autre personnage une couronne et une bourse ; sa coiffure est identique à celle de l'emblème précédent.

318 › Alciat, *Liber Emblematum / Kunstbuch*, Francfort, Sigismund Feyerabend, 1567 (trad. allemande par Jeremias Held).

319 › En réalité 186.

320 › J. J. Boissard, *Emblematum Liber*, *op.cit.*

321 › Déjà évoqué dans le commentaire de l'emblème LXII de Friedrich.

Il faut dire que l'image d'une Fortune chevelue apparaît très tôt dans la littérature emblématique : dès 1540, Corrozet, qui traite Occasion et Fortune comme deux allégories différentes, fait s'asseoir Occasion sur une roue, dans un bateau, et a l'idée de lui faire tenir une grande voile « pour avoir mouvement plus soubdain[322] ». Le commentaire explique que tous ses cheveux, « à val le vent », sont poussés et ramenés sur le devant de la tête, de telle sorte qu'il n'est guère possible pour la main qui se tend de la saisir car aussitôt qu'Occasion est passée elle ne présente plus aucune prise : mais elle n'a pas pour autant l'arrière du crâne chauve. Dans le quarantième emblème, « L'ymage de Fortune » troque l'embarcation et la roue contre une boule sur laquelle l'allégorie pose un pied, plus un dauphin pour recevoir l'autre pied ; elle tient d'une main un mât que la tempête vient de briser, et de l'autre une étoffe qui s'enroule autour de sa taille tout en faisant office de voile, une voile gonflée, dit-elle dans un commentaire, par des « vents divers », afin d'achever de démontrer le concept d'instabilité. Ses longs cheveux tombent dans son dos de façon naturelle. Cette distinction entre deux types allégoriques n'est pas étrangère à l'évolution sémantique du mot « fortune » : le mot, qui désigne d'abord le sort, favorable ou mauvais, se spécialise dans l'acception positive de la fortune – et la « bonne fortune » implique rapidement l'acquisition de richesses. Si Occasion reste la plupart du temps celle qu'on essaie malgré le rasoir dissuasif de *prendre au poil*, c'est-à-dire aux cheveux, Fortune peut être vue comme une femme avenante et accorte qui, comme chez Boissard, vient d'elle-même offrir les biens qu'elle transporte : et si Fortune vous sourit, il n'y a qu'à accepter ses largesses, – non sans avoir la sagesse, précise le moraliste, de mettre ces circonstances favorables au compte de la seule Providence.

La Fortune dont il est question dans l'emblème de Friedrich est bien cette « bonne fortune » que recouvrent le français « heur » et l'allemand « **Glück**[323] »… ou du moins elle pourrait, elle devrait, être cette « bonne fortune », si elle n'était pas associée à l'écrevisse. Car dans l'image, l'écrevisse, puisque ce crustacé marche en arrière, fonctionne comme un indice de négativité, comme un inverseur : de sorte que nous avons affaire non pas à la Fortune positive, ni à cette Fortune moins moderne qu'on appelle aussi Occasion – puisque Occasion laisse toujours la possibilité, au moins virtuellement, d'être positive –, mais purement et simplement à son contraire, qu'il faudrait appeler l'*Infortune*. Une de ces gravures qui circulent à la Renaissance sous forme d'estampes représente une femme nue sur une boule ailée, entraînée par un diable, et à côté d'une écrevisse pour signifier que le personnage allégorique se déplace à reculons : cette gravure est explicitement intitulée « *Infortunium*[324] ». En termes luthériens, on pourrait dire que cette Occasion cherche à représenter le mauvais chrétien qui croit avoir saisi le « kairos », le moment opportun, alors qu'il s'abîme au contraire dans des activités qui ne sont d'aucun profit spirituel : on conviendra alors que la façon dont la représentation stéréotypée de Fortune se trouve contaminée par une image de Vénus n'est pas inintéressante.

Le concept de *fortune contraire* est régulièrement exprimé par l'adjonction au personnage allégorique de cet attribut singulier, une écrevisse. Là encore, la proximité avec Occasion est grande : car le « *cancer* » peut être aussi le crabe, qui se déplace tantôt en avant, tantôt en

322 › Gilles Corrozet, *Hecatomgraphie*, Paris, Denis Janot, 1540 : emblème 80.

323 › Quatrain en français et en allemand, v. 1. *Cf.* le dictionnaire de Stoer : « **Glück** / *Bonheur* ; Foelicitas, Fortuna. »

324 › Gravure signée du monogramme HB et citée par Guy de Tervarent, *Attributs et symboles dans l'art profance*, Genève, Droz, coll. « Titre courant », 1997 (1re éd. 1958), p. 187.

arrière, et tantôt de côté, et c'est alors une figure de l'instabilité et de l'inconstance propres à caractériser un sort dont on ne sait à l'avance s'il sera favorable ou défavorable. Dans sa grande somme hiéroglyphique, Valeriano au chapitre « *De Cancro* » enregistre, entre autres, la valeur de « *Spei frustrator* » : on représente, dit-il, quelqu'un de frustré de ses espoirs mirifiques, par une main qui approche la tête de l'écrevisse de nos rivières, qui a alors la propriété de s'échapper en s'élançant à toute vitesse en arrière[325]. Dans sa propre somme iconologique, Ripa fait de l'Inconstance une femme vêtue de bleu qui pose un pied sur un grand crabe (comme celui que l'on dessine pour le signe du zodiaque, précise-t-il), et qui tient dans sa main une lune[326]. L'image, que Friedrich ou son dessinateur ont pu connaître dans une édition plus ou moins récente[327], montre une femme dans une posture très semblable à celle de notre emblème, avec le même port de tête, le même effet d'ombre sur le visage ; le bras levé tient la lune et l'autre retombe au niveau de la cuisse[328].

Que l'écrevisse et la lune soient des équivalents procède d'une tradition bien attestée. Je me contenterai de citer le tout premier emblème de la *Morosophie* de La Perriere[329] : une femme tient une lune dans la main droite, et de l'autre main entraîne derrière elle un enfant qui tient un moulinet. Aux pieds de l'allégorie de la Lune on voit une écrevisse. Lorsque le poème dit de l'enfance qu'elle est faible et inconstante, le dessin a déjà exprimé l'idée trois fois, par la lune, par le moulinet (qui par métonymie renvoie à l'inconstance du vent) et par l'écrevisse. « Qui attend Fortune / Dessus un escrevice, attende une autre lune », lit-on dans la Déclaration de l'emblème de Friedrich : ce qui signifie tout simplement que l'allégorie de Fortune à l'écrevisse est un doublon de l'allégorie de la Lune. Elles ont toutes deux la même valeur symbolique, ce sont deux figures équivalentes de l'inconstance. C'est donc bien l'Infortune, une *Fortune au rebours*, que cette allégorie sur l'écrevisse, ce qui explique le tour antiphrastique des premiers vers de la Déclaration : celui qui cherche son *heur* par des moyens déshonnêtes sera bel et bien payé de retour – non pas comme il l'entendait, mais de ce salaire ultime qu'est le salaire du diable, la damnation éternelle. Il finira donc, à coup sûr, par trouver son malheur.

C'est une belle appropriation du thème iconologique de la Fortune que nous offre là Andreas Friedrich. L'idée de grossir l'écrevisse pour lui donner, visuellement, une place de première importance avait déjà été exploitée par Dürer pour illustrer le chapitre 57 de *Das Narrenschiff* (la *Nef des Fous*[330]). En revanche, ce qui est très original, c'est la façon dont le texte de Friedrich utilise cette écrevisse pour récupérer un des attributs majeurs de la déesse Fortune de la tradition : la précision selon laquelle l'animal ne parvient pas à nager à la surface plus d'une heure puis coule tout au fond[331] fait de l'écrevisse elle-même un excellent substitut à la roue de la Fortune, qui vient immanquablement précipiter en bas celui qui paradait au plus haut et sur lequel son mouvement la fait rouler en l'écrasant impitoyablement.

325 › Valeriano, *Hieroglyphica, op.cit.*, livre XXVIII, chapitre XLI.

326 › Cesare Ripa, *Della novissima Iconologia*, Padoue, Paolo Tozzi, 1625, p. 314 : « Incostanza ». Le bleu du vêtement, explique-t-il, est destiné à rappeler les vagues qui sont aussi inconstantes que la lune, « mutabilissima ».

327 › Par exemple 1613 chez le même Tozzi, ou 1618, à Padoue.

328 › Le sens de l'image de Friedrich est inversé par rapport à celle de Ripa.

329 › Guillaume de La Perrière, *Morosophie*, Lyon, Macé Bonhomme, 1553.

330 › Le fou y chevauche une écrevisse qui se déplace sur le sol. Le rapport de taille entre le personnage et le crustacé est le même dans les deux images.

331 › Déclaration, v. 7-9 : « on le voit rarement / Une heure dessus l'eau, ains à fond promptement / On l'apperçoit tomber ».

71. IL Y A TROMPERIE EN TOUTE MARCHANDISE.

L'évocation de la Fortune, dans sa spécialisation sémantique en rapport avec l'acquisition de biens temporels, génère une suite de trois méditations sur le thème du commerce.

Le premier de ces trois emblèmes, l'emblème LXXI, offre au lecteur une représentation d'activités économiques intenses dans un contexte urbain. La scène se partage en deux zones séparées par un espace vide, entre place et rue, et organisées selon des lignes directrices opposées. La rue à l'arrière-plan est occupée par le commerce de gros, avec une profusion de barriques et de balles, de négociants et d'acheteurs, et la perspective des maisons alignées conduit tout au fond à un vaste entrepôt ouvert par une large porte cochère. Le premier plan est construit au contraire sur le principe de deux lignes horizontales, sur lesquelles des personnages se font face : une ribambelle de villageois qui proposent leurs marchandises, et, coupés à mi-corps par la marge inférieure, deux hommes que l'on voit de dos et que l'on interprète comme des acheteurs potentiels. Cette interprétation est facilitée, sinon imposée, par la présence entre ces deux hommes de deux gros sacs, que la pratique des emblèmes précédents nous a habitués à lire comme des sacs remplis d'argent. Ce qui frappe alors, c'est la disproportion entre la masse d'argent que représentent les deux sacs, et les objets à vendre, du moins ceux que l'on identifie au premier coup d'œil, ici des choux, là des fruits dans des baquets, à côté une poule… Et pourtant, l'un des acheteurs potentiels tend une main ouverte en désignant un sac comme pour proposer de finaliser une transaction, l'autre a déjà saisi le sien et le fait basculer comme pour faire mine de l'apporter. Mais visiblement les marchands ne sont rien moins qu'empressés : ils sont en position de force, et ils peuvent faire monter les prix. Luther dénonce dans le *Grand Catéchisme* une société où « chacun se servant du marché selon son malin plaisir » prétend « avec un air de défi et d'arrogance, avoir le droit de vendre ses marchandises aussi cher qu'il lui plaît[332] » : attitude parfaitement lisible dans la nonchalance provocatrice du second marchand en partant de la gauche, affalé sur ses ballots, face à son interlocuteur… « L'argent fait le marché », disait déjà Friedrich dans l'emblème LXIX.

Cette scène paradoxale en dit long sur ce qui se passe dans le monde du négoce à grande échelle évoqué à l'arrière-plan, et suffit à dénoncer la perversion généralisée des pratiques financières, qu'il s'agisse de pratiques de grande envergure comme le crédit forcé, la spéculation, les situations de monopoles et les prêts à intérêt, ou qu'il s'agisse encore de simples transactions entre particuliers. Car les transactions entre villageois et citadins peintes ici portent sur des denrées de première nécessité, et le commerce est bien alors, selon le quatrain, « chose louable », à condition bien entendu qu'il reste équitable. Comme le dit Luther dans le traité *Du Commerce et de l'usure*, « on ne peut certes pas nier que l'achat et la vente soient une nécessité dont il est impossible de se passer ». Cependant, ajoute-t-il aussitôt, c'est une chose « dont on doit user en chrétien, en particulier pour les choses qui servent au besoin et à l'honneur[333] ».

En faire un usage chrétien, et non pas, selon les termes de la Déclaration, faire du commerce « à la judaïque ». Mais que recouvre-t-elle exactement, cette expression ? Le poème original de D. v. 5
Friedrich emploie le mot « Judenspieß », que le dictionnaire de Stoer traduit ainsi : « *Juiverie,*

332 › Luther, *Œuvres*, Labor et Fides, tome I, p. 71 : commentaire au septième Commandement.

333 › Luther, *Œuvres*, Labor et Fides, tome IV, p. 124.

usure excessive ». Faire du commerce « à la judaïque », c'est donc introduire dans les transactions la pratique de l'usure. C'est en particulier le cas de la vente à crédit, pratique contre laquelle s'insurgeait Luther :

> Cette façon de faire qui s'oppose carrément à la Parole de Dieu, à la raison et à toute équité, est un péché que l'on commet par pure et franche cupidité contre le prochain ; on ne se soucie pas de son préjudice, on lui ravit et on lui vole ce qu'il a ; le commerçant ne cherche pas son propre revenu normal, mais uniquement l'assouvissement de sa cupidité et son profit personnel. Car, selon le droit divin, on ne devrait pas, quand on prête ou vend à crédit, faire payer plus cher qu'au comptant.[334]

Et si les mauvais chrétiens prennent le prétexte de délais de paiement pour augmenter les prix, pires encore sont ceux qui refusent de vendre autrement qu'à tempérament, pour pouvoir précisément s'arroger systématiquement un gain supplémentaire sur le principe de l'usure. C'est ce que l'on appelle le crédit forcé, une pratique apparemment toujours en vigueur en ce début du XVIIe siècle et que Luther condamnait bien avant en ces termes, on ne peut plus explicites :

> Quelques uns ne se font aucun scrupule de vendre leurs marchandises à crédit et à tempérament plus cher que contre argent comptant. Bien mieux, certains ne veulent absolument pas vendre de marchandises contre argent comptant, mais tout à crédit et tout cela pour gagner davantage d'argent.[335]

Dans ce contexte de pratiques financières scandaleuses, le traducteur du quatrain de Friedrich omet de rendre compte d'un mot important, le verbe « **schinden** », dont le dictionnaire de Stoer ne retient que le sens très concret d'« *escorcher* », ce qui renvoie aussi bien à la première scène urbaine de l'emblème LI, spectacle accablant de rixes et de meurtres, qu'à l'emblème LXI, où le riche chrétien et l'usurier juif étaient comparés à l'araignée qui suce le sang de sa victime et à l'anthropophage qui se nourrit de chair humaine.

72. ON NE SÇAUROIT SAOULER LA CONVOITISE HUMAINE.

À nouveau, l'image présente deux zones aux lignes directrices opposées. Le premier plan, construit sur des lignes qui, sans être horizontales, invitent l'œil à parcourir la vignette de gauche à droite et inversement, est lui-même occupé par deux scènes ; la plus lisible, au centre de l'image, est une scène de chasse, en dessous de laquelle on identifie une scène de pêche. À l'arrière-plan, sur deux lignes obliques, des ouvriers sont disséminés sur le flanc d'une montagne que l'œil parcourt de la base au sommet. Le point commun entre ces trois scènes est l'exploitation de la nature, sur le mode de l'excès : pêche excessive avec des nasses qui barrent le cours d'eau, chasse à grande échelle de par les moyens employés (grande dimension des filets et pas moins de quatre appelants en cage), exploitation massive des ressources minières

334 › Luther, Labor et Fides, tome I, p. 135.

335 › *Ibid.* (ce passage précède immédiatement le texte cité plus haut).

avec six personnages en action répartis de façon régulière sur tout l'espace disponible pour signifier l'aspect systématique de l'entreprise.

À la modalité de l'excès vient se joindre une notion qui était le point important de l'emblème précédent : c'est la notion de tromperie, que la zone centrale met en scène par la présence des appelants mais aussi des filets manœuvrés au moyen de cordes de détente depuis la hutte de branchages, à gauche, où le chasseur, dont on ne voit apparaître que le visage dans une ouverture en forme de petite fenêtre, se tient caché. La Déclaration généralise la notion de tromperie à l'ensemble des activités de prédation, en l'articulant avec la modalité de l'excès : il y a tromperie dès lors qu'une partie des hommes confisquent à leur profit ce que Dieu avait laissé à la disposition de tout le genre humain. On comprend alors que cette tromperie envers les animaux, que l'image rend visible dans le tableau de l'activité cynégétique, vaut pour la tromperie de l'homme à l'égard de son prochain, et que l'activité mise ici en cause par implication consiste encore, comme dans l'emblème précédent, dans les transactions commerciales. C'est encore du commerce qu'il s'agit lorsque le texte de la Déclaration passe de la chasse et de la pêche à l'exploitation minière, et cela semble si évident au traducteur qu'il pense pouvoir se dispenser de rendre au plus près le verbe « **hendeln** », « négocier », pour se contenter d'un
vague : « Ainsi pareillement on fait dedans les mines ». Car semblable tromperie se trouve D. v. 15
dénoncée par le divorce entre le bon visage (les « bonnes mines ») que l'on fait aux acqué- D. v. 16
reurs et le fait qu'on les gruge : « Rarement toutefois y est sincerité ». D. v. 17

La condamnation de l'exploitation systématique de la nature revient donc surtout à une condamnation du commerce, dans la mesure où une telle confiscation des ressources revient aux monopoles dont le mécanisme est décrit au titre des « abominations » énumérées par Luther dans son traité *Du commerce et de l'usure*[336]. Le commerce ainsi pratiqué bafoue de la
façon la plus évidente deux principes : « amour fraternelle » et « vérité ». Il y a là une contra- D. v. 7 v. 18
diction flagrante par rapport à une double exigence qui devrait être le fait de tout chrétien, et que le traité *Du commerce et de l'usure* estime parfaitement compatible avec une recherche raisonnable de profit : être véritable (sur le modèle de la Parole de Dieu), être charitable (sur le modèle de l'amour du Christ).

> Etant donné que vendre est un acte que tu accomplis envers ton prochain, cet acte doit être conforme à une loi et à une règle de conscience, à savoir qu'en l'accomplissant, tu ne causeras pas de tort et de préjudice à ton prochain.[337]

La vérité – laquelle, en matière de négoce, implique donc la charité – est un trésor, comme le laisse entendre la Déclaration, plus profitable à tous les acteurs des exploitations minières, directeurs ou simples ouvriers, que les gemmes et les métaux précieux. Le négoce de la mine
se fait alors métaphore du rapport entre Dieu et les chrétiens, où les « garnemens meschans » D. v. 24
rejoignent les mauvais théologiens, faux prophètes et autres intermédiaires pervers, et où la
« perte » et la « ruïne » sont perte et ruine de l'âme. D. v. 21 v. 22

336 › Luther, *Œuvres*, Labor et Fides, tome IV, p. 135.

337 › *Ibid.*, p. 125.

73. L'HOMME A D'AVOIR DES BIENS DESIR INSATIABLE.

Cet emblème fait partie des quelques images du recueil de Friedrich qui ont suscité au début du XIXe siècle l'intérêt bibliographique de Gabriel Peignot pour le thème iconologique de la danse des morts : « Un homme porte sur son dos un sac de blé qu'il a dérobé. La Mort est à cheval sur ce sac ; vis-à-vis du voleur est une grande gueule de démon, qui vomit, parmi des flammes, differens personnages[338]. » Mais dans cette description sommaire de l'image, il y a maldonne sur le personnage, faute d'avoir pris le temps d'identifier correctement ce qu'il porte sur le dos. Il ne s'agit pas d'un sac de blé, mais d'une hotte en osier, dont l'artiste a minutieusement représenté le tressage, fermée par un couvercle plat et pourvue de bretelles, et le personnage en question est un colporteur[339]. Cette identification est primordiale, dans la mesure où elle seule permet de lever les contradictions apparentes entre texte et image. Même si l'on se contente de la version française de l'emblème, en effet, on voit bien que l'animal dont il est question dans le quatrain ne correspond pas au rongeur qui a fait son terrier sous l'arbre de l'image.

Le quatrain parle du « cosson », traduction du terme allemand « Kornwurm » dans le vers correspondant : en français moderne, c'est le charançon. La traduction s'impose probablement avec d'autant plus d'évidence au traducteur, qu'un colporteur comme l'homme qui figure sur l'image n'est jamais qu'un intermédiaire qui achète ici et revend là en prenant prétexte de son déplacement pour faire monter les prix, et qu'à la Renaissance il se trouve qu'on appelle aussi ce type de personnage un *cosson*, comme le montre ce texte économique de 1592 cité par Huguet dans son dictionnaire de la langue du XVIe :

> defendu à tous cossons, revendeurs et revenderesses d'achepter gibier, volailles, œufs, beurs ny formages, poires, prunes ny aultres fruictages aportez dans la ville pour revendre soit au marché, aux portes ou ez environs.[340]

Ce qui est moins évident pour le traducteur, c'est que si la Déclaration allemande, comme le quatrain, commence par une analogie, au lieu de reprendre « der Kornwurm », le charançon, elle fait d'emblée apparaître « der Hambster », le hamster : et le charançon du quatrain est complètement absent du long poème de Friedrich. Or le hamster, effectivement, est bien présent sur l'image, au pied de l'arbre, ou plus exactement sous l'arbre. Sans doute la chose s'explique-t-elle par une acception particulière du mot « Kornwurm », qui correspond au troisième sens enregistré par le dictionnaire des Grimm, pour désigner… le hamster[341] ! Car il faut bien avouer que l'évocation d'un animal qui, selon le premier vers, ne cesse d'amasser le blé[342] ne correspond pas vraiment au charançon…

338 › Gabriel Peignot, *Recherches historiques et littéraires sur les danses des morts et sur l'origine des cartes à jouer*, Dijon, V. Lagier, 1826, p. 308 des « Additions ».

339 › Contresens d'autant plus curieux que le thème du colporteur est utilisé par Holbein dans sa série.

340 › Dictionnaire de Huguet, article « cosson », citation prise dans les *Enquéreurs de Touls*.

341 › Jacob Grimm et Wilhelm Grimm, *Deutsches Wörterbuch*, Leipzig, S. Hirzel, 1854-1960, article « Kornwurm », 3° : « *in Nassau der hamster* (Kehrein 241), *er ist ja ein wahrer kornwucherer, kornaufschütter* ». Juste retour des choses : d'après le même dictionnaire, on a jadis employé le mot « hamster » pour désigner le charançon.

342 › Quatrain, v. 1 : « assemble », « samlet ».

Il faut donc admettre que le texte original de Friedrich, aussi bien le quatrain que la Déclaration, ne parle que du hamster. L'animal a la particularité d'amasser dans son terrier les grains qu'il transporte debout, selon Georg Fabricius, dans ses pattes avant[343]. Pour Buffon, qui est sans doute plus près de la vérité, les hamsters « se servent de leurs abajoues dans lesquelles chacun peut porter à la fois plus d'un quart de chopine de grains nettoyés » : à la fin de la saison, les provisions dans les chambres de réserves des terriers peuvent atteindre plus d'un kilo par animal, et les dégâts dans les champs sont considérables.

Voleur, et accapareur, le hamster fournit un excellent point de comparaison avec celui qui, comme le colporteur, se montre âpre au gain en accaparant les denrées et en les déplaçant. Outre le fait qu'on peut ranger sans hésiter la *cossonerie* parmi les pratiques du négoce condamnées par le discours luthérien, le colporteur devient la figure de l'avare qui amasse et thésaurise, et se montre capable de déployer la plus grande énergie[344] pour parvenir à ce seul but.

Le traducteur, lui, choisit de ne parler, dans la Déclaration comme dans le quatrain, que du « cosson », profitant de ce hasard linguistique qui fait que son discours sera compris par tout locuteur francophone comme un discours qui s'applique immédiatement au colporteur. Ajoutons cette autre raison très simple, qui explique la disparition du hamster au bénéfice du charançon dans la traduction de la Déclaration : le hamster est un animal qui a traversé les pays germaniques depuis la Pologne jusqu'en Alsace, et s'est arrêté à Strasbourg[345]. En France, il est parfaitement inconnu, et la langue n'offre pas d'équivalent satisfaisant, témoin le dictionnaire de Stoer : « **Hamster** / le mulot, une espece de beste presque semblable à un escurieu[346] ».

Puisque la référence au hamster n'a aucune chance d'être comprise par le lectorat francophone, quand Friedrich dans le cours de son poème le fait déposséder de son trésor de grains par une femelle, « **die Hambstrin** », le traducteur adapte encore le propos et en fait un discours généralisant. Plutôt que d'aller inventer une femme à son « cosson » de colporteur, il fait intervenir autrui, un anonyme, un inconnu : « Adonc maint estranger [...] grand chere fait de la provision », c'est-à-dire dilapide ce qui a été amassé. « Un autre larron vient, qui le tout lui emporte » : et la morale de l'histoire n'est pas sans évoquer cette remarque de Luther dans son commentaire au septième Commandement : « Dieu est passé maître en cet art : chacun pillant et volant son voisin, Il châtie un voleur par un autre[347] ». Mais Friedrich peut aussi avoir en tête ce passage du *Catéchisme allemand* sur le premier Commandement, qui concerne non pas les seuls commerçants mais les avares en général, tous ceux qui dans leur cœur ont remplacé Dieu par l'idole de l'argent :

D. v. 11-12

D. v. 17

> ceux qui ont mis tout leur soin et leur zèle à amasser de grands biens et de grandes richesses [...] ont perdu leur peine et labeur [...] même s'ils ont entassé de grands trésors, ceci néanmoins a été réduit en poussière et s'est envolé de telle sorte que, eux-mêmes, ils n'ont jamais joui de leurs biens.[348]

343 › Cité par Conrad Gesner, *Historiae animalium liber primus. De quadrupedibus viviparis*, 2e éd., Francfort, 1603, p. 738-740 : « De Criceto ».

344 › C'est l'idée sous-jacente à l'emploi du verbe « tracasser » au v. 16.

345 › *Ibid.*

346 › On l'appelle encore en Alsace « la petite marmotte de Strasbourg ».

347 › Luther, *Œuvres*, Labor et Fides, tome VII, p. 72.

348 › *Ibid.*, p. 39.

Tous des larrons, et tous promis à l'enfer : de même que seul le texte original permet d'identifier les deux rongeurs de l'image comme un hamster et sa femelle, seul également il permet de comprendre la relation métaphorique qui les lie au couple qui apparaît à l'arrière-plan, dans les hautes flammes que crache la gueule d'une bête infernale. Leurs bras levés en signe d'appel désespéré trouve un écho dans les bras du Christ crucifié sur le blason que porte l'arbre : mais ce Christ leur tourne le dos, il est trop tard. Le colporteur, en revanche, n'a pas encore franchi la limite marquée par cette barrière symbolique que l'on voit entre l'arbre et lui, il est encore temps pour lui de lever les yeux et de stopper sa marche…

74. L'HONORABLE VERTU EST DES VICES SOUILLÉE.

Au centre de l'image, un bouc dressé sur ses pattes arrière est flanqué de deux porcs, eux-mêmes debout, qui à droite et à gauche posent leurs pattes avant sur ses épaules. Sur la tête du bouc, une jarre pourvue d'une anse tient en équilibre, calée entre les deux cornes. Le groupe des trois animaux remplit l'espace inférieur de la vignette, tandis que la jarre, tout en étant solidaire du bouc de par sa localisation, se détache sur fond de ciel. Il faut aller jusqu'au bout du poème déclaratif pour comprendre toute l'importance de cette jarre ainsi mise en valeur : pot en grès destiné à entreposer et conserver la nourriture, c'est une métaphore du corps, lequel contient l'âme.

La méditation de Friedrich reste loin de la théologie de la prédestination, et ce « pot ord et sale » est beaucoup moins proche des vases à honneur et à déshonneur de l'épître aux Romains que du matériel pseudo-hiéroglyphique de l'*Hypnerotomachia Poliphili* de Francesco Colonna. La toute première frise hiéroglyphique que Poliphile est invité à déchiffrer comporte en effet, entre autres, deux signes juxtaposés constitués par le dessin d'« un peloton de filet traversé d'un fuzeau » et celui d'un « vase antique[349] ». Les deux prétendus hiéroglyphes sont censés écrire une proposition minimale, « *reduces animam* », que le traducteur de 1546 rend par « tu reduiras ton ame », c'est-à-dire « tu ramèneras ton âme ». La valeur de la pelote de ficelle est assurée par l'allusion transparente au fil d'Ariane, qui permet à Thésée de sortir du labyrinthe, et tout juriste humaniste connaît les *Tusculanes*, où Cicéron compare le corps, qui contient l'âme, à un vase[350].

L'emblème de Friedrich essaie bien de la même façon, en représentant le corps comme une jarre, de représenter l'âme, par métonymie du contenant au contenu. Maint homme gâte
D. v. 15-16 (« corrompt ») ses aptitudes intellectuelles (« science et sagesse ») en se mettant à la disposition du Diable. L'image veut montrer une jarre qui, contaminée par le contact avec des animaux impurs, est souillée et souille en retour la nourriture qu'elle contient : il en va donc de même pour le rapport entre un corps qui s'adonne aux vices, et son âme, au grand dommage
Q. v. 1 D. v. 7 des prédispositions dont elle pouvait bénéficier, « science grande » et autre « beau don ».

349 › Je cite la traduction de Jan Martin (*Le Songe de Poliphile*, 1546), qui précise : « un vase antique ayant la bouche couverte » ; si le dessin de l'édition originale (1499 chez Alde Manuce) représente bien un vase à col étroit bouché par un couvercle bien apparent, dans la gravure de l'édition française le vase est dépourvu de couvercle.

350 › « Corpus quidem quasi vas est aut aliquod animi receptaculum » (*Tusc. I*, 52).

Ce contenant qu'est le corps est contaminé par le contact avec le bouc, bête puante et luxurieuse, dont la souillure est encore aggravée par le contact avec les porcs. Ces deux porcs ont pour fonction de préciser le vice dont il est question dans le sens de la débauche sexuelle, de la paillardise : la Déclaration stigmatise l'homme qui laisse libre cours au vice qui littéralement lui colle à la peau[351] « en se laissant seduire aux pourceaux aime-ordures »... « Séduire » doit être compris ici dans toutes ses implications : Friedrich emploie le verbe « **verführn** », que Stoer traduit par « *Desbaucher, seduire et abuser une femme* ». D. v. 9

75. LA LUMIERE OPPOSÉE AUX TENEBRES OBSCURES.

La figure est structurée sur le principe de l'antithèse. De part et d'autre d'une ligne médiane horizontale imaginaire s'opposent deux formes circulaires, en haut le rayonnement de lumière qui émane d'une flamme et en bas le globe terrestre obscurci de hachures. La flamme est celle d'une chandelle fixée sur un bougeoir. En réponse à cette chandelle au rayonnement intense, le diable, assis au centre du globe terrestre, crache de courtes flammèches et tient une torche qui brûle par les deux bouts : lumière bénéfique de la vertu dans le registre supérieur, flammes de la destruction dans le registre inférieur. Cette destruction est par ailleurs thématisée par la représentation, de chaque côté de l'image, de bâtiments en flammes d'où s'échappent de sinistres fumées épaisses et obscures.

Le principe de l'antithèse commande encore chacune des deux zones ainsi opposées. En haut, c'est un ensemble clair formé par deux cercles emboîtés de rayons concentriques qui vient illuminer les ténèbres environnantes, matérialisées par des hachures horizontales serrées. En bas, c'est le contraire : la clarté d'un large disque se trouve presque entièrement oblitérée par les ténèbres du monde, comme une éclipse qui ne laisserait paraître la lumière solaire que sur le pourtour d'une énorme lune noire interposée. Le concepteur du dessin, encore une fois, a eu là une idée remarquable, dans la mesure d'abord où l'éclipse suggère que la lumière est première. Si éclipse il y a, le disque noir n'a pas là de place légitime, et son inscription, toute proportion gardée, est éphémère : la lumière de la vertu est destinée à triompher. Et si mentalement l'on fait triompher cette lumière et que l'on ôte le disque noir qui l'oblitère, voilà que le bougeoir fait office de bâton ou de manche qui relie deux disques lumineux... à la manière du bâton enflammé aux deux bouts que tient le diable à pleine main, comme une réplique dérisoire.

Décidément, cette torche bizarre est bien faite pour s'opposer à la lumière, aussi bien lumière de la vérité[352] que le diable, père de mensonge, s'efforce de dissimuler, que lumière de la vertu qu'il s'efforce d'annihiler en instillant et favorisant le vice : « Le monde tout entier à mal faire s'adonne, / Et le malin esprit à force l'eguillonne ». Le vice, en effet, car il y a de fortes chances D. v. 9-10

351 › « **ihm die Laster hangen an** ».

352 › Les deux vers de la fin de la Déclaration évoquent cette lumière-là, dont l'apparition doit dissiper les ténèbres instaurés par les mensonges de l'Antéchrist.

pour que cette double torche, aux flammes désordonnées[353], désigne les feux de la sensualité, feux destructeurs s'il en est. Et ce n'est pas pour rien que la Déclaration au vers 12 fait revenir le porc de l'emblème précédent : le diable maintient l'homme dans les ténèbres, dit Friedrich, tant que cet homme se conduit « comme un pourceau ». Le diable lui-même n'est-il pas représenté comme un bouc ?

76. L'AVARICE, ET VERTU REÇOIVENT LEUR SALAIRE.

Le principe qui préside à la composition de l'image est celui d'une organisation circulaire, autour de la sphère du monde. Mais cette sphère n'est pas au centre géométrique de la vignette ; il fallait l'abaisser et la décaler légèrement à gauche pour laisser la place d'inscrire une scène à deux personnages en haut et à droite. Ce décentrement dynamise l'image et impose un ordre de lecture en attirant d'abord le regard sur la scène pour laquelle place a ainsi été faite.

En haut et vers la droite, donc, armé d'une épée à large lame et à la garde dite en barrette, un ange en robe blanche qui apparaît dans le ciel au-dessus de la Terre précipite tête en bas un personnage nu dans le vide. Comme ce personnage est représenté de dos, on peut voir qu'il est pourvu d'une queue qui n'a rien d'humain : c'est un démon. La scène semble renvoyer à la victoire, au jour du Jugement dernier, de l'archange Michel contre Satan tel que le prophétise l'Apocalypse de Jean : « Et le grand dragon, le serpent ancien, appelé le Diable et Satan, qui séduit le monde, fut précipité en la terre, et ses Anges furent précipités avec lui[354]. » Certes il ne s'agit pas là du grand dragon roux aux sept têtes et aux dix cornes, et dont la queue traîne après lui le tiers des étoiles du firmament, mais d'un de ses mauvais anges… de même que l'ange à l'épée présente au niveau du torse des rondeurs bien féminines pour être saint Michel en personne[355]. L'épigramme allemande précise que le « mauvais » est précipité dans le gouffre[356], autrement dit dans l'enfer, que suffit à représenter dans l'angle inférieur droit de l'image la tête d'une horrible bête au mufle hérissé de dents et qui crache du feu. Les flammes menacent directement le globe terrestre, qui se trouve disposé juste au-dessus, et enveloppé d'une épaisse fumée générée semble-t-il par la bête infernale – le dessinateur a même fait sortir un nuage de fumée du conduit lacrymal, au coin de son œil cruel.

L'œil du spectateur, que le corps du démon en train de chuter, épousant l'arrondi du globe par l'écartement de la cuisse et du bras droits, a conduit jusqu'à cette gueule infernale, est invité à accompagner le mouvement des flammes et à remonter sur la diagonale jusqu'à une main divine qui, du côté opposé, sort d'un autre système de nuages, – non sans percevoir au passage les détails plus discrets qui animent l'intérieur même du globe terrestre.

353 › C'est Érasme qui oppose flammes désordonnées et flammes sereines pour distinguer amour sensuel et amour céleste, dans le colloque sur Pierre Gilles.

354 › Chapitre 12, verset 9. On pense au cantique de Bach (BWV 19) « Es erhub sich ein Streit. »

355 › Moins nettement que dans l'emblème LV, certes, mais c'est encore un ange pourvu de seins.

356 › Quatrain, v. 4 : « Abgrund ». Le terme n'est pas traduit, pour des raisons de rime ; mais le traducteur le restitue par l'équivalent « abysme » au v. 13 de la Déclaration.

Ces détails correspondent à une pesée, toujours dans la logique du Jugement dernier et d'un saint Michel psychostase. Les plateaux d'une balance à fléau sont occupés à droite par un homme nu, et à gauche par trois sacs. La Déclaration confirme qu'il s'agit avec ces sacs de représenter l'argent, et avec l'argent le « mauvais » dont la vie ne tend qu'au « bien temporel ». D. v. 13 Si de l'autre côté le personnage est nu, c'est évidemment pour marquer le fait qu'il s'agit là du vertueux « qui craint Dieu » et ne l'a pas remplacé dans son cœur par Mammon Q. v. 2 ou quelque autre idole. Sous ses pieds sont deux croix, l'une sombre et l'autre claire : l'emblème XI nous a appris que cette opposition dans ce cas précis codait le noir et le rouge, la croix qui afflige et celle qui « r'apporte liesse[357] », les tribulations qui font dire que le chrétien *passe par les croix* et la foi dans le Christ rédempteur qui garantit la justification et le salut. Le personnage lève les mains vers le ciel, paumes ouvertes, dans un mouvement qui accompagne et prolonge celui de la balance, qui élève le bon chrétien tandis qu'elle abaisse les sacs vers le sol et, au-delà de la marge du globe terrestre, vers le mufle de la créature infernale. À l'opposé, la main divine qui apparaît sur le globe juste au-dessus de la tête du chrétien vertueux semble une réponse à l'appel de ses mains, tandis qu'une autre main divine, dans le ciel, prépare pour sa tête « la couronne de gloire ». D. v. 9

L'emblème ne se contente pas de réitérer ce qui a été mainte fois dit auparavant, le salut des uns et la damnation des autres : il ajoute ici l'allusion au Jugement dernier, préfiguration des deux derniers emblèmes qui, on le verra en leur lieu, concernent directement la fin du monde et la parousie du Christ. Emblème charnière, il sanctionne tous les vices qui ont fait l'objet de méditations jusqu'à lui, « l'orgueil et l'avarice [...] avec tout autre vice », sans omettre celui D. v. 17-18 qui anime « les moqueurs diffamans » comme ceux de l'emblème LXVIII, et, donnant à tous D. v. 10 ces vices une perspective eschatologique, il ouvre une série de neuf emblèmes qui mettent en scène la Mort personnifiée. Aussi cet emblème méritait-il sans doute un soin tout particulier dans la conception de son image. L'essentiel du dispositif est imaginé sur le modèle de la roue de la Fortune dans ses représentations les plus achevées, celles qui font apparaître quatre personnages, en haut, en bas et sur les côtés. L'ange, tout en haut, prend la place où triomphe traditionnellement le personnage favorisé par le sort. A droite, chef renversé, le démon est en train de choir, ainsi d'ailleurs que les sacs d'argent, dans la logique du discours moral et spirituel qui nous invite à assimiler l'un avec l'autre. Tout en bas, le personnage habituellement écrasé par la roue est remplacé par la bête infernale. Quant à la quatrième place, elle est très logiquement occupée par le chrétien vertueux qui entame son ascension vers Dieu, destiné qu'il est à devenir un juste et à prendre place parmi les anges...

Le trait de génie dans cette appropriation du motif de la roue de Fortune consiste dans la façon dont un thème païen se trouve christianisé. Le décentrement du globe ne permet pas seulement, comme je l'ai montré plus haut, d'instaurer un ordre de lecture, de baliser le parcours de l'œil en inscrivant une dynamique ; il instaure également une opposition signifiante entre le Diable et Dieu, par les synecdoques du mufle et de la main, de part et d'autre du globe, représentation simple et efficace du conflit majeur dont l'enjeu est la Création. Mais il permet aussi, et peut-être surtout, de faire de ce globe une roue sur laquelle les quatre positions traditionnelles se trouvent elles-mêmes décentrées, de telle sorte que, et sans que cela gêne en aucune

357 › Emblème XI, Déclaration, v. 6.

façon la reconnaissance et la lisibilité du motif, cette roue soit profondément transformée et renouvelée par l'adjonction d'un cinquième élément : la main divine.

Car cette main divine, qui semble répondre avec sollicitude à l'appel lancé par la gestuelle du chrétien vertueux, s'est posée sur ce globe-roue. La lecture attentive du geste est capitale, et il convient d'insister sur la courbure de la dernière phalange de l'index et du pouce, sur la réunion des trois autres doigts, autant de signes de ce que cette main exerce une pression. Ce ne sont pas là des doigts qui saisissent, ceux d'une main qui tirerait le monde vers les cieux. Ce sont des doigts qui se posent sur la surface d'un objet rond qui roule ou tourne sur lui-même, pour en interrompre le mouvement. C'est en cela qu'il y a christianisation : contrairement à la locution figée qui veut que la route tourne, *la roue ne tourne plus,* la main de Dieu a remplacé la déesse Fortune, qui disparaît avec la notion de hasard pour faire place à celle de Providence.

77. LA MORT TIENT ENTRE TOUS UNE EGALE MESURE.

« Un grand squelette qui écarte les jambes, tient de chaque main une tête de mort. À son cou est attachée une grande balance, dont l'arbre descendant jusqu'à ses hanches, supporte, à chaque extrémité, surmontée d'un sablier, un bassin rempli de personnages. Un homme nu est debout entre les jambes du squelette et semble soutenir l'arbre de la balance. » Ainsi Gabriel Peignot décrit-il l'image de cet emblème dans la « notice » qu'il lui consacre dans des Additions à son étude sur les danses des morts[358].

L'allégorie de la Mort ou, selon l'expression de Peignot, la Mort personnifiée, est bien dans le goût de la tradition de la danse des morts et autres danses macabres, encore qu'elle tienne ici davantage encore du *memento mori* des vanités, dont elle répète un des leit-motive : la Mort n'a que faire des conditions sociales, et devant elle tous les hommes sont égaux. Il y a donc place là pour une certaine conception de la justice, puisqu'il est question d'un même traitement pour tout le monde : aussi l'allégorie de la Mort se voit-elle dotée d'une balance, que chacun reconnaît comme l'attribut par excellence de la Justice.

La Déclaration développe le thème en multipliant les exemples de la diversité humaine – et il conviendrait à cet égard de faire remarquer comment dans les deux plateaux de la balance cette diversité est prise en charge par les différentes sortes de coiffures sur les têtes qui apparaissent –, et alimente le discours sur la vanité des distinctions sociales en recommandant aux individus les plus favorisés par leur « estat » la repentance, la foi et la pratique de la charité à l'égard du prochain, sous peine des flammes de l'enfer.

On peut penser que l'artiste a eu pour consigne de représenter moins une Mort qui porte en sautoir une balance, qu'une allégorie qui soit à la fois squelette et balance. L'arbre en effet se confond avec la colonne vertébrale, le collier de métal qui suspend l'instrument au cou est représenté de telle façon qu'on croirait deux os (surnuméraires !) qui ferment le système des

358 › G. Peignot, *Recherches historiques et littéraires..., op. cit.*

côtes et lui donnent une apparence de coffre. Les bras de la balance ont la même épaisseur que les fémurs et tibias du squelette – lesquels présentent une rigidité de métal. Les crochets où pendent les plateaux font des articulations tout à fait plausibles, et dans le prolongement de ces crochets les attaches pour les fils ressemblent à des têtes d'os. Bref, nous avons bien affaire à un être composite, une sorte de mixte de squelette et de balance : en somme, la parfaite allégorie d'une Mort juste.

Quel est alors le rôle de l'homme nu dans ce tableau allégorique ? Les bras de la balance matérialisent une ligne qui met en rapport cet homme avec le torse du squelette, un rapport d'autant plus évident que les mouvements de la tête et des bras de l'un et de l'autre présentent un effet de symétrie inverse. De même que la Mort, qui tient deux crânes comme on tient des melons, fait mine de les soupeser et démontre en les maintenant strictement à la même hauteur que leur poids est parfaitement identique, l'homme vérifie l'équilibre des deux plateaux et contrôle leur stabilité du plat de la main. La tête de l'homme tournée de côté, comme celle du squelette, marque l'attention qu'il porte à cette opération d'évaluation, et marque donc en même temps le scrupule avec lequel il vérifie que la disparité des « estats », à l'aune de la mort, se résout en une stricte égalité de fait, égalité ramenée dans la partie haute de l'image à deux têtes de morts qui ne sauraient plus présenter de différence.

Cependant, si les gestes sont identiques, la relation entre l'homme et le squelette, elle, est une relation d'inégalité. Tout dans la disposition communique l'idée de l'infériorité de l'homme, et de sa subordination : infériorité dans la hiérarchie des zones, infériorité de la taille, infériorité d'une posture déhanchée et instable par rapport à l'assise du squelette, bien campé sur ses deux pieds écartés, et subordination dans la mesure où l'homme nu est placé non seulement en bas mais encore entre les jambes de la Mort. Au reste, la supériorité du squelette est symbolisée par la couronne végétale qui ceint son crâne en signe de victoire.

Victoire éphémère, bien entendu, comme le marquent les sabliers omniprésents dans ces emblèmes pour rappeler à quel niveau se situe la méditation et quelle en est la portée. Il s'agit bien de la mort en tant qu'interruption de l'existence humaine à l'échelle de ce bas monde, et la victoire dont il est question se limite à cela. Peut-être d'ailleurs serait-il pertinent de dire que si cette allégorie faite d'un mixte de squelette et de balance s'interprète immédiatement comme l'allégorie d'une *Mort juste*, c'est aussi bien, dans la mesure où l'égalité en question relève d'une justice sans aucune mesure avec la Justification, l'allégorie en quelque sorte d'une *Justice mortelle*.

78. L'AIGUILLON DE LA MORT EST DESORMAIS ROMPU.

L'idée même d'une victoire de la Mort est aussitôt corrigée et invalidée, dans la perspective de la Résurrection, par ce nouvel emblème dont le titre fait directement allusion au chapitre 15 de la première épître que saint Paul adresse aux Corinthiens, et plus particulièrement à l'exclamation du verset 55 : « Où est, ô Mort, ton aiguillon ? où est, ô sépulcre, ta victoire ? » L'image continue donc de montrer une Mort qui triomphe, mais dont la victoire précaire, comme le signale le sablier qu'elle porte en sautoir, est menacée par la présence du trône céleste dans le registre supérieur, au-dessus d'une nuée. Autour du siège, qui représente la royauté du Christ, on voit un rameau et une épée, symboles de sa Justice distributive, et les quatre premières trompettes de l'Apocalypse, dont le son est dirigé vers la terre. Le squelette qui personnifie la Mort tourne le dos à cette préfiguration du Jugement dernier, et tient à pleines mains sur sa tête le globe terrestre traversé de part en part par deux énormes flèches.

À vrai dire, le globe du monde est posé sur la couronne végétale qui, comme le montrait l'image de l'emblème précédent, ceint son crâne, et dont on voit encore dépasser quelques feuilles : une telle superposition fait comprendre que la Mort exhibe fièrement ce qui fait son supposé triomphe, un triomphe que l'on est censé mesurer par ailleurs à la taille disproportionnée des deux flèches qui crucifient le monde. Et l'on voit, inscrit dans la circonférence, le Diable exhiber une chaîne qui attache le globe terrestre aux poignets du squelette, car « l'aiguillon de la mort, c'est le péché », poursuit saint Paul. (1 *Cor.* 15, 56)

La Déclaration rappelle que la mort a pour origine le péché originel, provoqué par les paroles trompeuses de Satan (« sa fausse flaterie ») (D. v. 3) et suivi pour toute la postérité d'Adam par tous les péchés du monde, « la grande esclandre » (Q. v. 2) dont il est question dans l'épigramme de l'emblème. L'image a donc une fonction comminatoire : la victoire de la Mort reste chose acquise pour tous ceux qui, comme elle, tournent le dos à la perspective du Jugement dernier, tous les « meschans desloyaux » (D. v. 14) qui refusent de croire en la promesse du Christ : la rédemption ne sera pas pour eux. En revanche, comme l'expose toute la deuxième partie de la Déclaration, la victoire de la Mort sur l'existence terrestre se convertira en défaite pour tous ceux dont la foi en la rédemption annulera la mort pour en faire le « passage[359] » à la vie éternelle, au jour où le Christ montrera « son beau visage » (D. v. 12), jour de parousie où il reviendra sur terre pour exercer sa Justice.

79. LA VIE HUMAINE PEND À UN FILET BIEN TENDRE.

À gauche, une femme aux cheveux blancs ou grisonnants, assise dans une vaste pièce d'un palais à la lumière d'une haute fenêtre, est en train de filer, la quenouille tenue entre ses jambes serrées. De ses deux mains elle retord le fil, la main gauche sous l'amas de fibres en haut de la quenouille, la droite en bas juste au-dessus du peson. Devant elle, un squelette armé de ciseaux coupe au beau milieu de l'empan le fil qui passe sur son giron.

Le fil, ténu, est à peine visible, et il faut y regarder à deux fois avant d'identifier vraiment le geste. Mais la posture très démonstrative du squelette qui, penché en avant, épouse la diagonale, le geste théâtral de sa main gauche tenant très haut en arrière à la fois son dard et un

359 › Fin du v. 11, avec à la suite du mot un enjambement pour le moins approprié. On peut se demander dans quelle mesure cette idée essentielle exprimée par ces mots, « la Mort leur est passage / De la mort à la vie », n'invite pas à prolonger la lecture de l'image de l'emblème précédent, et à réinterpréter le dessin de l'homme nu entre les jambes ouvertes du squelette pour y voir non plus tant la figure d'une soumission, que celle d'une naissance… Encore que Friedrich dans le quatrain de l'emblème en question appelle l'allégorie « Hans *Mors* », et que ce que l'imagination s'autorise aisément avec *Madame la Mort* est sans doute moins évident avec un désignateur comme *Jean la Mort* – curieuse combinaison d'un prénom masculin, « Hans », et d'un mot latin féminin, « Mors »… le fait que le terme allemand correspondant, « Todt », soit lui-même masculin explique sans doute cette espèce d'ambiguïté sexuelle.

sablier, invitent à fouiller du regard la zone sombre où tout se joue et où, symétriquement par rapport à l'axe du corps, eſt projetée l'autre main. Et puis il faut bien dire que la présence conjointe d'une femme à la quenouille et d'une allégorie de la Mort évoque aussitôt les Parques, et que c'eſt sans surprise que le squelette s'avère endosser le rôle d'Atropos. Mais la femme à la quenouille n'eſt pas pour autant Clotho ni Lachésis. Elle porte en effet sur la tête un sablier, le même que celui que la Mort brandit : c'eſt tout simplement une mortelle, et sa dernière heure eſt venue. L'allégorie des Parques s'en trouve profondément modifiée. Le fait de remplacer Clotho ou Lachesis par une simple mortelle, lui donne à la fois le rôle de la fileuse et celui de la victime : l'homme eſt soumis à la tyrannie de la Mort, mais jusqu'au moment fatal il a le fil de sa vie entre ses mains, et il lui appartient d'en faire bon usage. Et c'eſt sur ce critère du mésusage ou du bon usage que le fil lui-même eſt l'objet d'une méditation ſpirituelle qui en fait une métaphore de la vie du chrétien.

Dans son articulation binaire, cette méditation doit sans doute son idée à l'éloge du lin au livre XIX de l'*Hiſtoire naturelle* de Pline : « y a-il chose plus miraculeuse en ceſt Univers, que d'y pouvoir remarquer une herbe qui fasse approucher l'Egypte d'Italie ?[360] » Éloge, mais aussi blâme, puisque ce prodige dont on fait les voiles propres à « golfer les vents », qui met l'Eſpagne à quatre jours et l'Afrique à deux jours d'Oſtie, eſt aussi ce qui fait « servir l'homme de paſture aux poissons[361] ». Mal se servir du fil, dit Friedrich, c'eſt en fabriquer des objets qui n'ont pas d'autre but que d'être eſthétiques et de rendre beaux ceux qui en usent, par exemple les vêtements deſtinés à la gloriole et au paraître, la « belle parure » : de même, on D. v. 7
peut faire un mauvais usage de sa vie en se laissant guider par le vice d'orgueil, qui conduit selon le commentaire de Luther au premier Commandement à remplacer Dieu par soi-même dans son cœur.

Mais les chiffons de fil lavés, broyés et pilonnés servent à fabriquer du papier[362] ; ce papier lui-même eſt le support à l'écriture et peut être alors l'agent de propagation de saine et sainte doctrine enseignant aux hommes « Actes plaisans à Dieu et à eux salutaires ». De même, alors, D. v. 11
le chrétien peut faire un bon usage de sa vie, dès lors qu'il en envisage le terme, ce qui le conduit à placer sa confiance non pas dans ses propres forces mais dans le Chriſt dont il accepte la promesse. Ce qui suppose qu'il sache, affirmait déjà Friedrich dans la Déclaration du tout premier emblème, considérer aussi bien « son commencement », « son milieu », que « sa fin[363] ». Aussi le début de la Déclaration de l'emblème LXXIX insiſte-t-il sur ces trois phases telles que les démontre l'image de la fileuse, avec cette main gauche juſte en dessous de la quenouille, la droite près du peson, et la main du squelette prête à donner le coup de ciseau : « Ainsi que le filet a son commencement, / Aussi il a son cours, sa fin pareillement ».

360 › Trad. Antoine Du Pinet (1562).

361 › *Ibid.*

362 › Notons d'ailleurs que le même Pline fait l'éloge du papier, et que dans cet éloge il fait référence au lin, à titre de comparaison : le papier dont il eſt queſtion à son époque eſt naturellement celui que l'on obtient à partir du papyrus, et Pline vante tout particulièrement le papier que l'on encolle avec une préparation de mie de pain trempée dans l'eau bouillante pour le rendre plus lisse, dit-il, que de la toile de lin.

363 › Termes de la Déclaration de l'emblème I, v. 6 et 7.

80. TRANSITOIRE ET FRAGILE EST LA VIE DE L'HOMME.

« La Mort portant par derrière un carquois rempli de flèches et un arc, est debout sonnant d'un cornet-à-bouquin. Elle a sur sa tête un vase en forme de ciboire, d'où s'échappe une fumée épaisse ». Ajoutons à la notice descriptive de Peignot que le vase à parfum dissipant sa fumée occupait déjà le haut de l'image de l'emblème XXXII, accompagné de deux tiges de céréales à l'épi retombant en direction du sol. L'artiste a réemployé ces deux tiges en les faisant pousser de chaque côté du squelette, squelette sombre et épis sombres par l'effet d'un plein soleil d'été projetant des ombres violemment contrastées. C'est un soleil qui grille les têtes des blés, dessèche et brise les fétus, et flétrit l'herbe des champs comme dans ces mots popularisés par les *Adages* d'Érasme et leurs avatars : « Brève a été mon existence comme celle de l'herbe d'été, soudain née, soudain disparue[364] ».

D. v. 13 et Q. v. 3 Fétus et fumée sont rejoints dans le texte par l'herbe des champs, mais aussi par la fleur et le son de la flûte, autant de métaphores baroques de la précarité de la vie humaine. La méditation de Friedrich prend un tour et des accents qui sont ceux qui ont fait la célébrité méritée d'un Sponde ou d'un Chassignet, et le fracas du cor[365] vient anéantir ces objets fragiles comme il dissiperait les images d'un songe.

Mais avant d'appliquer l'ensemble de ces métaphores à la vie de l'homme, Friedrich en fait
D. v. 10 d'abord des métaphores de « ce qu'avons », insistant sur le caractère transitoire et illusoire des biens matériels et des objets de prestige auxquels l'homme attache sa vie : « la gran-
D. v. 19-20 deur, les richesses, l'argent, / La science, l'honneur ». La méditation est très proche alors de *L'Ecclésiaste*, auquel l'image de l'emblème emprunte peut-être son soleil : « vanité des vanités,
Eccl. 1, 263 tout est vanité. Quel avantage a l'homme de tout son travail auquel il s'occupe sous le soleil ? ».

Rien d'étonnant alors à ce que, sur cette gravure, la fumée soit un attribut de l'allégorie de la mort : l'emblème LXXVIII a démontré par l'image que le péché et la mort avaient partie liée, et il appartient au chrétien d'en prendre conscience et de rendre pour ainsi dire à la Mort ce qui selon saint Paul est son dard, le péché. Comprendre cela, c'est en partie « comprendre / La fin de tous nos jours », selon l'expression des premiers vers de la Déclaration, qui reprennent les termes de la précédente. C'est prendre à son compte le verset du fils de David : « j'ai fait
Eccl. 2, 20 en sorte que mon cœur perdît toute espérance de tout le travail auquel je m'étais occupé sous
D. v. 3 le soleil », et placer son espérance dans le Christ, qui abolit les péchés et enseigne « comment
D. v. 22 on [...] sort » de la vie. La fin de la Déclaration affirme que le vrai chrétien « s'amasse » au ciel « un bon thresor d'honneur », ce qui répond terme à terme à l'imprécation que saint Paul
Rom. 2, 5 adresse au juif : « Par ton endurcissement et par l'impénitence de ton cœur, tu t'amasses un trésor de colère pour le jour de la colère et de la manifestation du juste jugement de Dieu ».

364 › Plaute, *Pseudolus*, acte I, 1, v. 38-39. Érasme (Adage 4998) conteste la traduction de l'expression de Plaute, « herba solstitialis », par « héliotrope », pour la bonne raison qu'on ne lit nulle part que cette fleur s'épanouisse et meure le même jour.

365 › Le dernier vers du quatrain allemand utilise le mot « Knall », que le dictionnaire de Stoer traduit par « *Esclat, son esclatant.* Fragor » : le latin « fragor » correspond à ce que le français moderne entend par « fracas ».

81. EN POIDS EGAL SE TIENT DES PECHÉS LA BALANCE.

Cet emblème multiplie l'allégorie de la Mort en disposant à droite, en perspective, une longue colonne de squelettes armés de faux, une armée de faucheurs sur une plaine ostensiblement nue. Ce tableau hyperbolique doit être d'abord mis en relation avec la chute du quatrain : « la Mort fauche tout, sans que rien ne demeure ». Le vers allemand correspondant s'achève sur le mot « Gesind », qui étend l'activité de la Mort à la notion de maisonnée : « *La famille, ceux de la maison, serviteurs et servantes* », dit Stoer, qui renvoie à la notion latine de « familia ». Il semble que le discours de Friedrich soit très proche de celui du Psaume 49, et tout particulièrement des versets 11-13 :

> Car on voit que les sages meurent, et pareillement que le fol et l'abruti périssent, et qu'ils laissent leurs biens à d'autres. Leur intention est que leurs maisons durent à toujours, et que leurs habitations demeurent d'âge en âge ; ils ont appelé les terres de leur nom ; et toutefois l'homme ne se maintient point dans ses honneurs, mais il est rendu semblable aux bêtes brutes qui périssent entièrement.

D'autre part, le dessin de l'emblème fait apparaître dans le ciel une balance à plateaux au fléau horizontal que le titre demande d'identifier comme la balance des péchés. Le « poids egal » du titre[366], c'est-à-dire le fait que la balance soit équilibrée, est directement mis en relation de cause à effet avec l'arrivée imminente des faucheurs, dans un vers au ton prophétique : « Les faucheurs sont sortis au loin, je t'en asseure ». Le contexte permet de comprendre qu'il faut D. v. 6
mettre cette balance en relation avec le Jugement dernier, et le premier vers du quatrain (« On fauche l'herbe alors quand elle est assez meure ») n'est pas sans rapport avec les termes de l'Apocalypse, après la chute de Babylone : « le moment de moissonner est venu, parce que la *Apoc.* 14, 15
moisson de la terre est mûre ».

Mais que faut-il entendre par une *balance des péchés*, et une balance équilibrée de surcroît ? L'image de l'emblème fait tout de suite surgir à la mémoire une autre image très proche dans le corpus, celle de l'emblème LXXVI, qui représente par métaphore une pesée des vices et des vertus. Par rapport à ce modèle, on ne peut guère parler d'une balance des péchés, ou d'une balance des vertus, mais d'une balance des péchés *et* des vertus, les uns servant de contrepoids aux autres, et réciproquement. On peut admettre alors que, dans la mesure où il s'agit d'évaluer l'importance des péchés, on appelle le dispositif, pour faire court, *balance des péchés* ; mais si parler d'une balance qui se tient « en poids égal » signifie alors que péchés et vertus s'équilibrent, on se demande en quoi le résultat devrait démultiplier l'activité de la faucheuse... Il faut donc balayer cette proximité des images, et donner au mot « balance » le sens de « pesée », comme dans ce passage d'une homélie de Chrysostome :

> Car où est sur la terre l'homme qui puisse se vanter d'être exempt de tout péché ? Les tribulations qu'il essuie en deviennent l'expiation. Dans l'un c'est la balance des péchés qui l'a emporté ; dans l'autre, celle des actions vertueuses. Arrivés tous deux au terme de

366 › Titre. L'expression est reformulée au v. 1 de la Déclaration.

> la vie, le premier s'est fait voir vide de justice, le second purifié de ses fautes. A l'un un inconsolable supplice, à l'autre des consolations sans mélange.[367]

Il s'agit dans ce texte de déterminer les mérites d'un individu, et d'un seul ; et pour ce faire, il est procédé à une pesée de ses péchés et de ses actions vertueuses afin de déterminer lequel l'emporte sur l'autre.

S'il y a dans le texte de l'homélie deux balances, la balance des péchés et celle des actions vertueuses, c'est bien que le mot « balance » signifie « pesée » et qu'il y a deux pesées, l'une après l'autre. La balance de Chrysostome est sans doute la balance dite romaine – laquelle est d'origine arabe et n'a de « romaine » que le contrepoids en forme (stylisée) de grenade, en arabe *al-roumannah.* La pesée consiste alors à faire glisser le contrepoids en question, qui est un poids constant, le long du bras jusqu'à ce qu'il prenne la position horizontale : une fois que la balance est équilibrée, il suffit de lire la masse de l'objet pesé grâce à la graduation du fléau.

Les deux pesées successives peuvent évidemment être faites sur une balance à plateaux, et pour en revenir à notre texte et à notre image, qui représente une balance à plateaux suspendus, il faut penser à une pesée des seuls péchés, entassés sur un plateau, avec des poids que l'on entasse dans l'autre plateau. Le « poids égal » détermine alors le moment où le fléau parfaitement horizontal permet de calculer, en additionnant les poids, la masse exacte des péchés.

La différence essentielle avec la pesée du texte de Chrysostome est qu'il ne s'agit pas des péchés d'un seul, mais des péchés de tous. Au moment où la somme des péchés atteindra telle masse déterminée, la race des hommes sera exterminée. Le présent du titre recouvre une valeur prophétique, avec cette idée que le futur ici désigné est un futur imminent. Luther en son temps avait exprimé l'idée que le Jugement dernier pouvait se produire dans un laps inférieur à cent ans...

82. ICI SE VOID EN TRAIN LA FAMILLE DU DIABLE.

Deux hommes sont assis sur la deuxième marche d'une petite structure à trois niveaux. Il sont entourés de sept animaux, dont la succession décline la liste des péchés capitaux telle que Thomas d'Aquin l'a arrêtée : le lion pour la colère, l'âne pour la paresse, le paon pour l'orgueil, le bouc pour la luxure, le chien pour l'envie, la truie pour la gourmandise et enfin le crapaud pour l'avarice. Le cercle est fermé par un bassin, au premier plan, dans lequel on a mis à rafraîchir un pichet. Ce pichet fait pour ainsi dire la synthèse de tous les vices incarnés par les animaux, et sa relation avec le contenu du grand verre que l'homme de gauche, dont on voit le pommeau de l'épée dépasser derrière le dos, est en train de boire est explicitée par l'avant-dernier vers de la Déclaration : ceux qui sont acquis à Satan boivent avec zèle « du peché le breuvage ». On peut donc affirmer que dans ce que le titre de l'emblème présente comme « la famille du diable »,

367 › 3e homélie.

l'homme eſt bien la pire des créatures malfaisantes[368], capable de cumuler tous les péchés à la fois. Le tour apocalyptique de l'emblème précédent invite à reconnaître, dans ce breuvage du péché, quelque chose qui évoque « le vin brûlant » de Babylone la grande, la coupe « pleine d'abominations et des souillures de son impudicité » de la grande proſtituée. *Apoc. 18, 3* *Apoc. 17, 4*

La composition, à la fois circulaire et pyramidale, place l'homme au centre des péchés tout en subordonnant l'ensemble à Satan : « Sa famille se vient à lui rendre subjette ». En effet, derrière les deux courtisans et au-dessus d'eux, sur la marche la plus haute, trône le Diable à califourchon sur le globe terreſtre. Sur sa tête poussent des cornes de cerf, ses pieds sont des pattes d'oiseau, et il porte pour tout vêtement une fraise et un double collier, comme un notable. Il souffle dans deux trompettes à la fois, et à la place du sexe une tête, dont les lèvres s'arrondissent en coin et le front se plisse, eſt visiblement en train de chanter ce qui eſt écrit sur un livre de partitions ouvert devant elle sur le globe. On diſtingue le même livre oblong, de ce format italien usuel à l'époque pour les partitions, entre les deux hommes et il y en a un autre devant le globe terreſtre, sur la dernière marche ; le courtisan qui boit a posé la main dessus comme pour repérer le passage en cours d'interprétation. À ses côtés, l'homme au chapeau, poing sur la hanche, eſt en train de chanter, et l'objet long et mince qu'il appuie sur sa cuisse a de grandes chances d'être la baguette avec laquelle on dirige une formation musicale. D. v. 2

On comprend alors que la ſtructure circulaire de l'emblème correſpond à celle d'une chorale menée par les deux hommes, et accompagnée par Satan, comme le confirme d'ailleurs la Déclaration : « Avec ceux-ci Satan accorde sa chançon ». La métaphore de la formation musicale ou de la musique en général, qui renvoie conventionnellement aux notions d'harmonie et de concorde, ne fait pas bon ménage avec le tableau de ces animaux diſparates et de mauvaise réputation dont les cris reſpectifs ne sont rien moins qu'agréables. Si concorde il y a, comme dans une famille unie, c'eſt dans la volonté de faire le mal, sur le mode de l'excès : les uns boivent « diligemment » la coupe des péchés, et le chef de famille sonne « à grand effort », et de deux trompes à la fois. D. v. 15 D. v. 17 V. 1

83. CONTEMPLÉS EN CECI DU MONDE LA CHARRETTE.

On reconnaît immédiatement tout ce que cette image doit à l'emblème XXXVII, avec ce char reproduit à l'identique et une grappe de personnages dans une configuration tout à fait similaire, jusqu'à cette sorte de pas de patineur qui caractérise le beau mouvement d'ensemble et l'effort à la fois de ceux qui tirent le véhicule. Il faut dire que l'idée eſt un peu la même : au chariot de l'Orgueil comme au chariot de l'Argent, tout le monde veut tirer, toutes classes confondues, ce en quoi le monde eſt fou : et si le personnage au bonnet à grelots ne réapparaît pas, le texte de l'emblème parle bien de « maint insensé » et de gens privés de « tout leur sens ». D. v. 1 Q. v. 3

Le consensus social dans le vice eſt ce que veut retenir le traducteur dans l'alexandrin du titre qu'il propose : la charrette du monde, c'eſt la charrette tirée par des gens « de tous eſtats », Q. v. 2

368 › Luther dit que les animaux carnassiers, les serpents, les crapauds sont devenus malfaisants et nuisibles à cause des péchés de la terre (*Propos de table*).

qui appartiennent à toutes les composantes de la société. Friedrich, lui, mettait l'accent sur l'origine du mal en titrant « La charrette du Diable », « Deß Teuffels Schiebkarch ». Là réside évidemment la grande nouveauté par rapport à l'emblème XXXVII, et la réapparition d'un
Q. v. 4 même motif agrémenté de diables cornus et réinterprété dans un contexte de « feu de souffrance » et de damnation éternelle souligne la progression du discours qui se met en place au fil des emblèmes, ainsi que sa cohérence interne.

Cette image résulte en même temps de la manipulation d'un thème populaire, celui du Diable d'Argent, qui donne lieu dans le courant du XVIIe siècle à quelques variations iconiques. Le Diable d'Argent est libéral, la séduction qu'il exerce passe par une distribution de richesses, distribution inégale mais à profusion : on figure en général Satan, muni d'une corne d'abondance, en train de voler au-dessus d'une foule à laquelle il jette des pièces d'or à poignées. La corne d'abondance peut aussi bien être remplacée par des sacs d'argent, comme dans une estampe dessinée pour des événements datant de 1680 et intitulée *Le Diable d'Argent*[369] : le Diable, le corps entièrement recouvert de pièces qui lui font comme des écailles rondes et accentuent son allure de reptile ailé, renverse le contenu de deux sacs d'écus, un dans chaque main, sur la foule qu'il survole. L'un des protagonistes a tellement tiré sur la queue du Diable qu'elle lui est restée dans la main comme une queue de gros lézard, tandis que l'on voit des pièces se déverser à l'endroit de la rupture. Il est fréquent que dans ces estampes en effet, parmi la foule, quelques protagonistes dont les particularités vestimentaires marquent l'appartenance à des classes sociales diverses *tirent le Diable par la queue*, c'est le cas de le dire, afin d'obtenir compensation des pièces qu'ils n'ont pas reçues lorsqu'il est passé au-dessus d'eux. Pierre de L'Estoile[370] recueille dans son *Registre-Journal* une pièce produite à Avignon et intitulée « Epitaphe du Grand Diable d'Argent », dont les premiers vers attestent du fait que le thème est déjà populaire dans la deuxième moitié du XVIe siècle :

> Jadis vous avés veu que le Diable d'Argent,
> Quoi que tirer à lui chacun fut diligent,
> Avoit de son vivant, une telle puissance
> Qu'il versoit dessus tous sa Corne d'Abondance.

Dans l'emblème de Friedrich, le motif du Diable d'Argent est pour ainsi dire dédoublé. On ne tire pas le Diable par la queue, on tire son chariot, et avec lui le personnage allégorique qui
D. v. 14 y a pris place ; et le diable, qui encourage le mouvement, est derrière et « pousse avant le char autant qu'il peut » : c'est lui l'instigateur du péché. Le personnage assis sur le char est une allégorie de l'argent. Figure féminine de taille imposante par rapport aux hommes attelés, elle est coiffée d'un vase précieux et maintient contre sa poitrine deux sacs d'écus que retiennent deux bretelles qui passent sur les épaules. La présence de ces bretelles met en évidence cette façon inconfortable et singulière de porter des sacs qui pourraient tout aussi bien être posés sur ses genoux : ils sont placés à cet endroit précis parce qu'on leur demande, de façon significative, de prendre la place des seins du personnage allégorique … *Alma mater* dénaturée, prête à dispenser l'or au lieu du lait, cette allégorie n'est pas seulement une allégorie de l'argent, mais d'une libéralité mauvaise et perverse, la prodigalité séductrice du diable.

369 › Disponible sur Gallica (référence bib. : Hannin, 5080).

370 › Pièce insérée dans le *Registre-Journal* au mois de novembre 1574.

84. L'INFERNAL GEHENNEUR DEMONSTRE LA FIGURE.

Le titre annonce que l'image (« la figure ») montre le bourreau de l'Enfer : au premier plan effectivement triomphe le Diable, à la tête de l'armée des anges rebelles. Derrière lui s'allonge une armée de créatures démoniaques aux faces de truie, de bouc ou d'oiseau, un ensemble disparate et, comme il se doit, discordant : on est loin du pas cadencé, et le défaut d'harmonie est tout entier incarné par un fantassin en armure qui, comme le montre la position de sa botte droite, au niveau de l'angle inférieur droit de la vignette, marche en se dandinant. Tous portent au poignet un bracelet de fer où pend une chaîne reliée à un de ces forts anneaux de métal qui permettent d'attacher les galériens au même fer.

Ce nouvel emblème s'emploie à faire davantage pression sur le chrétien récalcitrant en lui montrant le Diable à visage découvert, à un moment où il sera parvenu à ses fins et n'aura plus besoin de ses moyens de séduction. On voit d'ailleurs au centre de l'image, se détachant sur un espace blanc, des sacs jetés au feu : inutile désormais de jouer les Diables d'Argent, Satan se montre au grand jour (« se declare », dit le poème explicatif) comme « l'infernal gehenneur » qui tor- D. v. 5
turera les damnés en enfer. L'arrière-plan offre en effet un avant-goût de ce qu'il leur réserve, flammes et supplices divers : un gigantesque incendie est en train de détruire une ville, dont les remparts sont hérissés de corps crucifiés, empalés, exposés sur la roue, pendus au gibet. Satan, dit la Déclaration, exhibe fièrement son épée ruisselante de sang tout en agitant sa bannière. D. v. 4

Et elle affiche on ne peut plus clairement un programme redoutable, cette bannière qui porte sur champ de bandes alternées une curieuse pièce honorable en forme de feuille trilobée allongée, ou de fleur de crocus… Rien à voir en réalité avec une jolie fleur, et le lecteur contemporain identifie sans doute immédiatement un sinistre objet à peine stylisé, l'atroce instrument de torture que l'on appelle une *poire d'angoisse*.

Ainsi le Diable d'Argent se révèle-t-il, séduction mise à part, Diable tout court, et donc « gehenneur » par excellence, c'est-à-dire bourreau. Il me semble d'ailleurs tout à fait probable que l'expression « bourreau d'argent » ait cette origine-là, que l'on a rapidement oubliée : au milieu du XVIIIe siècle, Panckoucke consigne sans plus d'explication qu'« on appelle un prodigue, un *bourreau d'argent*[371] ». Le lien de l'expression avec son origine est perdu dès la fin du XVIIe siècle, puisque le dictionnaire de Furetière déclare : « on dit proverbialement, qu'un homme est un *bourreau d'argent*, pour dire, qu'il le ménage mal, qu'il le prodigue sans necessité[372] ». On notera la tentative de rationalisation : il faut qu'il y ait de la brutalité, des coups donnés, du moins au figuré… et les linguistes modernes du *Dictionnaire historique de la langue française* surinterprètent ce prétendu manque de ménagement en mettant en série l'expression avec *bourreau de travail* et *bourreau des cœurs*, toutes locutions devant s'appliquer à « une personne venant à bout de ce qu'elle entreprend ». Le bourreau d'argent « tue l'argent », explique encore le Robert des *Expressions et locutions* ! On pourrait d'ailleurs se demander si le même type de post-rationalisation d'une locution dont la langue commune conserve globalement le sens (« un prodigue ») sans avoir gardé mémoire du parcours métaphorique originel (le Diable qui distribue l'argent

371 › André Joseph Panckoucke, *Dictionnaire des Proverbes françois, et des façons de parler comiques, burlesques et familieres* (PJ.P.D.L.N.D.L.E.F.), Paris, chez Savoye, 1758.

372 › Article « Bourreau » (1690).

pour séduire, le Diable à la corne d'abondance) ne s'est pas mis en place pour l'expression « tirer le Diable par la queue », qui semble bien avoir la même origine contextuelle.

Mais revenons à notre bourreau d'argent : beaucoup plus que l'argent, ce sont les victimes séduites par sa prodigalité désordonnée qu'il ne ménage pas. Et la logique de la Déclaration repose sur une pleine connaissance du motif d'origine, qu'il soit iconographique ou discursif : derrière la prodigalité, une fois le masque tombé et les sacs d'argent, comme des biens illusoires et transitoires qu'ils sont, jetés au feu, reste la cruauté du « gehenneur ». Il va, dit le
D. v. 6 v. 7 texte, « durement traiter les meschans » et les fera rôtir aux flammes éternelles « sans user de fagot », précision qui met en relief son intraitable cruauté : l'exécuteur des hautes œuvres de la justice civile se laissait souvent acheter, à défaut de se laisser émouvoir, et disposait sur le bûcher des fagots, surtout des fagots de paille et de bois vert, dont l'épaisse fumée très spectaculaire avait pour but d'asphyxier le condamné en le privant d'oxygène et en lui faisant inhaler du monoxyde de carbone, souvent avant même que les flammes n'aient commencé à brûler son corps[373]. Le supplice éternel de l'Enfer évoqué dans le dernier vers du quatrain doit s'imposer comme une réalité d'une cruauté inimaginable, proprement inexprimable. À cet égard le
Q. v. 3 « je te le di tout court » du traducteur reste en retrait du texte allemand, qui emploie l'adjectif « **unaußsprechlich** », « *Qu'on ne peut pas dire ou nommer, indicible, ineffable, inenarrable*[374]. » Saint Augustin évoque cette faillite du langage en parlant lui aussi de l'enfer comme d'un lieu plein de ténèbres, « rempli de mal ineffable, dont on ne peut rien dire ni même penser[375] ».

D. v. 8 C'est bien entendu par antiphrase que Satan « payera largement son escot » – encore ne faut-il pas se méprendre sur la valeur exacte ici de la métaphore du banquet : « on dit d'un homme qui amuse la compagnie dans un repas, qu'il *paye bien son écot*[376] ». Bel amusement en effet dont se réjouit à l'avance le Diable, dans un comportement que la fin de la Déclaration
D. v. 16 oppose vigoureusement à celui de Dieu, qui ne prend aucunement « plaisir / A la mort du pecheur ». La fin de la méditation insiste sur la bonté de Dieu en laissant reconnaître l'inter-
D. v. 15-16 texte de l'épître aux Romains. Les propos un peu elliptiques selon lesquels « Dieu en aucune sorte / N'a espargné du tout rien » supposent en effet qu'ils convoquent à la mémoire du lecteur ces mots de saint Paul rappelant que Dieu n'a pas épargné son propre fils, mais l'a livré
Rom. 8, 32 pour nous, et précisément parce qu'il ne veut pas la mort des pécheurs.

Dieu fait preuve d'une extrême patience en donnant au pécheur jusqu'à la fin l'occasion de se repentir. Le « support » du vers 12 est cette patience-là. C'est aussi le terme français généralement employé pour désigner le moment qui précède la prédication de l'Évangile : le « support » consiste pour Dieu à ne pas imputer aux païens leurs péchés dans la mesure où ils ne sauraient en avoir conscience comme les pécheurs endurcis d'après la révélation. L'emblème se fait le relais de la prédication, avec cette idée très luthérienne qu'une conversion *in extremis*, pourvu qu'elle soit sincère et entière, est une condition suffisante à la rédemption et au salut.

373 › C'est dans ces conditions que meurt Jeanne d'Arc selon ce que l'on peut déduire des détails donnés dans le *Journal d'un bourgeois de Paris*. La « clémence » du bourreau pouvait aussi consister à étrangler discrètement le condamné, caché derrière le rideau de fumée.

374 › Dictionnaire de Stoer.

375 › « plenus est tenebrarum, discordiae, odii [...] et omnis ineffabilis mali, quod nec dici nec cogitari potest » (*De triplici habitac.*, chapitre I).

376 › Panckoucke, *Dictionnaire des Proverbes françois*, *op. cit.*

85. LA FILE DES PECHÉS EST JA TOUTE ACCOMPLIE.

L'image offre le spectacle d'une farandole qui tourne en replis sur elle-même, serpentant dans un paysage de campagne désert que la forme tronquée d'un arbre, contre la marge droite, suffit à identifier comme tel. Qu'elle serpente, c'est bien le moins qu'on pouvait attendre d'une danse menée par Satan… et l'on peut se demander si l'arbre ébauché n'est pas un rappel discret de la faute originelle. On a affaire à une forme de branle ou danse populaire[377] sur un seul rang, chaque participant donnant en arrière la main droite à celui qui le suit, pour former une chaîne longue et itinérante où le jeu consiste en principe à décrire des figures initiées par le meneur qui la conduit à sa fantaisie.

Il n'y a pas ici un, mais deux meneurs, le couple formé par le Diable et la Mort, qui tiennent tous les deux une torche dans la main gauche, suivis par un petit chien qui se déplace sur ses pattes arrière, ou fait un bond en se retournant vers les danseurs à la queue leu leu. Il est probable que la présence de ce chien saisi dans cette posture-là tende à réduire la danse à une série de sauts et cabrioles, conformément d'ailleurs au terme latin régulièrement employé pour signifier l'action de danser, *saltare*. Le Diable et la Mort sont représentés une seconde fois, comme le note la Déclaration, en « menestriers », l'un jouant de la trompette et l'autre du D. v. 11
trombone ou de la sacqueboute. Cette double présence laisse comprendre que le dessinateur a utilisé une seule et même farandole pour illustrer deux moments successifs.

Dans un premier temps, au second plan, le diable achève sa danse, dit Friedrich, et l'on voit au loin deux derniers pécheurs qui se hâtent de rejoindre la queue de la farandole bondissant au son des cuivres : ce qui correspond à la phase de dégradation morale des hommes qui, quelle que soit leur condition sociale, se livrent au vice sous toutes ses formes. Il appartient au texte long de suggérer que, dans le droit fil des danses macabres de la tradition, la danse collective rassemble tous les échantillons de l'humanité et toutes les formes de vices. Le second temps correspond au moment où le péché, la somme des péchés de toutes natures, est à son comble, quand les pécheurs « font mesure pleine » : c'est ce moment qu'exprimait l'image de la balance D. v. 8
dans l'emblème LXXXI. Il ne reste plus au Diable qu'à disposer « en gentille ordonnance » D. v. 3
la file des danseurs, et le couple infernal peut conduire les victimes séduites qui se précipitent « en l'abysme » sans songer un instant à interrompre le mouvement dans lequel elles se sont D. v. 12
précipitées avec l'entrain manifesté par le couple de retardataires tout au bout de la file.

86. EN ATTENDANT LE TEMPS LES ROSES FLORIRONT.

Voilà un titre bien proche d'un vers de Ronsard, l'incipit d'un sonnet des célèbres *Amours* : « Avant le temps tes temples fleuriront ». Le poète en amant à jamais éconduit, tempes blanches et cheveux grisonnants, était ainsi promis par sa Cassandre à vieillir avant l'âge. Il n'y a rien d'une telle perspective négative dans le titre de l'emblème, les points communs entre

377 › Le terme employé dans la Déclaration est « Rey ». Stoer traduit « Reye » par « *Danse, branle* ».

les deux énoncés se limitent vraiment à la proximité formelle de leur matériel linguistique, et ce qui les oppose le plus est sans doute ce que chacun d'eux implique dans l'emploi du mot « temps ». Le temps, dans le vers de Ronsard, correspond à une durée attendue, la durée moyenne d'une vie d'homme ; dans le titre de l'emblème, il s'agit de désigner un moment déterminé, celui qui mettra fin au cycle des saisons et inaugurera le temps dernier : ce temps est celui de la fin des temps, du temps humain tout au moins. Précisons que le traducteur s'autorise du contenu de la méditation pour inviter ainsi le lecteur à mettre dès le premier coup d'œil l'emblème en relation avec le Jugement dernier, quand le titre original se bornait à mettre l'image en relation avec une conception cyclique du temps en disant littéralement quelque chose comme « le temps apporte les roses[378] ».

Cette conception cyclique du temps est parfaitement exprimée par la figure de l'emblème, qui présente une énorme couronne végétale sur fond de paysage rural rapidement esquissé, avec un arrière-plan de montagnes et un soleil déjà assez haut dans le ciel et dont l'éclat commence à dissiper la couverture nuageuse. Dans cette couronne s'inscrit un sablier pourvu d'une paire d'ailes : *tempus fugit*, le temps passe, et comme le suggère l'association du sablier et de la couronne la modalité de son déroulement est la circularité, le retour des saisons marquées par les transformations de la végétation.

La nature, envisagée dans la régularité de ses cycles, illustre l'idée qu'il y a un temps assigné à chaque chose, et que tout événement dans l'ordre de la Création procède du dessein de Dieu : c'est d'ailleurs le sens de tout le préambule de la Déclaration, qui couvre les six premier vers.
D. v. 1 « Dieu a tout ordonné » proclame d'abord Friedrich, reprenant le thème de « l'ordonnance de Dieu[379] » posé dès le deuxième emblème : « Dieu ici tout bien ordonne[380] ». À chacun son rôle social, à chacun sa vocation, disait le deuxième emblème – et chaque chose en son temps,
D. v. 20 dit celui-ci, « chacune en sa saison se monstre proprement ».

Le joli temps des fleurs laisse d'abord envisager que les périodes difficiles doivent laisser place à des périodes heureuses, fin des vicissitudes ou, comme dans l'emblème XXI, déconfiture des méchants. Mais la « delivrance » promise, qui doit venir en son temps, est aussi – surtout – le salut offert par le Christ à la fin des temps.

Le texte de la Déclaration se contente de deux saisons, l'hiver et l'été, dans un système d'opposition radicale qui fonde aussi les paroles du Christ selon lesquelles les derniers deviendront les premiers : *tu ne seras jamais plus en butte au déshonneur*, dit le texte allemand, « **So wirstu**
D. v. 21-22 **nimmermehr zu Spott**[381] ». On voit cependant que l'image, bien que le fouillis végétal de la couronne manque un peu de lisibilité, restitue les quatre saisons. L'apogée, tout en haut, se signale par un changement d'orientation du feuillage en même temps que sur la droite apparaissent des fleurs, comme l'été qui succède au printemps. Le quart ou quadran qui correspond à l'été marque qu'il fait à son tour place à l'automne par un nouveau changement de sens ; et quand l'automne arrive tout en bas, ce sont les épines dépourvues de feuillage, le bois « sec et rude », qui inaugurent le nouveau quart de cercle.

378 › « **Zeit bringt Rosen** ».

379 › Emblème II, Déclaration, v. 1.

380 › Emblème II, Déclaration, v. 5.

381 › Le dictionnaire de Stoer donne « **Spott** / *Mocquerie, honte, affront, deshonneur* ».

Cette couronne quadripartite suscite deux questions. Première question : pourquoi l'été est-il préféré à la saison traditionnelle de la reverdie, le printemps ? Deuxième question : pourquoi, conformément à l'opposition binaire de la Déclaration, Friedrich n'a-t-il pas programmé tout simplement le dessin d'une couronne végétale en deux parties, une moitié inférieure pour les épines nues et l'hiver, une moitié supérieure pour la belle saison, avec feuillage et floraison ? L'élément de réponse qui peut être avancé est que cette récupération des saisons, qui malmène un peu la place de la reverdie, rencontre un système à quatre positions qui achève de faire de cette couronne une roue végétale. Ne serait-ce pas en effet, encore une fois, le paradigme de la roue de la déesse Fortune qui fait que l'on doive installer au sommet la saison la plus favorable et réserver l'endroit diamétralement opposé, celui-là même où la roue va commencer à l'écraser, à l'hiver et son cortège de bois sec ? Un tel dispositif a d'ailleurs un antécédent très proche, dans le temps comme dans l'espace, avec l'*Emblematum Liber* de Boissard, publié en 1593 par Théodore de Bry à Francfort. L'emblème 22 en effet montre, au centre de la vignette, une roue en bois, réaliste, pourvue d'un moyeu et de douze rayons. A la périphérie de la roue l'on voit douze motifs floraux régulièrement distribués selon l'emplacement des douze rayons ; en bas, les sommités de la fleur sont représentées détachées de la tige, comme des pétales qui tombent : c'est l'hiver. Dans la traduction française de 1595 l'emblème s'intitule « Il y a vicissitude, et variation en toute chose », et l'épigramme est un sonnet, que voici :

> Ce que tu vis hersoir un bouton my-ouvert
> Et qu'un pourpre naguiere espanny de l'Aurore
> En rose coloroit ; du temps qui tout devore,
> A desjà son honneur d'une ronce couvert.
>
> Par incertaine course ainsi coule, et se perd
> Le train de ceste vie : et tout ce qu'elle honore
> De beau, de grand, de riche, et de pompeux encore,
> De la vicissitude à l'inconstance sert.
>
> Elle meut attachez à son instable rouë
> Tous les biens de ce siecle : et d'eux elle se jouë :
> Et monstre qu'icy bas il n'est rien qui soit seur.
>
> Tournes donques le dos à son incertitude,
> Et cerche dans le Ciel cette beatitude
> Qui ne deçoit jamais son juste possesseur.[382]

Friedrich ne se contente pas de l'opposition entre l'inconstance du monde et la certitude des biens célestes, et ce sont deux temporalités qu'il entend opposer. Le discours des six premiers vers évacue toute idée de hasard en imposant avec force celle de nécessité, dans la manifestation supérieure de la Providence divine, et si cycles il y a, ils correspondent au dessein de Dieu et procèdent de sa « volonté franche », tout comme il appartient au Christ de clore le temps D. v. 6
humain et, au-delà du retour des saisons, d'ouvrir le temps de l'*eschaton* où la floraison des roses se fait le symbole de la résurrection des corps.

382 › On pourra consulter *Jean Jacques Boissard*'s Emblematum Liber. Emblemes latins. Metz, A. Faber, 1588. Facsimile avec introduction et notes par Alison Adams, « Imago Figurata Editions » vol. 5, Brepols, Turnhout, 2005. L'emblème « Omnium rerum vicissitudo » est à la p. 29.

87. LA RESURRECTION DES MORTS CHASCUN DOIBT CROIRE.

L'emblème précédent ne pouvait que conduire à une évocation directe de la résurrection, que le titre français présente comme un article de foi (« chascun doibt croire ») – ce qu'elle est effectivement : « nous attendons que notre chair soit mise à mort et enfouie avec toutes souillures, mais aussi qu'elle reparaisse et ressuscite glorieusement pour une sainteté pleine et entière dans une vie nouvelle, éternelle » (troisième article). L'image montre donc sans grande surprise les morts qui se lèvent de leurs fosses au son des trompettes et qui se pressent devant un édifice religieux dans l'attente de la sentence du Jugement dernier. Les corps apparaissent comme préservés de la corruption, selon la doctrine de la résurrection corporelle exprimée par saint Paul dans l'épître aux Romains[383]. La Déclaration, qui prend un tour prophétique pour s'adresser aux morts, insiste sur ce point : os et chair doivent être recouverts de « la peau qu'aviés jadis ».

Un détail cependant mérite un peu plus d'attention : la présence de deux squelettes, dépourvus de tout dard, faux ou sablier, les habituels attributs de la Mort. Ils n'en sont pas moins des squelettes allégoriques de la Mort, et comme le démontrent le jeu des mains et la posture qui caractérise l'effort de celui qui tire un poids vers soi, la Mort aide les cadavres au corps intact à s'extirper de leurs tombeaux : c'est prendre au pied de la lettre l'un des textes les plus importants sur le Jugement dernier, l'Apocalypse, qui précise que la Mort *rend* ses morts. « Je vis les morts, grands et petits, debout devant le trône [...]. La mer rendit ses morts. La Mort et l'Enfer rendirent les leurs et ils furent jugés chacun selon leurs œuvres.» Ce que dit d'ailleurs
Apoc. 20, 12-13
très exactement le quatrain : « Les sepulchres rendront leurs morts, la mer aussi », preuve manifeste que l'intertexte de cet emblème est bien ce passage de l'Apocalypse, qui suffit par conséquent à éclairer le rôle singulier des deux squelettes.

Rôle singulier, en effet, dans la mesure où l'allégorie de la mort n'a rien à voir ici avec les quelques emblèmes où l'on a voulu reconnaître un lien avec les danses macabres. La Mort privée de sa flèche et convertie en personnage à la fonction d'auxiliaire, puisque l'image en fait un personnage actif qui « rend » effectivement les morts, voit son potentiel dramatique annulé. Cet artifice stratégique va dans le sens des préventions luthériennes contre les représentations effrayantes du Jugement dernier, celles qui mettent derrière la porte du Paradis un Dieu de colère prêt à refouler *manu militari* le pécheur qu'il condamne[384]. On voit au premier plan des faciès souriants, des gens qui se congratulent, manifestement heureux de se retrouver. Sans doute ces morts-là sont ils de ceux qui, selon Jean, « auront fait le bien » et « ressusciteront pour la vie ». « Dieu rendra à chacun selon ses œuvres », dit l'épître aux Romains : des
Jn. 5, 29
œuvres dont les deux derniers vers de la Déclaration relèvent, une fois de plus, l'inscription
Rom. 2, 6
dans le Décalogue, en promettant le salaire de « ce qui est plaisant à Dieu, et necessaire / Au prochain », c'est-à-dire, selon le *Grand Catéchisme*, ce qui relève respectivement des trois premiers Commandements et des sept suivants[385].

383 › « L'Esprit qui a ressuscité Jésus d'entre les morts [...] rendra aussi la vie à vos corps mortels » (*Rom.*, 8, 11).

384 › Voir par exemple le sermon du 14 janvier 1531 à Nuremberg.

385 › Luther, *Œuvres*, Labor et Fides, tome VII, p. 49 : « Jusqu'à présent nous avons appris les trois premiers commandements qui sont dirigés vers Dieu [...] suivent, à présent, les sept autres, dirigés vers notre prochain » (*Catéchisme allemand*, début du commentaire sur le quatrième Commandement).

88. LE JUGEMENT ENSUIT LA RESURRECTION.

Le Christ en haut de l'image, au milieu, la tête contre la marge supérieure, apparaît aux hommes, comme le disent les textes scripturaires, dans sa gloire, c'est-à-dire nimbé de rayons. Selon une tradition iconographique qui provient pour l'essentiel de la *Petite Passion* d'Albrecht Dürer, il est assis dans le ciel et sa royauté sur la terre est démontrée par la minuscule sphère sur laquelle reposent ses deux pieds. Deux objets dans le prolongement de ses mains tendues, un rameau et une épée, explicitent sa fonction judiciaire[386] puisque, comme le dit Jean[387], « le Père ne juge personne, mais il a remis tout jugement au Fils ». À vrai dire, la configuration de ces *Jn.* 5, 22
deux objets est plus proche du *Jugement Dernier* de Lucas van Leyden (1526) que de celui de Dürer, chez qui ils partent de la tête du Christ, la pointe de l'épée contre la tempe. Friedrich fait ajouter un sablier surmonté par un cadran d'horloge, double symbole du temps, qu'il fait dépendre du Christ, au sens propre comme au sens figuré, par un fil vertical, de la même façon que dans le premier emblème le sablier dépendait du tétragramme. C'est à nouveau le concept de dernière heure qui est en jeu, et avec elle la notion d'un temps limité et précaire, mais cette fois il s'applique à la race des hommes et à la Terre tout entière.

De part et d'autre de l'axe vertical médian partiellement tracé par le fil qui rattache le sablier à la sphère symbolisant le monde, deux foules distinctes s'organisent selon des modalités contrastées. À gauche, c'est-à-dire à la droite du Christ, du côté de la main prolongée par le rameau, c'est la foule des élus ; à droite, c'est-à-dire à la gauche du Christ, s'entassent les réprouvés, qui méritent l'épée. La distribution est strictement conforme à saint Matthieu, qui est en outre la source directe, souvent au mot près, de la prosopopée du Christ dans les huit premiers vers de la Déclaration :

> Quand le Fils de l'homme viendra dans sa gloire, et tous les anges avec lui, il s'assiéra sur son trône de gloire, et toutes les nations seront assemblées devant lui. Il séparera les uns d'avec les autres, comme le berger sépare les brebis d'avec les boucs, et il mettra les brebis à sa droite et les boucs à sa gauche. Alors le roi dira à ceux qui sont à sa droite : Venez, *Mt.* 25, 31 *sq.*
> vous les bénits de mon Père, prenez possession du Royaume qui vous a été préparé dès la création du monde [...] Ensuite il dira à ceux qui seront à sa gauche : Retirez-vous de moi, maudits, allez dans le feu éternel qui a été préparé pour le diable et pour ses anges.

Conformément à l'orthodoxie luthérienne, Friedrich place dans la bouche du Christ quelques paroles supplémentaires qui font apparaître le salut comme un résultat de la rédemption et de la foi : les « bénits de mon pere celeste », dit le Christ, sont d'abord « lavés en mon sang », D. v. 1 v. 4-5
puis ils ont désiré le Christ « de bon cœur » – et c'est ensuite qu'ils « recevr[ont] » « tous les D. v. 3
biens selon [leur] croyance », c'est-à-dire cette foi préalable, cette certitude que la promesse D. v. 5
de l'Évangile s'accomplirait.

Dans le dessin, Friedrich fait ajouter quelques détails que saint Matthieu n'avait pas prévus : ainsi de la brouette avec laquelle un des anges mauvais de Satan enfourne son chargement

386 › On retrouve ce dispositif dans le *Saint Jérôme* de Marinus van Reymerswaele, reproduit sur la miniature pleine page du grand in-folio ouvert sur le lutrin du saint, et dont le marque-page porte d'ailleurs le monogramme de Dürer (Kunstmuseum de Vienne).

387 › *Cf.* aussi *Actes*, 10, 42 (le Christ « a été établi par Dieu juge des vivants et des morts »).

humain dans les flammes de l'Enfer, et du croc de paysan que manie un second diable, au second plan, pour activer la sinistre besogne. Précisons cependant que le diable à la brouette apparaît déjà dans un dessin du Jugement Dernier où le Christ assis, pieds posés sur le globe de la terre, étend ses bras sur l'arc en ciel, un dessin attribué à Hans Dürer, frère d'Albrecht, sur la foi d'une inscription à la plume au verso (« Hans Durer und[388] »).

Ce double comportement contraste violemment avec celui des deux anges célestes qui s'occupent de la foule des « bénits ». Le premier, au niveau du diable à la brouette, ferme la marche des élus en déployant ses ailes en manière de protection, tandis que le second, en marge de la colonne en marche, semble accompagner de ses bras tendus le mouvement vers les cieux d'une nuée qui monte jusqu'au Christ, métaphore probable de la montée des justes revêtus de leur corps glorieux vers le Royaume de Dieu. En effet, la foule des élus est organisée comme une foule qui s'élève vers le ciel, alors que la surface sur laquelle elle est dessinée est très nettement plane : si montagnes il y a, elle n'occupent qu'un lointain arrière-plan. Devant l'ange aux ailes protectrices, deux élus aident un troisième à avancer en le poussant doucement, chacun une main sur l'omoplate, comme d'un commun accord ; leurs bras se croisent, dans un mouvement qui répond au mouvement des ailes de l'ange ; tout respire la bienveillance et l'harmonie.

Dans la foule des réprouvés, au contraire, les gestes sont tout sauf mesurés, des bras se lèvent, des corps se courbent, les mouvements sont désordonnés. Loin de s'élever, la foule est précipitée dans la gueule infernale. Au niveau du diable qui manie le croc, comme pour faire pendant à la nuée que l'ange semble envoyer jusqu'au Christ, les esquisses des corps et des têtes viennent se confondre de façon on ne peut plus éloquente et on ne peut plus sinistre avec les traits arrondis qui font reconnaître autour des flammes les volutes d'une épaisse fumée.

On voit que l'ange de Dieu, avec sa nuée, et l'ange de Satan, avec son croc, actualisent les
D. v. 1 paroles que Friedrich après l'évangile prête au Christ : « Venés », et ceux qui ont cru au sacri-
fice du Rédempteur et à l'accomplissement de sa promesse sont appelés à se conjoindre avec
D. v. 9 lui, tandis que les autres sont condamnés à la séparation *sine die* : « departés vous de moy ».
Tandis que la Déclaration de l'emblème précédent se terminait sur la perspective de la récom-
pense qui attend ceux qui ont choisi d'être agréables à Dieu et charitables envers leurs pro-
chains, cette dernière méditation s'achève en mettant l'accent sur le sort réservé à ceux qui au
D. v. 15 contraire ont « mesprisé tant les pauvres, que Dieu », sort qu'ils partageront avec le Diable et
D. v. 13 sa cohorte d'anges déchus.

FIN DU COMMENTAIRE

388 › Louis Demonts semble douter de la pertinence de l'attribution (*Inventaire général des dessins des écoles du Nord*, A. Morancé », 1937, vol. 1).

Index des motifs

Les numéros renvoient aux numéros des emblèmes

V

Impression & brochage sepec - France
Numéro d'impression : N0636513632 - Dépôt légal : juin 2013
IMPRIM'VERT®